U0127778

广视角·全方位·多品种

权威·前沿·原创

上海蓝皮书

BLUE BOOK
OF SHANGHAI

总编／潘世伟

上海社会发展报告（2011）

公共政策与社会融合

主　编／卢汉龙　周海旺

ANNUAL REPORT ON SOCIAL DEVELOPMENT
OF SHANGHAI (2011)

社会科学文献出版社
SOCIAL SCIENCES ACADEMIC PRESS (CHINA)

法 律 声 明

　　"皮书系列"（含蓝皮书、绿皮书、黄皮书）为社会科学文献出版社按年份出版的品牌图书。社会科学文献出版社拥有该系列图书的专有出版权和网络传播权，其 LOGO（▧）与"经济蓝皮书"、"社会蓝皮书"等皮书名称已在中华人民共和国工商行政管理总局商标局登记注册，社会科学文献出版社合法拥有其商标专用权，任何复制、模仿或以其他方式侵害（▧）和"经济蓝皮书"、"社会蓝皮书"等皮书名称商标专有权及其外观设计的行为均属于侵权行为，社会科学文献出版社将采取法律手段追究其法律责任，维护合法权益。

　　欢迎社会各界人士对侵犯社会科学文献出版社上述权利的违法行为进行举报。电话：010 - 59367121。

社会科学文献出版社

法律顾问：北京市大成律师事务所

主要编撰者简介

卢汉龙　上海社会科学院研究员，华东师范大学社会学系教授。中国社会学会副会长，享受国务院特殊津贴专家，上海市人民代表大会代表，上海市人民政府参事。主要研究领域为应用社会学理论和发展社会学。主持上海社会科学院社会转型与社会发展重点学科建设。在现代化与社会结构转型、社会指标与生活质量、消费文化与时间分配、就业与社会阶层、都市化与社区理论研究方面均广有建树。先后在美国纽约州立大学、杜克大学、明尼苏达大学、康奈尔大学、耶鲁大学和英国社会发展研究院等著名学府从事过讲学和客座研究工作。专长于社会统计与社会调查，并在将社会学实证研究方法推广于决策研究方面有积极贡献，在国内外社会学界和决策咨询方面均享有良好声誉。同时也担任英国《社会学》（*Sociology*）杂志国际编委，香港《中国评论》（*China Review*）杂志编委，香港人文社会研究所常务理事，中国城市国际研究网络理事等学术职务。

2001 年起，负责《上海社会发展报告》的研究编写工作。这套蓝皮书的主要特点是每年选取一个和中国社会发展最为紧密的主题，通过专家视野，以上海为题材总结发展经验，探讨发展中的问题，分析发展的前景。

周海旺　研究生学历，现任上海社会科学院人口与发展研究所常务副所长，副研究员，上海市老龄科研中心老年人口研究所所长，上海社会科学院人力资源研究中心副主任。

主要从事人口发展和人口政策、流动人口问题、人口老龄化和社会保障问题、社会事业发展问题等方面的研究，承担过两项全国哲学社会科学基金课题，完成数十项上海市哲学社会科学基金课题、上海市政府决策咨询课题，主持完成过多项与国外研究机构合作的大型社会调查课题，包括上海外来人口和本地人口就业和社会保障问题研究、上海新老市民社会融合问题研究、上海人口生殖健康问题研究、流动人口子女教育问题研究等。发表的论文和参与撰写的研究报告曾获得中国人口学会和国家人口计生委联合颁发的优秀科研成果奖（2006 年）、上海市政府决策咨询成果奖（2005、2007 年）。作为主要参加人员申请的 2009 年国家哲学社会科学重大项目"21 世纪中国人口老龄化与社会经济可持续发展研究"获得立项公示。

目前在研的重要项目有：上海市安全生产科学研究所"上海市农民工安全生产培训绩效评估研究"课题，上海市发改委"十二五"规划前期重点研究项目"上海人口老龄化发展趋势与对策研究"，广东省人口计生委"'十二五'期间广东省人口与社会事业协调发展研究"，无锡市人口计生委"'十二五'期间无锡市人口发展战略研究"，上海市哲学社会科学规划办"农民工权益保护机制研究"。

从 2003 年开始作为编委参与编辑出版年度《上海社会蓝皮书》，从 2007 年开始担任主编辑出版年度《上海人力资源发展报告》。还参与编辑《人口》季刊和《人力资源研究》季刊。

中文摘要

《上海社会发展报告（2011）》全书共有五个部分，第一部分是导论，第二部分是综合篇，第三部分是公共政策调整篇，第四部分是案例和经验篇，第五部分是附录。

"导论"论述了全书的"社会融合"主题，展示了上海举办世博会的时代背景及其对上海社会建设的作用。指出上海在"十一五"期间将公共物品和公共服务由户籍人口拓展到常住人口，促进了社会融合。报告认为，上海要加强公民社会和公民组织的建设，发挥公民社会和社会组织在社会建设领域的基础性作用，促成真正的社会融合发展。

"综合篇"共有两章。在"借助世博经验 推进社会融合"一章中，介绍了国内外城市推进社会融合的成功经验，提出要对弱势人群更加关心，帮助他们融入社会，并从上海举办世博会形成的志愿服务、基础技术工程、立法、长效机制、财力统筹等五个方面的经验，对上海推进社会融合提出了一些建议。"上海市 2010 年民生调查报告"一章，是 2009 年底，上海社会科学院社会学所对上海城区 18～65 岁的常住居民进行的一次民生状况调查的分析报告，报告从世博会、金融危机、食品安全、住房问题、交通出行、安全感、社区、城市认同等八个方面详细介绍了市民对有关问题的意见和观点，对于针对民众关心的问题制定政策促进上海和谐社会建设具有重要的参考价值。

"公共政策调整篇"共有九章。在"加快完善上海城乡社会养老保险制度"一章中，介绍了上海在社会养老保险制度改革方面的最新进展情况以及当前存在的一些问题，提出了"十二五"期间把各种碎片化的养老保障融合起来的一些建议。在"深化医疗保险制度改革：在归并和衔接中提高保障水平"一章中，提出了上海"十二五"期间需要打造统一的医保平台，实现医疗保障制度的平稳运行，保护各类人群的医疗保障权益。在"逐步实现同城教育待遇 保障外来少年儿童教育公平权利"一章中，指出外来儿童已经成为上海儿童群体的重要部分，全市 42 万外来少年儿童全部在公办学校或政府委托的民办小学免费接受义务教育，其中

70%在公办学校就读,但是在义务教育前后阶段,还存在一些困难和问题需要解决。"改革身份管理方式 促进上海外来人口社会融合"一章认为我国长期以来实行的与社会福利和资源分配挂钩的户籍管理制度,限制了人口的自由迁移,难以保障流动人口的合法权益,需要弱化户籍的社会福利价值、构筑城乡统筹的社会保障体系。"探索上海城市旧区改造新模式及其创新策略"一章着重探讨了上海旧区改造中的一些问题,提出"旧改"需要和城市更新相结合。"双轨化政策调控:住房分层的融合渠道"一章,认为应该通过保障和市场两种方式解决不同阶层的住房问题,住房的制度安排应以保障为重,但也不可放弃市场。"完善养老服务体系建设:营造老年友好型城市社会"一章,把上海养老服务体系建设的现有成果与正在开展的老年友好型城市建设的目标框架进行了对比,指出了两者之间的差距所在,提出要通过开展"老年友好型城市"的建设,实现"不分年龄,人人共享"的和谐社会。"创新社会组织发展方式 促进社会融合"一章,对上海社会组织发展的现状及其在促进社会融合中发挥的作用进行了分析总结,认为社会组织在整合社会资源、提供社区服务、维护社会稳定、协调社会关系、参与社会治理、推进慈善公益、创造就业机会、促进社会融合方面发挥了独特的作用。"促进中产阶级发育 壮大社会中坚力量"一章中,探讨了转型社会中的上海中产阶层发展状态和困境,分析了造成这些问题的主要原因,并针对这些问题提出了一些对策建议,如深化分配体制改革、坚持优先发展教育、建立合理的社会流动机制,促进农村人口全方位融入城市等。

"案例和经验篇"共有四章。"浦东新区促进社会融合的实践与探索"一章,分析总结了浦东新区开发开放20年来,特别是以综合配套改革5年以来的社会建设和社会融合经验,提出了浦东新区建设"包容性城区"的发展方向。"以党建引领社区建设:来自静安区静安寺街道的经验"一章,总结了上海市静安区静安寺街道党工委探索实践同心家园区域化党建工作的成功经验,起到了"服务群众、凝聚人心、优化管理、维护稳定"的重要作用。"上海社区公益招投标工作情况调查报告"一章,介绍了2009年6月以来上海民政部门开展的公益招投标和公益创投购买社会服务取得的一些经验和问题,提出了发展思路。"在沪俄罗斯东正教活动的现状及相关管理体制的探讨"一章,分析了在沪俄罗斯东正教活动的现状、管理模式以及存在的问题,提出上海应该为在沪外国人提供一条更好的社会与文化融入的路径。

"附录"列出了上海社会发展的一些主要指标,并与一些直辖市的发展指标进行了比较,可以量化地记录上海社会发展的进程。

Abstract

The Blue Book "Annual Report on Social Development of Shanghai (2011)" consists of five parts, the first part is introduction, the second part is comprehensive article, the third part is public policy adjustment article, the fourth part is the cases and experience article, the fifth part is the appendix.

The introduction discuss the theme "social integration" in this year of social development report, showing the background of Shanghai Expo, and its role in building Shanghai society. It point out that Shanghai extended the public goods and services from registered household population to resident population in the "Eleventh Five-Year" period, and promote social integration. The report holds the view that Shanghai should strengthen civil society and civil organization's building; exert the basic role that the civil society and social organization in building the social construction field, which contribute to the development of true social integration.

The comprehensive part has two chapters. In the chapter of "Shanghai citizen livelihood survey report in 2010", the Sociology Institute in Shanghai Academy of Social Science analyzes the result of a survey of people's livelihood investigation who are permanent residents aged 18 – 65. The report introduce the public views on the issues and views from eight aspects which include the World Expo, the financial crisis, the food security, the housing problem, the transport travel, the security, the community and the city identity in details, it has important reference value that understanding the concerns of people and making the policy which can promote the construction of a harmonious society in Shanghai. In the chapter of "Promote social integration based on Shanghai Expo experiences", it introduces the successful experience that promotes the social integration of city home and abroad, proposed that society should more concern on vulnerable groups, and helps them integrate into society. And proposed some suggestion that Shanghai promote social integration which has five aspects include voluntary service, basic technical engineering, legislation, long-term mechanism which all through the formation of Shanghai hold the World Expo.

There are nine chapters in public policy adjustment. In the chapter of "Improve and perfect the endowment insurance system of Shanghai urban and rural society", introduce the latest developments and current problems that Shanghai reform in old-age insurance system, and proposed some suggestions that integrate various pieces of pension. In the chapter of "deepening the medical insurance system reform", proposed that Shanghai should create a unified medical insurance platform in "next five" period, and realize the smooth operation of medical insurance system, and protect the medical insurance right of various groups. In the chapter of "Realize the same city treatment of education gradually", it point out that foreign population groups has become an import part in children of Shanghai, all the city's 420000 foreign children in public schools or private primary schools commissioned by the government compulsory education, and 70% of which in public schools, there are still some difficulties and problems to be solved before and after the stage of compulsory education. In the chapter of "Promote the social integration of migrant populations in Shanghai", it consider that the household registration system that social welfare linked to resource allocation which our country carry out for a long term, limit the free movement of population, difficult to protect the legitimate rights and interests of migrants, need to weaken the value of household's social welfare, and build urban and rural social security system. In the chapter of "Explore a new mode and innovation strategy of old city reconstruction in Shanghai", it focuses on the problems of urban transformation in Shanghai, and proposed that the "urban transformation" need to combine with the urban renewal. In the chapter of "Dural-track policy adjustments: approaches for housing hierarchical integration", it considers that should solve the housing problem through protection and the market, the housing should be to protect and not give up the market. In the chapter of "Creating an elder friendly city society", it contrast the existing achievement of Shanghai pension service system and the target frame of old age-friendly cities, and point out that the gap between each other, proposed that realize the harmonious society which "regardless of age, everyone share" through carrying on the contraction of "old age-friendly cities".

In the chapter of "Being innovative in social organization development for an integration society", it analyze and summarize that the Shanghai social organization development status has play role in the promoting the social integration, and consider that social organization play an unique role in integration social resources, provide community services, maintaining social stability, correspond social relations, participate in social governance, promote charitable, create jobs and promote social integration. In the chapter of "Encourage middle class development, strengthen social backbone force", it discuss the transformation of society that the development and plight of Shanghai middle class, analyze the main reason which cause these problems and give some suggestions such as deepening the distribution of system, give priority to education, set up reasonable mechanism for social mobility, promote comprehensive rural population into cities and so on.

There are four chapters in cases and experiences article. In the chapter of "The practice and exploration in promoting the social integration in Pudong New District", it analyzed and summarized the past 20 years of Pudong New Area development, especially on comprehensive reform five years of social development and social integration experiences, put forward the development direction that Pudong New Area building "an inclusive city". In the chapter of "Community development guided by Party Construction: Experiences from Jing'an Temple Sub-District", it summarize the successful experience that the Jingan temple street party explore and practice the concentric home regional party building work, and play an important role in "serving the people, rallying public support, optimal management, maintain stability". In the chapter of "Report on the bidding of Shanghai community service projects", it introduced some experiences and problems which public bidding and purchases social services that Shanghai civil affaires department carried out in June 2009, and put forward the development way. In the chapter of "Study on the situation of Orthodox in Shanghai and its management system", it analyze the actuality, management and problem of the Russian Orthodox Church in Shanghai, put forward that Shanghai should provide a better social and cultural integration way.

The appendix lists some major indications of Shanghai social development, and makes some comparisons with some municipalities' development indications which can quantify the record of the development process of Shanghai society.

目录

ⓑ I 导论

ⓑ II 综合篇

ⓑ III 公共政策调整篇

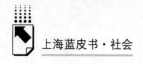

B Ⅳ　案例和经验篇

B Ⅴ　附录

皮书数据库阅读**使用指南**

CONTENTS

B I Introduction

B II General Report

B III Public Policy Adjustments

BIV　Cases and Experiences

BV　Appendix

导　论

Introduction

促进社会融合　让城市生活更美好

卢汉龙　周海旺

摘　要: 本年度社会发展报告以"社会融合"为主题展开。社会融合的基本含义是多元整合,消除社会排斥,谋求平等发展机会和共享发展成果。报告认为成功举办世博会为上海历史添上浓墨重彩,其中一个重要因素是,上海具有较高社会融合度的城市氛围。而为了让城市生活更美好也需要促进社会融合,让不同的人群能在城市中安居乐业,成就自己。导论着重分析了上海在"十一五"规划期间对社会融合起着关键性作用的社会政策突破:将公共物品和公共服务面由户籍人口拓展到常住人口,在结果公平、公共资源配置公平、社会关系平等等方面均注意发挥社会政策的调节作用,促进了社会融合。报告也指出,上海的公共服务政策需要从消除社会矛盾向更为积极地转变经济发展方式的立足点和渠道方向转变。要把促成社会融合的社会政策看成是一种生产力的要素。报告认为,上海今后在社会建设方面需要为全国提供更多的经验,因为上海的市场经济制度发展已经开始形成公民社会的基础。社会建设的核心是组织建设,是公民社会和公民组织的建设。

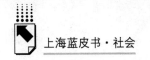

报告从组织建设的角度对上海今后发展的社会政策提出思路性建议，并认为深化社会体制改革的方向是建立起社会主义的公民社会制度，发挥公民社会和社会组织在社会建设领域的基础性作用，促成真正的社会融合发展。

关键词：社会融合　社会政策　社会建设

2010 年对上海而言是极其不平凡的一年。是年上海成功举办了以城市与生活为主题的世界综合类博览会，这将在上海城市发展的历史上留下浓墨重彩的一笔。作为发展中国家和文明古国，这个在全国堪称最为现代的城市经过举办世博会的洗礼，变得更为成熟，更为自信。上海更加清楚地看到了自身具有的发展潜力，也更加认识到自我发展中的弱点和前景。

一　本报告的基本背景

本年度的上海社会发展报告以"社会融合"（integrate）为主题。我们将在总结当年社会发展过程，展望发展前景，并提出发展建议中集中关注和体现这个主题。因为我们认为这是上海变得更加成熟自信，并具有全国一般性意义的发展经验。要让城市生活更为美好，从社会的意义上看，社会融合是基础，也是目标。无论是从成功举办世博会所需要的社会基础，还是从世博会展览所传递的各国城市文明的经验，都让我们这个城市感受到不同社会群体的相互融合，相互欣赏，共同合作与齐力创造之重要。

尽管社会融合一直为社会学家、心理学家、政策分析家和政策制定者们所关注，但社会融合的含义还是比较纷杂，理论上也缺乏一贯性，一般被视为多维度的现象或多参数的应变量。根据研究报告对象和目的的不同，相关的研究区分为实证研究和政策应用两个研究领域；依据关注层次的不同，将社会融合归纳为个体层次、群体层次和整体层次等三个层次。以此为脉络，和由来已久的"同化论"与"多元化"的争议，以及社会网络理论之间相联系均是我们诸多报告的理论支持。上海是一个以外向和移民为特征的城市，中国的改革与开放也使中国正在进一步走向世界。世博会为多元文化融合提供了难得的展示舞台，也给我们提供了一个不同社会需要融合的信号契机。社会融合需要社会政策的引导和推助，也需要我们认识到社会融合对稳定与可持续发展的全面理解，以及它和"城市，让生活更美好"这一世博会主题的内在联系。

无论是有意还是不经意的结果，"社会融合"成为上海近年来社会政策的重点。城市发展建设的目标，成功举办世博会都离不开一个和谐整合的社会，城市生活的基础需要一个融合的社会，实现包容性增长，消除经济发展过程中带来的社会问题也需要以社会融合来协调。下面我们简单回顾一下近年里，特别是刚过去的 2010 年发生的一些重要事项，分析社会融合对我们城市社会发展的重要意义。

经过 30 多年的以经济建设为中心的改革与发展，中国在经济增长方面创造了世界奇迹。然而，社会领域一系列新的矛盾与问题不断凸显，社会建设与社会管理的任务被列入议事日程。2004 年，中共中央提出"加强社会建设和管理，推进社会管理体制创新"，引起社会各界很大反响。北京、上海等地相继成立了社会工作委员会、社会建设办公室，承担社会建设的实践任务。近六年时间的社会建设与社会管理理论探索和实践创新，对推动中国社会建设与社会管理起到了重要作用。

2009 年 11 月 17 日，上海市委召开了全市社会建设推进大会，中共中央政治局委员、市委书记俞正声在讲话中指出，加强社会建设是关系改革发展稳定大局、促进社会长治久安的一项重大而紧迫的任务。这次全市社会建设工作会议，明确了上海市社会建设的指导思想、基本原则和主要任务，提出上海社会建设的工作目标，要求用 5～10 年时间，探索形成具有中国特色、时代特征、上海特点的社会建设基本框架。进入 2010 年，随着举办世博会工作紧锣密鼓地开展，以民生为重点的社会建设工作为配合世博会顺利进行，提供了一个和谐融洽的社会基础和城市氛围。

2010 年 5 月 1 日到 10 月 31 日是上海举办中国世博会的开馆期，这是国家和全国人民对上海的信任和委托，上海也把 2010 年称作"世博之年"，全市上下齐心协力总动员。从两年前启动"迎世博 600 天行动计划"开始到实际举办世博会的 184 天时间，是对上海城市建设和城市管理的一个大考验。安全办博成为全党和全社会关心并为之努力的大事。它寄托着中华儿女的百年梦想，见证了民族振兴的辉煌历程。在年初召开的市人代会上，市人大代表联名向全市市民发出倡议，表示要当好东道主，增强责任感，珍惜世博盛会对城市科学发展和改善我们的生活带来的机遇，全力以赴，举办一届成功、精彩、难忘的世博会。① 在中央领导和全国人民支持下，上海人民出色地完成了这个任务。上海在服务世博的过程中得到了融合世界和融合全国的良好体验。通过举办世博会，对"城市，让生活更美好"有了新认识、新举措。

随着世博会的召开和展示，我们了解到世界各地对"城市"与"生活"这些主题的理解，越来越体会到城市是一种文明，生活是一种追求。世博会给我们最大看点就是如何让城市生活更美好，其中社会融合是一个频数最高的议题。社会融合就是要消除各种被排斥的现象，包括城乡排斥，性别、种族、年龄、社会阶层的排斥。城市本来就是一个复杂的多面向、多纬度的多元体。社会融合就是要寻求多元的社会整合。世界发展到今天，从人类文明进步的角度来看，要使生活更美好，社会融合是一个基本要求。在全球化发展的时代，城市已不再是相对于农村而存在的文明，而是联系全球与本地社区的纽带。在科技发达和全球一体化的情况下，资金、技术、能源、物质、信息的流动正在减少城乡差别，现在的中国，大多数穷乡僻壤都可以买得到可口可乐，中国的用电普及率超过90%，大部分地区都能够看到卫星电视和外国电影，通过互联网和移动通信收听收看新闻和与他人联系，城市的人文和社会意义正在超过它的经济意义。城市社区与外部世界相互交融，而不是单相面地成为全球化经济的末梢或者终端，完全被动地接纳外部世界。每一个城市需要体现地方社区的文化，把它的创新性和整个全球化结合起来，才会真实存在并对人类的大系统和整个文明有所贡献，这一点通过世博会我们取得了更深刻的认识。全球化和市场化同时伴随着移民，而且移民将在21世纪成为中国重要的社会城市化现象。如今在上海常住的外来人口（居住半年以上）已经达到600万人，和本地户籍人口的比例几乎是1∶2，即三人行，就有一人是外来人。移民的融合是一个城市是否具有竞争力的关键性要素。

2010年是我国执行"十一五"规划的最后一年，也是制定新的"十二五"规划（2011～2015年）的调研之年。根据中央的部署，上海市对"十一五"规划执行情况进行了盘点与评价，分析面临的新问题和新情况。同时也开展了制定"十二五"规划的大调研、大讨论。上海市发展和改革委员会（简称"发改委"）从4月份起开通网站广泛征求社会意见。为了提高规划工作的透明度、民主参与

① 2010年2月1日《解放日报》。

度，广泛凝聚社会各界智慧，对重大问题形成共识，增强规划的科学性，5 月份"发改委"又向社会发布上海市"十二五"规划前期重大问题研究公告，列出 21 项课题向社会公开选聘研究单位（即社会招标）。在招标选聘指南中设立了"加快社会发展促进社会和谐"的研究专题，分别就推进上海医药卫生、教育的改革和发展，增强城市文化软实力、完善就业和社会保障体系、人口老龄化趋势分析和应对措施等方面立项开展研究。市委书记俞正声在深入基层调研"十二五"规划制定工作时强调，要按照中央精神，加快转变经济发展方式。要坚持把改善民生作为转变经济发展方式的立足点，大力推进社会建设，兴办惠民利民实事，促进经济社会协调发展。① 这是把科学发展成果让人民共享的庄严承诺，必将使上海的"十二五"规划真正成为凝聚人心、形成共识、解决难题、探索思路的美好蓝图。

2010 年 10 月 15～18 日中共中央十七届五中全会召开，全会指出，"十二五"时期是我国全面建设小康社会的关键时期，是深化改革开放、加快转变经济发展方式的攻坚时期。我们要增强机遇意识和忧患意识，科学把握发展规律，主动适应环境变化，有效化解各种矛盾，更加奋发有为地推进我国改革开放和社会主义现代化建设。胡锦涛总书记提出坚持把保障和改善民生作为加快转变经济发展方式的根本出发点和落脚点。2009 年底，国家主席胡锦涛在亚太经济合作组织会议上就曾强调"统筹兼顾，倡导包容性增长"（2009 年 11 月 15 日）。他在 2010 年 9 月 16 日出席第五届亚太经合组织人力资源开发部长级会议开幕式并发表题为《深化交流合作 实现包容性增长》的致辞。在致辞中他再次强调，"实现包容性增长，根本目的是让经济全球化和经济发展成果惠及所有国家和地区、惠及所有人群，在可持续发展中实现经济社会协调发展。"包容性增长（inclusive growth）概念的核心要义，就是强调社会弱势群体、低收入人口，有相对平等的发展机会，能从经济增长中更多受益，强调增加劳动者收入在整个 GDP 所创造财富中占的比例，强调和谐发展、科学发展；就是强调国际社会、各国之间的协调配合，以促进全球经济增长的稳定，使得更多人享受到全球化带

---

① 这是中共中央政治局委员、上海市委书记俞正声前往上海徐汇区、青浦区、闸北区、黄浦区，就谋划上海"十二五"规划进行专题调研时的讲话精神。参见 2010 年 6 月 18 日《新闻晨报》。

来的好处，使弱势群体、贫困人口都能得到有效的保护。"包容性增长"对中国、对全球都有一定的借鉴意义。[①] 瑞士洛桑国际管理发展学院（IMD）国际经济学教授、IMD 埃维昂组织创始人让·皮埃尔·莱曼（Jean Pierre Lehmann）指出，"在过去几十年里，中国在经济增长上取得了全球瞩目的成就，但这并不是包容性增长。事实上跟许多国家的情况一样，中国的包容性问题已很典型。尽管企业利润增长迅猛，公共产品却在恶化，不平等现象也有所增加。作为全球经济发动机和模板，中国实现复兴面临的下一个挑战就是需要成为包容性增长的先锋和模范。这也符合中国人的传统与儒家思想。没有包容性增长，就不会有和谐社会。"[②] 尽管学者的见解见仁见智，但是有一点确实需要承认，中国的改革是利用市场配置资源，发展经济中的基础性作用。不容讳言市场的原则是个体盘算谋利的"私人原则"。这里的"个体"与"私人"不可简单理解为自然人，而是包括企业、集团、部门。我国的市场经济制度强调"社会主义"的"公共原则"，但是在制度上确实还很不完善，世界上也难有现成的社会主义市场经济制度的经验可学。从计划体制转型过来的政府在宏观调控、再分配等社会职能上未能完全到位，而它本身作为重要生产资料的土地收益"所有人"和国有资本实际"使用人"的角色并未改变。[③] 所以政府"言商"的现象比比皆是，行政逻辑处处表现为本部门利益和领导人政绩的市场逻辑。实现包容性增长所涵盖的保证市场机会均等、公共资源配置均等、人人得以共享经济发展成果的原则是社会主义的原则。政府的公共政策职能十分重要。

我们在"十一五"规划开局之初的上海社会发展报告中曾以《关注社会政策》为题做过分析。预测在今后的发展中上海需要把社会政策放在十分重要的位置来加以关注，并且认为这是现代市场经济制度条件下政府工作的主要职能。[④] 在该报告中，我们分析了政府三个层面的社会政策：关注分配结果的公平，关注资源配置的公平，关注社会关系的平等。大凡属于政府日常社会行政

---

① 蔡荣鑫：《"包容性增长"的理念的形成及其政策内涵》，《经济学家》2009 年第 1 期。

② 让·皮埃尔·莱曼（Jean Pierre Lehmann）：《探索包容性的增长》，《中国企业家》2008 年第 13 期。

③ 有关政府市场角色的分析可见我们编著的 2010 年社会发展蓝皮书《上海 2010 年社会发展蓝皮书：投资社会》导论。

④ 卢汉龙主编、孙克勤副主编《2006～2007 上海社会发展报告：关注社会政策》，社会科学文献出版社，2007。

（social administration）的就业培训、收入分配、社会救助、养老保障都是保证结果公平的社会政策；通常属于国家社会事业（social management）的基础教育、医疗与公共卫生、住房保障、科技与文化博览都有保证公共资源配置公平，机会与能力平等的社会政策；对于不同特征的群体，如妇女、儿童与未成年人、老年人、残障人士、流动人口与城市新移民，有以保障不同群体权利平等、关系平等的社会政策。社会主义国家是一个以公共性原则至上的国家。以往我们很少提"社会政策"这个概念，是把社会主义等同于公共福利国家，实行计划经济体制，用经济政策替代社会政策。指令性计划体制的盲目性和低效率很大程度就是因为企业不是经营实体而是为政府承担许多社会管理和社会保障责任的下级。改革恢复了市场对发展经济的基础性作用，改革同时也会把社会管理和公共服务的职能分离出来，需要政府和社会承担。各类社会政策由此而生，它具有消除不平等、促进社会融合的体制性功能。

社会融合正是在这样的背景下，被我们认为是"十一五"期间逐步积累探索的上海城市治理与社会建设的重要议题，而且在今后的发展过程中会变得越来越重要。社会融合需要保证不同社会阶层机会均等和共享发展，特别需要调节不同群体之间关系平等。目前社会领域出现一系列新的情况，加强社会建设已成为新一轮改革与发展关心的共同问题：如城市的更新改造与长效管理，公共服务需求的多样化发展，人口老龄化已进入实质性应对阶段，外来流动人口也归并为新移民问题，房价飙升和产业结构调整带来安居与乐业的民生新问题，物价消费拉动经济增长的正反效果，提高生活质量以及低碳可持续发展之间的关系错综复杂。社会投资与公共消费问题继续凸显，公民社会与社会组织正在兴起。所有这一切都需要我们把社会融合作为社会建设中一个重要的政策目标整合分散的社会资源，协调多元的群体利益，满足多样性的社会需求。

二　公共物品和公共服务的功能拓展

回顾"十一五"期间（2006～2010年），上海在公共服务、社会管理方面一个十分显著的突破是把有关的社会政策关注面从户籍人口拓展到了常住人口。以往大部分政府提供的福利保障的公共政策基本上都只针对具有上海户籍的居民。一些公共资源，如义务教育、公共卫生、社会保障制度的受益面也基本上和外来人员无关。在很长一段时间里，外来"新移民"，哪怕他们在上海这样的城市居住、工作了三年、五年甚至十多年，依然被看成是"流动人口"，流离在政府公共服务政策的视野之外。他们无法融入这个城市，和这个城市没有相互认同。这种被排除的现象近年里发生了根本性的变化。在中央政策规定下，上海逐步解决了外来务工人员同住子女的义务教育属地化的问题。上海在就业、计划生育、公共卫生等方面均把外来常住人口纳入服务范围。上海也是领先全国其他城市为外来务工人员设立了综合保险制度，对他们的工伤、大病医疗、养老均提供适度的保障。所有这些政策措施对于外来常住人口的社会融合起到了积极作用。

2009 年以来，上海市人口办（设立在市公安局）组织开展了实有人口、实有房屋的全覆盖管理工作。通过调查登记基本摸清了全市实有人口、实有房屋的基本数据。面对外来人口导入（包括本地户籍居民的市内搬迁流动）给全市各区特别是部分郊区及城郊结合部地区的环境卫生、社会治安等带来的巨大压力，上海市政府在工作中突出重点、抓住关键，对居住稳定、变动不大的人群突出服务为主，以服务带动管理，以服务促进管理，提高服务质量。政府以扩大"就学、就医、就业"等与外来人口密切相关的民生服务事项为抓手，做实实有人口登记工作和居住证制度。通过扩大持证人享受社会公共服务的范围，研究政策创新，不断提高居住证的"含金量"，引导外来人口主动登记领证。这样不仅为实有人口管理提供了支撑，同时也增强了外来人口对上海和居住地的融入度和归属感。2010 年 11 月 1 日全国第六次人口普查将提供出上海市实有人口和实有居住房屋最为权威的详实数据。我们正翘首以待数据的发布。同时我们也认为，针对目前上海城市的体量越来越大，公共物品和公共服务需要以各区县实有人口的基数来制定。而上海本地户籍居民的户口所在地和实际居住地的"人户分离"现象也十分普遍，不利于区域规划和属地管理。建议有必要考虑对上海市户籍人口也同样推行实际居住地的"居住证制度"，公共服务和实际居住地以及房屋纳税地挂钩，进一步淡化户籍捆绑保障福利的功能。

2010 年上海市政府继续把以常住人口来规划公共服务的内容拓展到住房保障。年中市政府出台了关于公共租赁房的有关办法规定，其中一个亮点是使住房保障的范围拓展到包括外来常住上海的人口，尤其是刚毕业的外地大学生和外来有用人才。上海针对住房保障转型过程中的结构性缺陷，积极引导以租赁方式解决大城市居所的问题，对于居高不下的上海房价将会起到有效的平抑作用。由于安居是融入社会的基本条件，所以这也是一项积极的社会政策，有助于社会融合，下面我们比较详细地分析一下 2010 年居住房公共政策的转变如何体现了包容性增长策略和对于转变经济增长方式达成社会融合的作用。

（一）公共租赁房政策出台有望缓解房价和居住需求的矛盾

上海自 90 年代率先全国实行城镇住房商品化改革以来，居民的住房形态有了根本性的改变。1998 年国家取消了计划体制下的住房分配制度，迫切需要建立一个和社会主义市场经济制度相适应的住房保障制度。上海公共租赁房政策的提出有国家住房和城乡建设部统一要求的原因，也十分符合上海这样大城市对居所的发展要求。

进入新世纪以后，得益于经济发展和筹办"世博会"的拉动效应，上海城市建设步伐加快，推动了旧区改造，数以十万计的居民家庭居住条件得到改善，从某种程度上缓解了本地居民对住房保障的需求。但是，由于居住是城市必备的功能，对于在上海生活的 2000 万左右城市常住人口而言，人人需要有合适的居所是政府和市场、社会所共同面对的问题。尤其是对政府而言，如何更好地保证为社会提供非市场和非居民个人能力所能得到的合适住处更是一项重要的公共服务内容，2010 年上海市政府工作报告中把满足居住的"民之所要"列为当年重要的工作内容。

上海市委和市政府历来重视住房保障工作。2001 年开始对住房困难的低收入家庭推行"廉租房"制度；十年来因重大市政工程为动拆迁居民建造了大量的"配套商品房"作为"动迁安置房"（又称"限价商品房"）；2010 年开始全市中心区全面启动建造适合中低收入家庭需要的经济适用房。以上三项政策措施在不同程度上均有提供住房保障的意义，但是在实行过程中也存在一定的缺陷与问题。

首先，"廉租房"制度属于"托底保障"居住的政策，具有相当的福利性。最初受益对象限定为享受民政福利的"低保户"中居住条件特别差的家庭，后来把它扩大到低收入居住困难的家庭。由于设定的条件要求高，所以到 2009 年底仅有 3.1 万户家庭受益，政策设定的范围也只在 10 万户以内，而且只提供给有上海市户籍的家庭（全市城镇家庭户约 430 万户）。即便如此，上海廉租房政策能直接提供实物帮助（即住房）的比例很低，大多数是货币性补贴。而对于本来就是低收入的家庭而言，廉租津贴费实际上大部分被用来改善低收入家庭的日用开支，真正能用来改善居住条件的并不多。政策效果和预期并不完全吻合。

其次，政府为配合重大市政工程动迁所提供的大量配套出售的"动迁安置房"是以政策优惠的价格出售给动迁户居民的"限价"商品房。所以本质上是对被"征收、征用"住房的居民进行补偿，而非政府社会政策意义上的保障。只是因为规划上会出于降低动拆迁相对成本的考虑，尽量使用原房屋质量较差的区域来实施市政工程（包括政府储备土地）。这样，被征收、征用拆迁的居民户住房条件得到很大程度的改善，容易被误认为是政府给予的一种住房保障。其实如果从公共福利的角度来看，过高的动迁补偿是对公共资金的滥用，会造成对全社会的不公平。这种结果事实上从世博会地块的动迁开始已经不同程度上有所显现，只是没能引起足够的重视。

最后，"经济适用房"政策是在国内大城市商品房价格飙升，政府为满足中低收入家庭置业需要而推出的公共政策。该政策蓝本取自于新加坡的"组屋"计划和我国香港的"居者有其屋"计划。这些计划分别在上世纪60~70年代推行，并依托成熟市场制度和完备的法制条件为背景，福利效果十分显著。但是新加坡作为一个独立的城市国家，地域和人口总量相对狭小，又有雄厚的经济实力和良好的人文管理基础的支持。其经验对正处于城市化发展上升时期的中国而言很难仿效。我国香港的"居者有其屋"计划更是在1973年推出的，当时港府已有近20年"廉租屋"政策的基础，社会财富也积累到了一定程度。该计划对处于经济起飞时期和高房价情况下的香港，为满足中低收入家庭置业需要确实起到了积极作用。同样性质的计划还有1990年香港推出的为解决所谓"夹心层"居民置业需求的"夹心层住房计划"（Sandwich Class Housing Scheme）。但是上述这些计划从2000年开始均已被香港特区政府无限期搁置。主要理由是认为这些"居屋"政策超越了政府只需提供基本生活保障的职能，以政府角色直接进入市场提供住房商品会扰乱市场运作。目前我国各地实施经济适用房（有些城市称"限价商品房"）的经验也表明，制度的保障性和公平性很难把握，管理和实践过程中充满着政治、经济、社会和伦理上的风险挑战。

所以作为建立社会主义市场经济制度下城市住房保障体系中的另一种补充的

选择进入了政府和社会的视野。那就是政府需要提供适合不同收入层面和居住需要的公共廉租住房。2006年国务院政府工作报告首次提出"建立健全廉租房制度和住房租赁制度",2008年国务院办公室下发的"131号"文件表述得更为具体,"对不符合廉租住房和经济适用住房供应条件,又无力购买普通商品住房的家庭,要从当地实际出发,采取发展租赁住房等多种方式,因地制宜解决其住房问题"。2009年的国务院政府工作报告又进一步提出"积极发展公共租赁住房"的要求。北京、广州、常州等地已纷纷开始试点。公共租赁房成为保障性住房建设中一个新的航标日益受到重视。在2010年初上海市十三届人大第三次人代会上,韩正市长也表示上海要在第二季度拿出方案,受到了人大代表和政协委员的广泛支持与欢迎期待。

我们认为,建立公共租赁房制度是完善我们的住房保障制度结构性缺陷的必要措施。它将是解决我国城市住房,尤其是像上海这样一个开放性大城市的住房问题的重要形式,也是使各类人才,特别是青年才俊融入上海的积极措施。这是从完善制度的实际需求出发的一种选择。但是实施推行公共租赁制度必须从实际需求出发,不能走计划体制的老路,回到改革前的福利分房政策。

我国实行社会主义市场经济制度以后,住房的商品性质得到肯定和广泛的认同。住宅本是大宗生活必需品,也是一个不能随意带走的"不动产"。它既有提供居所的功能,也有理财投资的功能,所以它既是消费品,也是投资品。从房地产商角度来看,住房需求包括了居住需求和投资需求。从社会民生的意义上看待住房问题,居住的功能是最重要的。住房保障是从保障居住为出发点提出来的。所以政府在宏观政策上必须鼓励以满足居住为主的住房建设和房屋买卖流通,这才是对城市居民找到合适住所的最有力的保障。

由于市场经济制度已成为我国基本的经济发展制度,所以如何在社会主义原则前提下发挥市场的基础性作用成为我们制定一切公共政策的出发点。建立政府主导的公共租赁房制度需要在坚持住房商品性质的基础上,寻求市场和民生基本需求的统一,建立起一个积极的、完整的住房社会保障体系。

正因为住房的价格昂贵,所以并不是人人都能买得起住房的。尤其是对于大都市而言,由于职业分工复杂,流动性比较大,也不是所有人都需要通过购买住房来满足居住的。上海和我国其他城市一样居民住房的自有率(即自己拥有住房的产权)很高,这是由特定的历史原因造成的。在计划性配置住房的年代，我国城市居民绝大部分以租赁方式居住在政府或单位提供的住房里。20世纪90年代"房改"时，政府（和单位）把独立成套的原公共房屋以十分低廉的价格（大约为当时实际房屋价值的1/10）出售给了住户。可以说这是上海户籍居民分得的一笔十分可观的计划体制的"遗产"。当然也可以认为是对他们（或他们的父母）长年在低工资、高积累的计划体制下工作服务的一种转移回报。住房高自有率的另一个原因是自20世纪90年代以来，上海市区范围迅速扩展，相当部分变为市区的原郊区居民原本就拥有自己房产。上述两个特殊的历史过程造成了上海市户籍居民的住房自有率很高。这本不是一件坏事，但是容易造成住房必须拥有房屋产权的想法和消费需求。其实和其他国际性大城市相比，上海的住房"自有率"程度已经超出一般水平，达到了70%左右。如果继续以高"自有率"来发展上海的住房建设和居住市场，肯定不符合上海当前的经济富裕水平和大都市发展的规律，是一种不科学的发展方式。对此我们需要有清醒的认识。

同时，我们看到，上述住房高自有率的统计是以户籍人口为基数的。事实上，2008年在上海等地开展的外来人口居住状况统计表明，80%以上的外来人口是在租房子住。[①] 所以需要清醒地看到，十多年来的住房商品化改革不仅带来住房买卖交易市场的兴旺，同时也带来住房租赁市场的发展。而且，从居住的角度来看，租金价格指数是住房消费市场中的重要指标，它比房价更能指示居民实际的住房消费水平。这是因为房价往往包含对房屋资产价值的预期，具有置产投资的含义，它的变动并不是确切的居住消费指数。因此，国际上一般都不把房价纳入居民消费物价指数的采集范围，而往往把市场租金作为住房消费的指标。我们可以根据房价和租金的比例来判断现在的房价是否有炒作泡沫的成分和市场风险。国际上一般以"售租比"超过200为警戒线，而我国一些大城市的这个比例在270～400之间，上海更是处于高位，明显脱离城市住房满足居住需求的发展常态。

上海目前住宅使用中更有两个特别的现象需要得到重视：一是抽样调查数据表明，上海本地户籍居民中有二成左右的家庭拥有2处（21.7%）或2处以上

---

① 参见范冬梅"农民工纳入城镇住房保障体系研究"，卢汉龙主编《2009年社会发展报告：深化社会体制改革》，社会科学文献出版社，2009。

（2%）住房（2005 年），这些多余的房子具有出租或潜在出租的可能。二是一些外来人员购买上海房产并非用于自己居住，而是用于投资。所以，上海目前的住宅（尤其是新建已出售的住宅）有相当比例的"空置率"。① 2010 年网上曾晒出"中国 660 多个城市，连续 6 个月以上电表读数为零的空置房高达 6540 万套，足够 2 亿人居住"的报道。虽然无人确认出处，但是消息不胫而走，引起广泛同感。② 统计部门对空置率的调查"顾左右而言他"，不得要领。现在只能寄希望于本次人口普查（标准时间：2010 年 11 月 1 日）。其实我国统计部门目前提供的城镇人均居住面积或使用面积，也是以城镇所有住宅面积按户籍人口平均摊算的，并不能真实反映实际的住房配置不均和居住苦乐不均的现象。实际上上海有堪称领先全国、最为系统和详细的房屋产权和居住信息，一直也不见有权威可信度的数据公布。但是，观察与感受均告诉我们，上海有相当部分住房未被实际使用，这是非常不正常的现象。因此，当房价健康稳定，投机炒房行为得到有效遏制以后，上海的住房租赁市场一定会得到更好的发展。

但是，上海目前的住房租赁市场并不完善。一是缺乏有针对性的法规。虽然上海市房地部门在 1999 年出台有《上海市房屋租赁管理条例》，并且在 2000 年和 2001 年连续补充了两个贯彻执行该条例的"意见"。但是这个条例一是针对性差，泛指住宅用房和非住宅用房的租赁。二是缺乏必要的执行主体和监督机制。三是缺乏对租赁双方权利和义务的对等保护，尤其是调查中反映出租赁签约期很短，租赁市场中的承租户处于被动地位，不能落户口，缺乏长期安居的安全感等问题。

表 1 是我们在上海开展的居民生活抽样调查的分析结果。上海目前以租赁方式获得居住的市民大约占 28.6%。其中租住在国家原公房的家庭依然占相当大的比例（18.9%），也有近 2% 的人租住单位提供的房子。真正通过市场租用私人房子的占 7.8%。这个数据和统计部门提供的历年数据有很好的耦合度（参见后面关于住房保障研究的篇章）。

---

① 这里特别要指出的是：国际上通用的"住宅空置率"是指未被居住或出租使用的住房占全部建成住房的比例，而我国对空置房的统计仅指建成后尚未出售的住房比例。

② 肖明：《专家调研商品房空置率　全国 6000 万套有可能》，2010 年 7 月 21 日《21 世纪经济报道》。

表1　上海居民住房性质构成

住房性质		户数	百分比（%）	
自有房	购买的商品房	231	18.8	67.6
	购买售后公房	460	37.4	
	自有私房	141	11.4	
租赁房	租住私人房	97	7.8	28.6
	租住单位房	23	1.9	
	租住公房	233	18.9	
其　　他		46	3.8	3.8
总　　计		1232	100	100

注：调查是在上海市 12 个原市区 39 个居委会范围内随机抽样进行的。有效样本数 1232 个，其中 150 户系外来人口（占 12%），有上海户口的"新上海人"占 5.6%。上海社会科学院社会学研究所，2010 年。

　　该调查同时显示，约 1/3 的市民家庭有购房改善居住的愿望，11.2% 的住户更是意愿迫切。但是想买房者中的 80% 觉得不能承受当前的房价，近半数表示完全没有支付能力，占 1/4 的人表示有首付的能力。所以真正有能力进入商品房市场解决住房需求的比例不高。2010 年徐汇和闵行两区经济适用房试点中同样反映出这样的结果。表 2 揭示了被访者对获得住房的不同途径的各种选择。

表2　有住房需求的住户愿意采取获得房子的途径

获得住房的途径		户数	百分比（%）	
买房子	长期贷款购买零首付的房子	70	16.9	34.9
	购买经济适用房	52	12.6	
	参与单位集资建房	22	5.3	
租房子	租住单位提供的房子，产权归单位所有	57	13.8	37.3
	租住政府提供的房子，产权归政府所有	88	21.3	
	租住私人提供的房子	9	2.1	
没想好	其他			27.8
	以上均不愿意	36	8.7	
	说不清	79	19.1	
总　　计		413	100	100.0

注：调查总样本为 1232 户，其中 413 户有改善住房需求。上海社会科学院社会学研究所，2010 年。

表2所示的大体结果是，"买房子"？"租房子"？"还没想好"？这三种情况大体上是三分天下。而"租房子"的办法明显占了上风（占37.3%），而且有21.3%的住房需求者是希望能租到国家提供的租赁房。该调查是在政府还没有实质性推出公共租赁房计划的情况下进行的，所以政府一旦推出公共租赁房，相信用这样的方式获得住房会更受欢迎。这也说明推行公共租赁房计划将是深得民心的一项举措。

该调查结果所显示的愿意租赁私人房屋的比例很小（仅2%强），这也从另一个侧面告诉我们，需要充分重视目前租赁市场以私房出租为主的不足与无奈。这需要我们在设计公共租赁房计划的同时，注意激发和保护私人租赁市场的巨大潜力，使之在解决城市住房中更好地发挥市场主体的作用，和政府提供的公共租赁房政策积极互补。

（二）满足青年人的居住需求亟须公共租赁政策的积极引导

由于人口结构变化和流动、产业结构调整和提升、房价脱离满足居住需求能力的上涨，青年人，尤其是外来到上海从业、创业的年轻人对居住的需求尤为迫切。找住房是融入城市与社会的第一步，青年就业者的安居乐业不但对上海人才集聚、城市发展有重要的意义，而且对社会安定团结、稳定和谐发展的作用不可低估。所以解决青年人的合适居所问题同样需要政策面的积极引导和适当供给。

上海市政府参事室在2010年2月组织实施的一项关于青年人居住状况和意愿调查中显示（见表3），1/3受访者"很不满意"目前的居住状况（外地户籍的达到近四成），一半受访者是在"凑合"之中居住。然而总的看来，在职青年人已购买住房的比例也已超过四成（注意：本地人和外地人之间的差距明显），外地户籍的青年人已购住房的比例大体为一成。从住房自有率来看，对于上海这样的大城市和富裕水平而言其实并不算低。因为即使是在发达国家，年轻人置业也决非易事。所以全面理性地对待社会上以满足居住为目的的房屋需求十分重要。

对于还没有购房的青年人期望单位和政府帮助他们解决住房问题的调查结果显示，大部分青年人的依靠市场解决意识已经比较强烈。平均72.4%的青年人希望通过单位提高工资来自行解决住房问题，近四成（39.7%）青年人希望能买到政府提供的经济适用房（就是半市场、部分产权的方式）。我们知道，通过

表3 上海在职青年对住房的意向（35岁以下有稳定工作者）

情况（35岁以下在职人员）	平均比例	原上海户籍	新上海户籍	外地户籍
调查数=4091人（100%）		64.1	6.5	27.4
对目前的居住状况程度：（%）				
很不满意	34.4	32.4	34.4	39.3
还凑合	51.3	52.0	48.5	50.3
满意	14.3	15.8	17.0	10.4
目前的居住性质：（%）				
住单位宿舍	10.3	5.1	12.0	20.6
独自租房	21.4	15.4	33.0	31.3
合租	23.7	17.2	20.2	37.3
已购住房	44.5	62.4	34.8	10.9
未购房者对单位的期望：（%）				
提供单位廉租房	27.6	24.5	31.6	33.4
提高工资自行解决	72.4	75.5	68.4	66.6
未购房者对政府的期望：（%）				
给予廉租住房	15.8	11.4	13.3	25.4
给予购买经济适用房	39.7	36.6	35.9	46.9
给予贴息、减税购买住房	44.5	52.0	50.8	27.8

注：调查是在上海十个中心区和嘉定、松江，以及张江高科技园区、宝钢集团、财经大学、上海社科院和中科院等单位随机发放进行。全部调查个案5050份，回收合格的个案4091份。上海市政府参事室2010年2月。

增加工资和政府提供廉价出售经济适用房的做法会直接抬高城市发展成本，所以政府需要在保护整体市场健康发展和解决公共需求方面做好平衡，尤其是在公共政策上体现可持续发展，引导满足需求方式的改变。

平均15.8%的在职青年希望政府提供廉租住房，特别是没有上海户籍的在职青年的这个期望比例达到1/4以上（25.4%）。这和希望购买政府经济适用房的比例相比，大约是在0.4~0.5之间（本地人和外地人的区别）。也就是说，即使在目前社会上以通过购房来满足居住需求占主导的情况下，对青年需求者而言，政府在提供经济适用房还是公共租赁房方面的比例大体上是2:1（按套数计算较好）。目前，上海在建造经济适用房方面的计划已正在进行之中，迫切需要在全面衡量能力和需求关系的基础上，平衡好"买房住"与"租房住"的比例。用积极的社会政策引导青年人形成量力而行，逐步改善住房消费观念。做到

"分层次、多渠道、成系统"的住房保障目标。公共租赁房和上述现行住房保障政策最大的不同是，上述政策的目标群体目前限定为具有本市户籍的居民，而公共租赁房计划将是面对符合条件的常住人口。目前主要解决三类人群的阶段性住房困难问题，即引进人才、新就业职工、来沪务工人员。大部分目标群体是年轻人。2010年9月上海公布执行公共租赁房政策，从现在市政府出台有关公共租赁房政策和"十二五"期间的发展规划来看，基本上还是一个新建房屋的政策计划，就目前的土地和建设效能而言估计很难完成。我们认为公共租赁房计划的政策目标是政府积极引导市民按需、按能解决居住问题，把租赁居住作为取得合适居所的一种重要选择，以适合不同社会人群自主选择的居住方式。所以建议公共租赁房政策还可以包括对不同人群实施市场租金补贴等非由政府提供实物援助的项目。政府扶持市场经出租公司搞活并规范私人房屋出租市场，对于吸纳和挤压空置房，充分培育市场租赁会有积极意义。我们的指导思想是：建立适合社会主义市场经济体制发展的住房保障新体制，达成联合国倡导的"人人都有合适居所"（providing adequate shelter for all）的理念，而不是人人都要拥有自己的住房。实现政府关于满足安居是"民生之要"的工作目标，而不是满足市民投资房地产保值增值的需要。毕竟"有房子住"和"有房屋财产"还是两回事，前者是政府需要考虑负责的市民基本需求，后者则是财富积累和市场发展的结果。

（三）推行积极型社会政策：使"制度"成为生产要素

除了上述这些和社会融入直接有关的居住政策以外，本报告各篇章从社会建设的不同公共服务领域的制度建设作了研究报告。我们注意到，上海社会政策的目标在实现帮助弱势、消除社会不平等的同时，开始认识到，要把社会政策提供公共服务和公共物品制度作为转变经济生产方式的一种生产性要素。近年来"就业是民生之本"的思路进入社会政策调节结果公平的施政领域。解决就业问题，开展职业培训等积极性的社会政策也纳入结果公平的关注范围。各地都先后制定了最低生活保障线、下岗和失业人员保险金以及最低工资标准线制度。这是社会政策深入并影响经济分配领域的具体措施。从市场经济的逻辑来看，工资标准需要由市场来确定，似乎不需要纳入国家政策调整的范围。但是事实上最低工资标准是对基本劳动价值的社会确认，是就业者取得劳动报酬可以过上体面生活的基本条件。所以，对于社会主义制度的国家，需要提供这样的结果性底线保障的条件，以体现社会公正。而且，设定最低工资标准能挤压和淘汰边际效益不足、处于低端产业的企业，有利于产业结构的调整、更新和提升，从而提高城市的经济能级。

但是这还不够，我们认为积极的社会政策还需要同时制定保障企业职工具有工资集体谈判能力的政策措施，承认和保护非正规就业的合法权利等融合社会的制度。这样就能避免处于强势的资本对劳动者进行剥夺，保持经济的活力。近些年收入差距扩大的现象得不到有效控制，其中一个重要的担忧是直接生产者的工资增长很慢。现在社会上一谈到收入差距扩大就要求政府出台增加工资的政策，政府也备感压力很大。其实在市场经济制度下，政府直接调节企业职工工资的能力十分有限。但是，在所谓的一次分配靠市场的普遍原则下，政府并不是完全无可作为的。制定政策保护和支持直接生产者参与工资谈判，融合劳资关系就十分重要。

现在有不少地区出现了企业将最低工资就作为基本工资，常年不增加一线劳动者工资的现象。我们需要制定相应的社会政策，规定或鼓励行业协会和同业性质的工会来制定更为具体的工资标准，建立起必要的工资谈判机制，从初次分配开始保证社会公平，从劳动力要素着眼体现社会政策的功能和包容性增长的经济发展方式。

资源的公平配置是社会政策的第二个调节目标内容。目前最重要的公共资源配置就是基础教育、基本医疗和公共卫生以及享受社会保障的各种权利，包括养老、工伤、医疗、住房等保障。这些也是近年来受到高度关注的民生话题。资源配置均衡是保证社会机会平等的重要措施。以前这些方面的职能大部分属于国家的社会事业，基本上都是由政府下属的事业单位来提供服务并和单位保障相结合。改革开放以后，社会事业单位开始利用市场经济机制来运行。它们所具有的公共服务的性质受到一定的影响，单位体制也已消解。温家宝总理2010年4月在《求是》杂志发表署名文章专门讨论解决"一条腿长，一条腿短"的经济社会不协调问题的经验，指出发展社会事业也是作为转变经济发展方式、扩大国内需求的重要途径。我们已经初步具备了加快发展社会事业、改善民生的物质基础和条件，必须以更大的决心和力度，推动这方面工作取得新的更大进展。文章论述的八个问题均和公共服务政策有关：一、用科技的力量推动经济发展方式转变；二、面向时代要求谋划教育发展；三、用新的理念推动文化发展繁荣；四、把促进就业放在经济社会发展的优先位置；五、提高城乡居民收入和改革分配制度；六、加快完善中国特色社会保障体系；七、积极稳妥地推进医疗卫生体制改革；八、大力推进社会事业领域的改革。① 社会政策需要为建立一个和市场经济制度相匹配的公共服务体制制定框架，以体现社会主义公共性的原则。在指令性计划的年代里，社会事业被认为是非物资生产领域，是意识形态的上层建筑，不创造经济价值。但是现在，提供公共服务是在消耗社会财富的观点已经过时。公共服务产生公共消费，本身就是拉动经济增长的重要部分和必要机制。像教育、科技、医疗、文化、体育等社会事业对经济生产力和扩大再生产的作用已十分明显。科技被证明是第一生产力，教育具有人力资本投资的意义，医疗卫生在人口劳动力生产中所起的作用不容漠视。文化是满足人们生活需求的重要方面等。社会政策调用公共资源来为公众和社会提供教科文卫等公共服务，使各种民生事项和经济可持续发展有了保证。我们需要更好地发挥社会政策在调整公共资源平等共享中的作用，建立起新的社会公共福利体系，融合社会。现在我国面临储蓄和投资流动性增加而消费不足的经济发展困局，这也是和中国在民生领域的公共服务和保障福利不足有关。由于养老、医疗、教育、住房等公共资源不足，配置不合理，福利和保障不充分，使普通公民缺少经济安全感，从而使消费力疲软。

各国的发展经验都表明，提供教育、科技、医疗、卫生、文化、体育不同领域的公共资源造福公众，对推动经济增长具有直接或间接的作用。现代经济发展会形成一个拉动消费和稳定社会的中产阶级，但是我国目前许多研究发现，虽然从收入、职业形态和文化程度等指标来看中国的“中产”人口在不断增加。但是，中国的“中产”人口并没有类似于发达国家和地区的“中产阶级”认同，也缺乏成为消费前沿和社会稳定后卫的行为模式，反而可能成为“不稳定”的因素。认同缺失也是和社会融合度不高有关的。其中一个很重要的原因是西方中产阶级是和西方社会的社会保障与福利制度一起成长起来的，只有在完善的福利保障条件下，一个敢于消费和希望社会稳定的中产阶级才会形成。社会融合度越高，对社会的责任感也会越强。

社会政策关注的第三个层面是调整社会关系的平等。包括性别、儿童与青少年、老年人、残障人士、少数民族、外来人口等不同族群的关系调整问题。户籍与身份相联系已经不能反映和体现实际的社会与经济关系。城乡之间、地区之间的流动增加，外来经商和务工人员为城市贡献了大量的税收和经济收入。他们长

---

① 温家宝：《关于发展社会事业和改善民生的几个问题》，《求是》2010 年第 7 期。

期在城市工作、生活、学习，实际上已经成为城市的一员。社会政策的服务面从户籍身份向常住人口拓展体现了对公民权利的尊重，是实事求是面对市民之间经济与社会关系的科学管理方向，将有利于经济的可持续发展和社会进步。

总之，社会政策作为调节社会差别、消除社会不平等的制度设置是和社会主义的原则相通的。它需要成为社会主义市场经济制度建设的一个重要内容。现在各国也都认识到社会政策对经济发展具有内生性的作用，它并不完全是资源消耗型的，并不是一种纯粹的政府财政支出，更不是经济增长和发展的负担或束缚因素。正相反，它是发展生产、经济增长和可持续发展必不可少的促进因素。1997年欧盟正式提出"社会政策作为生产要素"的观点，并将它作为欧盟社会模式现代化改革的指导方针。① 美国著名经济学家 Lindert 通过对发达国家和发展中国家过去几十年的公共支出与经济增长关系的实证分析，用数据证明了政府公共支出对经济增长有着积极的推动作用。② 我国近年来对社会政策发展需求也证明，要践行科学发展观，必须保持公共支出对经济的激励作用，同时协调各方利益，融合社会，发挥它们对长期经济发展的正面效果。

把社会政策导向为一种生产力要素就意味着要平衡好经济与社会的关系，采取积极的社会政策。首先，我们要全面审核政府的财政行为。我国政府的财政收入实际上是由三个部分组成的。但是，目前我国除了对政府税收的公共财政部分有法规性审核之外，对于政府的另外两块财政收入是没有在人大和公众审核监督之下的，这就是国有资本的投资收益和政府出让土地的收益。我们曾在以往的社会发展报告中多次提出国有资本需要有计划地退出竞争性领域逐步投向社会性公共领域（如教育、医疗、科技创新、社会服务等）。国有资本的投资利润和政府土地出让收益需要划出规定的比例用作施行社会政策的资源。其次，积极的社会政策需要有缜密的经济核算，以较低的成本付出取得尽可能高的效果。并且不排斥用市场的方法，用社会企业的形式来募集资金，提供更为有效、更具针对性的公共服务。最后，积极的社会政策十分注意公众的参与，并且强调权利和义务的统一，不能躺在公共福利政策上不思创造和贡献。参与和奉献也是一个社会融合

---

① 这是哈姆瑞杰克（An-ton Hemerijck）在任荷兰轮执主席期间主办的阿姆斯特丹会议上准备的一个报告中提出的。参见《维基百科》"社会政策条"。

② Peter H. Lindert: *Growing Public: Social Spending and Economic Growth Since the Eighteen Century.* Cambridge University Press, London, UK. (2004).

的问题。社会政策需要有利于保持可持续发展的动力。社会政策努力消除经济增长中产生的社会问题和不平等，直接和间接地推动经济的可持续增长，成为一个特殊的生产性要素。这是我们转变经济发展方式中不容忽视的重要方面。

三　社会建设的核心：发展社会主义的公民社会

社会融合需要社会政策支持。拓展公共服务，提供更多更好的公共产品和实施有效的社会管理必然带出各种关于社会建设的议题。近年来，各地在研究和推进社会建设工作时一直在追问这样的问题：社会建设到底要建设什么？如何来深化社会体制的改革？我们认为社会建设的核心是组织建设，是公民社会建设。社会体制改革的方向是发挥公民社会在社会管理和公共服务中的基础性作用，建立起社会主义的公民社会制度。在上海我们不断地发现，单位体制消解以后，被市场化打乱了的分散人群正在重新组合起来，按照不同群体掌握的资源、不同的利益诉求以及不同的需求融合成不同的社会群体。这其实就是公民社会正在形成。

查检一下历史文献不难发现，现在翻译为"公民社会"的 civil society 一词本义具有"文明社会"的含义。历史上有过三种翻译，体现为国家与社会三个不同发展阶段的关系："民间社会"——农业经济时代的政治国家和官民社会；"市民社会"——工业经济时代的城市社会；"公民社会"——后工业经济时代的全球法理社会。生活在工业经济和城市社会兴起时代的马克思认为，在前市场经济（即自给自足的农业经济）社会中，市民社会与政治国家只是逻辑上的分离，在现实生活中政治国家驾驭着市民社会，整个社会生活高度政治化，市民社会与政治国家间不存在明确的界限，两者是重合的，由此市民社会直接具有政治性质。只有在市场经济条件下，市民社会与政治国家才开始了现实分离，市场经济的发展内在要求私人的物质生产、交换、消费活动摆脱政治国家的干预和强制，成为政治领域之外的自主的经济活动领域，并建立自主的社会组织，由此市民社会才成为与政治国家相对应的现实存在。[①] 中国的市场化改革和工业化建设

---

① 参见马克思《黑格尔法哲学批判》。在这本著作里马克思把封建社会时期的市民社会称为"旧市民社会"，有点像中国所说的"民间社会"。马克思著作中大量使用"市民社会"的概念，其最重要的含义是把市民社会作为和政治国家相对应的市场经济条件下的私人生活领域和社会自主性组织来认识。

过程正在再现马克思所描述的现代化进程：市民社会和政治国家之间正在分离。而且中国的这场历史性演变是发生在世界已经进入成熟市场经济体制，十分重视人权法治的公民社会年代的背景之下。

依照包括马克思主义在内的西方观点，如果用 civil society 的概念来解读当今中国的国家——社会关系的话，中国目前是处于"民间社会"迈向"市民社会"的过渡时期，即从传统的以农业经济方式为主的政社合一的政治国家走向工业社会政社分离阶段，而促成这个变化的是市场经济制度在中国得到确立，一个独立的、流离于政府之外的"市民"正在自组织社会化起来。当然，作为后发展国家和现代社会主义国家，我国同样已具备"公民"和现代民主政治的概念和构架，但是一切尚在发展和不确定之中。对中国公民社会和社会组织的理解需要有历史感和现实感，许多令人困惑和徘徊悱恻的现象正是和我国的国家与社会关系的发展尚未进入相应的工业化、现代化阶段，并和中国与亚洲的文化特点有关。

公民社会的核心载体是社会组织。[①] 对我们研究报告而言，社会建设的核心是组织建设，这里的"组织"包括四个类型的组织：党组织，政府行政部门组织，企业组织，社会组织。

首先，在整个改革开放时期，党从未放松自身的组织建设和对党员先进性及其修养的要求。2002 年我国进入世界贸易组织以后，社会组织在经济与国际事务交流中的积极作用开始受到重视。党组织也开始向"两新"组织（即新经济组织和新社会组织）拓展。上海的经验是，不仅是党组织的覆盖问题，更重要的是党的工作要覆盖和影响力能覆盖的问题。这是关系到党的执政能力问题。党组织需要在社会融合中起先锋队的引领作用。

其次，政府部门的组织建设，政府组织建设的关键是从一个用强制性权力来计划调配资源的政府转变为以公共财政和税收来运行的职能政府，践行它在融合社会中的专业公仆角色。上海市政府率先提出实现"责任政府、服务政府、法治政府"的要求。上海实行市/区两级政府、两级财政、两级管理的同时率先关

---

① 其实大部分是由于语言习惯的不同和翻译后的误导。公民社会 civil society 中的 society 一词在英文中本身就可以具有"社团"的意思，所以 civil society 也可以翻译为"公民社团"，所以公民社会就是指组织起来的社会团体的意思。

注社区，在国有企业改革中同步将组织工作伸向社区，扩大了街镇办事机构的事务权和财务权，对企业流离出来的社会服务和社会管理职能进行"托盘"，实际上形成"两级政府，三级管理"的体制格局（即除了市/区两级政府以外，还有街镇办事处）。所以上海的社区建设历来在全国具有"行政推动型"模式的特点。在举办世博会过程中，上海市政府十分强调部门和条块之间要打破隔离，齐心协力办世博，在强大的政治任务要求和重大事件责任感的组织机制作用下收到一定的效果，但是它的长效性和可持续性一直在受到质疑。

再次，社会建设对企业的组织建设也提出了更高的要求。单位体制的消解只是切断了企业和政府之间的关系，但是切不断企业和社会的关系。企业的组织文化成为企业管理内容和重要的生产力要素。成功的企业，有眼光的企业家都十分重视企业的社会责任。企业在对投资者负责的同时也关注对员工负责，对消费者负责，对环境和社区负责。上海是国际跨国公司和大型国有企业比较集中的城市，上海在企业捐赠社会公益、食品产品安全、劳工权利保护、低碳节能等方面都有成功经验。上海企业在倡导"快乐生产力"方面也走在全国前沿，浦东新区还举办了评优活动。

最后，社会建设中组织建设的核心就是社会组织的建设。这是社会建设中核心的核心。党的十七大报告强调，"要健全党委领导、政府负责、社会协同、公众参与的社会管理格局，健全基层社会管理体制。"明确了社团、行业组织和社会中介组织的作用，即提供服务、提出诉求和规范行为。培育发展与监督管理并重逐步成为社会组织发展主要的政策基调。社会组织的功能不仅在于社会管理，也在于提供社会公共服务。这是促成社会融合的基本力量。但是官方对非政府组织的态度总体上仍是矛盾的，一方面希望发挥其参谋助手、桥梁纽带作用，协助党和政府缓解社会矛盾解决社会问题，为政府履行公共职能起到拾遗补缺的作用；另一方面又担心民间社会组织会发展成为体制外的异己力量而变得不可控制。因此地方政府致力于培养自己信得过、叫得应的"非政府组织"，力图减少非政府组织对政府工作的"干扰"。由于我国目前还采取"双重"登记的办法，并且规定同样性质的社团组织只能批准登记一个。这正是造成我国非政府组织总体结构上的不平衡和多数组织行政化倾向严重、缺乏活力的深层次原因之一。有人评价这些年的我国非政府组织发展情况是"表面上轰轰烈烈，实际上原地踏步。"

同样的现象在上海也存在。然而上海也在不断探索突破。经济体制改革和多年来的对外开放，事实上改变了原先的资源结构。一个类似于西方社会历史发展过程中所界定的"市民社会"的兴起具有了物质的基础，在上海尤为突出。一个个分散的个体需要组织起来，社会融合需要寻求组织化的渠道。在社会矛盾容易凸显的时代，社会需要具有信息传递和自我消解矛盾的能力。这些年一方面群众感到事难办，话没人听，一方面政府又面对不断的上访和群访，难以招架。如果社会融合度高、社会能有组织化的表达能力，这样社会治理和社会服务就会走上良性发展的轨道。

当前我们在社会建设方面面临的情况和 20 世纪 80～90 年代初期在经济建设方面面临的情况有相类似之处。十一届三中全会决定把党的工作重心向经济建设转移以后，经过整个 80 年代放松计划管制的改革开放，到 90 年代初，在党的十四大会上确立了建立社会主义市场经济制度的改革方向。当时提出的经济体制改革的方向是要发挥市场在经济建设中的基础性作用，使企业成为独立自主的经济实体。同样从现代社会发展的规律来看，市场必将产生流离于政治国家之外的"市民社会"，也就是"公民社会"。从这个基本观点出发，我国社会建设的核心将是要顺应变化形成一个社会主义的公民社会。社会体制改革的方向是要使社会部门的组织与服务机构成为独立自主的社会实体，要发挥公民及其社会（组织）在提供公共服务和实施社会管理中基础性作用。只有这样，党委领导和政府负责才不会成为空中楼阁，纸上谈兵。一味依赖行政安排的计划性体制来实施对社会的管理和服务，已经不适合改革后的国情市情。就像改革开放以来我们在经济系统里发生的情况那样：充满活力的新经济组织在经济建设中所起的作用越来越重要。近十年来，原体制外的新社会组织和服务机构的不断兴起在社会建设中所起的作用也越来越明显，一个和社会主义市场经济制度发展相配套的社会主义公民社会正在成长。如何深化社会体制改革、推进社会建设进程成为今后五年乃至更长时期里中国发展的重要问题。上海有必要和有条件率先全国认识到这个趋势并从善如流作出政策调整，贡献经验。

第一，我们希望党政部门垂范融合社会，率先确立社会主义的公民意识，并革新我们的对话和语言系统。建议在政府公务员系统全面开展公民权利的教育。树立群众观点，内化公共权力来自公民委托的现代政府理念，真正体现人民政府为人民。正确把握国家与社会、政府和公众的关系。组成国家机构的党、政、人大、政协都要把民间社会组织纳入组织视野，要逐步建立起和这些组织的对话体制与机制。比如政策法规的听证、人大代表和政协委员的配额需要有民间社会组织的人选。党政系统要改变把社会当做是"下级"的计划体制思路，平等对待各种性质的社会组织。党政官员要避免用"老百姓"这样的充满"皇家第一姓，庶民为百姓"隐含官本位意识的语言来指称社会公众。公共媒体要更多使用"市民"、"公众"、"社会大众"等现代通用的词汇来淡出那些具有明显历史政治意识形态遗痕的词汇，更多地从人民大众和公民组织中获得问题信息和报道新闻。为"社会协同"建立平台和通道，让"公众参与"成为文化和习惯。

第二，政府要进一步推进政企、政资、政事、政府与市场中介组织分开的改革，真正实行管办分离、政社互动。理顺政府与行政执法类、社会公益类和经营服务类事业单位的关系，从规章制度上杜绝权力寻租和关联徇私现象发生。我们需要将一部分专业行政管理部门和事业单位转为提供公共服务的社会性机构，积极推进社会事业单位分类改革。要进一步确立"小政府、大社会"的公共服务和社会管理体制改革的方向，同时加强和完善党在社会部门的组织覆盖和工作覆盖能力，积极发挥非政府社会组织中党员的先锋模范作用。也就是说，对于社会组织要处处体现它的非政府性质，组织上要淡化行政，工作上要加强党政，保护社会机制在公共事务中发挥正常作用。

第三，为加强党对社会的领导，工、青、妇等党直接领导的人民团体需要融合社会并更好地发挥好党联系群众（社会公众）的桥梁纽带作用。胡锦涛总书记在党的十七大报告中表示，"支持工会、共青团、妇联等人民团体依照法律和各自章程开展工作，参与社会管理和公共服务，维护群众合法权益。"这是党在新时期里对人民团体作出的十分重要的角色定位和工作期待。除了工、青、妇以外，我国还有直接由党政系列组织人事部门核定编制的18个人民团体。建议上海市率先全国使这些组织得以再造，成为各自联系群众的不同社会组织的领头羊，它们可以通过牵头组织各类联合会、行业协会、联谊会等形式发挥枢纽桥梁作用，在发展外援和倡导自我管理的同时，配合政府社团管理部门对各类社会团体、民办非企业、基金会对社会组织实现分类管理和枢纽式管理。

第四，进一步在制度和法律上明确非政府组织和非营利机构在社会管理和公共服务体制中的主体地位和独立作用，为社会融合互动建构平台。进一步向社会和企业开放社会事业领域，并对外开放。改变社会组织自我管理和参与公共服务只是在"为民解难，为政府解愁"的计划体制留下的陈旧观念，让每一个社会组织把自治管理和提供公共服务作为组织与机构成立的宗旨和自我要求，成为体现自身价值和社会价值的一种能力。在政府和社会组织之间建立起一种取长补短的平衡关系和合作关系。要切实改革我国目前的法人制度，把非政府、非营利（即"非以营利为目的"）组织的发展与社会事业单位（事业法人）的改革以及社会事业体系与制度的重建结合起来。凸现公共事业的"非牟利"性质，推进和完善税制改革。我们需要适应基本国情和市场化改革进程，把事业机构改革置于整个公共服务体制建设框架下统筹设计安排，重建我们的法人体系结构。可以考虑把一部分事业机构转型为公益性的非政府组织（社团法人），用"财团法人"来定位基金会组织等。结合社会事业体制的改革重建有可能为建立我国的公共服务体制和社会管理新格局起到重大的推动作用。

第五，完善政府采购制度与财政管理办法，制定政府采购社会管理与公共服务的新规定。总结近两年里市、区两级政府民政部门利用财政经费和监管的福利彩票等公共资金，向社会和社区组织设立的公益招投（面向原社区组织）和公益创投（面向社会自组织）的成功经验。要区分政府用于公共财政的服务经费和政府监管的公共资金在使用流程上的区别，在招标使用和审计监督时采取不同的方式方法。要建立需求项目事前审批和事中监督的操作规定，提供经费使用结构合理性依据，中标组织财务科目的统一规定，引入第三方和受益方评估机制等政策法规。建议市发改委和市财政局要扩大对面向社会服务的项目财政支持的力度，促进社会融合，并且鼓励教育、公共卫生、科技创投、文化博览、生态环保等公共服务项目通过招投标方式直接由非营利社会机构来承担。吸引海外资金、技术、项目投入公共服务领域。各政府部门委办局组织的原体制内深入社区的公共服务项目要透明公开，避免职能重叠和重复资助的现象发生，也要防止原体制造成的"锦上添花"和社会排斥现象发生。

第六，增加社会融合需要从群众身边的公共事务做起，从基层社区做起。要纠正目前城镇居民委员会行政化，民选的居民委员会委员职业化的不正常倾向。要办好做实各社区政务事务中心，提高政府政务服务效率，清理各种名目的"协管员"队伍，减轻街道办事机构对居委会指派任务。要制定居委会反映社区居民要求、传达政府和本社区民生事务有关的社会政策，组织和引导居民自我解决本社区公共事务等法规，要求居委会定期用大会或书面告知形式向居民做工作通报，使居委会真正成为居民自治性的社会组织并协助履行社会管理职责，成为融合居民参与社区公共生活和解决公共事务的平台。要由区财政安排预算聘请职业社区社会工作者，深入各居民委员会提供专业服务，协助和指导居委会开展工作。建议可把各居委会党支部书记认定为第一职业社工。一方面能提高他们工作的专业能力，另一方面保证了党对基层社会的影响力和控制力。支持和鼓励居民自主解决公共生活问题，如养宠物、小区停车、公共治安、邻里纠纷等，培养协商和民主习惯，增加社区凝聚力和融合度。

第七，鼓励和加强对公民社会的理论研究和社会组织的社会工作专业人才培养。建议从普及公民知识入手开展全市性的"社会教育"运动。公民知识和公民理念的教育培养要从小抓起，社会参与要从小事做起，把融合社会作为公民必备的人格。配合刚出台的国家和上海市人才中长期发展纲要，我们要构建一支宏大的社会工作者队伍。特别是对从事思想政治工作、组织人事工作、统战联谊工作和基层社区工作的党政机关工作人员，需要系统接受社会工作的理论教育和工作技能培训。目前本市高校社工系毕业的学生很难找到合适的工作，反映了我国非政府非营利组织的发展不足，整个行业缺乏业态。迫切需要政府及其相关部门让出服务空间，向社会转移资源，制定职务技术标准，规范工资待遇标准，帮其成长。社会工作人才的培养不仅是专业技术知识的培养，也是人格和领导能力的培养。社会工作者承担的专业伦理和专业形象一定程度上反映了一个社会的文明程度。

我们相信，通过以上这些改革措施能为上海市社会管理中社会协同和公众参与建立起坚实的社会基础，并提供各种不同的工作平台，有助于形成新的公共服务供给系统和社会管理的新格局，促进社会融合。

综合篇

General Report

B.2

借助世博经验 推进社会融合[*]

夏江旗 周建明^{**}

摘 要：2010 年上海世博会发表了以"和谐城市"为主题词的《上海宣言》，通过对联合国"包容性城市"理念的吸纳综合，使建设包容性城市——和谐城市成为各国城市推进社会融合的新愿景。世博会为上海今后推进社会融合提供了不少有益的经验与启示，一是世博会期间上海在推进社会融合方面形成的比较有效的经验及其启示，本文主要从弱势人群融入社会的意识与能力的提升、弱势人群精神文化生活需求的满足和弱势群体社会福利水平及生活质量的改善三个方面进行了梳理；二是世博会城市最佳实践区展馆展示的国内外城市在推进社会融合方面积累的成功经验及其启示，本文主要从包容弱者的城市规划理念、关心穷人利益的城市建设理念和实现弱者参

* 本文参考了上海社会科学院社会学研究所"世博会对上海社会建设的启示"课题的相关研究成果，特此致谢。
** 夏江旗，上海社会科学院社会学研究所助理研究员；周建明，上海社会科学院社会学研究所研究员。

与的城市治理理念三个角度进行了归纳。最后，本文从志愿服务、基础技术工程、立法、长效机制、财力统筹等五个方面经验对上海推进社会融合提出了初步建议。

关键词：世博会 社会融合 弱势人群

一 包容性城市——和谐城市："后世博"时期
上海推进社会融合的新愿景

2010 年上海世博会闭幕日高峰论坛上发表了《上海宣言》，被国际展览局称为本届世博会所取得的最高思想成果。《上海宣言》将"和谐城市"作为主旨概念，从七个方面对其内涵进行了系统阐述。其中，在社会发展方面，通过对包容协调增长方式、经济社会均衡发展、权利共享、机会均等、共同参与、共享发展成果的强调，实现了对联合国人居署"包容性城市"理念的吸纳综合，使建设包容性城市——和谐城市成为包括上海在内的世界各国城市推进社会融合的新愿景。

1. 包容性城市——和谐城市新理念的时代背景分析

上海世博会在世博史上首次将"城市"纳入视野，并以"城市，让生活更美好（Better City，Better Life）"为主题，有着深刻的时代背景。

（1）人类生活开始进入城市时代，世界城市化进程仍将持续处于快速发展阶段。根据联合国经社部人口司人居署的相关报告，2008 年世界上已有 35 亿人生活在城市，超过了全球人口总数的 50%，① 全球人口的城乡分布格局首次形成城市人口的多数优势状态，人类开始进入城市时代。另据预测，"十二五"期间，中国城镇人口将突破 7 亿，人口城镇化率也将超过 50%。② 根据城市化进程趋势研究中的"诺瑟姆曲线"经典理论，城市化率在 30%～70% 之间时，城市

---

① 联合国人居署：《和谐城市：世界城市状况报告 2008/2009 年》，2008 年 10 月 22 日发布，伦敦，参见：http://www.unhabitat.org/downloads/docs/6040_82117_State%20of%20world%20cities_chinese.pdf；联合国经济和社会事务部人口司：《世界城市化展望 2009 年修正版》，2010 年 3 月 25 日发布，纽约，参见：http://www.gov.cn/jrzg/2010-03/26/content_1565207.htm。

② 潘家华、魏后凯主编《城市蓝皮书：中国城市发展报告 No.3》，社会科学文献出版社，2010。

化呈现加速发展趋势。① 按照联合国人居署的测算，2050 年中国和全球人口城市化率均将升至 70%，发展中国家的城市总人口数量将增加一倍以上，未来近半个世纪世界城市化进程仍将处于快速发展阶段。

（2）快速城市化导致大量城市和社会问题，考验全人类的治理与发展智慧。继欧、美、日之后，自 20 世纪 50 年代尤其是 80 年代至今，广大发展中国家掀起了第三波城市化浪潮，仅在过去的 20 年里，发展中国家的城市人口数量一直以平均每周 300 万的速度增长。1980～2010 年 30 年间，中国人口城镇化率以年均 1.0% 的速度增长，每年约有 1400 万人成为城市人口。城市化进程极大地改变了人类的生产方式与生活模式，人们在享受城市化所带来的诸多经济社会发展红利与益处的同时，却也不得不面对人口膨胀、交通拥挤、环境污染、资源紧缺、住房紧张、城市贫困、治安恶化、文化冲突等一系列城市发展问题和城市病，尤其是因社会排斥导致的贫富分化、社会区隔等社会不平等问题以及城市公共服务和公共产品分配不公平等现象，比如，目前发展中国家 1/3 的城市人口生活在贫民窟，住房、安全饮水、日常卫生等基本生活需求都无法得到正常满足，生活质量长期处于低水平状态。这些问题对全人类的治理和发展智慧提出了巨大冲击和挑战，特别在未来半个世纪内发展中国家快速城市化浪潮仍将持续的情况下，问题变得尤其严峻，城市发展在理念和实践上的创新已成为时代的急迫吁求。

2. 包容性城市——和谐城市：社会融合政策实践与理论研究的新议程

城市化和城市发展过程中最早也是最引人瞩目的社会问题是城市贫困、贫民窟现象以及与此相关的城市外来人口、失业者、残障人士等社会弱势或边缘群体的社会保护问题。20 世纪七八十年代，在欧洲学者对城市社会问题的理论研究中形成了社会排斥（Social Exclusion）的概念，意指人们因缺乏机会、权利、资源或能力来享有常规社会生活水平和参与正常社会生活的状态和过程。与社会排斥相伴生的概念即是社会融合（Social Inclusion），② 后来成为各国政府和国际性

---

① 谢文蕙、邓卫：《城市经济学》，清华大学出版社，1996。

② 社会融合在西方的理论文献中共有三种英文表达法，分别是 Social Integration、Social Cohesion 和 Social Inclusion，本文认为从与社会排斥（Social Exclusion）相对的意涵上考虑，Social Inclusion 是社会融合最为妥帖的表达法，这也是联合国、世界银行等国际性组织和欧盟一致采取的用法。实际上，Social Integration、Social Cohesion 通常分别译为社会整合和社会凝聚，其意涵与社会融合不尽相同，因行文需要，特此注明。

组织普遍采用的社会政策核心话语。社会融合所指涉的是与社会排斥相对的一种状态和过程，基本意涵是确保社会弱势群体能够获得必要的机会和资源，从而能够全面参与经济、社会、文化活动，享有正常的生活和应有的社会福利。著名经济学家阿马蒂亚·森认为，融合社会（Inclusive Society）的基本特征是广泛共享社会经验和积极参与，人人享有广泛的平等权利，全部公民都享有基本的社会福利。同时需要社会政策来改善公民能力，保护公民合法权益，确保所有人均有机会被融合进社会。①

　　进入 21 世纪之后，社会融合的概念理论在表述和内涵上获得了新的转变和发展。首先是"包容性"的话语表述日益被政府机构和国际性组织所普遍采用。2000 年 5 月联合国人居署在肯尼亚内罗毕会议上提出了"包容性城市（Inclusive City）"的概念，并呼吁"包容性城市"应作为"健全的城市管理"全球运动的旗帜和目标。其基本理念是，为实现可持续的城市发展，处于中心地位的是人，而城市中的贫困、边缘化和社会排斥则是当今城市面临的最为迫切的问题；城市中的每个人，不论财富、性别、年龄、种族和宗教信仰，均得以利用城市所能提供的机会参与生产性活动。2007 年以来，亚洲开发银行和世界银行先后提出了"包容性增长（Inclusive Growth）"的概念，强调通过公平的制度和政策确保经济发展的成果为大众所广泛共享。2009 年 11 月，亚太经济合作组织（APEC）发表的《新加坡宣言》中提出了平衡、包容与可持续发展的新增长战略。2010 年 9 月 16 日，胡锦涛主席在第五届亚太经合组织人力资源开发部长级会议开幕式上明确提出了包容性增长的概念，强调了让更多的人享有经济发展的成果、让弱势群体得到保护、在经济增长过程中保持与社会发展的平衡等三个方面的内容。不难看出，包容性增长既与社会融合理论以及阿马蒂亚·森所说的融合社会一脉相通，也是中国政府所倡导与实践的科学发展观与和谐社会思想的国际化表达。

　　社会融合理论的第二个新发展是中国政府倡导的"和谐"概念开始被引入国际社会关于城市发展的政策话语之中。2008 年联合国人居署在《世界城市状况报告 2008/2009 年》中将和谐城市作为主题词和理论框架，从空间与区域和谐、社会和谐、环境和谐三个方面探讨了当代城市发展的和谐议题。在上海世博

---

① A. Sen, Development as Freedom, New York：Anchor Books, 2000。参阅嘎日达、黄匡时《西方社会融合概念探析及其启发》，《国外社会科学》2009 年第 2 期。

会高峰论坛上发表的《上海宣言》再次将"和谐城市"作为核心概念，并向全球倡议通过建设和谐城市来解决城市可持续发展的问题。在人类生活开始进入城市时代、人与城市的关系亟待重新审视和第三次城市革命初现端倪的重要时刻，上海世博会深刻回应了时代吁求，为包容性城市——和谐城市新理念的发展推广提供了新起点，为今后各国城市推动社会融合的实践创新提出了新的共同愿景。

二 世博经验与启示："后世博"时期 上海推进社会融合的新动力

世博会为上海今后推进社会融合提供了不少有益的经验与启示，总体上可以将其区分为两大部分，一是世博会筹办举办期间，上海在推进社会融合方面形成的比较有效的经验及其启示；二是本届世博会城市最佳实践区展馆展示的国内外城市在推进社会融合方面积累的成功经验及其启示。

1. 上海"办博"过程中形成的相关经验及其启示

依照社会融合理论的基本内涵，本文重点梳理上海在筹办举办世博会过程中，推动以老年人、残障人士、儿童、外来务工人员、疾病患者等各类社会弱势人群共同参与服务世博、共享世博会和办博成果的经验及其启示。

（1）以共同参与世博、服务世博为契机，提升弱势人群融入社会的意识与能力。参与志愿服务活动成为社会弱势人群参与世博、服务世博的重要方式和途径。根据中央和上海市委有关会议精神以及上海市文明委制定的志愿服务行动实施方案，办博期间，上海共招募了215万左右的志愿者。其中，86万人的平安志愿者中有相当比例是老年人。2009年9月9日，上海市老年志愿者总队成立，上海初步形成了市、区县、街镇三级老年志愿者队伍体系。2010年4月22日，上海市老龄办制定了《关于组织本市老年志愿者参与世博的实施意见》，依托老年志愿者队伍，推动各区县组织开展老年人力所能及的社区志愿服务活动。通过当好义务宣传员、安全巡视员、社区接待员、环境保护员和义务讲解员，广大老年人在世博会期间积极服务世博、服务社区。上海市在招募园区志愿者时放宽标准，允许残障人士报名参加，本届世博会设立的世博史上首个残障人士主题馆——生命阳光馆招聘了50名残障人士担任志愿讲解员或引导员，一些残障人士志愿者还在园区场馆内担任世博绿卡和护照的盖章工作；此外，全市许多社区都积极开展包括以残助残、以残劝残在内的多种活动来吸纳残障人士参与世博志愿服务与管理工作，如长宁区组建残障人士文明行车志愿者队劝导残障车主遵守交通规则，不载客。外来务工人员对世博志愿服务的参与也非常热情。杨浦区殷行社区 100 名外来人员组成了"新上海人志愿者服务队"；徐汇区天平社区的助残志愿者们大多是外来务工人员，经过区残联等机构培训后，为社区重残无业家庭提供助餐、助浴、助洁、谈心以及外出办事等家政服务；在外来人口比较集中的地区，更大规模的外来务工人员加入志愿者行列，仅嘉定区黄渡镇、安亭镇就选募了 700 名外来务工人员组成 26 支志愿者服务队，广泛参与到社区安保、城市清洁、交通文明等志愿行动之中。

（2）以"学博"、"知博"和参与世博宣传为平台，丰富弱势人群的精神文化生活。根据市文明委制定的《上海市迎世博加强精神文明建设和社会宣传动员 600 天行动纲要》的要求，办博期间，市、区两级政府制定相应计划，开展了丰富多样的文化活动，组织动员社会弱势人群学博知博和参与世博宣传活动。其中，全市性的活动就有"世博知识进万家"学习竞赛活动、"百万外来建设者学礼仪"活动、"世博进社区"主题活动日活动、市民才艺大赛、"社区文化展示周"、"世博文化社区行"、"万名健康老人签名迎世博"活动等。

群团组织、基层社区、企业和社区文体团队也组织了大量相关活动，不仅对政府组织的系列活动形成了有力补充，也增加了社会弱势人群精神文化生活的厚度。市老年基金会举办了"百家社区老年文化生活展示"活动，全市 100 个街道纷纷组织社区老人参加社区老年文化团队节目表演和社区优秀家庭才艺展示等活动项目；各区县老年人艺术协会也纷纷送戏下乡，宣传世博；全市数十支老年自行车骑游队打着世博宣传旗帜和横幅，骑游于大街小巷，沿途向市民发放世博宣传品，成为流动的"世博宣传队"。市残障人士读书指导委员会组织了上海残障人士世博知识竞赛活动，18 个区县的 800 余名残障人士参加了比赛，历时 4 个多月，在全市残障人士中产生了广泛影响；市盲协举办盲人英语朗诵比赛、世博会生命阳光馆组织了上海残障人士才艺展示周活动、各区县残联围绕世博主题分别举办了残障人士演讲比赛或征文评选活动。《上海学生英文报》联合派通文化用品有限公司举办了世博少儿图画大赛活动，吸引了全市上千名儿童参加；上海青年公益门户网站组织了上海市青少年迎世博百万笑脸征集活动。外来务工人员空闲时间多半用来打麻将，买地摊书籍和街头小报看，容易产生各种不健康的生活方式。江湾镇街道利用街道图书馆的资源在外来人员较集中的菜场、集市等场所专为外来务工人员开设了4家"世博书屋";外来务工人员劳动强度大,居住条件差,营养缺乏,睡眠不足,是疾病防治的重点人群,办博期间上海多个社区(街道)开展了外来务工人员专场健康咨询服务活动,提高了农民工对疾病的认识和自我保健技能。

（3）以共享世博会和办博成果为基础,改善弱势群体的社会福利水平和生活质量。办博期间,上海面向社会弱势人群采取了一系列人性化措施,在城市建设、市容环境整治和社会管理充分结合兼顾改善民生的要求,在社会各方的参与支持下,基本实现了人人共享世博会、办博成果广泛惠及市民的目的。

第一,世博门票优惠措施和世博参观绿色通道。上海世博会是最近几届世博会中门票优惠对象最广的一届,包括:身高1.2米以下的儿童免购门票入园;学生、老人、军人、残障人士以及高于1.2米的儿童等特殊群体可以优惠价格购买门票。世博会开园期间,园区入口处和园内不少场馆开辟了绿色通道,老人、幼儿、孕妇、残障人士等特殊人群参观时无须排队。世博会出入口和停车场设置服务点,为行动不便的残障人士、年满70周岁的老年人和婴儿免费提供轮椅、童车。

第二,赠送系列世博礼包。一是"世博门票+交通纪念卡"礼包。市政府向包括外来人口在内的所有上海常住户口居民每户免费赠送一张世博会参观券,另外免费赠送一张200元的交通纪念卡、一张地图和一枚海宝小徽章,交通纪念卡可当交通卡使用,也可当纪念卡收藏。二是"1书+1尺"健康世博礼包。市政府为全市800万户市民家庭以及外来务工人员和部队官兵等人群每户发放1本《上海市民健康自我管理知识手册》和1把健康腰围尺。三是向社会弱势群体送上"世博关爱行动"特殊礼包。由市民政局、市人保局、市教委和市总工会等9家单位对部分民政优抚和救济对象、散居五保户、城乡低保家庭、参加综合保险的外来人员、申请失业保险金的失业人员、申请就业补贴的大龄失业和协保人员、申请专项就业补贴的低收入农户家庭人员、高校困难学生、支援外地建设退休(职)回沪定居人员等发放一次性的补助或给予帮扶。涉及全市500多万人(户)的特殊群体和困难家庭,总额约20亿元。

第三,世博园区内外无障碍环境建设。一是,本届世博会园区内实现了无障碍设施全覆盖,为历届世博会最好水平。园区内设置无障碍的预约、出入口、通道、电梯、厕所厕位、导向标志、停车位、信息设备、休息以及低位的服务台、电话机、饮水机等设施。为满足残障人士的参观需求，不少展馆内还提供无障碍展示内容传媒形式、手语翻译和盲文导览图。世博局还培训了一批无障碍服务志愿者和专业人员为需要者提供更多人性化无障碍服务。考虑到女性群体的需求，园区内男女卫生间数量比达到1∶5。世博会官方网站采取网页无障碍访问标准设计，方便残障人士、老年人及其他有阅读障碍的用户更有效、更舒适地浏览。二是，办博期间，全市重点窗口服务行业基本实现"语言交流无障碍、刷卡消费无障碍、残障设施无障碍、便捷服务无障碍"四个无障碍。三是，中心城区道路、公共交通、公园绿地等无障碍设施服务实现全覆盖，基本实现郊区农村无障碍环境的全渗透，建成了全市无障碍设施电子地理信息系统，将无障碍设施纳入了城市网格化管理体系，使无障碍设施为残障人士、老年人便捷查询和使用以及长效化管理奠定了基础。

第四，广泛开展弱势群体圆梦世博会活动。一是，募捐赠票活动。市残障人士福利基金会等四家单位发起"献出你的爱、圆他一个梦——为困难残障人士捐赠一份世博会门票"活动，截至世博会闭幕，共得到500余万元捐款，近4万名残障人士受益。此外，全市多个社区（街道）和社会各方还开展了向贫困残障人士家庭和优秀外来务工人员赠送世博会门票活动。二是，"圆梦接力看世博"志愿者行动。由世博会志愿者部和团市委联合发起，包括针对民工子弟小学生的"圆梦1＋1"项目、针对视力障碍者的"看得见的世博"项目、针对特殊儿童及困难老人的"梦幻世博"项目、针对智障儿童的"牵手看世博"等数十个爱心公益项目，上海万余名特殊人群借此圆梦世博。三是，市老龄委和老年基金会组织的万名老人共享世博系列活动，全市近135000名老人由此亲身感受了世博和城市新貌。四是，上海今翌大学生服务中心联合各高校学生，共同推出"关爱老人、快乐游世博"大学生志愿者协助老人游览世博活动，为上海15万左右的老人提供了直接或间接的游览世博服务活动。五是，社会各方围绕世博会组织开展的众多关爱弱势人群的活动。如上海市老年基金会九九关爱志愿者队帮助独居老人参观世博活动；中国电信上海公司赠送500万元协助建成了50家"数字敬老院"，老人们足不出户就可以参与世博；市健康产业促进协会发起的"迎世博申城老人白内障复明"活动使400多位老人复明，得以亲眼见证世博会盛况；金山区举办"关爱农村残疾儿童、共享世博盛会"活动；上海市癌症康复俱乐部等单位发起的"彩丝带爱心传递看世博"活动，等等。

第五，积极保障弱势人群平等共享办博成果。一是，主动解决世博园区外来民工建设者的生活及其子女教育问题。世博局与浦东新区南码头街道联系，投资500万元将外码头旧仓库改造成可容纳1000多人的农民工集中居住区，设置了农民工探亲房、24小时手机免费充电室、小卖部和洗衣房，对民工发放饮食补贴。同时通过党建联建工作，涉博三区五街道多次对外来民工开展慰问活动，周边社区居民主动为外来民工提供洗浴、理发等生活服务。市慈善基金会、团市委、市社区青少年事务办合办了"和谐世博、共享阳光"项目，为2万多世博园区外来民工的子女联系提供培训和教育的机会，并为每名民工子弟学员提供3500元全额补助。二是，在迎世博600天行动中，对全市5900万平方米的多层和高层旧住房进行了综合改造，改善了小区低收入和老年居民的居住环境。三是，在对流动设摊、无证经营、"跨门营业"和残障车乱载客等城市管理顽症的整治工作中，针对违规人员主要是低收入的外来人员和本地生活困难人员的情况，行政管理部门改变以往以堵为主的思路，采取一次性补偿、定期补贴、介绍就业、引摊入室等人性化措施，尽量降低市容环境整治工作对违规人员收入和生活水平的负面影响。四是，在平安世博创建中，对高龄老人、独居老人、重残无业人员、重病患者、精神病患者普遍建立了结对帮扶志愿服务机制，在应急事件处置、生活安全、人际关怀、心理慰藉、求医问药等方面为上述人群提供更加便利细致的居家照顾服务。

（4）办博经验对上海推进社会融合的启示。以"城市，让生活更美好"为主题的世博会为上海加速推进社会融合提供了重要契机和动力，世博会期间成为近年来上海社会弱势群体参与社会活动最为广泛、融入社会的意识最为高涨、共享城市发展成果最为切实、生活质量提高最为明显的时期，对今后上海进一步推进社会融合留下了有益启示。

第一，推进社会融合要加强社会协同和公众参与力度。弱势人群在生活需求上所具有的两个重要特点，一是，在物质性保障之外，对服务性保障有着强烈需求，特别是老年人、残障人士和疾病患者更是如此。二是，心理相对比较敏感脆弱，对正常的社会交往和友好的社会氛围比较在意。这两个特点决定了党政部门工作的有效区间一般在提供制度政策和物质福利保障上，人性化的日常照顾服务和友好的社会氛围必须依赖于志愿者、社会工作者、小区邻里、单位同事乃至一般市民才能实现。办博期间上海在推进社会融合过程中形成了"党委领导、政府负责、社会协同、公众参与"的工作格局，这是弱势人群能够积极参与世博、广泛共享世博和办博成果的重要前提和保障。

第二，推进社会融合要注重弱势人群融入社会的能力建设。办博期间，老年人、残障人士和外来务工人员积极参与志愿服务活动，既获得了自我价值感和成就感，又实现了对社会正常生活的回归和融入。这为探索提高弱势人群融入社会的能力提供了一条有益的思路。世博举办期间上海在园区志愿服务活动中初步形成了招募—培训—管理—关怀—激励的全流程志愿服务组织运行机制，也为更为广泛持续地组织引导弱势人群参与各类常态化志愿服务活动提供了借鉴。

第三，推进社会融合要全面加强无障碍环境建设。从社会排斥理论的角度来看，弱势群体融入社会存在着制度、经济、文化、公共服务及设施、信息等多方面的障碍，推进社会融合就必须全面理解无障碍环境的内涵与要求，全方位地消减乃至清除上述障碍壁垒。办博期间，上海通过世博门票优惠和赠票、园区设置绿色通道、园区无障碍设施全覆盖、信息无障碍建设、重点窗口行业服务和城区公共服务设施无障碍全覆盖，全面加强了无障碍环境建设，突破了原来仅限于交通无障碍的无障碍环境建设的狭隘框架，不仅为弱势群体平等共享世博会提供了坚实保障，也为今后的相关工作积累了宝贵经验。

第四，推进社会融合要善于把城市建设、社会管理与改善弱势人群生活质量相结合。城市的快速发展往往是在保持甚至固化既有社会分化机制和格局的前提下进行的，由于弱势人群的谈判和博弈能力较差，容易成为城市建设和社会管理中利益受损的一方。办博期间，上海开展了密集的大规模城市建设工程和城市管理顽症整治工作，由于把城市建设和社会管理与改善民生、改进为民服务水平充分结合起来，从而规避了不少社会稳定风险，有效改善了弱势人群的居住环境和生活质量，这为实现城市经济社会均衡发展、城市发展成果广泛惠及市民的包容性增长道路提出了一条可行方案。

2. 世博展示的相关经验及其启示

2010 年上海世博会主题馆和城市最佳实践区案例馆展示了国外一些城市推进社会融合的经验和理念，具有一定的启发意义，值得上海参考借鉴。本文依照保障社会弱势人群平等参与和共享城市发展成果的视角，从城市的规划、建设、治理三个方面进行归纳梳理。

（1）以人为本、包容弱者的城市规划理念。"以人为本"的思想，主张人是发展的根本目的，回答了为什么发展、发展"为了谁"的问题；"包容弱者"的思想，主张"城市让普通市民的生活更美好"，也要"让弱者的生活更美好"。

第一，城市的人性化规划。澳大利亚悉尼市未来20年的发展战略规划充分体现出以人为本的理念。比如，到2030年，每位居民都能在步行10分钟的时间内（800米）到达新鲜食品市场、托儿所、保健服务机构，以及休闲、社交、学习和文化等活动场所。加拿大温哥华市的案例则通过对城市形态的规划来减少对机动车的交通需求。市政当局提出将混合街区转变为"多功能一体化街区"，使居住、生活、工作均在同一街区解决。这种"完整社区"的城市规划理念不仅有利于所有市民，对城市弱势人群而言更能带来福祉。比如，老龄化社会中家庭养老问题日趋普遍，这对单个家庭来讲是难题，但若依靠社区进行合理有效地组织就能有所缓解。又如，残障人士康复问题，需要社区就近为他们提供必要的场所、设施和专业服务人员。对低收入群体而言，就近工作还能减少通勤费用和通勤时间，降低工作疲劳感。

第二，城市为弱者的平等共享而规划。本届世博会在世博史上第一次设立了残障人士综合馆"生命阳光馆"。展示主题是"消除歧视、摆脱贫穷，关爱生命、共享阳光"。传达了"城市让生活更美好"世博主题的应有之义：尊重差异，关注边缘人群和弱势群体的发展权益，扩大社会包容性，促进社会融合。"生命阳光馆"全馆采取了无障碍全覆盖设计，阳光区重点展示演绎各种高科技辅助器具和无障碍设施为残障人士生活带来的便捷，还有模拟残障人士生活居室的"智能空间"、"智能汽车"和反映"2050年无障碍环境"的大型视频。"在这里，游客们可以看到，重度高危截瘫终生不能下床的残障人士，可以用眼球遥控计算机中的一个个符号，指挥计算机关窗、开电视"。

（2）关心穷人利益的城市建设理念。今天，有经济能力的城市居民将购买住房作为投资手段，以防止货币等资产贬值。而穷人只能住在偏远的、生活不方便的郊区，以及简陋的廉租房里。这样的结果，进一步加剧了城市住房问题的严峻性和不公正性，也使城市美好生活的愿景离普通民众越来越远。本届世博会上两个关于公共保障房的案例带给了我们有益的启示。加拿大温哥华市冬奥会后，位于福溪地区的奥运村成为又一轮地产开发的首选之地，市政府建造了上百套廉租房，提供给低收入的家庭。虽然这些廉租房相对需求而言还是显得紧张，但温哥华市政府希望借此传达一个信号：即便是穷人也有权利居住在最好的社区。西班牙马德里市在近十几年里进行了欧洲最大规模的经济适用房建设，有保障型住房需求的群体中超过60%的人得到满足。城市最佳实践区的"竹屋"案例就是公共廉租房，但它同样追求高品质。最初马德里的公共廉租屋在色调上是灰色的，结构上也很简单。但27年前，马德里成立了专门的市政公司用以提升公共廉租屋的质量，对保障性住房应用可再生能源、新型环保材料、先进生态技术，选择优秀设计师提供差异化的居住体验，提高保障性住房外观设计品位，一些高新的科学技术也开始运用，使经济适用住房的品质得到很大提升。

印度艾哈迈德·阿巴德市有一项专门为贫民区提供基础设施服务的"贫民区网络工程"，目前致力于用MASCON技术做建筑外饰处理，给城市穷人快速建造经久耐用的房屋，计划为当地穷人建造38000个居住点，其中8000个已经完成。在未来两年内该市将建造起6万个穷人居住点。

（3）实现弱者参与的城市治理理念。巴西阿雷格里港案例的亮点是一种被称为"社区团结共治"的城市治理方案。该市橙子村有个母亲俱乐部，成员是当地的家庭妇女，平时靠在俱乐部手工缝制被子、枕头、坐垫赚些收入，但由于原材料很贵，导致产品因为卖价高而销量差。政府了解到这个情况后，建议她们采用成本较低的可再生纤维纱线作为原材料，生产这种原材料工厂在得知她们的困难后，主动捐赠一部分产品，而另一家当地企业负责免费运输。最终，俱乐部的妈妈们在社区帮助下降低了成本，提高了收入；社区居民因此买到价廉物美的家居布艺产品；社区企业则通过这种方式加快了对废物的回收和环保利用，政府也解决了一个棘手的社区问题。各方都在"社区团结共治"方案中获益，"政府、企业、市民"三方合作，调动社会多方资源来解决社区矛盾成为阿雷格里港的常态措施。

韩国首尔市因推行"女性友好城市计划"和"满载希望账户计划"而获得联合国公共服务奖。"女性友好城市计划"将女性视角融入总体城市治理政策之中，以消除女性在日常生活中所遇到的不便和不安因素。在该计划的实施下，首尔市政府扩大了女性友好政策的范围，将交通、居住、创造就业以及育儿纳入其中。"满载希望账户计划"旨在帮助低收入人群积累资产并获得更好的教育，从

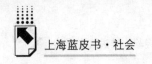

而自力更生。在该计划下，首尔市政府和私营合作组织将在就业贫困家庭每月储蓄 40～160 美元的情况下，将一笔同等金额的款项存入他们的账户。

（4）世博展示经验和理念对上海推进社会融合的启示。从世博展示的案例中可以看出，在人类生活进入城市时代的同时，城市的发展理念也正在酝酿新的变革，通过城市规划、建设和治理三个环节的理念创新，各国城市均在努力追求和提高城市的包容性，对上海推进社会融合具有以下启示。

第一，推进社会融合要注重以人为本，包容弱者。在切实满足广大市民群众的实际需求的同时，要突出重点，关注社会弱势人群公共服务惠及程度，完善相关体制机制，逐步提高低收入人群、老年人、残障人士等重点人群的保障水平。

第二，推进社会融合要重视运用智能信息技术。信息化的公共服务体系能有效拓宽公共服务的渠道，增加公共服务的可达性，更贴近市民的实际需求，同时还能优化提升城市的无障碍环境品质，显著提高老年人、残障人士、疾病患者等弱势人群的生活质量。

第三，推进社会融合要加强保障性住房建设。住房问题已成为制约我国城市化良性可持续发展的主要瓶颈，政府要加大对保障性住房的投资力度，同时积极顺应住房生态化、低碳化的发展趋势，积极运用相关技术，提升低收入群体的住房品质。

第四，推进社会融合要注意激活基层社区管理活力。社区是最贴近基层群众的组织单元，是国家和社会之间关系运作的基础空间。增强民众参与社区治理的热情和主动性，尊重多元性、提升透明度，推进社区自治、提高社区公共服务能力是基层社区管理的有效途径。

三 "后世博"时期上海推进社会融合的对策建议

目前，上海的人口城市化率已达 80% 以上，位居全国前列。但根据零点调查公司 2007 年发布的《中国公众城市宜居指数 2006 年度报告》，有关外来人口社会融合的城市包容性指数一项，上海在全国 20 个大城市中排名倒数第一。这说明上海在推进社会融合方面还有很多工作要做。参照世博经验及其启示，本文试对"十二五"时期上海推进社会融合工作提出如下建议。

1. 积极引导弱势群体参与志愿服务事业，构建完善长效的关爱弱势群体志愿服务体系

第一，世博期间，上海的老年人、残障人士和外来务工人员等群体参与志愿服务活动达到空前水平，但还存在着参与人数规模不大、尚未形成比较完整的队伍体系（老年人志愿者虽已初步形成市、区县、街镇三级队伍体系，但形成时间较短，刚满一年）、服务活动领域偏窄、社会认同支持度较低、组织运行机制尚不成熟等问题。建议加大宣传力度，借鉴世博园区志愿服务组织运行机制，加快形成体系化的残障人士、外来务工人员志愿者队伍。第二，当前上海的社会保障体系尚不完善，弱势群体有较大社会救助和服务需求。譬如，目前上海全家均失业的约有 5 万户，享受城镇居民最低生活保障的有 40 万人，享受农村最低生活保障的有 9.1 万人；上海目前有"祖养孙"（隔代抚养）家庭 12000 多户，"老养残"家庭 7000 多户；上海现有 8 万名老年痴呆症患者，有残障人士 94.2 万，其中智力残障人士为 7 万；此外，上海特殊困难人群还包括相当数量的精神病患者、血友病患者，等等。然而，世博期间组建的大量志愿者队伍主要服务对象并非弱势人群。世博会后，建议保留以弱势群体为服务对象的志愿者队伍，吸纳一批经验丰富、能力突出的世博志愿者进入关爱弱势群体的活动之中来。同时固化世博期间的有效做法，建立志愿者信息数据库和志愿者信息网络平台，形成比较成熟的招募—培训—管理—关怀—激励的全流程志愿服务组织运行机制。突出志愿服务的自觉性、主动性、奉献性和长期性，力争在"十二五"期间形成一批志愿服务品牌化项目，建立一批志愿活动服务基地，培育一批志愿活动示范团队。

2. 研究建立推进社会融合的两大基础技术工程

一是，研究建立社会融合（或城市包容性）评估指标体系。世博期间城市文明指数测评对推动城市环境治理起了积极作用。社会融合的内容丰富，研究方法不统一，目前尚无对各类工作科学、可比的比较完整的评估指标体系，不利于对社会融合推进情况进行评估和工作推进。建立这样的指标体系，有利于人民群众对社会融合水平的评价，有利于对基层工作方向的引导，也有利于对政府工作的考核、评比和检查。二是，建立完整的社会弱势群体数据信息库。在推进社会融合工作中，无论是实现公共服务均等化、着力保障和改善弱势人群生活质量，还是加强社会救助和社会福利工作，以及培育社会工作者、志愿者等各类人才队伍，都必须以掌握准确实时的各类信息为基础。目前有关各类弱势群体的信息不够全面及时，由民政局、人口计生、人保、公安等各部门分头掌握，缺乏整合的机制，不易进行综合分析研判。在加强信息采集的基础上，运用云计算的理念整合各部门掌握的信息，形成及时准确、系统完整、各方共享、调用便捷的基础管理信息数据库，是推进社会融合工作的一项不可或缺的基础工程。

3. 研究制定地方性法规，进一步加强无障碍环境建设

无障碍环境建设，是为残障人士、老年人等特殊群体提供的居住、出行、工作和平等参与社会的基本保障，同时为全社会创造一个方便、良好的人居环境的重要措施。经过办博工作，虽然对无障碍环境建设的重视程度日益提高，上海市也已向"全方位"无障碍城市的方向发展，但上海市目前尚无专门的地方性法规，仅在两部相关地方性法规中列有无障碍环境建设的有关条文，全面性、强制性、权威性不够。如今无障碍建设已不再是完全依靠政府出资建设的政府行为，相当一部分的无障碍设施建设，特别是建筑的无障碍设施建设由建筑开发商所承担。既有的作为规范政府内部各相关部门行为的政府规章，法律效力不足，难以对开发商（或承建商）的行为形成真正有效的约束和管理，只能靠政策加以推动，使得无障碍环境建设和规划的全面实施面临很大困难。面对未来时期的大规模、高质量、全方位无障碍环境建设，需要加快研究制定《上海市无障碍环境建设与管理条例》，予以有力的法制保障，避免立法工作滞后、制约无障碍环境建设发展的局面出现。

4. 固化办博期间的有效经验，形成推进社会融合的长效机制

一是，对既有政策规定进行系统研究筛查，针对弱势群体的公共服务消费寻找优惠政策的空白点，在预评估的基础上及时出台措施予以填补。二是，精细设计活动项目，保持市、区县层级关爱弱势群体大型活动的连续性。三是，在城市管理中，通过部门联动、条块联动工作机制，积极整合社会资源，继续采取一次性补偿、定期补贴、介绍就业、引摊入室等人性化措施，尽量降低市容环境整治工作对违规弱势人群收入和生活水平的负面影响。四是，在平安社区创建活动中，固化对高龄老人、独居老人、重残无业人员、重病患者、精神病患者的结对帮扶服务机制。五是，优先处置涉及残障人士、老年人和病人的社会矛盾纠纷，信访工作中为其设置绿色通道。

5. 针对双重二元结构，加强财力统筹力度，均衡推进社会融合

作为一个有着 2000 万常住人口的国际化大都市，城乡居民、本市居民与外来常住人口之间的双重二元结构将长期存在，上海在推进社会融合上面临着繁重复杂的任务。城市化进程中不同区域所面临的社会融合任务和拥有的资源差异很大，这些问题在办博过程中进一步凸显出来，对有序引导城市化进程提出了新的要求。为此，在经济和社会协调发展的前提下，上海推进社会融合要在财力及各项资源的投入和配置上统筹好中心区、城乡结合部和远郊的关系，统筹好城乡居民、本市居民与外来常住人口等不同群体之间的关系。

B.3

上海市 2010 年民生调查报告

陆晓文 等*

　　摘　要：2009 年底，上海社科院社会学所对上海城区 18～65 岁的常住居民进行了一次关于民生状况的随机入户调查，有效样本量 1232 人。调查内容涉及世博会、金融危机、食品安全、住房问题、交通出行、安全感、社区、城市认同等 8 个社会关注度高的焦点。调查显示：超过八成市民支持世博建设，九成市民认为世博促进城市文明；半数市民感受到了金融危机的影响，其中对中青年人群的影响较大；总体上，上海市民对本市市场的食品安全性评价比全国市场的评价略高；有超过六成的市民表示，食用油、猪肉、蔬菜和成品粮不能再涨价了；在改善住房方面，大多数市民期待新政策，除了经济适用房，建设限价房也应该是解决住房问题采取的手段；九成市民感到上海社会治安情况整体是安全的；超过七成的市民对居委会工作满意，但近 1/3 的人对小区停车管理不满意；近九成的在沪居民表示热爱上海这座城市，同时上海本地人对外来文化总体持宽容态度。

　　关键词：上海　民生调查　城市认同　世博会　金融危机

　　2010 年初，在上海举办世博会前，上海社科院社会学研究所进行了一项"上海市民民生状况"的调查。调查为多阶段随机抽样，总体为上海城区居民。调查区域为居住在市中心及闵行、宝山、浦东（不包括南汇）的常住居民。调

＊　陆晓文，上海社会科学院社会学研究所研究员；田晓虹、张结海、李煜，上海社会科学院社会学研究所副研究员；韩俊、康岚，上海社会科学院社会学研究所助理研究员；朱妍，上海社会科学院社会学研究所研究助理。

查采取入户面访的方式。调查对象的年龄分布为 18～65 岁。最后获得成功样本 1232 人，其中 88% 为上海户口的样本。

一　对上海城市认同及其影响因素

1. 上海人的身份认同

在本次调查的全部样本中，89% 的在沪居民认为自己是上海人或新上海人，10% 认同自己是其他省市的人（比如认为自己是江苏人、湖北人等），还有 1% 的人说不清楚。进一步的分析表明，拥有上海户口，且在上海长大的在沪居民中有 98.7% 认同自己是"上海人"；拥有上海户口，但在外省市长大的在沪居民中有 46.7% 认同自己是"新上海人"；拥有外省市户口在沪居民中有 63.1% 认同自己是"其他省市的人"（见图 1）。

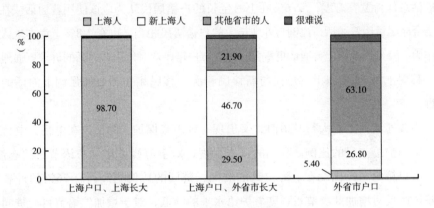

图1　上海人的身份认同

2. 语言使用习惯

语言使用习惯是构成身份认同的重要方面，本次调查发现，总体而言，有 15% 的在沪居民不能用沪语交流。其中，五成的外省市成长的上海户籍拥有者不能用沪语交流；这部分人群中，37.5% 能听懂一些沪语，而不会讲。而外省市户籍人群中有 75% 不能用沪语交流（见图 2）。

许多在不能用沪语交流的居民中，只有 5% 迫切希望学习沪语，62% 有一些想法，其余 33% 无所谓或不想学。进一步分析，在无法用上海话交流的人群中，学生与个体户学习沪语的想法最强烈，居家/离退休人群的诉求最弱。

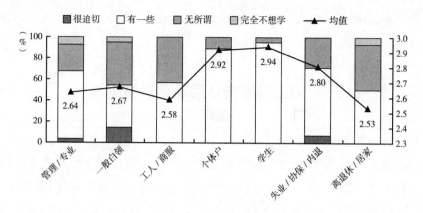

图2　语言使用习惯

与此同时，上海人使用普通话的趋势也越来越明显，尤其是上海的中小学生，有相当一部分无法非常流利地使用上海话。通过本次调查发现，本地民众对于使用普通话总体持宽容态度，52.6%在上海生长的户籍居民认为应该使用普通话或在公共场合应尽量用普通话，比例与外地长大的户籍居民相当。也有7.8%上海本地人认为作为上海人，沪语比普通话更重要。外省市户籍民众对使用普通话的诉求更强烈。

移居上海15年以上的居民与新移民和次新移民相比，更加强调上海话的重要性。

当普通话在上海大行其道时，又出现一种声音保护上海话，在电视、电台节目中增加沪语节目的比例。我们的调查发现，对上海媒体增加沪语节目的态度，有上海户籍的居民比没有上海户籍的居民，赞同的比例更高；有26%的外省市户籍居民反对增加此类节目；随着沪语水平的降低，对于增加沪语节目的赞同比例显著降低，反对的比例明显提高；认同自己是上海人的人群对于增加沪语节目的赞同比例要明显高于认同自己是新上海人的群体，后者又高于认同自己是其他省市的人（见图3）。

3. 对上海户籍开放的态度

2009年初，上海公布有关居住证和户口衔接的制度曾引起广泛关注。本次调查时有65%的在沪居民对于上海户籍的放开持保留或谨慎态度，赞同只接受紧缺型人才的比例最高。文化水平越高，越赞同户籍只应对高学历的紧缺型人才开放。外省市户籍者最赞同户籍开放，其次为成长于外省市的上海户籍持有者，上海本地居民最不赞同户籍开放（见图4）。

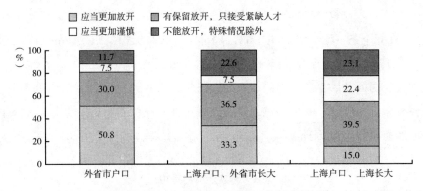

图 3 对上海媒体增加沪语节目的态度

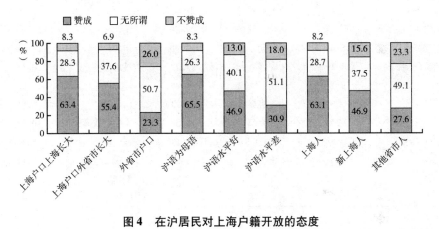

图 4 在沪居民对上海户籍开放的态度

私营企业主和个体户对于户籍放开的赞同比例显著高于其他在业与不在业群体。管理人员、技术人员、行政办事人员和离退休人员更赞同户籍只对紧缺人才放开。不在业人群中的居家、下岗、内退、协保人员对户籍放开的态度最为保守。

4. 喜欢或不喜欢上海的理由

40.75% 的人或者没有填写"喜欢上海的理由"或者没有"喜欢上海的理由"。在剩下的 59.25% 的人中,他们喜欢上海的理由主要集中在:交通生活便利;城市风貌好;治安好;人民素质高;经济发展、个人机会多。相比而言,外省市户口的人更喜欢上海的治安好、国际化、上海经济发展带来的发展机会;上海本地人更倾向认同上海的文化以及对家乡的热爱。

57.7%的人或者没有填写"不喜欢上海的理由"或者没有"不喜欢上海的理由"。在剩下的42.3%的人中，他们不喜欢上海的理由主要集中在"交通问题"、"住房问题"、"生活成本高"以及"人口问题"。相比而言，外地户口的人更关注住房问题、生活成本高、本地人与外地人的关系问题；有上海户口的人更关注外来人口问题；有趣的是，持有上海户口、在外省市长大的人群有一个独特的问题是"没有地方种菜"。

表1　喜欢上海的理由

上海户口、上海生长		上海户口、外省市生长		外省市户口	
交通便利	22.74	城市面貌	28.19	治安好	33.49
城市面貌	22.47	交通便利	28.06	交通便利	26.89
治安好	17.87	购物便利	21.29	购物便利	22.48
市容好	15.46	国际化	14.79	市容好	21.05
购物便利	14.10	治安好	11.77	城市面貌	20.17
各方面都好	9.77	人民素质高	9.86	经济领先	15.91
经济领先	9.66	个人机会多	7.21	国际化	15.56
人民素质高	9.53	各方面都好	6.50	人民素质高	10.32
国际化	4.58	市容好	6.01	商业发达	5.86
文化	4.57	文化	3.63	个人机会多	5.11
饮食	4.40	经济领先	3.29	配套完善	4.46
家乡归属感	4.18	金融发达	1.63	金融发达	4.06

结论

整体上看，在沪居民热爱上海的比例很高，对上海的城市认同较高，本地居民、新移民和外地户籍人群在多方面的态度呈现差异。

（1）对上海城市的认同逐类降低。

（2）非本地人的适应程度不高，体现在认同自己是"上海人"和"新上海人"的比例较低、认为户籍不够开放、沪语水平较差、对上海热爱程度相对较低等。

（3）本地人对外来文化总体持宽容态度，尤其体现在对于普通话的使用与户籍开放程度上，但是也呈现出较强的地域认同，如提出要增加媒体中沪语节目的数量、强调沪语的重要性、表示对上海作为故乡的强烈热爱等。

表 2　不喜欢上海的理由

上海户口、上海生长		上海户口、外省市生长		外省市户口	
交通问题	31.27	交通问题	48.10	住房问题	38.05
住房问题	29.63	住房问题	17.60	交通问题	28.69
外来人口问题	18.71	消费高生活成本高	10.58	消费高生活成本高	25.06
消费高生活成本高	17.66	人口多密度高	9.46	本地人与外地人关系	15.94
人口多密度高	12.78	总体生活感受差	7.36	环境脏乱差	12.13
污染问题	8.52	外来人口问题	4.70	人口多密度高	11.50
人口素质差不文明	5.98	污染问题	3.64	外来人口问题	8.89
总体生活质量不高	3.96	本地人与外地人关系	2.46	人口素质差不文明	8.08
环境脏乱差	3.95	人口素质差不文明	2.18	污染问题	5.77
城市管理不到位	3.69	城市管理不到位	1.26	城市管理不到位	4.39

（4）本地人与非本地人之间的融合程度不容乐观，本地居民认为外来人口大量涌入挤占了本地人的空间，造成各种社会问题；而非本地居民则认为与本地人不好相处，影响了其融入本地。

二　世博成为上海城市建设的重要契机

总体上，市民肯定世博准备工作对其生活有正面影响。数据显示，42.3%的市民认为政府为世博会所做的准备工作对其生活有正面影响，这与城市的管理提升和环境改善有关。但不容忽视的是，10.5%的市民认为有负面影响；认为"没有影响"的比例是 47.2%。从区域分布看，也暴露出相对不平衡的问题。调查显示，徐汇、静安、宝山、普陀、虹口等区的市民，均有一半以上的人认为世博准备工作对其生活有正面影响，同比高于其他区域的居民。今后如何使政府提供的服务事项更加透明化，让公众了解整个运作过程，是值得重视的问题。

对于市政设施、市容市貌等各项硬件设施的综合整治和完善工作，均有九成左右的市民认为"有必要"。

调查询问受访者，各项硬件设施的综合整治工作的必要性是"有必要"、"有一些必要"、"很难说"、"不太有必要"还是"没有必要"。在统计分析中运用加权方式进行计算，依次分别赋值为5分、4分、3分、2分、1分。

从平均值计算结果看，中小道路洁净畅通、主次干道路面修缮、乱设摊整治、人行道平整，是位列前四项的得到市民支持的项目，且认为"有必要"的比例均超过九成（见表3）。

表3　市民对各项硬件设施整治必要性的态度

项　　目	必要(%)	很难说(%)	不必要(%)	平均值*
中小道路洁净畅通	93.1	5.6	1.3	4.511
主次干道路面修缮	92.9	4.7	2.4	4.499
乱设摊整治	90.3	8.5	1.2	4.498
人行道平整	91.4	7.0	1.6	4.461
户外广告整治	89.4	7.8	2.8	4.456
住宅小区综合整治及旧区改造	90.2	6.5	3.3	4.409
店招店牌整治	89.5	6.0	4.4	4.384
建筑物外立面整修	89.6	5.3	5.1	4.345
架空线入地	85.9	9.0	5.1	4.261

　＊ 平均值计算说明：有必要＝5，有一些必要＝4，很难说＝3，不太有必要＝2，没有必要＝1。

对于政府开展的诸多整治、修缮工作及其带来的不便，36.3%的市民表示"很理解、充分支持"，48.7%的市民表示"基本理解，可以接受阶段性的不便"，合计达到85%，这说明广大市民积极支持世博准备工作，通情达理。但也要注意到，有7.6%的市民表示"没办法，老百姓只能接受"，另有2.7%的市民表示"不能理解，劳民伤财，反感"，合计达到10.3%。另有4.7%的市民态度为"说不清"。

从不同人群的态度看，户籍人口和中老年人群的态度更为宽容，有近一半的人表示"很理解、充分支持"，表现出了较高的觉悟和对上海这个城市的热爱。而25岁以下者表示"很理解"的比例（26.9%）是最低的，表示"不能理解"的比例（6.3%）是最高的。另外，下岗内退协保等人员表示"很理解"（47.2%）和"被动接受"（32.1%）的比例都明显高于其他人群，表明这一群体对迎世博的态度存在差异。

调查还发现，通过迎办世博活动，上海市民的文明程度也有所提高。在本次调查中，共有13项文明指标请市民给出评价。对于各项指标变化的评价，均有七至九成的市民认为有进步。

调查询问受访者，各项文明指标的变化情况是"有很大进步"、"有一些进步"、"没有变化"、"有一些退步"，还是"有很大退步"，依次分别赋值为5分、4分、3分、2分、1分。从评价得分（平均值）看，在各项指标中，参与志愿活动、热情诚恳礼貌待人，这两项指标进步最明显，分别有89.7%和85.5%的人认为上海在这两方面"有进步"。这表明上海的志愿者精神通过世博会得到弘扬，成为上海城市的一个重要特征。而不在公共场所吸烟、不在公共场合高声喧哗，这两项与"公共场所"相关的指标，进步相对最不明显，但依然认可是有进步的，认为"有进步"的比例分别为67.6%和72.1%（见表4）。

表4 市民对城市文明各项指标变化的评价

评价指标	有进步（%）	没有变化（%）	有退步（%）	平均值*
参与志愿活动	89.7	9.5	0.8	4.216
热情诚恳、礼貌待人	85.5	13.0	1.5	4.113
维护公共安全，乐于助人	83.7	15.1	1.2	4.057
爱护公共财物	82.7	16.4	0.9	4.044
不乱穿绿地、不破坏绿化	80.9	18.4	0.7	4.034
乘车、付款排队/不插队	80.3	18.6	1.1	4.006
不乱穿马路	81.8	17.0	1.2	3.983
礼貌用语、不说脏话粗话	79.2	19.1	1.7	3.979
坐自动扶梯左行右立	75.6	23.2	1.2	3.922
不随地吐痰	73.5	24.4	2.1	3.916
不乱扔垃圾	75.3	23.2	1.5	3.914
不在公共场合高声喧哗	72.1	26.3	1.7	3.876
不在公共场所吸烟	67.6	30.4	2.0	3.819

* 平均值计算说明：有很大进步=5，有一些进步=4，没有变化=3，有一些退步=2，有很大退步=1。

调查还了解了市民对于在迎办世博中各服务领域服务水平（尤其是窗口服务）变化的评价，共有6个服务领域请市民给出评价。调查显示，均有七八成的市民认为有进步，表明上海的公共服务得到了明显的改善和市民的肯定。

调查询问受访者，各服务领域服务水平的变化情况是"有很大进步"、"有一些进步"、"没有变化"、"有一些退步"，还是"有很大退步"，依次分别赋值为5分、4分、3分、2分、1分。从评价得分（平均值）看，进步最明显的服务类型前三位依次是：市容环卫（4.110分）、政府服务窗口（4.102分）、公共交通（4.072分），评价得分均超过4分（达到"有一些进步"的水平），分别有86.2%、83.7%和85.8%的人认为这三个服务领域的服务水平"有进步"（见表5）。

表5　市民对各领域服务水平变化的评价

服务领域	有进步	没有变化	有退步	平均值*
市容环卫	86.2	12.6	1.2	4.110
政府服务窗口	83.7	14.8	1.5	4.102
公共交通	85.8	11.5	2.7	4.072
医疗卫生	75.5	22.8	1.7	3.957
超市菜场	75.7	22.3	2.0	3.953
银行金融	74.6	23.8	1.6	3.920

＊平均值计算说明：有很大进步=5，有一些进步=4，没有变化=3，有一些退步=2，有很大退步=1。

从区域分布看，静安区市民对各领域服务水平的变化评价最高，黄浦区市民的评价最低，长宁区、闸北区和杨浦区这3个区域市民的评价，也相对较低。

以上调查结果表明，世博会已成为上海城市建设和市民精神文明建设中的重大事件，世博后如何将这些积极因素长效化，是城市建设和管理理念中值得进一步研究的课题。

三　金融危机对上海市民生活的影响

调查数据显示，在上海，金融危机的风波冲击了上海的大多数家庭，能够确切感到影响的家庭和个人的比例超过50%，其中明显感到影响的比例为8.5%，感到有一些影响的比例为43.1%。表示基本没有影响的比例为23.1%，表示完全没有影响到比例仅为8.3%。还有17%的人表示"说不清楚"。可以确定地说，

2008 年发生的世界金融危机对上海一半以上的家庭的生活、就业等活动有相当明显的影响。

金融危机对上海市民的影响最大的前五项分别为：

- 物价上涨导致生活成本上升，73.1%；
- 工作压力加大，35.1%；
- 失业风险加大就业困难，33.5%；
- 收入下降或福利待遇减少，26.7%；
- 不敢消费，20.5%。

还有 10.5% 的人表示生意难做。

这表明，虽然上海没有出现大规模企业倒闭或失业风波，但是在感受到金融风波影响上，人们在不同方面都有切身体会，尤其表现在收入下降和消费意愿的降低方面。

非常值得关注的是，本次金融危机对中青年人群的影响较大，尤其是对 40 岁以下的人员影响较大，这种影响包括两个方面，一是青年人的就业降低，二是就业人员的收入和福利的下降（见图 5）。

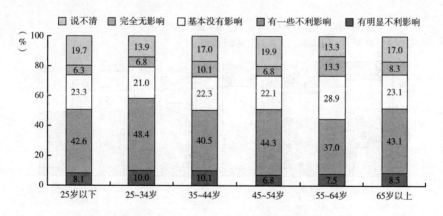

图 5　金融危机的影响程度与年龄分布

调查结果显示，本次金融危机对文化程度比较高的人群的影响比较明显，年纪较轻、受过一定教育的群体是本次金融危机影响的主要对象，这是以往受经济变化影响的群体往往是文化程度较低的群体是不同的，显示了本次金融危机的特殊性（见图 6）。

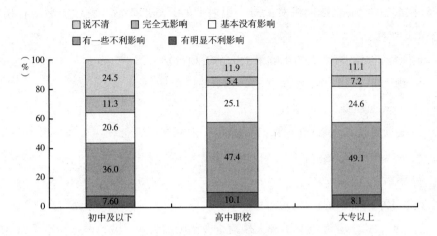

图6 金融危机的影响程度与文化程度分布

调查结果显示，受本次金融危机影响最大的是国有、私营和三资企业，尤其是三资和民营经济组织。于此形成明显对比的是，党政机关受金融危机的冲击较小，只是"有一些不利影响"，而且这种影响往往在日常生活方面，与企业的感受完全不同（见图7）。

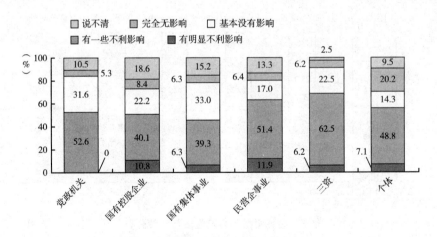

图7 金融危机影响与企业类型分布

调查结果显示，在本次金融危机中，被调查家庭中有172户有人员失业，占全部调查家庭的14%，其中有18户家庭有两人以上失业，占总数的1.36%。与此同时，有31.3%被调查者的家庭因为金融危机生活水准下降，只有1.6%的家庭比金融危机前更好，26.9%的家庭与以前相同。也就是说，有接近 1/3 的上海居民在本次金融危机中正常的生活受到了不利的影响。

有 26.9%的被调查者与去年相比因为金融危机而导致收入下降，没有变化的为 70.5%，在经济危机中收入反而上升的比例为 2.5%。在金融危机中收入减少比例平均为 20.68%，95%的人收入减少在 18.74%～22.62%之间。与以往不同的是，本次收入减少的主要群体是一般管理人员（21.18%）、一般专业技术人员（19.14%）、私人企业主（18.81%）和商业性服务人员（18.35%），工人群体（14.62%）等社会阶层的减少程度反而较小，行政人员中收入减少的比例只有 11.3%。

被调查者认为金融危机对自己所在单位造成负面影响的比例为 25.4%，造成积极影响的比例为 4%，不知道的比例为 41.5%，还有 29.2%无法回答该问题。其中三资企业受到的不利影响最大（47.50%），党政机关等受影响较小（25%）。有意义的是，三资企业也是在本次金融危机中获得利益最大的经济组织（13.80%），国有（3.60%）和民营经济组织（4.6%）的获利程度相对较小。

对于金融危机发生后中国与上海政府采取的多种应对措施，百姓的反应评价不一，对于一些直接能够带来效应的措施，评价较高，但对于一些带有社会性质的措施，百姓的评价较低。其排位如下：家电以旧换新、家电下乡、扩大内需 4 万亿元投资计划、汽车补贴促进就业、调控房价。人们对于扩大内需、就业和房价的评价比较低。

对于上海是否已经走出了世界金融危机，市民们认为上海经济已经明显复苏的比例只有 4%，有一些复苏的比例为 44.9%，超过一半以上的市民觉得目前谈复苏似乎为时太早，或者讲不清楚。这是因为有一些非常重要的问题影响人们对金融危机是否已经过去进行判断，例如，人们对于目前物价上涨是否已经是通货膨胀的担忧。

人们对于目前的物价问题已经比较敏感，认为食用油、猪肉、蔬菜和成品粮不能再涨价了，再涨价就超出了合理的限度，对于这些日用必需品的价格水平，上海居民中有 60%以上都这样认为，意见相当一致。非常明显的是，那些不能再涨价的食品是上海市民百姓日常生活中最需要、消耗量最大的消费品（见图 8）。

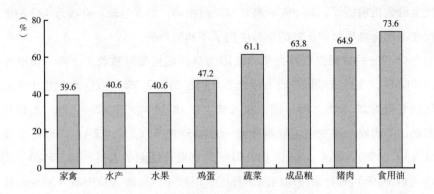

图8 市民认为不能再涨价的食品

2009年上半年，上海社科院社会学研究所通过电话询问了一些市民对金融危机的看法与态度，以及金融危机对个人与家庭的影响。在那次调查中，对金融危机对个人和家庭的影响，多数人认为存在不利影响，主要包括生活成本增加、就业压力增大、社会保障水平有待提高，总体上可概括为人们的生活成本和风险增加，调查中总体上未发现极端不利影响。这与2010年的调查结果基本是一致的。也就是说，在中国政府和人民的努力下，金融危机没有进一步影响上海市民的生活。

在2009年上半年的调查中，上海市民总体上对中国经济发展前景和中国经济在世界经济中的地位充满信心，同时认为中国政局稳定，中国政府及中国人民具有化解各种风险、战胜各种困难的能力，而且中国拥有巨大的市场发展潜力和经济高速增长的态势，因此长远的发展态势是好的。也有一部分人表示了"谨慎的乐观"，认为在经济全球化发展的今天，中国经济的复苏离不开世界经济大环境的影响，并觉得对于经济复苏的周期，难以做出预估。本次调查，再一次证明了这个结果。

在2009年上半年的调查中，对未来生活的前景，大多数人都表示出了充分的信心，认为在现有的政策环境和经济态势下，中国抓住机会，终将度过危机，未来的生活会越来越好，人民生活水平会持续上升。本次调查表明，有39.1%的上海市民对目前的生活表示满意，觉得一般的比例为45.5%，表示不满意的比例为15%左右。也就是上海市民众对目前的日常生活还是比较认可的。当问及3年后的生活预期时，有47.1%的上海市民表示会比目前好，有24.4%的人表示会维持当前水平,有 25.1% 的人表示说不清楚,而只有 3.2% 的人表示会比今天更差。这样的调查结果也是与去年比较一致的。

四 公共交通的"公共"性质有待提高

1. 上海居民对于降低出行成本的诉求十分强烈

调查显示,上海居民的日常出行仍以公共交通为主。如图 9 所示,有 38.06% 的上海居民使用公交车,另有 18.36% 使用轨道交通。

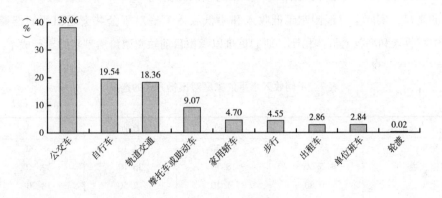

图9 上海居民主要出行交通工具

在所有被访者中,认为公交车和轨道交通费用高的人群分别占 53.9% 和 73.1%。近年来,虽然有关部门推行了多项举措,旨在降低居民的出行成本,包括将公交——轨交换乘优惠额度上调、换乘时限加长等,然而有相当一部分民众对此并不满意:调查中,有 25.6% 的被访者认为自己从政府的各项交通补贴中得到的实惠不多,32.7% 干脆表示"没有得到实惠"。

各种交通出行方式给居民带来的成本是不同的。如表 6 所示,轨道交通的月均费用为 230.25 元,是除了私家车与出租车之外出行成本最高的形式,比公交车出行多近一百元。考虑到有 18.36% 的人群是使用轨交出行的,而私家车和出租车出行的比例仅为 4.7% 和 2.86%,因此轨交费用的影响范围要大得多,其票价高昂确实成为了普通百姓出行不可忽视的成本。因此,民众,尤其是低收入人群对于轨交出行是比较谨慎的。

表6 各种交通形式的费用

交通工具	交通费(元)	交通工具	交通费(元)
公交车	142.34	出租车	531.47
轨道交通	230.25	家用轿车	1430.71
公交车 + 轨道交通	209.67	自行车	39.92
公交车 + 自行车助动车	111.1	摩托车或助动车	86.74
轨道交通 + 自行车助动车	166.03		

调查发现，低收入家庭使用轨道交通的比例仅为5.6%，中低收入家庭为18.7%，远远低于中高收入的36.1%和高收入家庭的32.3%（见表7）。地铁费用的高昂，实际上已经限制了低收入和中低收入家庭对于公共交通出行的选择，与中高收入和高收入群体相比，他们更难以承担目前轨交票价所带来的出行成本。

表7 不同收入水平的家庭对出行方式的选择

单位：%

交通工具	低收入	中低收入	中高收入	高收入
公交车	35.60	54.70	55.10	38.90
轨道交通	5.60	18.70	36.10	32.30
出租车	0.80	1.10	2.50	18.70
家用轿车	0.50	1.20	7.80	23.80
自行车	48.60	30.90	16.60	9.80
步行	9.50	6.80	3.60	3.30
摩托车或助动车	11.50	14.40	9.20	10.10
单位班车	1.30	2.20	7.20	3.10

注：低收入家庭为年收入3.6万元及以下；中低收入家庭为3.6万~6万元；中高收入家庭为6万~12万元；高收入家庭为12万元及以上。

上海目前共有11条轨道交通，另有多条轨交线路在建，极大方便了居民的出行，然而轨道交通的高昂票价已经成为妨碍低收入群体有更多出行选择的障碍。

2. 由于城市规模的扩大，人们越来越依赖公共交通

上海的城市规模逐年扩大，目前已有相当比例的居民居住在距离市中心较远的区域。此次抽样调查了包括闵行、宝山、浦东新区及城中心9个区在内的13个区的居民，有11.9%居住在外环以外，64.6%居住在内外环线之间。调查显示，随着居住区域的外移，使用私家车或出租车的比例明显下降；同时，用自行车、助动车等人力代步工具的比例也相应下降（见表8）。

表8　不同区域居民的出行选择

单位：%

	内环	内环与外环之间	外环以外
公交车	22.01	21.10	36
轨道交通	3.62	5.71	8.57
公交车＋轨道交通	20.61	13.35	14.29
公交车＋自行车/助动车	10.03	8.61	7.43
轨道交通＋自行车/助动车	0.28	0.65	4.57
公共交通	57	49	71
出租车	1.39	0.97	0.57
家用轿车	6.13	4.52	3.43
自行车	16.99	19.16	12.00
摩托车或助动车	2.23	11.19	3.43
单位班车	1.67	2.37	1.14
步行	6.41	6.46	2.29
其他混合出行方式	8.64	5.92	6.29

如表8所示，居住在不同区域的居民的出行方式存在差异。居住在外环以外的居民使用轨道交通和公交车等公共交通工具的比例（71%）要远远高于内环以内的居民（57%）和内外环线之间的居民（49%）。由于居住地比较偏远，使用自行车、步行等方式出行的比例（14.29%）要低于内环（23.4%）和内外环之间（25.62%）的居民；使用私家车、出租车通勤的比例（4%）也显著低于内环居民（7.52%）和内外环之间的居民（5.49%）。也就是说，居住在外环以外的居民并不像其他居住区域的居民那样有更多的出行选择，对于乘坐公共交通出行要明显增加，而且这些需求具有刚性特征。

3. 目前交通补贴的最大受益者是中高收入群体，但加大补贴有助于低收入和中低收入群体更多使用公共交通

此次调查发现，中高收入群体的交通费用所占收入的比重最高，达到7.23%。与此相比，低收入和中低收入群体的交通费用占收入的比重分别为6.6%和5.98%，高于高收入人群的相应比重（5.31%）（见图10）。

尽管低收入和中低收入家庭的公共交通支出占收入比重要高于高收入人群，

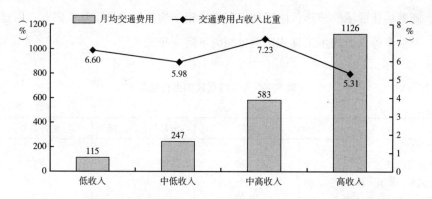

图10 不同收入水平的家庭月均交通费用及公共交通费用占收入比重

然而我们需要谨慎地解读这个比例。低收入和中低收入家庭没有私家车，也很少乘坐出租车，他们对公共交通出行的需求是刚性的。目前，这部分人群大量选择自行车、助动车和步行的方式出行，在公共交通工具的选择上也倾向于公交车而少乘坐轨道交通，可见高昂的交通费用已经成为他们出行的负担，目前的交通费用占收入的比重并不能充分反映这部分群体对于公共交通的实际需求，而从补贴中获益之少则切实地反映了普通民众的心声。

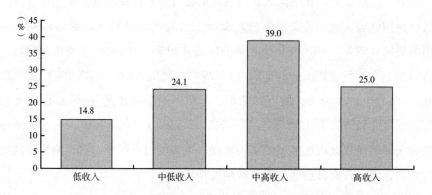

图11 不同收入家庭表示从政府交通补贴中获益的比例

如图11所示，中高收入家庭的成员表示从政府交通补贴中获得收益的比例最高，为39%；相比之下，低收入和中低收入的家庭的感受要负面得多，分别仅有14.8%和24.1%的人表示有不同程度的获益。

目前来看，如果增大对公共交通的补贴力度，中高收入群体因为公共交通费用大、交通费占收入的比重高，因而会最大程度受益。目前，这部分群体已经是主观受益程度最高的群体了。然而，增加公共交通的补贴对于低收入和中低收入家庭更有意义，不仅可以增加这部分人群的出行选择，同时也可以避免进一步增加他们的出行成本。

4. 公众认为，上海的公共交通目前体现的"公共"性质仍比较弱

调查中，当问及公共交通中政府的作用，以及政府与市场的关系时，有48%的人认为公共交通应该由政府包办或为主，提倡政府应该与市场相结合的为42.1%，认为主要应依靠市场解决的不到10%（见图12）。

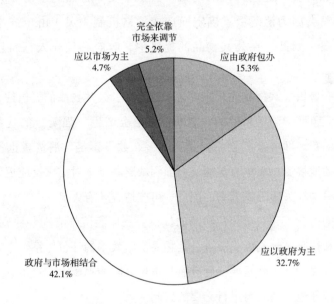

图 12　政府在公共交通中的角色

在上海民众看来，公共交通的"公共"性质是首要的，其作为公共物品有很多特性，而政府在其中的作用和作为至关重要。而目前，对于财政补贴交通费用、降低市民出行成本的问题，10.8%的民众认为政府不太重视，61.3%认为政府比较重视但未尽全力。低收入和中低收入群体虽然表示自己从各项补贴中获益不多，但对政府工作的总体肯定程度甚至要高于中高收入和高收入群体；同时，民众认为现有的交通补贴给予的实惠太少，市场成分还是过高。

结论与讨论：

此次调查在交通方面民意呼声最为集中的问题之一便是"交通贵"的问题，

其背后的实质其实是公共交通的"公共性"问题以及政府在其中的作为。包括公交车、轨道交通等在内的公共交通属于应由政府提供的公共物品,这一点在各国各地都已经达成了共识。

既然是公共物品,公共交通便具备一些公共物品所特有的属性,比如供给上的非竞争性,即多为一个消费者提供物品的边际成本为零,消费上的非排他性,即甲的消费不排斥乙的消费,效用的不可分割性,即公共物品的效用不能分割成若干份分别归属某些人、集体或组织。在这些特征下,人们在消费公共物品时会有逃避付费的动机,去搭个便车;而完全由私人部门来提供公共物品就会因为消费量不确定而造成价格机制失灵,由于成本不可控而使得市场失灵。因此,在公共物品的提供中,政府必须介入,而且必须发挥主要的作用。

但是政府提供公共物品也并非一劳永逸之举。公共物品的提供往往因为没有私有部门的竞争而成为垄断性的,垄断性供给会产生"强卖"的现象,也就是强制消费者消费。即便公共物品的质量残差、数量不足,消费者也没有选择余地,只能被动地接受。而国有垄断又会面临缺乏激励、对需求反应迟缓、软预算约束、评价机制缺失等降低效率的困境,可能造成政府失灵。

在这样的情况下,对于公共物品的提供,制度经济学有一些原则上的对策,如完善法治和行政监督制度、改进公共物品供给效率的评价体系、引入市场机制等。其中很重要的一点就是要找到政府与市场之间的平衡点,对市场运作更有效率的部分进行外包,而政府进行必要的管制。

目前在中国,北京市的公共交通是以政府补贴为主的,每年拿出120亿左右进行公共交通的票价补贴,北京居民的出行成本大大降低,直接获得了很多实惠。香港的模式在全世界都是比较先进的,政府与市场的结合非常有效率,既让参与的私有部门有所盈利,也为市民出行带来莫大的便捷,交通便利、通畅,每千人的私家车拥有量和政府公务用车量都严格控制,远低于北京、上海等规模相当的城市。

根据此次调查,民众对于市政府在保障市民日常出行便捷、费用低廉上有很大的期盼,而上海在公共交通方面如何实现公平、有效率的公共物品的供给,如何真真切切地用财政税收为市民带来福祉,显然还有很多工作要做。

五　上海社会治安情况及市民安全感评价

一个城市的社会治安情况和市民安全感，是城市形象和吸引力的重要指标。上海作为中国重要的开放、文明的国际大都市，社会治安情况一直是政府和市民都高度关注的问题。2010 年是"世博年"，实现"平安世博"更是上海办好世博会、建设美好城市形象、当好世界公民的首要目标。

调查显示，有 90% 的市民感到上海社会治安情况整体上是安全的，但评价为"很安全"的比例只有 15%。感到夜晚单独在社区活动"很安全"的比例为 20%，夜晚单独在家"很安全"的比例为 38.6%。

同时，有 9.7% 的市民感到上海整体治安状况"有点不安全"或"很不安全"。与此相对应，感到夜晚单独在社区活动不安全的比例达到 10.9%，而夜晚单独在家感到不安全的比例为 5%（见表 9）。

表 9　市民对上海社会治安情况的整体评价和安全感

单位：%

	市民对上海整体社会治安的评价	天黑后，如果你一个人走在生活的区域，感觉安全吗？	天黑后，如果你一个人待在家里，感觉安全吗？
很安全	15.0	20.0	38.6
基本安全	75.3	69.1	56.4
有一点不安全	8.7	9.7	4.7
很不安全	1.0	1.2	.3

关于市民所经历的治安事件的调查结果显示，在过去的一年里，市民及其家人在本市经历过被扒窃、抢夺、入室盗窃等任一项治安事件的比例为 16.4%；其中曾经被扒窃的比例最高，达到 13.3%，而且被扒窃两次或以上的比例也有 3.7%；另外各有不到 5% 的市民及其家人曾经被抢夺和入室盗窃（见表 10）。

表 10　最近一年里，受访者及其家人在上海是否碰到过以下情况

单位：%

	合　计	被扒窃	被抢夺	入室盗窃
没有碰到过	83.6	86.7	96.8	95.2
有过 1 次	10.2	9.6	3.0	4.6
2 次或以上	6.2	3.7	0.1	0.2

近年来，因个人信息泄露而受到骚扰已成为相对普遍的一种社会现象，这在本次调查结果中也得到了印证。调查显示，最近一年里，只有9.9%的市民没有因为个人信息泄露而遭遇各种骚扰、推销或诈骗。其中以推销和诈骗为目的的电话和短信骚扰最多，有78.4%的市民曾经收到过推销电话或短信，有69.2%的市民曾经收到过诈骗电话或短信，约有三成左右的市民"经常"收到这类电话或短信。曾经被上门和邮件形式的推销、诈骗和骚扰的比例也在30%～40%之间（见表11）。

表11　最近一年里，受访者是否因个人信息泄露，遭遇过以下情况

单位：%

	合计	上门骚扰	推销电话、短信	推销邮件	诈骗电话、短信	诈骗邮件
没　有	9.9	63.6	21.6	58.1	30.8	69.7
偶尔有	45.1	29.8	43.4	26.2	40.1	22.2
经常有	45.1	6.6	35.0	15.7	29.1	8.1

不同群体的调查结果显示，对于扒窃、抢夺、入室盗窃等治安事件，存在着居住地段和收入水平上的差异。在过去的一年里，市民自报经历过扒窃、抢夺、入室盗窃等任一项治安事件的比例情况如下。

从地段上看，发生比例最高的是在外环外的社区（29.4%），而且其中发生过2次以上的比例高出外环内很多，高达21.2%。其次是内环内（22%），而内环与外环间的比例相对而言则是最低的（12.1%）（见表12）。

表12　不同地段的群体在过去一年里在上海是否遭遇过被扒窃、被抢夺、被入室盗窃

单位：%

	内环内	内环到外环	外环以外
没　有	78.0	87.9	70.5
有过1次	15.8	8.6	8.2
2次或以上	6.2	3.5	21.2

从不同家庭收入群体间的比较来看，高收入群体是易受侵害的群体，其他群体过去一年未曾被侵害的比例均在80%以上，而高收入群体只有73.4%报告未曾被扒窃、被抢夺、被入室盗窃（见表13）。

表 13　不同家庭收入水平的群体在过去一年里在上海
是否遭遇过被扒窃、被抢夺、入室盗窃

单位：%

	低收入	中低收入	中高收入	高收入
没　有	81.6	87.5	82.5	73.4
有过 1 次	6.5	9.2	12.1	14.5
2 次或以上	12.0	3.4	5.3	12.1

注：低收入 =3.6 万元以下，中低收入 =3.6 万至 6 万元，中高收入 =6 万至 12 万元，高收入 =12 万元以上。

对于因个人信息泄露而遭遇骚扰、推销和诈骗的情况，存在着居住地段上的差异，但未发现收入水平上的差异。在过去的一年里，市民自报因个人信息泄露而遭遇骚扰、推销和诈骗的比例情况如下。

从地段上看，发生比例最高的仍然是外环外的社区（95.9%），内环内社区的比例相似（95.2%），但"经常有"的比例很高，达 55.5%。相对而言，内外环间的比例也是相对最低的（87.3%）（见表 14）。

表 14　不同地段的群体在过去一年里因个人信息泄露而遭遇骚扰、推销和诈骗的比例

单位：%

	内环内	内环到外环	外环以外
没　有	4.8	12.7	4.1
偶尔有	39.7	45.3	55.5
经常有	55.5	42.0	40.4

从不同家庭收入群体间的比较来看，各群体因个人信息泄露而遭遇骚扰、推销和诈骗的比例相似，中高收入和高收入群体比较多的是"偶尔有"被骚扰，而中低收入和低收入群体呈现两极化状况，"没有"和"经常有"的比例都比较高（见表 15）。

表 15　不同家庭收入水平的群体在过去一年里因个人
信息泄露而遭遇骚扰、推销和诈骗的比例

单位：%

	低收入	中低收入	中高收入	高收入
没　有	10.2	10.9	8.6	7.3
偶尔有	44.0	41.3	50.0	52.4
经常有	45.8	47.8	41.4	40.3

总体来看，在主观评价上，上海市民的治安安全感较好，总体上表现为"基本安全"的水平。但从市民在过去一年里在上海市经历过的社会治安事件的客观指标看，仍反映出存在一定的问题。扒窃、抢夺、入室盗窃等任一项治安事件在过去一年中的发生率为 16.4%，以被扒窃的比例最高。外环外的社区与高收入群体是易受侵害群体。而个人信息泄露已成为骚扰市民正常生活的重要问题之一，过去一年里只有 9.9% 的市民没有因此受过骚扰，尤以电话和短信骚扰为最；被骚扰人群在收入特征上并不存在明显差异。

六　上海市民对食品质量与安全的评价

1. 上海市民对食品安全状况的评价

食品质量与安全是否能得到保证，是上海市民最为关心的问题之一。上海百姓对本市市场的食品安全性评价比全国市场食品的安全性评价略高一些，在 5 分制的评价中，人们对上海市场上的食品安全性评价得分为 3.88 分，对全国食品市场的安全性评价为 3.70 分，均处于一个合格的水平。目前上海和中国市场上食品的"基本安全"是多数上海市民比较一致的看法。总体上上海的食品安全能够获得基本的保障（见图 13、图 14）。

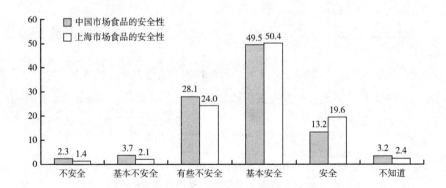

图 13　对中国和上海市场食品安全性的评价

从不同年龄的群体上看，中青年群体对目前食品安全状况的评价比老年群体为高，其评价状况如下。

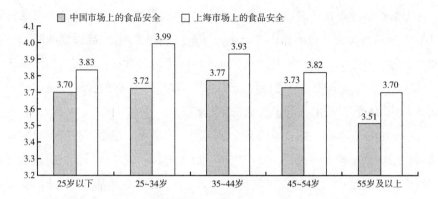

图14 不同年龄上海市民对中国和上海市场食品安全性的评价

2. 上海市民关注食品安全的方式与评价

以上差别的形成与不同年龄群体购买食品时采取的鉴别方式不同有关。在调查中发现，在如何购买食品时采取的各种方式中，不同文化程度的群体在购买食品时采取的鉴别食品质量的方式有所不同，年龄较小、文化较高群体在选择食品时往往采取比较理性和有效的方法。

表16 不同文化群体在购买食品时采取关注质量的方式

单位：%

	购买渠道	包装说明	食品价格	品牌或生产商	质量安监认证	直接判断	食品广告	无从判断	其他
初中及以下	51.00	39.30	22.80	36.50	49.40	53.60	3.10	4.70	0.00
高中中专职高技校	54.40	48.40	12.10	41.60	60.40	47.30	3.60	3.20	0.10
大专及以上	54.40	36.70	14.60	45.70	54.60	35.80	4.60	4.60	0.00
总　计	53.00	41.40	17.20	40.60	54.30	46.80	3.70	4.20	0.00

从统计结果上看，在购买食品的渠道和广告方面，不同群体的关注态度的比例差别并不大，尤其对广告宣传的信任程度普遍不高，但是在关注质量安全认证、食品生产厂家与品牌等方面，文化程度较高的群体显然要比文化程度较低的人群高一些，也就是前者对食品质量的关注采取比较理性和有效的方式。而文化程度较低的群体更多是在价格、包装和采取直接判断的方式来鉴别食品的质量，显然，后一种方式的有效程度要低一些，这就是为什么年龄较大的群体对目前食品质量状况的评价较低的原因之一。

从中也可以得出这样的结论，就是有关方面的质量认证（54.3%）、购买渠道（53%）和购买食品时的直接判断（46.8%），是上海市民购买食品时关注质量和安全的主要方法，而且这些方法会同时使用。人们对食品广告的认同度非常低，只有3.7%。这表明，官方质量监管、出售场所和食品的实际质量状况，是目前老百姓用来保障食品安全的三大法宝。

对于不同场合中购买的食品安全性，人们对大卖场、超市、品牌专卖店等一些商业类型给予比较多的信任，对小店小贩出售的食品信任度最低，对这些商业类型的评价分别是：大卖场或超市得分3.21分，品牌专卖店3.30分，菜市场2.70分，小店小贩1.87分，餐馆2.54分（4分制）。其中小商贩的食品质量问题特别突出（见图15）。

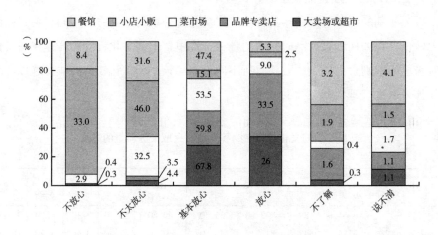

图15　不同商业类型中食品的安全性

调查发现，品牌对人们购买食品有很大的影响，对目前大多数知名品牌的食品来讲，61%的市民表示信赖，但完全表示放心的比例也很低，只有9.7%，这表明，上海市民对目前知名食品品牌的信赖程度不是非常强烈和稳固，因此食品品牌的信誉提高还有相当长的路要走。

3. 上海市民对上海食品监管的看法与评价

调查发现，人们对于目前政府与有关机关对食品质量的监管效果不是非常认可，甚至表现出比较明显的不满情绪，认为政府对食品质量监管的责任完全到位的比例只有6.2%，认为基本到位的比例为52.7%，认为不够到位的比例为

33.8%，还有7.4%的比例"不了解"。在4分制评价时，平均得分为2.64分，处于一个及格的水平（见表17）。

表17　上海市民对政府食品安全监管的评价

	频率	有效百分比%	累积百分比%
到　　位	76	6.2	6.2
基本到位	649	52.7	58.8
不够到位	355	28.8	87.6
不 到 位	62	5	92.6
不 了 解	91	7.4	100
合　　计	1233	100	

　　对目前上海市食品质量的监管的效果上，不同文化程度的人评价略有差异。文化程度越高，评价相对较低，这表明受过较高教育的人对食品安全的要求相对较高（见表18）。

表18　文化程度与政府食品安全监管的评价

文化程度	均值	频数	标准差
初中及以下	2.7067	463	0.6396
高中中专职高技校	2.6458	367	0.67231
大专及以上	2.5629	311	0.75671
总　　计	2.6479	1141	0.68558

　　对于当前一些严重影响食品安全的问题，人们对制止滥用农药（2.07分），防止药品和污染物残留（2.00分）和过期食品下架销毁（2.03）评价较好，对滥用食品添加剂（1.97分）、不符合食品标准（1.95分）和假冒伪劣（1.90分）评价较低，尤其对假冒伪劣产品的管制不够。[①] 这从另外一个角度显示出政府与有关职能部门工作上的不足。

4. 上海市民对上海食品质量保障信心与物价的看法

　　由于对2009年上海食品安全的现状评价不是很高和对政府监管食品质量效果的疑虑，使得人们对未来食品质量发生根本变化的期待并不抱充足的信心。调

---

① 3分制评价。

查发现，对未来食品质量改善抱有完全信心的比例只有10.3%，具有一定信心的比例为51.1%，信心一般的比例为29%，不太有信心和完全没有信心的比例为4.8%。食品安全作为一个保障民生健康的重大问题，一直存在比较严重的问题，尤其是三鹿奶粉事件出现之后，人们对食品安全的关注到了一个前所未有的水平，并严重地打击了民众对现有食品质量的信任，包括对政府职能部门监管的质疑。

与此同时，本次调查发现人们对于食品物价上涨已经具有比较强烈的反应，食用油、猪肉、蔬菜和成品粮不能再涨价了，再涨价就超出了合理的限度，对于这些日用必需品的价格水平，上海居民中有60%以上都这样认为，意见相当一致，收入较低的群体的反应尤其强烈。非常明显的是，那些不能再涨价的食品是上海市民百姓日常生活中最需要、消耗量最大的消费品，也就是主要食品物价的上涨已经影响了百姓的生活（见图16）。

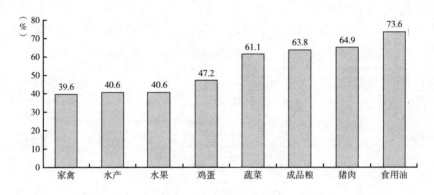

图16 市民认为不能再涨价的食品

5. 简要的结论

对于食品安全这个关乎百姓生存的重大问题，政府的职责和监管是一个必需的公共事务。由于一段期间内中国出现的诸多食品质量的问题，以至于人们对目前食品安全的评价不是很高，只是处于一个基本满意的水平，对政府提供的食品质量监管也是如此。在日常生活中，人们通过有关方面质量鉴定的结论和选择比较可靠的购买场所来实现食品安全的要求，品牌在一定程度上也为人们提供了这样的可信度。但是小店、小摊贩的食品安全问题依然是人们担忧的一个问题，人们对于食品质量问题的根本解决和食品安全的真正实现的信心似乎还不是很足。

上海市民对政府在这方面应该担负的责任有更多的期待。

由于食品物价上涨的幅度较大，人们对减缓基本食品价格上涨的要求非常集中。

七　上海市民住房状况问题

住房问题关系民生、关系社会和谐。改善市民住房状况，提高市民住房质量，完善政府住房政策，已成为当前上海转变经济发展方式和推进社会建设的一项重要内容。

1. 当前上海住房发展面临的主要问题

通过对调查问卷中涉及住房问题的数据分析，我们认为，当前上海住房发展面临的主要问题有以下五点。

第一，住房困难家庭比重依然很大。在抽样调查中我们发现，虽然住房自有比率接近 70%，工人和商业服务人员购买商品房的比重最低（8.7%），有 8% 的市民租住私房；拥有上海户口的本地人购买售后公房的比重最高（43%），拥有上海户口的外地人购买商品房的比重最高（48%），没有上海户口的外地人租住私房的比重最高（41%）；有 30% 的家庭人均建筑面积 15 平方米以下，有 23% 的家庭人均使用面积 7 平方米以下，其中外省市户口的居民属此两项指标人数最多（分别达到 56% 和 36%）。

第二，大多数市民并没有在房价飞涨中得利，相当部分市民对房屋的质量表示担心。在抽样调查中我们发现，79% 的家庭在上海别处没有拥有部分或全部产权的住房，而拥有部分或全部他处产权的家庭只有 9%，主要是上海本地人（占 79%）；在拥有部分或全部他处产权房屋的家庭中，85% 的家庭只拥有 1 处；对现在居住房屋的质量有些担心的比例达到 18%，很担心的比例达到 4%；对新建商品房有些楼盘令人担心的比例达到 23%，对大部分楼盘很担心的比例有 1.5%，说不清和不知道的比例达到 24%。

第三，希望改善住房但能够负担得起现有房价的不多。在抽样调查中我们发现，有 33% 的家庭希望买房以改善自己或家人目前的住房状况，其中有 64% 的家庭负担不起，有 24% 的家庭可以付得起首付但是需要贷款；从年龄结构看，有购房需求的家庭中，完全负担不起的主要是 35~44 岁的市民（59%）；从职业结构看，工人和商业服务人员的支付能力最弱（57%）；从地域结构看，本地上海人的支付能力最弱（52%）。总体上看，房价支付能力与收入和教育水平成正比关系。

第四，依然有相当多的市民希望租住单位或政府提供的住房。在抽样调查中我们发现，有35%的家庭愿意租住单位或政府提供的住房，有13%的家庭愿意购买经济适用房，有17%的家庭希望长期贷款零首付的房子；在有购房需求的家庭中，只有17%的家庭符合经适房的申请条件，而不符合的比例高达51%。对于符合经适房申请条件的家庭来说，有一些困难、承担不起和不好说的比重达到79%，这也是将来在推进经济适用房过程中可能会遇到的难题。

第五，对政府推进保障性住房的工作评价不高，但对政府未来的政策期望很大。在抽样调查中我们发现，在对上海市政府在改善市民住房状况的工作成效评价上，45%的市民认为政府没做什么工作或者做了工作但没有成效，认为有成效的只有30%，不了解和说不清的占25%。在政府需要采取哪些措施以改善市民住房状况的选项中，前三项为建设经济适用房（26%）、建设限价房（22%）和严厉查处哄抬房价等行为（19%），此外，建造公共福利住房（13%）和增加土地供应量（11%）也是市民希望政府出台的政策措施。

2. 解决上海住房问题的若干对策建议

综上所述，我们认为，上海在未来解决住房问题、完善住房保障体系时应考虑以下几点。

第一，要采取多种方式切实改善住房困难家庭的住房状况，尤其要改善人均建筑面积15平方米和人均使用面积7平方米以下家庭的住房状况。其中重点关注工人、商业服务人员和外地人（包括外地务工者和外地来沪就业的年轻人）。可以通过扩大廉租房实物配租的覆盖面、降低经适房申请条件和推出公共租赁房来满足这部分人群的住房需求。为了遏制房价的进一步攀升，也可以尝试推出差别化住房政策，即根据户籍登记（本地、外地和外国）、纳税状况、居住年限、年龄和学历采取不同的住房保障政策，可以通过征收物业税、减免所得税和租金分类补贴等多种方式稳定市场、增进保障。

第二，在大规模兴建保障性住房的过程中，要重视住房质量，特别是配套商品房、经济适用房和公共租赁房建设，更要确保住房品质，以防倒楼事件的再次发生。可以通过招标、监理、验收和事后评估等多种方式，提高新建商品房和保障性住房的质量，使困难家庭住上称心满意的住房。除此之外，也要注意保障性住房的选址、公建配套、生活设施、周边环境等问题，将就业、交通、就医、上学等问题综合考虑到保障性住房的建设规划中去。

第三，在推进保障性住房的建设过程中，要切实注意符合申请条件家庭的支付能力问题，以防出现由于支付能力不足而弃购。首先，要把符合条件家庭的数量、类型、分布摸清，做到心中有数；其次，要把好申请关，使那些真正符合条件的家庭能够申请到经济适用房和公共租赁房；最后，针对支付能力不足的问题，应采取多种途径加以解决，比如原有住房变现、降低首付比率、首付款分期支付、降低银行贷款利率、政府贴息贷款、针对不同家庭采取租售并举政策措施等，都可以改善他们的支付能力。

第四，在探索公共租赁房和单位自建房的试点过程中，要特别关注新上海人、工人、商业服务人员和外地人，他们是上海建设国际化大都市的重要力量，新上海人中有许多是刚毕业的外地来沪大学生、硕士生和博士生，应有特殊政策针对他们的住房需求，可以通过提供政府的公共租赁房或提供租金补贴来切实改善他们的住房条件，增强他们对上海的认同感。

第五，在推出涉及保障性住房的政策法规时，应听取各阶层群众的意见，反映他们的愿望，满足他们的需求，要建立起有效的监督机制。在充分调查研究、摸清家底的基础上，在财力可负担的范围内，制定保障性住房建设中长期规划，公布于众，听取群众的建议，又好又快地推进保障性住房建设，形成房地产、旧区改造和保障性住房建设之间的有序、协调发展。

总之，要充分认识到住房的公共物品属性和生活保障属性，采取多种方式，针对不同人群，有计划、有步骤地推进保障性住房的建设，逐步解决困难群体的住房问题，满足各阶层对住房不断增长的需求，真正实现"住有所居"这个关系民生的目标。

八　上海市民对社区生活的评价

居民的社区生活调查主要包括两个层面，一为居民与社区的关系，二为居民对社区生活的感受。两者虽指向不同，但具有一定的内在联系。

1. 居民对居委会抱有较高认同

我国城市居民委员会组织法第二条规定，居委会是居民自我管理、自我教

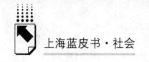

育、自我服务的基层群众性自治组织。要了解居民对社区生活的满意度，离不开测量居民与居委会的关系。

本次调查显示，77.4％的被访者对居委会的评价为"满意"和"较满意"。从与性别、年龄、政治面貌、在职与否、所有制类型、职业类别、本地人或移民、居住地段或区域、房屋产权等各种变量的交互统计看，被访者对居委会的满意率均达到七八成，有的超过九成。满意率偏低的群体是失业、协保、内退人员，为63.5％；满意率偏低的地区是闸北区，为59.2％。

在目前的体制状况下，居委会的工作重点是承接来自政府部门的诸多行政任务，但作为基层社会唯一的多功能、全覆盖的群众性自治组织，在管理社区、服务居民方面发挥着组织、动员、协调的重要作用。同时，作为连接政府和居民的最直接通道，其工作涉及全体居民，包括为离退休人员、少年儿童提供一些支持和服务，为老弱病残、失业低保、刑满释放等弱势群体提供一些福利和救助，还为普通居民在日常生活中遇到的一些问题排忧解难等。随着经济与社会改革的深入，居委会工作与居民生活质量提高形成日益密切的关系，因此它获得了各个年龄层次和各种身份背景居民的认同。

2. 居民对居委会选举热情不高

本次调查围绕2009年上海市第九次居委会换届选举，了解居民对这一事件的关注度和参与度。市委市政府对居委会换届选举十分重视，将其作为健全和完善基层民主的重要工作进行部署，进行了大规模的社会动员，包括通过媒体传播报道，组织街道、居委会干部专门培训，在全市所有居住小区内以标语、宣传栏等方式进行文字宣传，召开居民小（楼）组长、居民代表、退休党员等居民骨干会议进行口头动员，并在统一的时间节点安排全市居委会选举的工作流程。

调查数据显示，居民对居委会换届选举的知晓率达到66.5％，其中以55岁以上的本地居民居多，为87.9％。在校学生、在职人员和外来移民的知晓率偏低。在知道选举一事的调查对象中，有75.8％的居民参加了居委会投票。由此推算，实际参加投票的居民所占比例为49.8％。这个比例与各居委会上报及媒体公开发布的数据相差甚远。

产生这种情况的主要原因在于目前居委会的主要职能是行政末端，承担着大量政府管理社会的工作，其高度行政化的现状无疑影响了居民参与社区的内在主动性。表现在居委会换届选举这一事件上，政府的积极性远高于居民。在自上而下大力动员的情况下，居民关注和参与的热情实际并不高，主动参加投票的主要为老年居民中的积极分子。从投票者的构成看，离退休人员及其家属为投票的主要人群，年轻人和新移民的投票率相对较低。部分在职、在校居民主要通过家中的老人、邻居、楼组长等代为投票，或者在居委会干部和居民骨干的指点下被动投票。为了应对上级部门对于投票率的严格要求，有为数不少出差、出国、住院、人户分离居民的选票由居委会干部掌握，并实施群投。调查结果表明，目前城市基层社会居民自治尚处于起步阶段，居民的政治参与主要表现为被动员、弱参与状态。

3. 居民对业主委员会较为关注

目前社区居民参与自治最具代表性的组织形式是业主委员会，居民通过这一自治组织，表达与私有物业及小区环境有关的诉求，维护与自身利益密切相关的诸多权益。

本次调查围绕居民对业主委员会的关注度和参选率进行了测量。数据显示，居民对业主委员会的知晓率与居委会换届选举的知晓率几乎相等，66.2%的被访者知道小区是否成立了业主委员会，知晓率随年龄逐级上升，离退休人员的知晓率为80%。在职人员的知晓率为67.3%，略高于对居委会换届选举的知晓率。在已经成立业委会的居民区，有56.8%的居民参加了业委会选举的投票，这个比例高于居委会换届选举投票率7个百分点。业委会选举的投票率同样随年龄上升，55岁及以上者的投票率最高，为69.67%，35～54岁的业主投票率为58%。

由于有关成立业委会的信息发布远弱于居委会换届选举的宣传、动员力度，因此可以认为居民对业委会的关注更倾向于自发和主动，参与意愿也强于前者。

4. 居民对社区环境的总体满意率较高，但尚存困扰

近年来，政府对城市环境治理的资金投入和重视力度都在加大，尤其为了迎接世博会的召开，优化城市环境的措施延伸至各个居住小区。调查数据显示，本市居民对社区环境的总体满意率较高，尤其对防盗保安、环境卫生、绿化管理、休闲健身设施、小区周边市容等的满意率均在70%以上。但同时，还存在满意度从市中心向外围地区逐级递减的倾向，在宠物管理、流浪猫管理、停车管理和整治群租等方面也存在一些困扰居民的问题。

（1）八成居民对小区的防盗保安满意。近年来，市区大多数住宅小区普遍设立了保安岗位、安装了防盗设施，有效提高了居民区的安全系数。调查数据显示，有79.6%的被访者对小区的防盗保安状况表示满意，内环地段的满意率为

84.2%，内环到外环地段为78.9%，外环以外地段为74%，满意率从市中心向外环区域逐级递减。大多位于近郊的拆迁分房和防盗设施较差的租住公房（旧里）的满意率偏低。静安、黄浦、徐汇、卢湾区的满意率最高，闸北、虹口、闵行区的满意率偏低。

（2）3/4强的居民对小区的绿化管理满意。近年来，上海的绿化种植面积从道路街区延伸至居住小区，极大改善了居民区的绿化环境。调查数据显示，被访者对小区绿化的满意率达到76%。全市从内环到外环以外各个地段的评价差异不明显。只是相对于静安区87%、宝山区84%、浦东新区83.2%、长宁区81.7%的高满意率，闸北区49%的满意率略显突出，卢湾区某些地段的"很不满意率"最高。

（3）3/4的居民对小区卫生清洁满意。近年来，另一方面政府对社区的环境卫生加大了整治力度，一方面绝大多数居住小区都通过市场化手段聘请物业管理公司进行物业和环境管理。尤其在政府倡导、社会响应、市民参与的"迎世博600天行动"的感召下，上海的环境卫生水平上了新台阶。调查数据显示，被访者对小区卫生环境的满意率达到74.7%。从与不同地段的交互统计看，内环地段的满意率为80.3%、内环到外环地段为75.2%、外环以外地段为61.4%，满意率从市中心向外环区域递减。闸北、闵行、杨浦等区的满意率均低于平均水平，房屋陈旧、环境卫生设施偏差的租住公房、租住私房和自有私房的满意率偏低。

（4）七成以上的居民对小区的休闲健身设施满意。近年来，由政府出资在居民小区普遍建造了老年活动室、凉亭长廊及健身锻炼器具等公建配套设施，为居民的文娱活动、体育锻炼、休闲交往等社区生活提供了方便。调查数据显示，被访者对小区的休闲健身设施的满意率达到72.1%，其中静安、虹口、宝山区的满意率最高，分别为95.6%、86.1%、84.3%。闸北区的满意率最低，不到半数。从房屋产权看，"售后公房"和"自购商品房"居民的满意度最高，分别为81.55%和72.4%。

（5）七成以上的居民对小区周边市容满意。近年来，政府对市容环境的整治力度不断加大，临近"世博"的2009年更达到了前所未有的经济投入和社会动员程度，基本拆除了违章建筑和马路设摊，对餐饮业的污染排放进行严格控制，对各种地下管道进行维修、更新，对各类车辆停放作出严格规定，并指派专人进行跟踪监管。居民小区周边常见的脏、乱、差现象得到明显改善。调查数据显示，被访者对小区周边市容的满意率达到 72.3%。除闸北、黄浦区的满意率没有达到六成，外环以外地段满意率为 64.2% 之外，其他区域的满意率都接近或超过八成，卢湾区达到 90.9%。

（6）超过半数的居民对小区的宠物管理不满意。近年来，居民饲养宠物（主要为犬类）的比重不断上升，虽然政府出台了宠物管理的相关条例，但宠物饲养者自律意识欠缺，导致宠物伤人扰民、破坏环境卫生等现象多有发生。调查数据显示，50.3% 的被访者对小区的宠物管理不满意，此现象从内环到外环以外的地段普遍存在。其中"租住单位房"的不满意率高达 68.2%，"租住公房"为 55.8%，"自购商品房"为 51.1%。闸北、卢湾、长宁区的不满意率尤其突出，分别为 69.9%、66.7% 和 62.5%。调查发现，在健全宠物管理相关法律的基础上，以小区公约的形式规范居民宠物管理的做法收到了较好的效果，可在本市居民小区广泛推行。

（7）近半数居民对小区的流浪猫管理不满意。近年来，一些环境卫生意识、公共意识薄弱的养猫居民，把小区当作饲养场，任意放养家猫、喂养流浪猫。流浪猫带来的繁殖快、乱拉粪便、乱翻垃圾桶、鸣叫扰人、疾病传染等问题十分困扰居民。调查数据显示，49.7% 的被访者对小区的流浪猫管理不满意。其中反应较强的区域是卢湾、闸北、闵行区，不满意率分别为 66.7%、60.2%、58.6%。从房屋产权看，"租住单位房"的居民占 73.9%、"自购商品房"的居民占 55.6%、"租住公房"的居民占 53.8%。流浪猫出没的地段主要集中在内环以外的居民区，已经造成较为普遍的、新的社区环境问题。目前尚无相关法规对流浪猫现象进行管理。

（8）近 1/3 的居民对小区的停车管理不满意。随着私家车购买者逐年增加，15 年前建造的商品房（除个别高档住房）基本都未建停车库，由此造成小区停车的矛盾日益凸显。此外，中心城区的商店、办公楼与居民区毗连，车辆停放和进出给居民带来行走安全、道路占用等不便。调查数据显示，31.8% 的被访者对小区的停车管理不满意，闸北区被访者的不满意率高达 63.1%。

（9）1/4 的居民对整治群租不满意。房价的畸高使大量外来白领和打工者无力买房或单独租房，为了降低生活成本，"群租"现象应运而生，并呈不断上升之势。群租现象遍布全市各个地段，以自有私房、租住公房和售后公房等产权类型为主。群租人员往往属于工作时间长、工作强度高的外来人群，在生活方式、作息时间、卫生习惯等方面与同楼而居的本地居民存在较大差异，由此带来的房屋设施损坏率高、夜间声响扰邻、治安卫生影响等一系列问题。目前整治和调解"群租"矛盾主要依靠居委会、业委会、物业公司、驻区民警的联手监督管理。但由于租房合同有周期性，相关的法规尚不完善，因此整治的有效性和权威性还存在一定问题。调查数据显示，25.1%的被访者对"整治群租"不满意，虹口、闸北、闵行区居民的不满意率最高。

从纵向发展看，社区环境较前些年已经有了明显改善，但还存在一些困扰居民的不足之处，以及随着城市化进程而产生的新问题。相关法律法规的不健全、居民自律程度的欠缺和公共意识的淡薄是发生上述问题的主要原因。在完善法律法规、加强执法力度的同时，建立社区居民自我管理、自我监督的机制，达到法制与自治的有机结合，是解决上述问题的主要路径。

公共政策调整篇

Public Policy Adjustments

B.4
加快完善上海城乡社会养老保险制度

肖严华 *

摘　要：上海在社会养老保险制度改革方面走在全国的前列。改革开放30年来，上海市已经形成城保、农保、镇保、综保覆盖城乡全体从业人员的基本社会保险体系，但同时却构成了社保制度的碎片化。"十二五"时期，上海将处于发展转型的关键时期；上海率先构建社会主义和谐社会是中央对上海"四个率先"的要求之一；2009年以来，国家在社会保险方面出台政策的密集程度之高是近年来少见的，这些政策对上海加快建设和完善城乡社会保障体系提出了新的要求。本文首先回顾了2010年全球、中国和上海在社会养老保险制度改革方面的重大政策和事件，接着对全市综合保险参保人员、小城镇社会保险参保人员、农保参保人员进行了特征分析，从综保纳入城保的制度融合、镇保纳入城保的制度融合、农保制度安排的衔接与融合三方面研究了"十二五"时期上海社会养老保险制度的融合问题，并进行了相应的改革方案设计，

* 肖严华，上海社会科学院经济研究所就业与社会保障研究室副研究员，经济学博士。

提出了"十二五"时期加快完善上海城乡社会养老保险制度的战略目标和战略思想，从建立整合城保、综保、镇保的"非农就业养老保险公共平台"方面提出了"十二五"时期加快完善上海城乡社会养老保险制度的政策建议，最后提出了加快完善上海城乡社会养老保险制度的远景设计。

关键词： 城保　农保　镇保　综保　制度融合

党的十七届五中全会提出，着力保障和改善民生，必须逐步完善符合国情、比较完整、覆盖城乡、可持续的基本公共服务体系，健全覆盖城乡居民的社会保障体系，切实维护社会和谐稳定。

目前，我国正在实现从传统的家庭保障和计划经济时期的单位保障到社会保障的历史性跨越。"十一五"期间，中国城镇职工基本养老保险已全面实现省级统筹，实施保险关系跨地区转移接续办法，开创性地建立新型农村社会养老保险制度并正在开展试点。到"十一五"期末，全国城乡就业人员将达到7.9亿左右，全国基本养老保险参保人数达到2.5亿人；新农保试点参保人数达到1亿人；全国社会保障基金也从初期的2118亿元增加到7000多亿元。但我国社会保障体系还不完善，城乡社会保障发展不平衡，广大农村地区严重滞后。一些基本保障制度覆盖面比较窄，保障水平不高，尤其是农民、农民工、被征地农民、城市无业人员和城乡残疾人等群体的社会保障问题还比较突出。

展望"十二五"时期，中国将加快推进覆盖城乡的社会保障体系建设，初步实现人人享有基本社会保障。在制度建设方面，制定实施城镇居民养老保障政策，推动机关、事业单位养老保险制度改革；做实基本养老保险个人账户；加快发展多层次保障体系，完善和大力推行企业年金制度。在扩大社会保障覆盖面方面，将符合条件的各类群体纳入社会保障制度。在城镇，重点做好农民工、非公有制经济组织从业人员、灵活就业人员、城镇居民等群体的参保工作；在农村，完善政策，健全适龄农民参加新型农村社会养老保险的激励机制，实现新农保制度的全覆盖，落实被征地农民社会保障政策。在统筹城乡社会保障方面，探索建立城乡一体化社会保障体系和管理体系；有效解决社会保险关系转移接续问题，全面实施城镇企业职工基本养老保险关系转移接续办法；进一步提高统筹层次，扩大基金调剂和使用范围，实现基础养老金全国统筹。

一　2010 年养老保险制度改革的回顾

1. 2010 年全球养老保险制度改革的回顾

（1）美国面临巨额养老金缺口。在全球金融和经济危机的冲击下，"婴儿潮"人口退休和人口预期寿命延长导致大多数发达国家养老金制度陷入"结构性赤字"。根据美国著名调查机构皮尤中心 2010 年 2 月 18 公布的报告，美国各州政府未来面临 1 万亿美元的养老金缺口，相当于每个美国家庭要少得到 8800美元，迫使许多美国人退休金账户缩水，收紧开支，甚至推迟退休时间。

（2）法国养老金制度改革导致大规模罢工游行活动。根据 2010 年 10 月 8 日国际著名评级机构美国标准普尔公司发布的"2010 年全球老龄化：一个不可逆转的事实"的研究报告，全球金融和经济危机打乱了各国减小财政压力的努力，人口老龄化问题原本就比较严重的一些欧洲国家又遭遇债务激增困境，改革养老金制度变得更加迫切。如果不采取措施改革现行养老金制度，大多数发达国家主权债务会飙升至"不可持续水平"。

为削减财政赤字、避免陷入主权债务危机，包括法国在内的欧洲多个国家提出一系列财政紧缩政策。法国总统萨科齐确定养老金制度改革为 2010 年改革的优先方向，新改革计划的核心是通过将法定退休年龄从 60 岁逐渐延长至 62 岁，并提高缴费比例，减轻政府退休金支付的财政压力。但是从 2010 年 10 月 12 日开始，法国爆发了大规模罢工游行活动，矛头直指退休改革法案，参加罢工人数逾百万，涉及铁路、航空、石油等行业。然而，萨科齐表示政府要"坚决从容"地推行退休制度改革；执政的保守派人士认为，提高退休年龄是"拯救养老金系统的唯一方法"。

2. 2010 年中国养老保险制度改革的回顾

（1）施行城镇企业职工基本养老保险关系转移接续暂行办法。2009 年 12 月28 日，国务院办公厅发出《关于转发人力资源和社会保障部、财政部城镇企业职工基本养老保险关系转移接续暂行办法的通知》（国发〔2009〕66 号），《城镇企业职工基本养老保险关系转移接续暂行办法》于 2010 年 1 月 1 日起施行，旨在保证参保人员跨省流动并在城镇就业时基本养老保险关系的顺畅转移接续。办法适用于参加城镇企业职工基本养老保险的所有人员，包括农民工。

（2）试点新型农村社会养老保险。2009 年 9 月 1 日，国务院办公厅发出《国务院关于开展新型农村社会养老保险试点的指导意见》（国发〔2009〕32 号），要求各省、自治区、直辖市人民政府，国务院各部委、各直属机构，从 2009 年起开展新型农村社会养老保险试点，按照加快建立覆盖城乡居民的社会保障体系的要求，逐步解决农村居民老有所养问题。

（3）试点事业单位养老保险制度改革。2008 年 3 月 1 日，国务院常务会议讨论并原则通过了《事业单位工作人员养老保险制度改革试点方案》，确定在山西、上海、浙江、广东、重庆 5 省市先期开展试点。由于一方面改革阻力大，铺开之前需谨慎探讨；另一方面各试点地区在观望其他地区，视情况而定，并且也无硬性规定，到目前为止，5 个试点省市的具体试点实施方案仍在调研、讨论中。

养老保险制度改革最终要缩小机关、事业单位和企业三者之间的待遇差距，实行三者联动。中央党校教授林喆认为，改革应该是将利益增大了，而不是减少了，同时公务员也应纳入改革范畴。收入高的阶层先改革，最后再去改革收入低的群体。改革应该先从公务员开始，然后才是事业单位及工人。

（4）出台社会保险基金预算意见。为加强社会保险基金管理，规范社会保险基金收支行为，明确政府责任，促进经济社会协调发展，2010 年 1 月 6 日国务院发布试行《社会保险基金预算意见》。

（5）通过社会保险法。2010 年 10 月 28 日，《中华人民共和国社会保险法》草案终于在全国人大常委会获得通过，将于 2011 年 7 月 1 日施行。社会保险法以法律的形式确立了中国覆盖城乡全体居民的社保体系，体现了统筹城乡的原则，突出了参保人员的合法权利，是关系国计民生的重要法律，对于规范社会保险关系，保障全体公民共享发展成果，维护社会和谐稳定，具有十分重要的意义。

然而，现行社会保险制度缺乏完整性和前瞻性，正在不断地发展完善，新的机制正在试点、建立，一些阶段性、过渡性的措施很难用立法的形式将其固定下来。而且，《社会保险法》对一些重要制度授权较多，并无很强的操作性，一些具体实施方法多授权于国务院另行规定；社会保险基金的征缴、投资、监管，仍需要更多的法规和规章来完善。

（6）建立社会救助和保障标准与物价上涨挂钩的联动机制。2010 年 11 月 17

日，国务院常务会议确定各地区要尽快建立社会救助和保障标准与物价上涨挂钩的联动机制，逐步提高基本养老金、失业保险金和最低工资标准。

3. 2010 年上海养老保险制度改革的回顾

（1）增加养老金。2010 年为养老金新三年连调的最后一年。为切实保障城镇企事业单位退休（职）人员的基本生活，从 2010 年 1 月 1 日起，对 2009 年底以前已按城镇养老保险相关规定办理退休手续的城镇企业退休人员，月人均养老金增加 170 元，其中用于普遍增加人均为 150 元，用于特殊增加人均为 20 元。为保障"镇保"领取养老金人员的养老待遇水平，根据《上海市小城镇社会保险暂行办法》（沪府发〔2003〕65 号）的有关规定，从 2010 年 1 月 1 日起，对 2009 年底前按本市"镇保"相关规定办理按月领取养老金手续的人员，月人均养老金增加 70 元。为保障农村老年劳动者基本生活，根据《上海市人民政府办公厅关于完善本市农村社会养老保险制度的通知》（沪府办〔2007〕64 号）的有关规定，从 2010 年 1 月 1 日起，对 2009 年底前按本市"农保"办法办理按月领取养老金手续的人员，月人均养老金增加 35 元左右。

（2）提高最低工资标准。经上海市政府同意，上海市人力资源和社会保障局发出通知，从 2010 年 4 月 1 日起，月最低工资标准从 960 元调整为 1120 元，每小时最低工资标准从 8 元调整为 9 元。本市最低工资标准适用于全市各类用人单位。

（3）调整社会保险缴费基数。根据《关于确定缴纳社会保险费工资基数的通知》的规定，随着 2009 年上海市职工月平均工资公布为 3566 元，从 2010 年 4 月 1 日起，上海市 2010 年社会保险费缴费基数随之调整，个人缴费基数的上限为 10698 元，下限为 2140 元；小城镇社会保险缴费基数和外来从业人员缴纳综合保险费基数为 2140 元；单位和个人缴纳社会保险费的比例不变。

（4）补贴综保参保人员。2010 年 8 月，为进一步体现"城市，让生活更美好"的世博主题，经上海市政府同意，市人力资源和社会保障部门开展"世博关爱行动"，在世博会召开期间，在上海市参加外来从业人员综合保险的人员将享受到每人一次性补贴 100 元，该补贴不存在使用期限。

（5）出台关于上海市企业各类人才柔性延迟办理申领基本养老金手续的试行意见。2010 年 9 月 27 日，上海市人力资源和社会保障局出台《关于本市企业各类人才柔性延迟办理申领基本养老金手续的试行意见》（沪人社养发〔2010〕

47 号），实施对象限定在企业各类人才，并从 10 月 1 日起实施柔性延迟申领基本养老金，其中男性不超过 65 周岁、女性不超过 60 周岁。

该试行意见旨在更好地发挥人才的作用，而不是简单地为了缓解养老基金的压力；在柔性延迟申领养老金的问题上，企业可权衡自身的成本和需求来决定是否与相应的人才继续签订工作协议；该试行意见是对领取养老金问题作出规定，不能将延迟申领养老金视为延迟退休年龄。

（6）制定事业单位养老保险制度改革试点方案。目前，上海市有关部门正在制定的事业单位养老保险制度改革方案中，对于因改革可能使事业单位员工损失的那部分养老金，计划通过年金来弥补。目前上海的事业单位养老保险制度改革仍未开展，试点改革方案正在论证和调研中。

（7）试点新型农村社会养老保险。目前，上海市提出贯彻《国务院关于开展新型农村社会养老保险试点的指导意见》的实施意见，"区县政府可以根据实际情况，再适当提高基础养老金标准"，届时，各区县基础养老金标准可能不一致。浦东、松江、奉贤这三个 2010 年试点区的试点实施方案估计于 12 月推出，2011 年底实现本市新农保全覆盖。

上海在社会保障方面走在全国的前列。改革开放 30 年来，上海市已经形成城保、农保、镇保、综保覆盖城乡全体从业人员的基本社会保险体系，并建立了城镇居民养老保险、城镇居民医保等居民保障体系。上海的经济、文化、社会条件决定上海的制度覆盖面较广，截至"十一五"期末，参加养老基金保险制度的人已经占应保人数的 98%。但是城保、农保、镇保、综保这几种制度之间相互分割，互不衔接，构成社保体制的碎片化。社保制度的碎片化，人为地提高了城保（退休人员相对于在职职工的）赡养率，加重了城保财务入不敷出的困难。它还导致用工制度的不平等，阻碍劳动力跨越不同社会阶层的社会流动（如农民工变为城市市民）和跨地区空间流动，不利于形成全国统一的劳动力市场，不利于社会保障体系建设的发展和整合。

"十二五"时期，上海将处于发展转型的关键时期。上海率先构建社会主义和谐社会是中央对上海"四个率先"的要求之一，加快完善上海社会保障制度是上海率先构建社会主义和谐社会的重要方面。2009 年以来，国家在社会保险方面出台政策的密集程度之高，是近年来少见的。这些政策对加快完善上海城乡社会保障体系建设提出了新的要求。因此，研究上海加快完善城乡社会保障机制问题，就不仅具有重大的理论意义，更具有确保上海社会和谐稳定、经济持续增长的实践意义。

二 "十二五"时期上海社会养老保险制度的融合

1. 综保纳入城保的制度融合

任何政策的制定和实施，都必将对相关社会群体产生重大影响。因此，政策的制定过程，必然离不开对相关社会群体的具体特征进行具体分析。

（1）全市综合保险参保人员的群体特征分析

第一，增长速度极快，总量规模巨大。改革开放以来，上海市外来劳动力的规模日益扩大。2002年上海推出外来从业人员综合保险暂行办法以来，外来从业人员综合保险参保人数急剧上升，从2003年的仅仅77万人，急剧增加到2009年底的378.41万人，不仅增长速度在上海各类社会保险中是最快的，而且总量规模巨大。2009年上海市外来从业人员综合保险参保人数达到378.41万人，是城镇基本养老保险职工人数的77.37%，是城镇领取养老金的离退休人数的111.67%，是农村社会养老保险人数的523.32%，是小城镇社会保险人数的243.52%，足见其规模巨大（见表1）。

表1　全市综合保险参保人数增长情况及与其他社会保险的对比

单位：万人

年　份	2003	2004	2005	2006	2007	2008	2009	规模占比（%）
来沪从业人员综合保险	77.00	209.40	247.70	279.00	333.60	383.80	378.41	—
城镇基本养老保险职工	437.94	435.20	436.52	460.75	467.45	478.59	489.06	77.37
城镇离退休人员	254.57	264.87	279.72	294.69	309.99	324.42	338.85	111.67
农村社会养老保险	125.00	146.70	101.34	83.71	74.16	76.89	72.31	523.32
小城镇社会保险	2.07	58.74	110.16	139.80	138.61	148.02	155.39	243.52
JHJ 被征用土地农民参保	—	—	—	94.71	92.72	92.95	97.77	387.04

资料来源：根据《上海统计年鉴（2000~2010）》进行整理。

如此巨大规模的外来从业人员综合保险参保人群，如果将非农产业的从业人员所参加的社会保险即城保、综保、镇保整合起来，则可使上海养老保险制度的赡养率从目前城保的 66.77% 降低为整合后的 37.71% 左右，几乎降了一半，这将大大降低城保养老基金的赡养率，从而有效地缓解养老基金的缺口问题（见表2）。

表2　三类不同社会保险制度整合后的赡养率（2010 年 4 月末）

	城保	综保	镇保	整合后
在职职工（万人）	513.99	379.44	118.29	1011.72
退休人员（万人）	343.20	0.00	38.41	381.61
赡养率（%）	66.77	0.00	32.47	37.71

　　资料来源：部分数据为作者计算所得，其他数据均来源于《2010 年 4 月上海市人力资源和社会保障统计月报》。

　　第二，年龄构成以青壮年为主。根据上海市人力资源与社会保障局的原始数据，在全市综合保险参保人员的年龄构成中，21～30 岁的占 41.89%，31～40 岁的占 28.24%，也就是说，21～40 岁的占 70.13%，这表明上海外来人员综合保险参保人群的年龄构成表现出年龄结构轻、青壮年人口占主导地位的年龄特征。

　　作为上海市劳动力市场的生力军，上海外来从业人员综合保险参保人群以 21～40 岁青壮年为主，作为外来劳动力的加入，填平了上海市户籍人口 21～40 岁之间的劳动力低谷，使上海市常住人口的年龄结构曲线在 21～40 岁之间变得较为平坦，从而极大地缓解了上海市户籍人口老龄化的年龄结构，起到了持续推动上海经济发展的作用。

　　第三，文化结构以初中毕业为主。根据上海市人力资源与社会保障局的原始数据，在全市综合保险参保人员的文化结构中，初中及技职校占 90.93%，高中仅占 3.43%，本科及以上的更少，只占 0.08%，这表明全市综合保险参保人员的文化结构以初中毕业为主。

　　作为上海市劳动力市场的生力军，上海外来从业人员综合保险参保人群以初中毕业为主的文化结构特征，远低于全市户籍就业人口的文化程度，这在一定程度上决定了他们来沪从事低端的建筑业、制造业、服务业等。

　　第四，性别结构以男性为主。根据上海市人力资源与社会保障局的原始数据，在全市综合保险参保人员的性别结构中，男性占 63.22%，女性仅占 36.78%，男女人数比例为 1.72∶1，这表明全市综合保险参保人员的性别结构以男性为主。

第五，来源地结构以华东地区为主。根据上海市人力资源与社会保障局的原始数据，在全市综合保险参保人员的来源地构成中，来自华东地区的安徽省、江苏省、山东省、浙江省分别占 26.06%、18.31%、5.40%、3.20%，也就是说，仅来自华东地区四省的参保人员就占 52.97%，这表明全市综合保险参保人员的来源地结构以华东地区为主。

作为全球千万以上人口的特大城市之一，作为我国最大的经济中心城市，上海对全国各地和海外，特别是毗邻省市具有较大的吸引力。上海外来从业人员综合保险参保人员的来源地遍及 31 个省、直辖市、自治区，但同时又相对集中，主要来自华东地区，尤其是毗邻上海的安徽、江苏和浙江。

（2）全市综合保险参保人员的就业特征分析

第一，就业地域分布以上海郊区为主。根据上海市人力资源和社会保障局的原始数据，在全市综合保险参保人员的地域分布中，在上海市近郊区、远郊区内就业的外来从业人员综合保险参保人员分别占 43.08%、27.42%，也就是说，在上海市郊区内就业的外来从业人员综合保险参保人员占 70.5%，而在上海中心城区内就业的外来从业人员综合保险参保人员仅占 29.5%，这表明全市综合保险参保人员的就业地区分布结构以上海郊区为主。

第二，就业单位分布以有限责任公司、私营公司和外商投资公司为主。根据上海市人力资源和社会保障局的原始数据，在全市综合保险参保人员的就业单位分布中，在有限责任公司、私营公司和外商投资公司就业的外来从业人员综合保险参保人员分别占 28.46%、25.36%、17.36%，合计达到 71.18%，这表明全市综合保险参保人员的就业单位分布结构以有限责任公司、私营公司和外商投资公司为主。

第三，就业的产业分布以第二、第三产业为主。根据上海市人力资源与社会保障局的原始数据，在全市综合保险参保人员就业的产业结构分布中，第二产业占 56.61%，第三产业占 43.13%，而第一产业仅占 0.26%，这表明全市综合保险参保人员就业的产业分布以第二、第三产业为主。

第四，就业的行业分布以制造业、建筑与装潢业、租赁和商业服务业为主。根据上海市人力资源和社会保障局的原始数据，在全市综合保险参保人员就业的行业结构分布中，制造业占 37.20%，建筑与装潢业占 18.77%，租赁和商业服务业占 14.99%，这三项行业共占 70.96%，这表明全市综合保险参保人员就业的行业分布以制造业、建筑与装潢业、租赁和商业服务业为主。

(3)综保转入城保的方案设计

根据 2009 年 12 月国务院办公厅转发的人力资源和社会保障部、财政部《城镇企业职工基本养老保险关系转移接续暂行办法》和人力资源和社会保障部《关于贯彻落实国务院办公厅转发城镇企业职工基本养老保险关系转移接续暂行办法的通知》精神，在设计综保转入城保的方案时，应注意如下几点。

第一，综保转入城保应设置过渡期，过渡期内采取降低缴费基数和降低缴费比例的做法，对外来从业人员参保实行缴费优惠，但过渡期时间不宜太长。

第二，缴费基数让步的底线，即社平工资的最低缴费基数不应低于最低工资标准。缴费基数在过渡期内，逐步从社平工资的 30% 过渡到 60%。

第三，养老保险的缴费率不应低于国家的规定。单位养老缴费率在过渡期内，逐步过渡到 20%。个人养老缴费率在过渡期内逐步过渡到 8%。

第四，进一步明确综保转入城保后的退休待遇，以带来未来享受上海城保的退休待遇的良好预期，扩大该群体由综保转入城保的积极性。

表3　2010 年上海市社会保险主要参数

	2010 年月缴费基数(元)		总费率	缴费比例								企业参保人数(万人)
				养老保险		医疗保险		失业保险		工伤保险	生育保险	
				单位	个人	单位	个人	单位	个人	单位	单位	
城保	根据职工个人上年度月平均工资确定											
	月缴费基数上限(上年度全市职工月平均工资的 300%)	10698	48%	22%	8%	12%	2%	2%	1%	0.5%	0.5%	456.65
	月缴费基数下限(上年度全市职工月平均工资的 60%)	2140										
镇保	月缴费基数(上年度全市职工月平均工资的 60%)	2140	25%	17%	—	5%	—	2%	—	0.5%	0.5%	58.2
综保			12.5%	7%	—	5.5%	—	—	—	注3	—	327.81

注：(1)2009 年度全市职工月平均工资为 3566 元；(2)2010 年度全市月最低工资标准为 1120 元；(3)综保的医疗保险缴费包括住院医疗及工伤。

2. 镇保纳入城保的制度融合

（1）全市小城镇社会保险参保人员的群体特征分析

第一，规模数量增长较为迅速，但不及综保。浦东开发开放以来，上海市城市化进程发展迅猛。随着上海于2003年推出小城镇社会保险暂行办法，上海市小城镇社会保险参保人数急剧上升，从2003年的仅仅2.07万人，急剧增加到2009年底的155.39万人，增长较为迅猛。其中，被征用土地农民参保人数从2004年的44.52万人，增长到2009年底的97.77万，增长较为迅速（见表4）。

表4　全市小城镇社会保险参保人员增长情况

单位：万人

年　　份	2003	2004	2005	2006	2007	2008	2009
小城镇社会保险	2.07	58.74	110.16	139.80	138.61	148.02	155.39
#被征用土地农民参保人数	—	44.52（A）	79.22（B）	94.71	92.72	92.95	97.77
#郊区企业参保人数	—	14.22	30.94	45.09	45.89	55.07	57.62

资料来源：表中数据A和B来源于张国超：《上海镇保制度绩效评估——兼论被征地农民社保模式选择》，中国社会学网；其他数据均来源于上海统计年鉴（2000～2010）。

尽管全市小城镇社会保险参保人员的数量增长较为迅猛，但是从表1中可以看出，到2009年底，全市小城镇社会保险参保人数达到155.39万人，而来沪从业人员综合保险参保人数达到378.41万人，可见，全市小城镇社会保险参保人员的规模数量不及来沪从业人员综合保险参保人数的一半。

第二，规模结构以被征用土地农民为主。随着2003年上海推出小城镇社会保险暂行办法以来，上海镇保实际上覆盖了两部分人群：一是被征用土地农民参保，二是郊区企业参保。被征用土地农民参保人数占上海市小城镇社会保险参保人数的比例，从2004年的75.79%降至2009年的62.92%，降幅较为平缓。但是，目前上海市小城镇社会保险参保人数的规模结构仍然以被征用土地农民参保人数为主。

第三，镇保退休人员达到一定规模，不同于综保目前暂无退休人员。由于上海镇保实际上覆盖了被征用土地农民和郊区企业参保人员，因此，自2003年推出以来，上海镇保开始出现领取养老金人群。领取养老金人数从2005年的11.01万人，增加到2009年的37.12万人，增长较为迅速，且有一定规模，这就不同

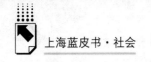

于综保目前还暂无退休人员。

第四，镇保退休人员以被征用土地农民为主。根据2010年4月上海市人力资源和社会保障统计月报，到2010年3月末，镇保退休人数达到38.43万人，其中被征用土地农民的退休人数达到30万人，占比78%。可见，镇保退休人员以被征用土地农民为主。

（2）全市小城镇社会保险参保人员的就业特征分析

第一，镇保就业人员数量增长较为平缓。根据2010年4月上海市人力资源和社会保障统计月报，全市镇保就业人数从2005年的99.15万人增加到2010年3月末的101.86万人，增长较为平缓。

第二，镇保就业人员以被征用土地农民为主。上海镇保覆盖了被征用土地农民和郊区企业参保人员，主要由被征用土地农民和郊区企业参保人员组成。根据2010年4月上海市人力资源和社会保障统计月报，到2010年3月末，镇保就业人数达到101.86万人，其中被征用土地农民的退休人数达到60.67万人，占比59.56%；郊区企业参保人数达到41.19万人，占比40.44%。总体上看，镇保就业人员以被征用土地农民为主。

第三，被征用土地农民就业特征。从镇保参保人员的构成来看，被征用土地农民占镇保总数的2/3，郊区用人单位的参保人员只占1/3，镇保人群中被征用土地农民占绝大多数，而原来设想的郊区企业参保人员只占少数。目前镇保参保人群中被征用土地农民存在就业不充分甚至隐性失业的现象。时至今日，他们中的相当部分人员自谋职业失败，安置费也已经用完，生存和生活面临困难。

由于一些用地单位难以安置被征地农业人员，因而采用发放待工生活补贴的方式。从表面上看，这一方式有利于保障征地农业人员的基本生活，避免产生新的城市贫困阶层。但从实际效果来看，不利于激励征地农业人员自主择业和就业。由于有了一定的生活保障，又受传统的"等、靠、要"思想的影响，往往会造成这一群体的过分依赖心理，在择业时眼高手低，就业的成功率相对较低，造成部分群体的隐性失业现象。

第四，郊区企业参保人员就业特征。郊区企业招用已参加镇保人员只需要缴纳3%的"小三金"（即2%的失业保险、0.5%的工伤保险和0.5%的生育保险），其他方面可由双方协商即可。因此，郊区企业非常欢迎已参加镇保的人员。从这个角度来讲，低成本的镇保似乎有助于促进失地农民的就业。

但是，一些当初安置进单位的征地劳动力，部分由于其所在单位在市场经济的大潮中破产、倒闭，其社会保险的缴费年限尚未达到本市规定的按月领取养老金所需要的最低年限（镇保15年），这些郊区企业参保人员陷入隐性失业之中。

（3）镇保纳入城保的方案设计

在设计综保转入城保的方案时，必须注意如下几点。

第一，镇保被征用土地农民人群应定性为城镇居民，不再是农民身份，其参加的社会保障制度也应归为城镇居民或城镇职工保险制度。

第二，镇保参保企业人员纳入城保，应设置过渡期，过渡期内采取降低缴费基数和降低缴费比例的做法，对其参保实行缴费优惠，但过渡期时间不宜太长。

第三，镇保参保企业人员纳入城保，缴费基数在过渡期内，逐步从社平工资的30%过渡到60%。

第四，镇保参保企业人员纳入城保，养老保险的缴费率不应低于国家的规定。单位养老缴费率在过渡期内，逐步过渡到20%。个人养老缴费率在过渡期内逐步过渡到8%。

第五，进一步明确镇保参保企业人员转入城保后的退休待遇，以带来未来享受上海城保的退休待遇的良好预期，扩大该群体由镇保转入城保的积极性。

3. 农保制度安排的衔接与融合

（1）全市农保参保人员的特征分析

第一，农保参保人数历年下降。根据上海历年统计年鉴，上海农保参保人数从2003年的125万人下降到2009年的72.31万人，七年间的降幅达到57.85%，年均降幅达到8.26%。可见，上海农保参保人数历年下降（见表5）。

表5　全市农保参保人员发展情况

单位：万人

年　　份	2003	2004	2005	2006	2007	2008	2009
农村社会养老保险	125	146.7	101.34	83.71	74.16	76.89	72.31

资料来源：根据上海统计年鉴（2000~2010）整理。

随着上海城市化水平的迅猛加快，上海郊区6000平方公里区域的"三个集中"政策的持续推进，郊县从事农业的人员越来越少，农村的空间也越来越小。由于农村经济类型与城市经济类型的差异，农民的社会保障主要由农村集体制定与实施。但伴随着上海城市化进程的加快，市郊大量土地被征用和使用，失地农民数量日益增加，郊区农民不断与土地相脱离，郊区农业人口持续转化为城镇居民，全市农保参保人数日益下降。

第二，农保参保人数规模很小。根据 2010 年上海统计年鉴，截至 2009 年底，全市农保参保人数达到 72.13 万人，这占镇保参保人数的 46.53%，占综保参保人数的 19.11%，占城保参保人数的 8.73%。可见全市农保参保人数规模之小。

第三，农保的可持续性受到镇保的冲击。镇保的参保对象是失地农民以及在郊区单位就业的农民，他们原属于农保的覆盖人群。镇保政策的推广造成农保中能缴费的年轻人员的流失，对原来农保体系形成了冲击。因此，镇保制度的推广，造成农保人员的流失，导致农保可能将不可持续。

（2）上海农保制度改革与制度衔接融合

上海农保制度的设立根据是 1997 年 12 月 19 日上海市人民政府第 54 号令经修正并重新发布的《上海市农村社会养老保险办法（修正）》，主要参数如表 6 所示。

表6 上海市农村社会养老保险主要参数

缴费基数	单位养老缴费率	个人养老缴费率
本乡上一年度劳动力月平均收入	15%	5%

但是，2009 年十七届三中全会之后，根据国发〔2009〕32 号《国务院关于开展新型农村社会养老保险试点的指导意见》，国务院提出了开展新型农村社会养老保险试点的指导意见，具体制度安排如表 7 所示。

表7 国务院新型农村社会养老保险制度

覆盖人群		年满 16 周岁，未参加城镇职工基本养老保险的农村居民（不含在校学生）
基金筹集	个人缴费	自主选择缴费档次，多缴多得。 缴费标准：每年 100 元、200 元、300 元、400 元、500 元 5 个档次，地方可根据实际情况增设缴费档次。
	集体补助	有条件的村集体对参保人缴费给予补助，补助标准由村确定。鼓励其他经济组织、社会公益组织、个人为参保人缴费提供资助。

续表 7

覆盖人群		年满 16 周岁,未参加城镇职工基本养老保险的农村居民(不含在校学生)
基金筹集	政府补贴	中央财政:中西部地区给予全额补助,东部地区补助 50%。地方政府:补贴标准不低于每人每年 30 元。 地方政府还应为农村重度残疾人等缴费困难群体代缴部分或全部最低标准的养老保险费。
待遇设计	基 础养老金	中央:55 元/人/年 地方政府可根据实际情况提高标准
	个人账户养老金	月养老金＝个人账户全部储存额÷139

相比之下,按照国务院新型农村社会养老保险制度,上海现有的农保制度改革与制度衔接融合,就显得迫在眉睫。

三 "十二五"时期加快完善上海城乡社会养老保险制度的政策建议

1. "十二五"时期加快完善上海城乡社会养老保险制度的战略目标

深入贯彻落实科学发展观、构建社会主义和谐社会,建立健全覆盖城乡的社会保障体系,满足人民群众日益增长的社会保障需求。按照"广覆盖、保基本、分层次、可持续"的要求,统筹规划,做好制度衔接,建立面向本市常住人口、构架统一、制度衔接、水平适宜、城乡统筹的基本社会保险体系。完善基本社会保险制度,继续扩大城保覆盖面,推进综保、镇保纳入城保体系,全面实施"新农保",推进各类社会保险制度的转移衔接,促进保障制度多层次、可持续发展。到 2015 年,形成以城镇职工养老保险、新型农村养老保险为核心的基本养老保险制度体系和城镇居民养老保障体系。在此基础上,与经济社会发展水平相适应,合理确定各项社会保障待遇。

2. "十二五"时期加快完善上海城乡社会养老保险制度的战略思想

按照全国目前统筹城乡社会保障的主要思路,本市将结合国家的有关城保、新农保政策以及养老保险关系转移接续办法,进一步完善本市养老保险体系。

(1)城保转轨。通过实施扩覆方案,参保对象不再分城镇和农村、本市和外地,只要从事第二、第三产业的非农就业人员,全部纳入城镇养老保险参保范围。同时，根据国家要求不断完善相关政策，将养老金计发办法与国家政策逐步协调一致，不断完善养老金增长机制。

（2）综保入轨。外来从业人员综合保险也不再作为一个独立的社会保险制度安排，其参保人员纳入城镇养老保险的覆盖范围。根据国家养老转移接续办法的规定，调整外来从业人员参保政策。

（3）镇保并轨。小城镇社会保险不再作为一个独立的社会养老保险，逐步实现与城镇养老保险的合并。其中，按月缴费的企业中的城镇户籍参保人员根据扩覆方案逐步并入城镇养老保险；按月缴费的企业中的农村户籍参保人员与跨省就业的农民工一并考虑纳入城镇养老保险参保范围，被征用土地人员一次性缴费作为参保的特别形态，与参保人的就业参保形态合并计算、衔接。

（4）农保接轨。从本市实际情况出发，将"老农保"和"老年农民养老金补贴办法"与《国务院关于开展新型农村社会养老保险试点的指导意见》（国发〔2009〕32号）的要求衔接，建立"新农保"制度。"老农保"中的三资企业参保人员整体转入城镇养老保险，"老农保"中的其他企业参保人员，也纳入城镇养老保险参保范围。

（5）居保筑轨。在对解决历史问题、福利型的"城镇老年居民养老保险制度"适用范围锁定的基础上，研究适应无保障居民参保的办法。

3. "十二五"时期加快完善上海城乡社会养老保险制度的政策建议

（1）建议适当降低上海城保制度的总缴费率水平。中国社会保障制度改革的最终目标，将是各地城保职工基本保险制度最终走向全国统一，以便于劳动力在全国范围内流动。然而，目前上海城镇职工基本保险的缴费水平高于全国，五大保险制度的总缴费已经达到48%，尤其是企业缴费达到37%，大大高于全国30%的水平。如果将住房公积金包括在内，则企业的总缴费率达到44%，个人总缴费率达到18%，企业与个人的总缴费率达到62%，这已经成为企业特别是中小企业的很大负担，使上海社会保障制度面临改革压力。因此，适当降低上海城保制度的总缴费率水平，至少使之与长三角其他两省基本一致，应该是上海城保制度今后改革的方向。

（2）建议建立整合城保、综保、镇保的"非农就业养老保险公共平台"。解决上海养老保险制度的效率性和公平性问题，就需要对上海养老保险制度进行结构改革，主要思想是"小统筹（易于实行全国统筹），大账户（扩大个人账户的投资回报率)",主要思路是以较低的缴费率（12%）建立覆盖全体非农业劳动者的"非农就业养老保险公共平台"。只有设立低缴费率，即设立较低的门槛，才有可能扩大覆盖面，真正实现"低水平、广覆盖、多层次、保基本"的目标。具体方案设计如下。

表8 上海市城保各类社会保险的缴费率

单位：%

	企业缴费率	个人缴费率	合计
养老保险	22	8	30
医疗保险	12	2	14
失业保险	2	1	3
工伤保险	0.5	—	0.5
生育保险	0.5	—	0.5
合　　计	37	11	48
住房公积金	7	7	14
合　　计	44	18	62

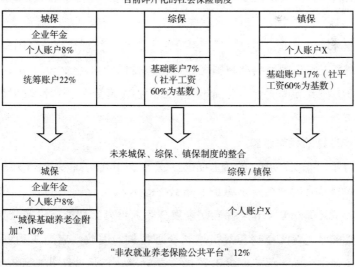

图1　建立整合城保、综保、镇保的"非农就业养老保险公共平台"

其中"城保基础养老金附加"实行10%（=22%－12%）。城镇职工目前的社会统筹缴费率为22%，在用12%的缴费率参加"非农就业养老保险公共平台"后，可将剩余的10%缴费率纳入城保专用的"基础养老金附加"账户，在城保参保人员中实行现收现付。城保的其他缴费，包括占本人工资8%的强制性个人账户，以及不超过工资1/6的企业年金等，可继续按原有办法运作。在今后适当的时候再考虑实行进一步的改革。

设立原镇保和综保参保人员自愿参加的个人账户，是指在"非农就业养老保险公共平台"的社会统筹以外，原来的综保和镇保参保人员均可自愿选择设立个人账户，由个人缴纳，享受免税，实行基金积累制。

四 加快完善上海城乡社会养老保险制度的远景设计

上海城乡社会养老保险制度的远景设计，必然与中国城乡社会保障机制的远景设计相一致。而中国城乡社会保障机制的远景目标，就是迈向中国特色社会主义福利社会。中国是社会主义国家，但还处在社会主义初级阶段，这决定了中国特色社会主义福利社会将是一个渐进的过程，理性地选择迈向中国特色社会主义福利社会的路径，给人民以安全的、幸福的、长远的美好预期和对未来的充分信心。

从现在开始，国家需要更加注重社会公平，更加注重合理分享国家经济社会发展成果，真正实现国民福利与国民经济同步发展。再经过40年左右的努力奋斗，到中华人民共和国成立一百周年时，真正将人民带入一个幸福的社会主义福利社会。

1. 远景设计的战略思想

（1）公平、正义、共享的核心价值。公平、正义、共享是社会保障制度的核心价值理念。公平理念要求维护起点公平，要求所有国民的养老保险权益都得以实现；正义理念要求养老保险制度发挥收入再分配功能，以实现分配正义；共享理念要求养老保障待遇与经济增长合理挂钩。因此，应当明确将公平、正义、共享理念作为养老保障制度改革的重要标准，任何改革措施都应遵循这种理念。

（2）统筹兼顾、循序渐进、增量改革、新老分开。统筹兼顾是科学发展的具体体现，要求在制度改革中统筹城乡（区域）发展，统筹解决社会经济转型期出现的各种问题，同时还要求在改革中兼顾各方利益；循序渐进要求根据不同群体对养老保障的需求程度，分类别、分阶段、有重点地推进制度建设；增量改革是基于维护现行政策相对稳定，在保障老年人既得利益的基础上，逐步缩小不同养老制度之间的差距与不公平程度，最终实现制度公平；新老分开，关键在于妥善处理好老人与新人的权益问题，实现新制度与旧制度之间的衔接。

2. 加快完善上海城乡社会养老保险制度的核心机制

为了实现基本养老保险制度的公平性与有效性，应着力建设以可持续的筹资机制、高效的运行体制、合理的待遇确定机制、社会化的服务机制为主体的长效机制，即四大核心长效机制，如图 2 所示。

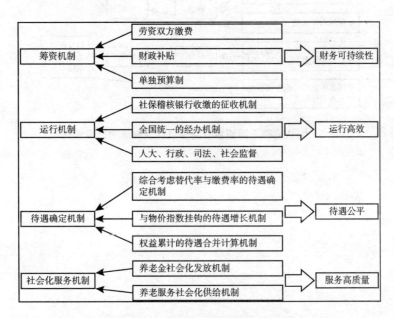

图 2 加快完善上海城乡社会养老保险制度的核心机制

3. 加快完善上海城乡社会养老保险制度的远景规划

养老保险体系建设目标的实现，从有差别的低水平的老有所养到公平地能够确保老年人生活质量的老有所养，不可能一蹴而就，而是需要分阶段、分步骤地推进。

因此，有必要根据上海经济社会发展趋势，合理划分养老保障制度建设的推进阶段与步骤，确定不同阶段的目标、重点与主要措施，循序渐进，扎实推进，如图 3 所示。

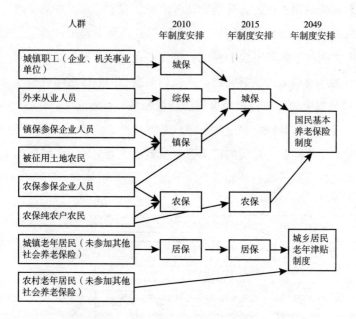

图3　加快完善上海城乡社会养老保险制度的远景规划

B.5

深化医疗保险制度改革：
在归并和衔接中提高保障水平

胡苏云　杨昕*

摘　要： 在规定的城保、居保和新农合三大医疗保险制度之外，上海需要归并的制度主要有镇保和综保。由于各类保险制度缴费水平、基金筹资、资金使用和待遇水平均有不同，制度的归并和衔接首先需要搭建一个基本的平台。在此平台基础上，综保和镇保企业参保人群缴费率可以逐步与城保接轨；镇保征地农民，酌情与城镇职工医疗保险和城镇居民基本医疗保险的归并。而在医保基金总量增加的同时尤其要注重医保控费，否则会影响制度归并的优势。

关键词： 医疗保险　保障水平　制度衔接归并

一　医疗保险制度改革的背景

1. 基本公共服务均等化和社会保障福利化必然趋势

十七大报告提出建立以工促农、以城带乡长效机制，形成城乡经济社会发展一体化新格局，其目标就是缩小城乡差距。现在存在的城乡差距是多方面的，有城乡收入差距，有城乡经济社会发展水平的差距，也有城乡居民生活条件的差距。现阶段最为迫切并且能够解决的是城乡居民生活条件的差距，实现公共服务均等化，体现社会保障普惠性和福利性。就医疗保障而言，这一轮医改机制设计

---

* 胡苏云，上海社会科学院人口与发展研究所研究员；杨昕，上海社会科学院人口与发展研究所副研究员。

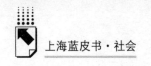
充分认识了医疗所具有的公益性和福利性。并且这种认识体现在整个制度方案设计中。

2. 2009 年新医改方案确认了基本医疗卫生制度是公共产品

新医改方案从医疗卫生本身的规律出发，强调"公益性"，同时强调改革方案的综合配套，并提出了一些新的举措和新的决策方式。

3. 从医保体系建设出发，上海医疗保险制度改革要考虑四个问题

（1）公益性及其医保覆盖面。上海市 1390 万户籍人口的医保覆盖率约为 98%，1900 万常住人口的医保覆盖率约为 90%。

（2）保障程度，即个人自付的比例问题。由于各项保险制度缴费的差异很大，因此个人自付比例的差异也很大。程度最高的城保，在职人员门诊就医医保基金支付比例为 80%，退休人员住院医保基金支付比例为 85%～90%。镇保、居保医保基金支付比例都要低于城保，居保约为 50%～70%。

（3）制度整合。在构建基本医疗保险体系的初期，上海市针对不同人群出台了多种政策，但随着时间的推移，保险制度的碎片化缺陷日益凸显，为此，上海市政府开始了城乡社会保障体制一体化的探索。

在城镇医疗保险制度方面，上海逐步将个体工商户和自由职业者医疗保险并入城镇职工医疗保险，将少儿学生医疗保险并入城镇居民基本医疗保险。在经过一轮整合之后，上海形成了主要由城镇职工基本医疗保险、小城镇社会保险、城镇居民基本医疗保险、普通高等院校学生基本医疗保险、来沪从业人员综合保险、新型农村合作医疗等六类医疗保险构成的基本医疗保险体系，基本覆盖了上海 1390 万户籍人口中的 98%，即使按照 1900 万常住人口来计算，医疗保险的覆盖率也达到约 90%。

（4）制度的转移、衔接问题。目前我国医保制度，除了上海、北京等少数城市之外，其他省市还处于县级统筹的状态。县级统筹造成了资金封闭、政策不一致等问题，不利于医保的转移衔接。

二 碎片化改革后现有参保人群规模和特征

上海基本医疗保险制度覆盖的人口，根据户籍所在地、就业状况、户口性质等分为若干群体，分别参加了不同的社会医疗保险。

表1 基本医疗保险参保人数

单位：万人

保险类型	参保人数	保险类型	参保人数
1 城保（含个保）	820.75	5 综保	379
2 镇保	140.29	6 其他	
3 居保	188.81	1）大学生	66.02
4 新农合	170	2）互助帮困	15.86

数据来源：《2010年4月上海市人力资源和社会保障统计月报》。

注：数据截至2010年3月末。

表2 各类医疗保险的筹资渠道和筹资水平

医疗保险类别	基金来源	缴费水平
城镇职工基本医疗保险（城保）	个人缴费、用人单位缴费	个人缴费：按个人收入的2%缴纳（不超过上年职工平均工资的60%~300%） 用人单位缴费：个人收入的10%，另缴纳2%作为地方附加医疗保险费
小城镇社会保险（镇保）	用人单位缴费、征用地单位或区县政府一次性缴费	按月缴费：按照上年职工平均收入的60%作为缴费基数，缴费比率24%，其中5%作为医疗保险费 一次性缴费：征地补偿款中一次性缴纳8万元左右
城镇居民基本医疗保险（居保）	个人缴费、政府财政补贴、职工医保基金划转、专项资金	70周岁以上人员，筹资标准每人每年1500元，其中个人缴费240元；60周岁以上、不满70周岁人员，筹资标准每人每年1200元，其中个人缴费360元；超过18周岁、不满60周岁人员，筹资标准每人每年700元，其中个人缴费480元；中小学生和婴幼儿，筹资标准每人每年260元，其中个人缴费60元。个人缴费以外资金，由政府财政补贴资金等支付
普通高等院校学生基本医疗保险（大学生）	市财政	
来沪从业人员综合保险（综保）	用人单位	以上年职工平均工资的60%作为缴费基数，缴纳12.5%作为保费，其中5%作为医疗保险费
新型农村合作医疗（新农合）	个人缴费、集体补贴、企业扶持、各级政府补贴	个人缴费：按照上一年度农民人均纯收入2.0%比例缴纳的资金收入；如人均纯收入高于全市农民人均纯收入平均水平的，可按全市农民人均纯收入水平为基数缴纳 集体补贴：村民委员会经村民代表大会讨论同意，按参合人数每人不低于30元 企业扶持：辖区企业按当年销售额0.5‰~1‰上缴，具体标准由区（县）政府确定 政府资助：区（县）各级政府按照市政府确定的新农合人均筹资目标和本区（县）批准的基金预算筹集标准

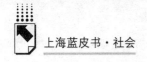

1. 城镇职工基本医疗保险的参保人群

参加城镇职工基本医疗保险的人员是指所有具有本市户籍且在本市范围内的城镇企业、机关、事业单位、社会团体、民办非企业单位、国家和本市规定的中央及外省市在沪单位就业的职工，其中包括在职职工、退休人员、按有关规定按月领取生活费的退职人员、受长期抚恤的在乡二等乙级以上革命伤残军人、荣军院的革命伤残军人、退休后由民政部门发放退休金的人员、在军队工作但是没有军籍的退休人员以及军队退休回沪安置人员。2009 年 7 月起，与属于参加城镇基本医疗保险范围的用人单位建立劳动关系，且具有外省市城镇户籍的年龄在 45 周岁以下，或者虽然是外省市非城镇户籍但具有专业技术职称、具有技师或者高级技师等国家职业资格证书的从业人员，也被纳入城镇职工基本医疗保险的范围。

参加城镇职工基本医疗的人群，年龄均在 16 周岁以上（法定劳动年龄），基本都是户籍人口。根据《2010 年 4 月上海人力资源与社会保障统计月报》，截至 2010 年 3 月底，实际享有城镇职工基本医疗保险的人数为 820.75 万人，其中在职人员 475.25 万人，包括 60.35 万的机关事业单位在职人员和 414.90 万的企业在职人员；离退休人员 342.27 万人，包括 43.87 万的机关事业单位离退休人员和 298.40 万的企业退休人员。缴费人员占全部享有职工医保人员的比例为 58.07%。根据我国男性 60 岁、女性干部编制 55 岁、女性职工编制 50 岁退休的规定，参加城镇职工基本医疗保险的人中 50 岁及以上的人口比例已达到 41.82%。假设离退休人口中男性占一半，女性中有三分之二年龄在 60 岁及以上，则参加城镇职工基本医疗保险的人中 60 岁及以上的人口比例约为 34%。由此我们可以看出，参加这一医疗保险的人群年龄结构较老，对医疗保险基金的使用会比较多。

2. 小城镇社会保险的参保人群

参加小城镇社会保险的人员主要包括在上海郊区企业就业的户籍人口、被征用农民集体所有土地农业人员和郊区各种历史遗留问题人员。自 2003 年 10 月上海正式推行小城镇社会保险以来，到 2010 年 3 月底参保人员已经达到 140.29 万人，其中在郊区企业就业的户籍人口 49.62 万人，被征地农民 90.67 万人。

从年龄结构上看，企业参加小城镇社会保险的人员中有 8.43 万人是退休人员，被征地农民中有 30.00 万人是退休人员，鉴于被征地农民中男性年满 55 岁、女性年满 45 岁就可以算退休，假设被征地的男性退休农民中有 20% 是 60 岁以下，女性退休农民中有三分之一是 60 岁以下，企业退休人员中女性有三分之一是 60 岁及以下，则参加小城镇社会保险的人中 60 岁及以上的人口比例约为 21%。

3. 城镇居民基本医疗保险的参保人群

城镇居民基本医疗保险的参保人群包括未参加城镇职工基本医疗保险、小城镇社会保险和新型农村合作医疗的 18 周岁以上的城镇户籍人员，以及 18 周岁以下的户籍中小学生和婴幼儿。支援外地建设退休回沪定居人员中医保未落实人员、户籍人口的暂未报入户籍的配偶，以及已出台的城镇高龄老人、职工老年遗属、城镇重残人员、中小学生和婴幼儿医保办法覆盖人群一并都纳入了该体系。

截至 2010 年 3 月底，城镇居民基本医疗保险的覆盖人群达到 188.81 万人。从年龄结构上看，参加城镇居民基本医疗保险的人主要为 18 周岁以下的学龄人群和 60 周岁以上特别是 80 周岁以上的高龄老人。与其他医疗保险的覆盖人群相比，这一基本医疗保险覆盖的大多属于弱势人群，而且对医疗服务的需求相对比较大，因此基金的压力较大。

4. 普通高等院校学生基本医疗保险的参保人群

普通高等院校学生基本医疗保险覆盖了在上海各类高等院校、科研院所中接受普通高等学历教育的全日制本科学生、高职学生以及非在职研究生。目前，该制度的覆盖人群有 66.02 万人。

由于该政策针对的是高等院校学生这一特定人群，所以参保人员的年龄大多是在 18～28 岁，特别是 18～22 岁。这一人群基本都处于生命力最旺盛的阶段，患病风险比较低，对医疗服务的需求相对比较小。

5. 来沪从业人员综合保险的参保人群

来沪从业人员综合保险政策适用于使用外来从业人员的国家机关、社会团体、企业（包括外地施工企业）、事业单位、民办非企业单位、个体经济组织及其使用的外来从业人员和无单位的外来从业人员。截至 2010 年 4 月末，参保人口达到 379.44 万人。

由于该保险针对的是正在就业的非户籍人口，基本都属于劳动年龄人口，特别是 25～39 岁的青壮年人口，患病风险相对也比较低，因而对医疗服务的需求也不高。

6. 新型农村合作医疗的参保人群

合作医疗是农民的基本医疗保障制度，户籍农业人口都可以自愿参加。由于上海已经取消了农业户口，加上被征地农民的农转非，所以近年来农业人口的总数呈现迅速下降的态势，从 2000 年的 335.47 万人，下降到 2005 年的 211.32 万人，进而下降到 2009 年的 164.54 万人。2009 年合作医疗的参保规模为 166.55 万人，不仅涵盖了所有农业人口，还包括部分农转非人员。

三 上海各类医疗保险的筹资渠道、筹资水平及享有待遇评价

针对不同参保人群的经济负担能力，各类医疗保险的筹资渠道和筹资水平都有所差异。

1. 从参保者角度比较缴费水平和资金使用

对参保个人而言，城镇职工基本医疗保险的缴费水平最高，居民医疗保险的缴费相对比较低，农村合作医疗的保费也很低，镇保、高等院校学生保险和外来人口综合保险则不需要个人负担保费。

在现有的筹资渠道和缴费水平下，由于参保人员的增加和缴费基数的增长，各类医疗保险基金的筹资额都有所增加，其中城镇职工基本医疗保险金仍是全部医疗保险基金的主体，来沪从业人员综合保险中用于医疗的部分占全部医疗保险基金的比重也逐年增大。

2. 各类医疗保险基金筹资和使用比较

除了城镇居民基本医疗保险财政需要进行补贴外，其余的医疗保险基金均可实现运转平衡。以参保人群年龄结构老化较为严重的城镇职工基本医疗保险为例，如表 3 所示。

表 3　2005～2009 年主要医疗保险基金的筹资额

单位：亿元

类别＼年份	2005	2006	2007	2008	2009
城镇职工基本医疗保险（城保）	146.19	167.89	207.67	269.7	311.05
小城镇社会保险（镇保）	2.26	3.62	4.07	5.73	6.83
城镇居民基本医疗保险（居保）	—	—	—	—	43.09
来沪从业人员综合保险（综保）	18.13	22.45	29.59	39.96	44.96
新型农村合作医疗（新农合）	3.83	3.91	4.81	—	—

数据来源：①城镇职工基本医疗保险和农村合作医疗 2005～2007 年数据来源于《上海市卫生总费用核算研究报告》，夏毅主编，上海科学技术出版社，2009。②其他各类保险基金及 2008～2009 年的城镇职工医疗保险基金根据当年参保人数和筹资标准估算得到。

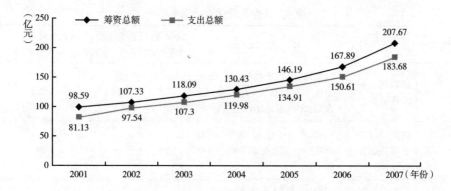

图1　2001～2007年城镇职工基本医疗保险筹资总额和支出情况

2001～2007年间，上海城镇职工基本医疗保险基金的筹资额呈现了逐年上升的态势，而支出总额也随之上升，职工医疗保险基金始终保持收入略大于支出的良性运转。如果分账户来看，则是个人账户略有盈余，统筹账户持平。对于镇保和综保来说，一方面参保人群的年龄结构比较年轻，另一方面医疗保险基金只保住院和大病门诊，所以更是年年有余。

3. 各类医疗保险保障水平差异

由于各类医疗保险基金的筹资水平差异明显，其保障水平也随之不同。小城镇社会保险、来沪从业人员综合保险等对门诊几乎都不予以报销，对于没有生大病或者没住院的人来说也就感受不到医疗保险的保障作用，进而影响到人们的参保积极性。将各类医疗保险予以归并，尽可能统一到城镇职工医疗保险、城镇居民医疗保险之下，将有助于提高不同人群之间在享有医疗保障方面的公平性。而提高镇保、综保、新农合等医疗保险的保障水平将打破现有的基金运转平衡，因此，必须对现有的筹资方式和水平有所调整。

4. 居保问题

上海市城镇居民医疗保险登记参保人数188万人，覆盖率为82.72%。2008年当年，本市城镇居民基本医疗保险基金收入9.74亿元，基金支出8.28亿元，当年基金结余1.46亿元。城镇居民医疗保险是一种在筹资方面与其他保险不同的最新种类的保险，在现实中遇到的问题也不少。

（1）个人缴费和自负额度过高。根据市总工会的调研发现，就业年龄段应参加居保者大多是大病重病、严重慢性病、智障、大龄失业、外来媳妇等人员，

表4　各类医疗保险待遇水平

制度名称	覆盖人群	待遇设计	医保支付水平(%)	医保缴费水平(%)	医保支付水平/医保缴费水平(%)
城保	城镇用人单位及其职工	门急诊、门诊大病(在职85%、退休92%);住院(起付线以上在职85%、退休92%)	77	14	5.52
镇保	被征用地农民和郊区新建企事业单位	门诊大病(在职70%、退休80%);住院(在职70%、退休80%)	23	3	7.74
居保	未参保的城镇居民	门急诊和门诊大病50%~60%;住院50%~70%	49	2.31	21.17
综保	外来从业人员	医药费补贴、住院起付线以上80%	—	—	—
新农合	农村居民	门急诊和门诊大病,大于40%;住院:最高限额不低于3万元	—	—	—

资料来源:上海市人力资源和社会保障局医疗办公室。

表5　城保和居保的保障程度比较

制度名称		总体自负比例(%)	门急诊自负比例(%)	住院自负比例(%)	门诊大病自负比例(%)
城保	在职	19.8	19.5	23.8	17.8
	退休	16.5	17.8	16	12.6
居保		55	50~55	60	—

资料来源:上海市人力资源和社会保障局医疗保险办公室。

他们既无基本医疗保障又没有收入,本应该是居民医保的重要覆盖对象,但根据规定他们参加居民医保个人要缴480元/年,超过有收入的本市城镇职工医保最低个人缴费额(2008年为416.4元/年),而且门急诊医疗费年度累计超过1000元,居民医保基金才支付50%,个人自负医疗费标准也超过有收入的本市城镇职工。就业年龄段人员参加居民医保,个人缴费和自负额度过高,造成居民医保对这部分人员缺乏吸引力。

(2)缺乏连续缴费的激励机制。居民医保实行缴一年费保一年,新参保、续保和长期参保的保费支出和待遇水平完全一样,且没有个人账户,缺乏连续缴费参保的激励机制。不少人等生了病再参保,或是外来媳妇到要生育时才来参保,一些相对健康的参保人也没有及时入保,凡此种种,无疑加重了居民医保基金的支出压力，达不到保险"大数法则"的要求，不利于居民医保健康发展。

（3）居保基金支出面临压力。居保基金紧张，主要是由于以下原因：第一，从居保参保人群的年龄结构来看，0～18岁组应是发病率最低的人群，但是由于机制问题，居保为住院的报销50%，少儿基金又报了50%，这部分人群几乎在享受免费医疗，造成他们中一些原本只需要门诊治疗的疾病，也接受住院治疗。其结果是，这一原本应该是最省钱的人群却花费了更多的医疗费。另外，由于居保是自愿参保，因此没有疾病的就不参保。第二，居保是定额缴费，没有同步增长机制，使得基金出现不可持续的情况。第三，居保的缴费目前由个人缴费、财政补贴、医保其他基金支撑、社会其他团体费用（如彩票）这四部分组成，和其他保险相比，居保的财政投入力度最大，约为40%，对财政压力也最大。

四 促进医疗保险衔接和归并，提高整体人群保障水平

1. 构建"1＋X"社保制度

对于上海来说，首先要做的是改变当前按照身份和户籍划分的包含城保、镇保、新农合等碎片化的社保制度，在暂时保留城乡差距的基础上，统一城镇的社保制度，进而逐步打破城乡差别、构建城乡统筹的"1＋X"社保制度，即一个基本制度平台、多层次的社保制度体系。这项工作可以分成两个阶段实施：第一阶段是"十二五"期间，完成城镇各类医疗保险的逐步统一；第二阶段则是"十三五"或者更长的时间里，完成上海市的城乡统筹。

城镇医疗保险的统一，主要涉及的是城镇职工基本医疗保险、城镇居民基本医疗保险、来沪从业人员综合保险和小城镇社会保险。我们的设想是在"十二五"期间逐步将来沪从业人员和参加镇保的企业职工纳入城镇职工医疗保险，形成统一的非农从业人员医疗保险。而将镇保中一次性缴费的被征地农民并入城镇居民医疗保险。

2. 综保和镇保企业参保人群缴费率逐步与城保接轨

目前的来沪从业人员综合保险和小城镇社会保险均属于综合保险，没有将医疗保险单独分列，鉴于综保人群和镇保企业参保人群基本都有稳定的月收入和雇用单位，有条件根据职工医疗保险的有关规定持续缴费。对于个人而言，由于这两类人群的月收入较低，而且在原有的制度下不需个人承担保费，一下子达到职

工医疗保险的缴费水平可能会引起抵触情绪，因而可以通过 5 年左右的时间，逐年提高缴费基数和缴费率的方法让参保人员慢慢适应。

对于企业来说，将医疗保险并入职工医保后缴费水平也将提高，为了给企业缓冲的时间，可参照个人缴费逐步提高的进程，相应将缴费基数和缴费比例逐年提高，前两年每年提高 2 个百分点，后三年每年提高 1 个百分点，最终达到当前职工医疗保险中单位的 12% 的缴费率。来沪从业人员综合保险中的医疗险与城镇职工医疗保险并转后，则可享受同样的待遇，既保门诊也保大病住院。

3. 镇保参保人群区别对待

对于镇保中一次性缴费的被征地农民而言，在"十二五"期间分别实现和城镇职工医疗保险和城镇居民基本医疗保险的归并。

对于一次性缴费参加镇保、且已经实现非农就业的人，可以逐步纳入城保，将一次性缴纳的镇保保费中可用于医疗保险的部分转入城镇职工医疗保险基金，用于抵扣该参保人员参加职工医疗保险应缴纳的个人保费部分，抵扣完后则由个人继续缴纳；而用人单位需承担的部分，缴费基数可从 60% 的社会平均工资水平起，分三年提高到工资实际水平；缴费率则分五年提高，前两年每年提高 2 个百分点，后三年每年提高 1 个百分点，最终达到当前职工医疗保险中单位的 12% 的缴费率。

对于一次性缴费参加镇保、且不打算再就业的人员，可以直接并入城镇居民基本医疗保险。现有的居民医疗保险基金根据年龄分别由个人缴费、财政补贴、职工医保基金划转和其他专项基金共同组成，一次性缴费的镇保参保人员并入后，可将镇保保费中用于医疗的部分划转居民医疗保险基金以抵扣应缴保费额（应缴的全部保费，含现有居民医疗保险费中由财政、职工保险基金划转和专项资金承担的部分），抵扣完尚不足 15 年的部分再由政府补贴、职工医疗保险基金划转和专项资金等予以补足。根据现有的一次性缴费标准，每一被征地农民一次性缴费的数额大约在 9 万元左右，若按照镇保基金用于各类社会保险的比例，则用于医疗保险基金的数额大约在 2 万元左右，即使居民医疗保险每人每年的保费按当前的最高标准 1500 元计算，这笔钱也足以抵扣超过 13 年的保费。由于现有的镇保一次性缴费到账率不是 100%，所以镇保经费向居保的划转可按年度进行。两者并转后，所有被覆盖人员都享受同样的补偿标准。

五 各种医疗保险衔接和归并的方案测算

1. 综合保险及镇保企业参保人员与城镇职工医疗保险的归并

综合保险与城镇职工医疗保险合并将会对参保人群的结构和经济负担、参保单位的人力成本和市区财政均带来一定影响。

上海市参加综合保险的人口规模从 2005 年的 247.70 万增长到 2009 年年底的 378.41 万，占当年外来人口从业人数的 77.5%。我们认为，未来 5 年内可加入城镇职工基本医疗保险的外来从业人员规模会在 400 万~450 万左右。根据估算，"十二五"期间来沪从业人员加入城镇职工医疗保险后，每年多征收的保险费将从 55.48 亿元逐年增长到 228.79 亿元。其中个人的年缴费负担在五年内从不缴费增加到 717 元，而单位为每位参保者的年缴费负担在五年内从 836 元增加到 4301 元。

表6 来沪从业人员并入城镇职工基本医疗保险后的影响

年份	缴费基数（元）	缴费率				参保人员规模（万人）	年缴费总额（亿元）
		个人（元）		单位（元）			
2011	实际收入的 60%（3572.94 × 0.65 × 0.6）	1%	167.21	7%	1170.50	414.70	55.48
2012	实际收入的 70%（3828.51 × 0.65 × 0.7）	2%	418.07	9%	1881.33	426.89	98.16
2013	实际收入的 80%（4084.0 × 0.65 × 0.8）	2%	509.69	10%	2548.47	437.64	133.84
2014	实际收入的 90%（4339.65 × 0.65 × 0.9）	2%	609.29	11%	3351.08	447.25	177.13
2015	实际收入（4595.22）	2%	716.85	12%	4301.13	455.95	228.79

注：缴费基数根据 2000 年以来上海职工平均缴费工资的增长曲线估算得到。假设外来从业人员的平均缴费工资是户籍职工平均缴费工资的 65%。根据规定，缴费基数应是参保人上年度月平均工资，在这里为了便于计算，我们取平均缴费工资作为基础数据。来沪就业从业人员参保人数根据 2004 年以来参保人员的增长曲线估算得到。

与来沪从业人员并入城镇职工基本医疗保险情况类似的是参加镇保的在郊区企业就业的户籍人口。这部分人口目前大约有 50 万人，其中有 15% 左右的人是退休的不缴费人员，其余均为缴费人员。将仍在就业的郊区企业职工纳入职工基本医疗保险可参照来沪从业人员的做法，逐步提高缴费基数和缴费比例，让需要缴费的个人和单位都有一个适应的过程。需要注意的是，本市户籍的职工的平均工资水平肯定高于来沪从业人员的平均工资水平，所以估算时可以用全市职工平均缴费工资作为缴费基数，则得到表7。表中数据表明，如果将镇保企业就业人员并入职工医疗保险，则个人的年缴费额将从0上升到1100元左右，企业负担则从2360元上升到6600元。

对于已经退休的镇保企业就业人员，可以允许其补足15年的个人缴费额度，以此作为退休后享受职工医疗保险待遇的条件，而本该由单位支付的部分则由财政一次性补贴到位，因为这部分人很少，只有8万多人，所以财政只需补贴16亿元左右就可以使这部分人顺利转入职工医疗保险。

两者并转后均享受职工医疗保险的同等待遇。

表7　镇保企业就业人员并入城镇职工基本医疗保险后的影响

年份	缴费基数（元）	缴费率				参保人员规模（万人）	年缴费总额（亿元）
		个人	（元）	单位	（元）		
2011	实际收入的60%（3572.94×0.6）	1%	428.75	7%	3001.27	41	14.06
2012	实际收入的70%（3828.51×0.7）	2%	918.84	9%	4134.79	41	20.72
2013	实际收入的80%（4084.0×0.8）	2%	980.18	10%	4900.90	41	24.11
2014	实际收入的90%（4339.65×0.9）	2%	1041.52	11%	5728.32	41	27.76
2015	实际收入（4595.22）	2%	1102.85	12%	6617.12	41	31.65

来沪从业人员和镇保郊区企业就业人群加入职工医保的好处在于增加了城镇职工基本医疗保险基金的收入，而同时支出增长比较有限（这部分人口均为16~59岁的劳动年龄人口，且35~39岁的青壮年比例最高，由于始终处于流入和流出的动态过程，外来人口几乎始终保持比较年轻的年龄结构，因而就医需求比较低，对医疗保险基金支出的增长影响不是很大），使得基金能够保持更好的营运状态。这一归并的缺陷在于增加了参保者个人和单位的负担，特别是对企业来说，成本增加很明显。虽然我们的设想是用5年的时间逐渐过渡，给予企业适应的过程，但企业的人力资源成本的大幅上升是无法避免的，而成本上升有可能会引起劳动密集型的企业向外省市转移，进而影响上海的产业发展。

另外，这两种保险的并轨对于财政的影响将不明显。城镇职工医疗保险基金本身就可以维持平衡运转，来沪从业人员加入后基金在未来相当长的一段时间里会更为宽裕，因而不需要财政进行大笔投入。

2. 被征地农民镇保与城镇居民基本医疗保险归并

居保制度最大的优点是改变了其他医保制度中个人账户的设立，而且体现了政府的投入责任，从本质上来说更接近社会医疗保险制度安排，也更像个保障型制度，这是镇保接入其制度的根本基础。

　　享有镇保的大多数人属于被征地农民，2009 年这一人群人口数达到 90 万人左右，其中有三分之一已经开始领取养老金，剩余的 60 万左右也有很大一部分由于文化程度低、工作技能低、年龄偏大，较难找到稳定的工作，因而不太可能按月缴费。因而，我们认为这两部分可以进入居民医疗保险的范畴。假设在所有 60 万劳动年龄被征地农民中有一半不太可能进入非农劳动力市场，则共有 60 万需进入城镇居民医疗保险。根据现有镇保一次性缴费的规定，各区县的一次性缴费标准并不统一，但大致在 8.5 万至 9 万元之间。假设我们取 9 万元为一次性缴费的标准额度，则能够用于医疗保险的总费用是 2 万元左右。2009 年居民医疗保险中年缴费额度最高的是 1500 元，按此标准，2 万元可以抵扣 13 年的保费。而且这 1500 元还包括了财政补贴、专项资金和职工医疗基金划转的部分。也就是说，如果将一次性缴费中可用于医疗保险部分直接并入居民医疗保险基金，财政和职工医疗保险基金起码在 10 年内都不用对这 60 万人予以补贴。

　　但自实行镇保制度以来，一次性保费的缴费率并不高，不少区县还只是挂空账，资金实际并未到位。鉴于此，镇保基金向居民医疗保险基金的划转可以分 5 年完成，每年转应划转额的 20%，则到"十二五"期末，镇保基金中用于医疗保险的部分就可以全部转入居民医疗保险。到这笔钱完全抵扣完之后，再按照居民医疗保险的规定正常缴费。

六　促进医疗保险制度改革，完善城乡医疗保障机制的具体建议

1. 综保和镇保企业参保人群缴费率逐步与城保接轨

　　对于个人而言，通过 5 年左右的时间，逐年提高缴费基数和缴费率，让参保人员慢慢适应；对于企业来说，可参照个人缴费逐步提高的进程，相应将缴费基数和缴费比例逐年提高，前两年每年提高 2 个百分点，后 3 年每年提高 1 个百分点，最终达到当前职工医疗保险中单位的 12% 的缴费率。

2. 镇保征地农民，酌情与城镇职工医疗保险和城镇居民基本医疗保险的归并

　　对于一次性缴费参加镇保、且已经实现非农就业的人，可以逐步纳入城保。对于一次性缴费参加镇保、且不打算再就业的人员，可以直接并入城镇居民基本

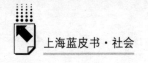

医疗保险。

"十二五"期间综保人员加入城镇职工医疗保险后，每年多征收的保险费将从 55.48 亿元逐年增长到 228.79 亿元。镇保企业就业人员并入职工医疗保险，财政需补贴 16 亿元左右。90 万被征地农民镇保与城镇居民基本医疗保险并转，财政和职工医疗保险基金起码在 10 年内都不用对这 60 万人给予补贴。

3. 医保基金增加同时注重医保控费

自从 2000 年建立社会医疗保险制度后，控制医疗费用的主要任务由医保部门承担。由于医保覆盖项目有规定，而且上海的医保只负责本地城保病人，但上海医院则服务于全体居民，甚至外省市的人群，因此上海医保部门实际能控制的费用只是一部分，三级大医院越来越多的收入来自于非医保项目和非医保病人。非医保项目毫无制约的使用不仅增加了医疗费用，而且增加了病患负担，因为这部分都需要病人自己负担。从医保资金看，我们无法知道这一情况，因为医保项目内的负担率在医保制度中都已设计好，似乎病患的负担并不重，都在 20% 以下；从病患最终承担的医疗总费用看，个人实际负担就远远高于这一比例，约达 40%～50%。

虽然医保是控费的主体，但是单靠医保是远远无法控制住医药费的，因为大量的费用是非医保资金。从筹资来源看，医院的收入除了医保资金，还有财政投入和自营创收（包括体外运转部分）。因此控费的责任包括医保、申康和卫生，以及工商、税务、审计，乃至纪检、司法、公安等部门。

今后医保的首要功能不仅在保障，不只是维护基金平衡，还要调节医院和百姓就医行为。还要具有处理好减轻群众就医负担和控制人们道德风险之间平衡的策略和技巧。医保的第三个功能是切实有效地负责或努力协助控制医疗服务提供方（医院和医生）的诱导需求。

逐步实现同城教育待遇
保障外来少年儿童教育公平权利

高 慧*

摘 要: 随着城市化的加快发展和流动人口规模的不断扩大,保障流动少年儿童的教育权利越来越受到社会各界的广泛关注。作为我国流动人口主要集聚地之一的上海,非常注重外来少年儿童的教育问题,出台了一系列相关文件,采取了很多举措,使他们从学前教育、义务教育到初中后教育等的受教育状况得到了很大的改善,尤其是义务教育状况更加明显。截至 2010 年秋季开学,上海新入园的 13 万幼儿中,近 4 万为外来儿童;全市 42 万外来少年儿童全部在公办学校或政府委托的民办小学免费接受义务教育,其中 70% 在公办学校就读;有 8000 多名在沪同住子女在职业学校接受继续教育。但由于户籍制度的限制、学龄儿童少年规模的增加、学龄儿童少年分布向郊区集聚等原因,上海外来少年儿童受教育状况仍不容乐观,尤其是学前教育、初中后教育的需求与供给存在很大的缺口。因此,上海需要提高思想认识、突破机制障碍、统筹配置教育资源、逐步提升民办小学办学质量、逐步放宽中高等职业教育乃至高等教育的入学门槛,进一步保障外来少年儿童的教育权利。

关键词: 外来少年儿童 学前教育 义务教育 初中后教育 教育公平

随着城市化的加快发展和流动人口规模的不断扩大,保障流动少年儿童的教育权利越来越受到社会各界的广泛关注。据统计,2009 年中国流动人口已达到

---

* 高慧,上海社会科学院人口与发展研究所助理研究员。

2.11亿人,占全国总人口的15.8%。上海作为经济比较发达的国际大都市,一直以来是流动人口的主要集聚地之一。2009年上海流动人口已达到696万,其中在上海居住半年以上的常住流动人口542万人,占全市常住人口总数的28.2%。随着外来流动人口居住的长期化和家庭化,上海外来少年儿童少年也越来越多,目前在上海接受义务教育在校生就已经超过了42万。如何保障这些外来少年儿童的教育权利,是一个值得关注的问题。

一 上海保障外来少年儿童教育权益的 主要政策文件和重要举措

上海一直非常注重外来少年儿童的教育问题,特别是2008年以来先后出台了一系列有关外来少年儿童义务教育、学前教育尤其是义务教育的政策文件,并采取了很多举措,来保障他们的教育权益。

1. 保障外来少年儿童教育权益的主要政策文件

上海早在1998年8月就制定并颁发了《上海市外来流动人口中适龄儿童少年就学暂行办法》,加强了对流动人口子女义务教育工作的扶持和管理。

2004年2月,上海市政府办公厅转发了市教委等七部门《关于切实做好进城务工就业农民子女义务教育工作的意见》,提出:民工子女就学以全日制公办中小学为主;符合条件在沪就读的民工子女在各类学校接受义务教育,均享有法律赋予的合法权益;就读于公办学校的民工子女在接受教育教学、参加团队组织、担任学生干部、评优奖励等方面拥有与上海学生同等待遇。

2008年1月,为了确保外来少年儿童接受义务教育的权利,上海市教委印发了《关于进一步做好本市农民工同住子女义务教育工作的若干意见》,并启动了《农民工同住子女义务教育三年行动计划(2008~2010年)》,提出义务教育阶段公办中小学接收农民工同住子女的比例"十一五"期间力争达到70%左右,初中阶段适龄农民工同住子女纳入公办学校就读;发挥社会力量在解决农民工同住子女义务教育中的作用,委托现有民办中小学招收农民工同住子女;加大扶持力度,逐步将符合基本条件的现有农民工子女小学纳入民办教育管理,到2010年,基本完成农民工子女学校纳入民办教育管理工作。

2008年9月,为缓解入园压力,上海市教委、市农委、市人事局共同制定印发了《关于做好本市农民工同住子女学前教育工作的若干意见》，并出台了《上海市民办三级幼儿园设立基本条件的规定》，以适应本市郊区居民特别是进城务工人员随迁子女学前教育和看护的实际需要。

2009 年 6 月，上海外来儿童义务教育权益得到了法律的保护，《上海市实施〈中华人民共和国义务教育法〉办法》中规定：父母或者其他法定监护人在本市工作或者居住期间，其同住的非本市户籍适龄儿童、少年需要在本市接受义务教育的，由其父母或者其他法定监护人持本人身份证明与就业证明或者本人身份证明与居住证明，以及适龄儿童、少年的身份证明等材料，到居住地所在区、县教育行政部门申请就读，区、县教育行政部门应当统筹解决。

2010 年 1 月，为进一步规范管理，提高教育教学质量，保障在校学生依法接受义务教育的基本权益，上海市教育委员会出台了《关于加强以招收农民工同住子女为主的民办小学规范管理的若干意见》，并启动了《民办小学规范管理三年行动计划（2010 ~ 2012 年）》，要进一步逐步改善这些民办小学的办学条件，健全学校财务管理，加强师资队伍建设，规范教育教学常规管理，促进健康发展。提出到 2012 年，使民办小学成为办学行为规范、教育质量稳定、校园安全和谐、学生健康发展、家长社会认可的学校。

2010 年 9 月，为加强对学前儿童看护点的监管和指导，上海市政府办公厅转发了上海市教委、市财政局、市卫生局制定的《关于加强本市郊区学前儿童看护点管理工作的若干意见》，全市整治未经审批办园点、创设和规范学前儿童看护点的工作将得到加强。

2010 年 9 月，上海市委、上海市人民政府颁布了《上海市中长期教育改革和发展规划纲要（2010 ~ 2020 年）》，其中针对外来少年儿童的学前教育、义务教育、高中阶段教育都进行了中长期规划。

这一系列文件，为保障上海外来儿童的教育权益提供了政策依据，也为保障他们的教育权益提供了思路、目标、方式及方法。

2. 保障外来少年儿童教育权益的重要举措

（1）多方式扩大义务教育阶段公办学校接收外来少年儿童的比例

1）降低入学门槛。以往上海外来少年儿童就读公办学校，家长必须具备身份证明、居住证明、就业证明、计划生育证明、学籍证明等"五证"，很多家长因为没有"五证"而不能将其子女送入公办学校。2008 年 9 月，为了方便外来少年儿童求学，上海降低了他们的入学门槛，凡能提供父母的身份证明、在沪居住证明或就业证明"两证"就可以进入义务教育阶段公办学校就读。

2）挖掘公办中小学潜力。上海市、区教育行政部门鼓励上海各区县公办中小学尽可能挖掘潜力，采取整校招生、独立编班、插班就读等多种形式吸纳外来少年儿童入学。

3）放宽公办中小学班额限制。上海市、区教育行政部门鼓励公办学校放宽班额吸纳外来少年儿童，大部分城乡结合地区人口集聚街镇公办学校班额已从40名增加到46~48名。

4）按实际学生数拨款。为鼓励公办学校招收外来少年儿童，上海市教委按实际招收学生人数核定教师数，下拨公用经费。仅2009年上海市、区财政用于公办学校的此项拨款就达36.9亿元。

5）大力增加教育资源。针对城郊结合部和郊区集镇的教育资源紧缺的情况，2008年上海启动新一轮郊区学校建设工程。据统计，2008~2010年，本市在郊区共投入资金103.79亿元，建设（含未完工）各类学校363所，新增建筑面积287.8万平方米，其中义务教育学校144所，提供约15万个义务教育学位。

（2）加强对农民工子女学校的扶持与规范管理

1）关闭不符合条件的农民工子女学校。2000年以来，上海加强了对农民工子女学校的清理、整顿，关闭一大批存在安全隐患、办学条件不合格的农民工子女学校，2008年农民工子女学校减少到248所，比2001年最高峰时减少了271所，减少了一半多。2008~2010年，又关闭了100所。到2010年，上海基本清除了未经审批的农民工子女学校现象。在关闭这些学校的同时，上海市需求把学校的所有学生统筹安排到区域内的公办学校。

2）把符合条件的农民工子女学校纳入民办教育管理。在公办教育资源确实不能满足外来少年儿童受教育的城郊结合地区，上海从2008年开始，将符合基本办学条件的农民工子女学校改造后纳入民办教育管理，同时鼓励社会力量申办以招收外来少年儿童为主的民办小学。2008年、2009年、2010年分别审批了66所、86所、10所民办小学，三年合计审批了162所民办小学（其中，88所为农民工子女学校纳入民办教育管理，74所为新申办）。上海市教委则一次性给予这些民办小学平均每个学校50万元的办学设施改造经费资助，并按接纳学生人数给予每生每年1000元的基本成本补贴，2009年后补贴标准增加到每生每年1500

元，余下部分由区县教育局补足。据统计，2008～2010年上海市、区财政共投入10多亿元，用于这些民办小学的办学设施改造和基本成本补贴。

3）加强对民办小学的扶持。近几年来，上海市各区县通过加强培训，与公办学校结对，规范教师聘用制度，委派督导员、输送教师等多种形式，扶持提升这些民办小学的办学水平。同时，为改善这些民办小学办学条件，提高学校的教育质量，2010年上海各区县共投入资金2375万元，为这些学校配备了标准图书室，增配了体育运动器材。

（3）逐步向外来少年儿童开放中职教育

为了满足外来少年儿童对中等职业教育的需要，2008年开始，上海在全日制普通中等职业学校逐步开放招收外来少年儿童。近几年招生学校和招生专业数也不断扩大：招生学校从2008年的32所，增加到2009年的45所，2010年达到50所；招生专业从2008年的72个，增加到2009年的147个，2010年达到202个。

（4）增设学前教育资源

在学前教育进入新一轮入园高峰的情况下，上海通过加大幼儿园园舍建设力度，启动在城乡接合区设立民办三级幼儿园和农民工子女学前教育看护点等举措，逐步解决外来儿童子女学前教育问题。至2010年秋季入学，上海共新开办幼儿园94所，其中公办幼儿园57所（其中郊区县49所，占86%），民办三级幼儿园37所，共新增约3万个学位，显著缓解了本市、尤其是城乡结合部和郊区的入园压力。

二　上海保障外来少年儿童教育权益所取得的成效

在上海各有关部门的重视和积极努力下，外来少年儿童的义务教育状况得到了很大改善，学前教育和初中后教育状况也有了明显的改善，他们的教育权益在一定程度上得到了保障。

1. 接受义务教育的外来少年儿童规模越来越大，义务教育普及率提高很快

如图1所示，2000年以来，在上海接受义务教育的外来少年儿童的数量逐年增加，2010年秋季入学约42.1万，比2000年增加了15.8万，平均每年增加1.58万。同时上海外来少年儿童的义务教育普及率上升非常快。1997年抽样调查显示，上海7万多外来中小学学龄少年儿童的入学率仅为56%；根据2008年上海常住义务教育少年儿童93.1%的普及率，户籍义务教育少年儿童99.9%的普及率，大致可以推算2008年外来少年儿童义务教育普及率在90%左右，比1997年大大提高了。可见，目前绝大多数处于义务教育阶段上海外来少年儿童得到了入学机会。

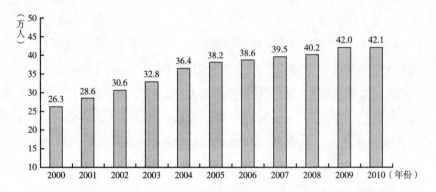

图1　2000～2010年在上海接受义务教育的外来少年儿童规模变化

资料来源：2000～2006年的数据来源：上海教育科学研究院课题组，《上海流动人口子女义务教育后出路问题研究》，《教育发展研究》，2008年第3期；2007年数据来源：《上海农民工子女学校将纳入民办教育管理》，http://www.sina.com.cn，新民网，2008年1月21日；2008年数据来源：上海市教育委员会，《上海外来流动人员子女义务教育基本情况》，2009年2月24日；2009年数据来源（截至2009年9月）：《2009年上海农民工同住子女免费义务教育比例提高至92.7%》，中广网，2009年11月12日；2010年数据来源：《上海40万农民工子女今年可100%享受免费义务教育缴费就读》，人民网，2010年8月27日。

2. 外来少年儿童进入公办中小学就读的规模不断扩大，比例不断上提高

截至2010年秋季入学，外来少年儿童在上海全日制公办中小学就读人数达到30万，比2003年增加了16.3万，平均每年增加2.33万；占在读外来少年儿童总数的70%，比2003年提高了29.2个百分点，平均每年提高4个多百分点（图2）。结合《2010年上海统计年鉴》有关2003年以来上海全日制公办中小学在校生的规模变化，可以发现在上海全日制公办中小学就读的外来少年儿童占全部在校生的比例逐年升高，由2003年的12.4%上升到2009年的25.9%。这些在公办中小学就读的外来少年儿童，与上海学生享受同等的义务教育待遇，一律按公办学生注册学籍，按生均公用经费定额标准拨付经费，配置教学设施设备等，另外在评优奖励、担任学生干部、参加团队组织等方面也与本市学生一视同仁，目前也一样享受免费的义务教育。

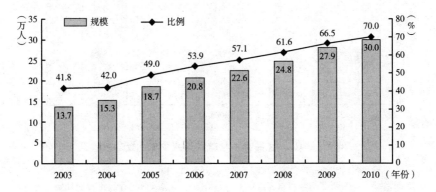

图 2　2003～2010 年上海外来少年儿童在公办中小学就读的规模及比例变化

　　资料来源：2003～2006 年的数据来源：上海教育科学研究院课题组，《上海流动人口子女义务教育后出路问题研究》，《教育发展研究》，2008 年第 3 期；2007 年数据来源：《上海农民工子女学校将纳入民办教育管理》，http：//www.sina.com.cn，新民网，2008 年 1 月 21 日；2008 年数据来源：上海市教育委员会，《上海外来流动人员子女义务教育基本情况》，2009 年 2 月 24 日；2009 年数据来源（截至 2009 年 9 月）：《2009 年上海农民工同住子女免费义务教育比例提高至 92.7%》，中广网，2009 年 11 月 12 日；2010 年数据来源：《上海 40 万农民工子女今年可 100% 享受免费义务教育缴费就读》，人民网，2010 年 8 月 27 日。

3. 外来少年儿童在民办小学的就读规模也不断增多，比例也不断提高

　　至 2010 年秋季开学，政府允许举办的 162 所民办小学，共接纳了约 12 万名学生，比 2008 年增加了 7 万左右；占外来在校义务教育学生的 30% 左右，比2008 年提高了近 18 个百分点（图 3）。这些由政府购买服务的民办小学就读的外来少年儿童也同样享有免费的义务教育。

　　可见，目前在公办学校或政府委托的民办小学免费接受义务教育的外来少年儿童一共有 42 万多，其中 70% 在公办学校就读、30% 在民办小学就读，同上海本地少年儿童一样享有免费的义务教育。另外，目前仅剩下 1 万余名外来少年儿童，仍就读于 22 所需缴费就读的农民工子女学校①。2010 年内，在这些学校中就读的学生也将被接收进公办学校或合格的民办学校，享受免费义务教育。

---

　　① 《上海 40 万农民工子女今年可 100% 享受免费义务教育缴费就读》，人民网，2010 年 8 月 27 日。

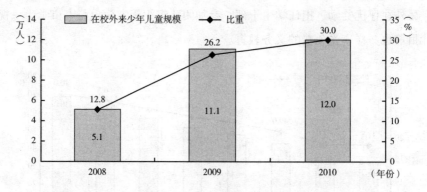

图3　2008～2010年在民办小学就读外来少年儿童的规模及比重

资料来源：上海市教育委员会，"上海外来流动人员子女义务教育基本情况"，2009年2月24日；"上海市实施进城务工人员随迁子女义务教育三年行动计划带来五大变化"，2010年9月17日《上海教育简报》。

4. 中等职业教育的外来少年规模逐年增加，与本市少年待遇相同

如图4所示，2008年上海中等职业教育学校招收了1380名外来少年儿童，2009年招收2735名，2010年招收4400余人。目前共有8000多名外来少年在中等职业学校就读。凡进入中职校的农民工子女均享受本市中职校学生的资助政策，免学杂费、补助生活费。凡进入中职校的外来少年儿童均享受本市中职校学生的资助政策，免学杂费、补助生活费，同时也被纳入上海市的帮困助学体系，即：在每生每年享有1000元（除毕业年级外）助学金的基础上，农村家庭经济困难学生可再补助每生每年学费和书簿费3100～4500元；对报考列入"专业奖

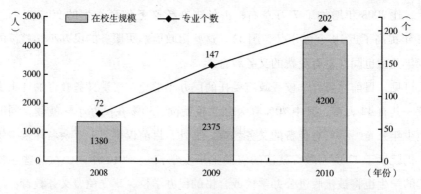

图4　2008～2010年中等职业学校招收专业个数和在读外来少年规模变化

资料来源："上海市实施进城务工人员随迁子女义务教育三年行动计划带来五大变化"，2010年9月17日《上海教育简报》。

励"的专业，每生每年可获得相当每学年收费标准 2600～4000 元（含 1000 元人人享有的助学金）的专业奖励；对品学兼优的学生，政府设上海市奖学金，每生每年还可获 500～1500 元的奖励金。

5. 学前教育外来儿童人数占到全市的近三成，新入园比例更高

据统计，2009 学年，上海学前教育规模为 35.38 万人，其中，在园农民工幼儿占 28.01%；2010 学年，上海学前教育规模近 37.5 万人，其中在 2010 学年上海新入园的 13 万幼儿中，近 4 万为非上海户籍儿童，占 30.8%，另有近 4 万儿童（主要是随迁幼儿）需要接受看护。

三　上海保障外来少年儿童教育权利存在的主要问题

尽管上海在保障外来少年儿童教育权利方面取得了很大的成就，但仍然存在一些问题，在一定程度上侵害了外来少年儿童的教育权益，也不利于教育公平的实现。

1. 以户籍为基础的"地方负责，分级管理"教育模式的限制，政策执行不到位

我国以户籍为基础的"地方负责，分级管理"教育模式，是造成流动少年儿童教育权益不能得到有效保障的主要原因。"地方负责，分级管理"的教育模式，也就是适龄儿童接受教育主要由其户籍所在地政府负责，教育经费则按照户籍学生数下拨。上海外来流动少年儿童因为户籍在上海外省市，并没有相应的教育经费随之流转，在上海的教育经费主要由上海市政府承担。尽管上海市政府尤其是各区县政府不断加大教育投资，并且已经解决了一部分外来少年儿童的教育经费问题，但是让上海市政府尤其是各区县政府财政全部解决越来越多的外来学龄人口的教育很难，尤其是对于外来人口子女比较集聚的近郊区，更是难以承受。所以也导致了尽管上海出台了很多保障外来少年儿童权益的政策文件，但各区县执行总不能到位，实施效果也不很理想，外来少年儿童仍然无法享有与本地少年儿童相同的教育权利与机会。

2. 学龄儿童增加，加大了对教育资源的需求

常住人口出生高峰的到来。如表 1 数据所示，近年来，20 世纪 80 年代上海市生育高峰出生的人口已开始陆续进入婚育期，2004 年开始，上海户籍人口出生率出现明显的攀升趋势，2009 年户籍人口出生数达到了 9.23 万，比 2003 年多出生了 3.5 万人。同时，来沪常住流动人口持续增长，外来常住人口出生增长较快，2009 年达到 7.23 万，占到了常住人口出生的 43.9%，比 2004 年提高了 20 多个百分点。这两方面的主要原因导致了近年来上海常住人口出生越来越多，2009 年达到了 16.46 万人，比 2003 年翻了近一番，尤其 2007 年"金猪宝宝"、2008 年"奥运宝宝"增加，使得这两年的出生增加更加明显。根据上海市人口计生委最近发布人口的出生预报，预计 2010 年、2011 年全市常住人口出生数将分别达到 16.8 万人、17 万人左右①。

表 1　2002～2009 年上海常住、户籍、外来常住人口出生变化情况

年　份	户籍人口出生	常住人口出生	外来常住人口出生	外来常住人口出生占常住人口出生的比重
	（万人）	（万人）	（万人）	（%）
2002	6.20	8.76	2.59	29.6
2003	5.73	8.34	2.63	31.5
2004	8.09	10.29	2.22	21.6
2005	8.25	12.39	4.17	33.7
2006	8.12	13.42	5.32	39.6
2007	10.08	16.66	6.58	39.5
2008	9.67	16.67	6.99	41.9
2009	9.23	16.46	7.23	43.9

资料来源：各年份上海市人口与计划生育委员会统计数据。

学龄人口的增加。上海户籍学前教育年龄人口、小学学龄人口的规模因生育高峰来临正进入增加期，并逐渐顺延到户籍初中学龄儿童、高中学龄儿童。据预测（表 2），2010～2020 年，上海学前教育年龄人口将从 24 万人上升到 33 万人左右，然后从 2017 年前后开始下降；小学学龄人口将从 30 万人左右上升到 2020 年的 56 万人；初中学龄人口将从 2010 年的 31 万人下降到 2015 年的 25 万人，再回升到 2020 年的 37 万人；高中阶段人口将从 2010 年的 29 万人下降到 2019 年的 19 万人，再回升到 2020 年的 20 万人左右。上海学龄人口因为生育高峰而出现的

———————

① "上海发布人口出生预报"，2010 年 11 月 8 日《人民日报》。

这种变化要求教育资源的供给在不同时间配置上有很大的弹性，同时，学龄人口的增加，也将造成上海教育资源的总量不足越来越突出。按照上海 3 岁上幼儿园、6 岁上小学、11 岁上初中的标准，从 2007 年开始上海幼儿园迎来入园高峰，幼儿园教育资源出现了短缺，以后逐渐会顺延到小学、初中。也就是说，2010 年开始上海小学的教育资源短缺将加剧，而 2015 年开始上海初中的教育资源短缺将加剧。

表2　2010～2020 年学前教育至高中阶段户籍学龄人口的预测

单位：万人

学龄儿童	2010 年	2015 年	2019 年	2020 年
学前教育	24			33
小　　学	30			56
初　　中	31	25		37
高　　中	29		19	20

资料来源：周海旺等，"上海人口变化与教育发展"，载王荣华主编《跨越教育的教育思考——上海市中长期教育改革和发展研究》，上海人民出版社，2010 年 11 月。

3. 学龄儿童向郊区集聚，导致郊区教育资源的供需矛盾越来越突出

2000 年以来，随着城市建设的加速发展和旧城改造工程的不断推进，上海户籍人口分布不断由中心城区向近郊区迁入，农村人口也向近郊区城镇集中，再加上外来人口继续向近郊区、远郊区集聚，导致学龄人口也向郊区集聚，又由于教育资源的分布落后于人口的再分布，导致郊区教育资源供给的短缺。如表 3 所示，2000 年以来，上海中心城区小学在校生占全市的比重下降了 16 个百分点，但学校占全市的比重仅下降了 3.4 百分点，专任教师的比重仅下降了 8.9 个百分点；近郊区小学在校生占全市的比重上升了 18.8 个百分点，学校、专任教师占全市的比重仅分别上升了 12.3 个、15.1 个百分点；远郊区小学在校生占全市的比重下降了 2.8 个百分点，而学校、专任教师占全市的比重却分别下降了 8.9 个、6.2 个百分点。2009 年，上海中心城区小学在校生占全市的 25.6%，却拥有全市 33.7% 的学校、30.4% 的专任教师，近郊区小学在校生占全市的 48.5%，只拥有全市 43.3% 的学校、45.5% 的专任教师，远郊区小学在校生占全市的 25.9%，也只拥有全市 23% 的学校、24.1% 的专任教师。另外，与 2008 年相比，

2009 年近郊区、远郊区在校生的规模变化非常明显，主要原因是 2009 年近郊区包括了原来属于远郊区的南汇区。

表3　2000～2009 年上海公办小学在校生、学校、专任教师的分布变化

单位：%

年份	在校生占全市的比例				学校占全市的比例				专任教师占全市的比例			
	合计	中心城区	近郊区	远郊区	合计	中心城区	近郊区	远郊区	合计	中心城区	近郊区	远郊区
2000	100.0	41.6	29.7	28.7	100.0	37.1	31.0	31.9	100.0	39.3	30.4	30.3
2001	100.0	39.8	31.0	29.2	100.0	39.0	33.3	27.7	100.0	38.5	32.0	29.5
2002	100.0	37.6	32.7	29.7	100.0	40.2	34.9	24.9	100.0	36.5	34.2	29.3
2003	100.0	36.4	33.8	29.9	100.0	41.8	36.2	22.0	100.0	35.8	35.1	29.1
2004	100.0	35.6	35.7	28.7	100.0	42.3	36.7	21.0	100.0	35.5	36.3	28.3
2005	100.0	34.9	36.2	28.9	100.0	42.3	36.1	21.6	100.0	35.3	36.6	28.1
2006	100.0	34.1	37.3	28.6	100.0	42.5	36.6	20.9	100.0	34.5	37.2	28.2
2007	100.0	33.2	38.4	28.4	100.0	42.8	36.4	20.8	100.0	34.5	37.7	27.8
2008	100.0	29.6	39.9	30.5	100.0	38.7	37.1	24.3	100.0	32.7	37.8	29.5
2009	100.0	25.6	48.5	25.9	100.0	33.7	43.3	23.0	100.0	30.4	45.5	24.1

注：2000～2008 年中心城区包括黄浦区、卢湾区、徐汇区、长宁区、静安区、普陀区、闸北区、虹口区等九个区；近郊区包括浦东新区、宝山区、闵行区、嘉定区等四个区；远郊区县包括松江区、金山区、青浦区、南汇区、奉贤区、崇明县等六个区县。2009 年近郊区包括了划入浦东新区的南汇区，其他不变。

资料来源：各年份《上海统计年鉴》。

可见，相对来说，上海中心城区的教育资源比较丰富，而近郊区、远郊区的教育资源比较紧缺，这也表现在上海各区县幼儿园、小学、初中的班额达标率上。由表4可以看出，一方面，总体上，幼儿园班额的达标率最低，其次是初中，而小学最高；另一方面，无论是幼儿园、小学，还是初中班额达标率，都是远郊区的达标率最低，其次是近郊区，而中心城区最高。

4. 民办小学的办学条件仍然偏差，教学质量仍然难以保证

随着上海义务教育学校整体办学质量的提升，纳入了上海民办教育管理的民办小学与公办学校相比，这些学校的办学条件仍然比较差，教学质量仍然比较低。（1）师资仍然比较薄弱。由于经费限制，这些学校的教师主要招聘的是外省市的教师，部分是退休老师，教师学历普遍为大专，很多不具备专业任职资格，再加上这些学校的班额大而教师少，教师工作量大、任务重，但待遇偏低，因此教师队伍流动性大、稳定性差。（2）硬件设施也很不到位。因为受资金、

场地的限制，很多学校的硬件设施缺乏，尤其是文化、体育、电脑等教学设施缺乏。（3）课程安排不全。受教学设备、专业老师的限制，有些民办小学除了开设语文、数学、英语等基础科目外，其他课程安排随意性较大。

表4　2009年上海各区县幼儿园、小学、初中的班额达标情况

单位：%

区　县		幼儿园	小学	初中
中心城区	黄　浦	69.5	100.0	94.3
	卢　湾	84.4	100.0	98.5
	徐　汇	87.6	100.0	89.0
	长　宁	100.0	100.0	96.8
	静　安	95.9	100.0	98.5
	普　陀	87.2	96.3	85.0
	闸　北	82.5	95.5	91.9
	虹　口	32.3	84.4	88.7
	杨　浦	84.0	100.0	100.0
近郊区	闵　行	70.2	75.4	89.8
	嘉　定	72.1	78.8	96.3
	宝　山	26.9	81.5	72.2
	浦　东	62.8	79.6	74.6
远郊区	金　山	61.0	63.7	75.5
	松　江	16.1	27.8	58.3
	奉　贤	89.1	47.7	36.5
	青　浦	24.4	57.8	69.9
	崇　明	68.6	93.2	90.3

注：根据沪教基〔2006〕5号等文件，幼儿园小班班额为20～25人，幼儿园中班班额为25～30人，幼儿园大班班额为30～35人，小学和初中为40人以内。

资料来源：2008年《上海区县政府依法履行教育责任执行情况的公示公报》。

5. 户籍制度的限制，外来少年儿童初中后教育问题非常突出

目前，已经有越来越多的外来少年儿童进入了初中后阶段教育，"升学问题"和以后的"高考"是外来少年儿童及家长最担忧的问题之一。

外来少年儿童对初中后教育的在沪就读意愿高。2008年上海市委课题组一项调查表明，70%左右的流动人口子女具有在沪就读的意愿，在必须回户籍所在地接受初中后教育的前提下，仅有13.4%的人表示愿意，55.2%的人表示不愿

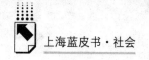
意但为了上学会回去，29.9%的人表示即使在上海无法继续就读也要滞留下来。

外来少年儿童在沪就读初中后教育的机会少。由于户籍制度和中高考制度的限制，目前上海外来少年儿童流动人口子女尚不能与户籍学生一样享有继续在沪接受初中后教育的平等权利。上海重点高中曾在前几年招收部分优秀外地生，2008年则不再招生；2008年，上海中等职业教育在招生计划不满的情况下，开始招收外来少年，但数量仍有限。

外来少年儿童初中教育后主要有两个出路。一是返回原籍继续求学。由于目前全国教材与上海教材不统一，再加上上学环境的改变、上学的不连贯等，他们的学习成绩往往会受到影响。二是滞留在上海。尤其是那些在上海出生、在上海长大的外来少年儿童，更是不想回老家。据共青团上海市委、上海市社区青少年事务所的一项调查显示，初中毕业后滞留在上海的流动人口子女约有一半的人跟随父母在沪经商、帮工，少量进入成人中专、技校或其他中等学校就读。同时，也有为数不少的流动人口子女游荡在城市之中，处于就业就学的两难境地。

6. 户籍制度的限制，外来儿童幼儿教育问题严重

随着上海新一轮人口出生高峰的到来，上海目前学前教育资源不足的矛盾已经凸现。尤其是随着人口由中心城区向郊区、农村城镇导入，郊区城镇与城郊结合部的入园压力迅速膨胀。并且外来人口仍在不断增加，外来少年儿童的入园问题仍很突出。预计到2012年，上海市学前教育阶段适龄的外来少年儿童将达到20万人左右[①]。

针对招生对象的不同，目前上海公办幼儿园招生的顺序依次是：第一招收的是"在本学区居住户籍也在本学区的儿童"，第二招收的是"在本学区居住户籍不在本学区的上海户籍儿童"，第三招收的是"在本学区买房并在本学区居住的外来儿童"，第四招收的是"在本学区租房居住的外来儿童"。以前，在生源不足的时候，上海公办幼儿园还可以招收一部分外来儿童，但2007年随着本地生源的增加，招收的外地生源在不断减少，2010年尤其明显。由于2007年（"金猪"年）出生的婴儿特别多，达到了16.66万，这些出生人口在2010年正好到了上幼儿园的年龄。很多上海公办幼儿园招收"在本学区居住户籍也在本学区的儿童"的已经足够了，所以不再招收外来儿童。所以，外来儿童不得不上费

---

① "上海市出台郊区学前儿童看护点规范管理意见"，2010年10月15日《上海教育简报》。

用比较高的私立幼儿园，或者只能到看护点，甚至有一部分外来儿童不能上幼儿园了。

在外来人口数量不断上升的同时，一些不规范的学前儿童看护点相继出现，且数量快速增加。经查，截至 2010 年 5 月 31 日，发现不规范的看护点 769 所，共接收儿童 36563 人，学龄前儿童占 95%。这些看护点的存在，一方面适应了入园压力较大的城郊结合部及郊区农村儿童，特别是进城务工人员随迁子女对接受学前教育或看护的需求。但是，另一方面产生了不规范问题，如：安全隐患多、正确的教养方法缺失、基本办学条件缺乏等，不利于进城务工人员随迁子女的身心健康发展①。

对于没有能够接受学前教育的外来少年儿童，当达到接受义务教育的年龄时，经常会出现对学校集体生活与学习环境的不适应问题。同时，由于缺乏照看或照看不当，一些学前儿童面临着溺水、窒息等安全隐患。

近 20 年来，有关儿童早期发展的研究揭示：对儿童早期的教育，不仅有助于儿童潜能的最大实现，也是儿童实现其基本权利的根本保障；同时，可以降低后续发展的社会成本，减少未来对于福利的依赖，减少为补救发展而开展的各种项目，减少辍学、失业、违法或犯罪等社会问题。尤其对于处境不利的儿童，优质的早期教育，更是减少其生存与发展差异、减少不平等、实现教育公平与社会融合的关键。

四　进一步保障上海外来少年儿童教育权利的对策建议

针对以上存在的主要问题，本文提出以下进一步保障上海外来少年儿童教育公平权利的对策思路。

第一，提高思想认识，切实贯彻落实有关保障外来少年儿童教育权利的文件政策。

从权利与义务对等的角度出发，增强政府保障外来少年儿童教育权益的责任感。上海大规模的外来从业人员已经成为上海劳动力资源的重要组成部分，他们是上海制造业、服务业、建筑业等很多行业的主体，为上海经济社会发展作出了

---

① "上海市出台郊区学前儿童看护点规范管理意见"，2010 年 10 月 15 日《上海教育简报》。

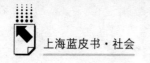

很大贡献，同时他们也是上海的纳税人。上海有责任、有义务解决外来从业人员子女的教育问题。这是政府应尽的服务。

从公平教育的角度出发，重视保障外来少年儿童的教育权益问题。外来少年儿童也是我国的公民，也是国家未来的主人，保障他们受教育的平等权利和机会，是促进教育公平和社会公平的重要体现。

切实贯彻落实有关保障外来少年儿童教育权利的政策文件。上海已经出台了很多有关保障外来少年儿童教育权利的政策文件，这些政策文件，为保障上海外来儿童的教育权益提供了政策依据，也为保障他们的教育权益提供了指导。今后，上海有关部门要继续以这些政策文件为导向，制定具体的、可行的操作方案，并加以落实，逐步实现外来少年儿童教育的同城待遇。

第二，突破机制障碍，建立健全外来少年儿童教育经费保障机制。

建立健全外来少年儿童教育经费保障机制。这是保障他们公平教育的最重要保障。从上海的层面来说，一方面，上海市各区县继续将外来少年儿童教育纳入年度教育经费预算，按照定额标准，根据实际在校学生数，划拨给接受外来少年儿童的公办学校；另一方面，进一步加大市级政府对外来少年儿童教育工作的经费投入，建立专项资金，加大转移支付力度，重点补助接收外来少年儿童较多有相对经济困难的区县。从国家的层面上来说，我国要在流动人口子女中推行"教育券"，建立一种有效的教育经费承担机制。外来人口子女可凭"教育券"到上海接受相应的教育。

第三，把外来少年儿童教育纳入全市教育规划，统筹配置教育资源。

上海全市及各区县编制教育规划时，要将包括外来少年儿童在内的常住人口纳入范围，根据常住学龄人口的规模、分布特点及变化趋势，科学规划配置相应的教育资源。

建立常住学龄人口数据库。基于上海市公安局的"实有人口"数据库，在上海市级层面建立从幼儿园到高中阶段包括外来少年儿童在内的各学龄人口的数据库，为全市、各区县科学地规划、配置和调整相应教育资源提供实证的依据。

实现教育资源富余与紧缺地区的资源共享。根据常住学龄人口逐渐向郊区，特别是近郊区发展的趋势，及时调整不同区域学校的设点布局，实现教育资源的共享。中心城区的富余学校通过土地置换，可以在近郊区建设新的学校。

扩大郊区教育资源的建设。在外来少年儿童和本地人口子女人数都呈增长态势的近郊区，要根据需要新建一些幼儿园、中小学校，以满足这些地方不断增长的学龄人口对教育资源的需求。

第四，进一步加大对民办小学的管理和扶持力度，逐步提高它们的办学质量。

加大对民办小学的管理力度。推广上海浦东新区的经验，通过政府购买服务的方式，委托教育中介机构管理民办小学。

改善民办小学的办学条件。加大政府对民办小学的资金支持力度，提高生均成本补贴水平，并实施办学设施改造。

提高民办小学的师资水平。上海市教委可以安排一些专项资金，招收一定数量的大学毕业生，到农民工子女学校任教，他们的工资及相关费用从这个专项资金划拨。同时加强对农民工子女学校的师资培训。

鼓励企事业单位扶助办学。上海要探索建立鼓励企事业单位捐资或者投资办学的财税制度，鼓励企事业单位与农民工子女学校合作办学。

第五，逐步向外来人口子女放开高中阶段教育，设定条件允许外来人口子女在沪参加高考。

上海向外来少年儿童开放高中阶段教育不仅是需要的，而且是可能的。

逐步向外来人口子女放开高中阶段教育。首先继续扩大中职对外来少年的招收规模。中职校招收在沪外来少年儿童政策实施三年来，社会反响良好。今后要继续扩大中职校的数量和专业的数量，从而扩大中职校招收外来人口子女的规模。其次，逐步放开和扩大高职教育。

设定条件允许外来人口子女在沪参加高考。上海要设定合理、科学的高考准入标准，如，一直在上海读完小学、初中，成绩比较优秀，父母在上海有固定的工作和住所等。对于符合这些条件的外来人口子女，可以允许他们继续读高中、考大学。

B.7

改革身份管理方式
促进上海外来人口社会融合

杨　昕*

摘　要： 我国长期以来实行的是与社会福利和资源分配挂钩的户籍管理制度，虽然这一制度产生之初是为了尽快建立现代化工业体系，但随着计划经济向市场经济的转变，旨在严格控制人口迁移的制度已经与人口大规模流动的现实严重不相适应。上海作为中国经济活跃度最高的地区之一，自20世纪80年代以来吸引了越来越多的非上海户籍人口，他们已经占上海常住人口的近30%，占就业总人口的近一半，成为上海经济和社会发展不可或缺的一部分。但由于户籍管理制度改革的长期滞后，上海与全国其他地区一样，户籍与社会福利和资源相连的现状并没有得到改观。虽然从1994年起上海已经开始了相关政策的改革探索，实行了诸如蓝印户口、居住证管理、居住证转户籍等政策，但仍存在不少问题。为了改变城乡二元、城市新二元结构，上海还必须在放宽身份管理的准入标准、弱化户籍的社会福利价值、构筑城乡统筹的社会保障体系和完善社会征信体系等方面予以努力。

关键词： 户籍管理　居住证

身份管理是世界各国都有的最根本的社会管理制度之一，在我国被称为户籍管理制度，在其他国家，被称为"民事登记"、"生命登记"或者"人事登记"。从身份登记管理的本质来说，其功能主要是对本国公民进行身份信息的登记和管理。但在我国，户籍管理制度在其建立和发展的过程中除了具有这一普遍功能之

＊ 杨昕，上海社会科学院人口与发展研究所副研究员。

外，还逐渐与资源配置、社会福利分配等挂钩，成为限制人口迁移的重要手段和造成城乡二元社会结构的关键因素。

在中华人民共和国成立后的相当长时期内，户籍管理制度的确在重构国家秩序、维持社会稳定和恢复经济建设等方面发挥了重要作用，但随着社会经济发展水平的提高，我国逐渐从计划经济体制向市场经济体制转变，地区之间、行业之间的经济差距逐渐拉大，人力资源作为生产活动的要素之一越来越普遍地由市场自发配置。由此，引发了越来越大规模的人口流迁。我国政府从 20 世纪 80 年代起开始对户籍管理制度进行调整，但一系列的改革始终没有改变户籍管理背负了过多社会福利分配的附加功能的现实，原有的城乡二元结构没有被打破，在城市内部又产生了户籍人口与非户籍人口的新二元结构，这种情况在上海这样的大城市尤其明显。现行的户籍管理制度不仅制约了经济的进一步发展，而且扩大了不同人群之间的差距。户籍管理制度的弊端日益凸显。

2010 年是我国"十一五"规划的完成之年，无论是总量指标还是结构指标，都基本完成了当初的既定目标。随着国家的经济实力逐步提升，中央政府越来越多地关注社会发展问题，党中央和相关部门多次提及要在全国开展户籍管理制度改革。对于上海而言，虽然经济建设仍是政府的关注焦点，但要实现全社会和谐发展的宏伟目标，也必须在社会管理方式上随之改变，才能真正解决由于发展不均衡而带来的诸多问题，进而保持社会的安定平稳局面。一直以来，上海与全国其他地区一样采取了以户籍制度为主的身份管理方式，相应的福利安排也以此为基础。由于上海是我国经济发展水平最高、人口众多的大城市之一，且非户籍人口已经占常住人口的三分之一左右，因户籍管理制度造成的身份差别所带来的社会福利的差距容易成为引发大面积社会不安定情绪的潜在原因，改革的需求也就显得尤为迫切。为此，必须对现有的身份管理方式加以改革，以促进各类人群的融合，为经济发展创造良好氛围。

一　我国身份管理方式的历史沿革

长期以来，各地的户籍管理都必须严格遵守国家的户口管理规定中的相关条文，地方与中央保持高度一致的状况一直到改革开放以后才有所改变。因此，要谈改革开放以前上海身份管理的制度框架，就必须与这一时期国家的户籍管理制

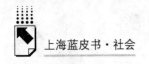

度联系起来。

我国户籍管理制度的形成与特定历史时期的社会经济发展模式紧密相关，是当时条件下的必然选择。中华人民共和国成立之初，国家的社会经济秩序被彻底破坏，在经过了数十年的战乱后，广大民众向往安定的生活，中国共产党面临的首要任务就是通过一种有效的制度安排，尽快恢复生产、重建社会秩序，以确保国家的安全和稳定。

从社会学的角度来说，秩序的建构需要社会控制，只有对群体成员的行为进行规范、制约和惩罚，才能保证人们有序地合作。在当时，这种社会控制主要以政府权威控制的形式表现出来，[①] 而户籍管理制度也由此开始构建。

1950 年 8 月，公安部制定了《关于特种人口管理的暂行办法（草案）》，主要是为了对反革命分子或可疑分子进行监视和控制，以便搞好社会治安，保障安全，为国家施政管理和建设提供人口资料。1951 年 7 月，公安部出台了《城市户口管理暂行条例》，统一规范了城市人口的出生、死亡、迁入、迁出登记制度。1953 年 4 月，政务院决定进行第一次全国人口普查，并发布了《为准备普选进行全国人口调查登记的指示》和《全国人口调查登记办法》，在全国城乡分别实行了两种目的不尽相同的户籍管理制度，城市户籍制度偏重于维护社会治安，农村户籍制度主要在于掌握人口数量情况。当时正值我国第一个五年计划期间，工业化发展的巨大需求造成部分农副产品供需矛盾突出，为了解决这一矛盾，国家出台了《中共中央关于粮食统购统销的决定》，在全国范围内对重要农副产品实行统购统销，并对收购和计划供应的范围做出明确规定。1955 年 6 月，国务院发出《关于建立经常户口登记制度的指示》和《关于城乡划分标准的规定》，明确提出全国户口登记由内务部和县级以上人民委员会的民政部门主管，而户口性质有了农业和非农业的区别。与此同时，国家出台了《市镇粮食定量供应暂行办法》，对城乡居民日常生活必需的重要农副产品，如乳、粮食、食油、棉布等，实行按人口定量供应的办法。这项政策的实行以户口登记为基础，而且农业户口与非农业户口之间、不同地区之间有着明显差别。由此，户籍开始与物资分配和供应相联系，逐渐体现出不同性质、不同地域户口的价值差异。

1956 年 2 月，国务院发出指示，要求把内务部和各级民政部门管理的农村户

---

① 陆益龙，"1949 年后的中国户籍制度——结构与变迁"，《北京大学学报》2002 年第 2 期。

口登记、统计工作移交给各级公安机关，至此，全国城乡户籍管理机构得到了统一。在 1949～1957 年，农村有越来越多的人向城市流动，这种流动虽然有其现实的必然性，但城镇人口的迅速增加，毕竟给国家建设带来了巨大的负担。为控制农村人口盲目向城镇流动，同时也为建立完备的户籍管理法规，1958 年 1 月，《中华人民共和国户口登记条例》颁布，这标志着全国城乡户籍管理制度正式形成。

1958 年的"大跃进"失败以后，为摆脱经济困境，党和政府采取果断措施，大规模地精简机关企事业单位职工，动员大量城市居民回乡参加生产劳动。与此同时，进一步严格控制农业人口转为非农业人口。由于物资供应的紧缺，通过户籍发放了更多的定量供应票证，以保证城镇居民必需的多种生活资料的供应。按户口供应的物资品种与数量达到了历史的最高峰。三年困难时期过去以后，为限制城市人口、特别是大城市人口过快的机械增长，1964 年 8 月，国务院批转《公安部关于处理户口迁移的规定（草案）》，核心内容是对农村迁往城市、集镇和从集镇迁往城市的人口严加限制。1977 年 11 月，国务院批转《公安部关于处理户口迁移的规定》，进一步明确了严格控制的思想。至此，以控制户籍迁移为基本特征的现行户籍管理制度日臻完备。1975 年通过的《中华人民共和国宪法》以及后来历次修改的《宪法》，都不再规定公民有迁徙自由的权利的条文。这是现行户籍制度这一特征在国家根本大法中的反映。

在现行户籍管理制度形成过程中，我们可以清晰地看到户籍管理从以人口登记为目标逐渐趋向于"以界定、区分家庭和个人身份，对人进行分类控制为目标"[1] 的转变，也可以看到户籍制度与人们生产、生活——特别是社会福利享有，紧密相连。

二　上海身份管理制度的历史沿革与现状

1. 改革开放以前上海身份管理的制度框架

（1）改革开放以前上海的常住人口

1979 年改革开放以前，上海常住人口的绝大部分都是户籍人口，特别是在 1954 年全国户口登记制度确立之前，当时在宪法中都明确规定，公民有自由迁

---

① 陆益龙：《1949 年后的中国户籍制度——结构与变迁》，《北京大学学报》2002 年第 2 期。

移的权利，所以人们的跨地流动并不受限制。1954 年第一次人口普查时，上海的人口为 620.44 万人，1964 年第二次人口普查时增加到 1081.65 万人，到 1978 年上海的总人口为 1098.28 万人。这期间的人口规模变动主要源于人口自然增长，而机械增长的贡献较小。

表 1　1951～1977 年上海不同阶段人口机械变动状况

单位：万人

时　间	迁入	迁出	净迁入
1951～1954	219.0	135.0	84.1
1955～1956	59.0	18.7	-59.7
1957	38.0	11.9	26.1
1958～1965	76.5	159.4	-82.9
1966～1977	47.4	147.3	-99.9

数据来源：户籍研究课题组，《现行户籍管理制度与经济体制改革》，《上海社科院学术季刊》1989 年第 3 期。

表 1 数据表明，在改革开放以前上海的人口主要以迁出为主，1951～1954 年间由于尚未限制公民的自由迁移，有大量人口净流入（这期间净迁入的人口占 1954 年当年全部人口的 13.55%），1955～1956 年、1958～1965 年和 1968～1977 年间有三次大规模的政府组织的人口流出，有数百万的上海户籍人口因为支援边疆建设、支援三线建设等原因迁往其他省份。由于当时还处于计划经济时代，粮油供应、就业等全部需要与户口挂钩，所以人们的迁移基本上都伴随着户籍变更。也就是说，这一时期的常住人口数量基本就等于户籍人口数量。

（2）改革开放以前上海的身份管理制度

1949 年后，上海废止了国民党政府原有的户籍法规，加紧制定并颁布了《上海市人民政府签发通行证办法》、《上海市户口异动登记暂行规则》等 12 个有关法规，以加强户籍管理。例如，1951 年 7 月，上海市公安局规定：凡从外省市迁入上海市人口，须凭迁移证向所在地公安派出所申报，未经批准，不得入户。准予入户者，限于上海到外地招收的学生、职工，以上海为目的地的复员军人、海外回国人员，原家在上海的外出谋生人员，必须投靠上海直系亲属生活的外地人口。相对于全国其他地区，上海市政府对户口迁移的限制还是比较严格的。

1958 年起，鉴于国家颁布的《人口登记条例》，上海开始实行严格控制外省人口迁入和郊县人口迁入市区的政策，同时动员职工支援内地建设和回乡生产。1960年后，全市企业机关事业单位精简职工，公安机关配合有关部门动员大批职工回乡生产，大批人员外迁，至1963年净迁出31.88万人。其中，1961、1962年分别达14.28万人和16.21万人。"文化大革命"中，大批干部和知识青年上山下乡，上海市人口大规模迁出，1968～1976年净迁出84.26万人，其中1969、1971年分别达27.5万人和31.24万人。1958～1976年的18年间，上海净迁出人口达到173.2万人①。而这种严格控制人口迁入的政策直到1976年后，大批下放干部、知识青年回沪，人口迁移政策才有所调整。

上海市政府对于非户籍的人口流动也有所若干规定。1949年到1966年，市公安局规定外省在沪城镇暂住3日以上的人口，须到所在地公安派出所申报暂住登记，离开时须申报注销。寄宿旅店，旅店须设簿登记。1966年8月，因"文化大革命"，大中学生在全国各地"大串联"，城乡人口流动频繁，暂住人口登记制度停顿。1977年，人口登记恢复。

2. 对改革开放以前上海身份管理制度的评价

从上文的论述我们可以看出，从1958年户籍管理制度正式建立到改革开放以前，无论是国家层面的户籍人口管理条例，还是上海市级层面的具体政策都体现出我国身份管理的鲜明特征：即在承担证明公民身份、维护社会治安的功能之外，还承担了控制人口迁移、作为社会资源分配基础的重要附加功能。

第一，户籍管理制度的确很好地起到了维护社会治安的作用。公安部门通过户籍管理，对成年公民进行分层次的管理，加强对青少年的教育，配合乡镇、街道和居民委员会一起，对社会进行综合治理，积极消除社会上各种不安定因素。

第二，户籍管理制度与当时的经济发展水平和发展阶段相适应，为我国快速构建现代工业体系起到了积极作用。为了在最短时间内建立比较完善的现代工业体系，我国实行了工农业"剪刀差"的发展方式，把农业部门的剩余输入到工业部门。在这一时期，如果城镇人口暴涨，剩余资源很有可能被迁移到城市的人口消费掉，因而，只能在城乡之间人为设置迁移壁垒。而结果表明，户籍管理制度很好地实现了这一功能。1949年我国市镇总人口大约占全部人口的10.6%，

---

① 上海地方志办公室网站，http://www.shtong.gov.cn/node2/node2247/node4570/node79192/node79210/userobject1ai103478.html。

1979年市镇人口占总人口的比例也只有19.0%。对于上海而言，这期间的净迁移量为负数，有数百万人向东北、西北、西南等省份迁移，使得1964～1978年的14年间，上海总人口只增加了不到17万，为这一时期的经济建设提供了稳定的人口环境。

第三，城镇高企的进入门槛让人口呈现固定化的特征，不利于社会流动。社会流动的快慢是反映社会发展速度的重要指标。我国户籍管理制度中严格控制户口的迁移的规定使得人口的流动非常缓慢甚至停滞。在20世纪70、80年代，美国的人口迁移率达到25%，法国、德国和瑞典等发达国家也达到10%以上，而同期我国的人口迁移率不到2.5%。上海的迁移率略高于全国，但从方向上看是以迁出为主。

第四，和社会福利等紧密相连的制度设计让户口具有了实际价值且存在等级，有失社会公平。由于在不同区位的户口与按人分配供应的物资品种与数量相挂钩，而各地的物资供应、交通条件、文化教育、医疗卫生状况以及由此而构成的实际生活水平与生活方便程度都存在着实际的差别，不同地区户口的含金量就有所不同。人们也因此而被分成多个层次，户口由于其背后联系的社会福利而具有了实际价值。户籍管理制度最终成为"身份"制度。

3. 2000年以前上海身份管理的制度框架

（1）改革开放至2000年上海常住人口的构成特征

1979年起我国开始进入改革开放时期。在1978～1990年，上海的户籍总人口从1098.28万人增加到1283.35万人，年均增长率为1.40%，其中有相当部分是60、70年代支边、支内的返城人员。而这一时期的非户籍流入人口从不足50万人上升到150万人左右。也就是说，这一时期上海常住人口规模大致从1150万上升到了1400万左右，而非户籍人口占常住人口的比例从4%左右上升到10%以上。

1992年上海伴随着浦东新区的开发进入了新的发展阶段，城市建设的突飞猛进和经济持续增长的强大势能吸引了越来越多的人。上海的常住人口结构开始逐渐发生变化，而且变化越来越快。1993年上海的非户籍流入人口达到281万人，1997年下降为237万人，但到2000年又猛增到387万人①。到2000年第五次全国人口普查时，上海的常住人口中有超过20%的人口为非户籍人口，他们

---

① 数据来源：1993、1997、2003年的数据来自上海市公安局和上海市统计局开展的历次流动人口调查，2000年数据为上海市第一次流动人口普查数据。

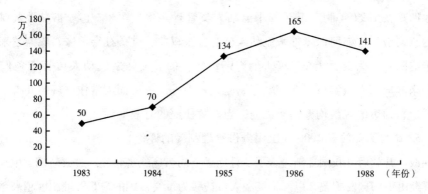

图 1　上海 1983～1988 年非户籍人口变化情况

数据来源：上海市公安局户政处《1949～1984 年上海市人口资料汇编》，1984；
张开敏主编《上海流动人口》，中国统计出版社，1989。

逐渐成为上海经济建设不可或缺的力量。

4. 改革开放至 2000 年上海身份管理制度的变化

20 世纪 80 年代国家颁布了《关于城镇暂住人口的暂行规定》、《中华人民共和国居民身份证条例》，创立了自理口粮户口，在大城市建立了户口协管员队伍。从 20 世纪 90 年代起，深圳、广州、上海等地更是开始了对户籍管理制度的最初探索。上海在这一时期做了以下工作：

一是在 20 世纪 80 年代提出了调整落户政策的八条意见，对于中级以上职称的知识分子的农村家属、对新建扩建的重点项目引进专业技术人才、返城的支边支内人员等的落户给予照顾，每年都按照户籍人口总数的一定比例给予农转非和外地迁移落户指标，以适当解决婚嫁户口、投亲户口、领养户口的需要。

二是自 20 世纪 80 年代起简化了落户审批手续，将部分权限下放。1988 年起，上海在户口迁移工作方面开始实行公开迁移政策与办事手续，这样做，既方便了群众，又使公安部门自身得到了监督。

三是从 1994 年开始尝试蓝印户口政策。蓝印户口，是一种介于正式户口与暂住户口之间的户籍，是由上海市政府出台的对投资者、购房者或者"引进人才"等非户籍人口给予的优惠待遇。根据当时的有关规定，具有蓝印户口的非户籍人员在子女入托、入园和义务教育阶段的入学、申领营业执照、安装煤气和电话等方面享受上海户籍人口的同等待遇。经过若干年之后，可以转变为正式户籍。1998 年上海市政府对这一政策进行了修订。

四是在 1997 年制定了《外来流动人员管理条例》。随着上海非户籍人口数量的急剧增加，如何保障外来流动人员的合法权益，维护社会秩序，成为越来越紧迫的问题。为此，上海市政府于 1997 年颁布了《外来流动人员管理条例》，对外来非户籍人员实行暂住证登记制度，要求进入上海而无常住户籍的外省、自治区、直辖市的人员均办理暂住证，当时暂住证的有效期为两年。

5. 对改革开放至 2000 年上海身份管理制度的评价

改革开放后，我国逐渐进入了从计划经济向市场经济转变的过渡时期，生产要素逐渐由市场自发配置，以严格控制人口迁移为重要目标的户籍管理制度越来越不适应经济的发展需要，静态的人口管理方式越来越不适应动态的人口流动现状。而上海市政府在这方面的改革尝试正是想改变僵化的户籍管理制度，让身份管理向人性化方向转变。但总体而言，这时的改革思路还是将落户作为解决问题的唯一方式，对无法落户的非户籍人员的管理还是从维护社会治安的角度考虑更多。

第一，调整落户政策的八条意见，解决了大部分支边支内返城人员的落户要求，对于维持社会稳定起到了积极作用；解决了中级以上知识分子和新建项目专项引进人才的落户问题，对促进经济建设和吸引人才起到了积极作用。但由于有每年落户指标的限制，能够解决户籍问题的人十分有限，相对于因经济快速发展而产生的劳动力需求而言，可以说是杯水车薪。

第二，蓝印户口作为取得正式户口的过渡，需要有较高的物质条件，投资达到一定数额或者购买商品房才可以取得。从这一政策出台起，其目的就被认为更多是为推动上海房地产业的发展服务。而事实上，取得蓝印户口的人也的确大多是在上海购买了房产的人。

第三，对无法落户或者解决蓝印户口的非户籍人员实行暂住证管理，更多的是从社会治安管理的角度考虑，而忽略了他们对公共服务、社会保障等方面的需求，对于这些人来说，他们实际上还是被排除在城市之外。

6. 2000～2009 年上海身份管理的制度框架

（1）2000～2009 年上海常住人口的构成特征

从 2000 年开始，上海的非户籍人口流入规模快速上升，其中居住半年以上的常住外来人口从第五次人口普查时的 387 万上升到 2007 年的 660 万，年均增长率达到 10% 以上。2008 年金融危机爆发，常住外来人口的规模略有下降，但 2009 年经济好转后又有所回升，常住外来人口占全部常住人口的比例已经达到近 30%（见图 2）。

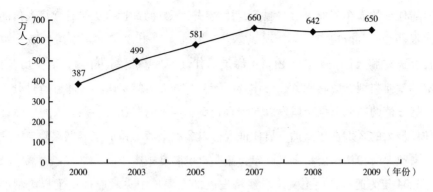

图2　2000～2009年上海常住外来人口规模变化

不仅是规模，常住外来人口的结构也发生了变化：在上海的留居时间延长，以家庭作为流动主体的比例上升，在上海完成婚育的比例上升……2009年，上海国内结婚登记147413对中，一方户口是外省市的有56217对，占38.14%；同年，上海常住人口出生16.46万人，其中上海户籍出生9.23万人，流动人口出生7.23万，流动人口出生数已占到全市43.9%。

（2）2000年以来上海在身份管理制度方面做出的改革与探索

近年的人口数据和发展现实无不表明，户籍管理制度与人口迁移的现状越来越不适应。但在经过了各种尝试之后，社会福利还是没有从户口上剥离。我们不得不承认：原有的城乡二元结构始终没有被打破，在上海这样的大城市内部又产生了户籍人口与非户籍人口的新二元结构。虽然这一问题目前还只是阻碍经济发展、社会稳定的潜在障碍，但一旦显性化，其负面影响将非常巨大。为此，我们必须予以正视。

2000年起，为了改变城乡之间和城市内部的二元结构现状，上海尝试从淡化户口价值入手，进一步改革户籍管理制定，为建立新的身份管理模式进行探索。

在做出这一尝试时，上海首先从人才群体入手，希望能够促进人才流动，鼓励国内外人才来上海工作或者创业，以改善上海外来人口群体整体素质，提高城市综合竞争力。2002年，上海市政府推出了《引进人才实行〈上海市居住证〉制度暂行规定》，向具有本科以上学历或者特殊才能、以不改变其户籍或者国籍的形式来本市工作或者创业的国内外人员发放居住证，以有别于原有的暂住证。

拥有居住证的人在就业、公共服务、社会保障等方面都拥有更接近户籍人口的权利。根据这一暂行规定,还分别制定了《境外人才申领〈上海市居住证〉审核试行办法》和《国内人才申领〈上海市居住证〉审核试行办法》,从学历学位、年龄、专业类别、应聘职务、工作资历等多个方面对需引进的人才进行打分,然后根据分值的高低分别予以发放 6 个月到 5 年不等的居住证。拥有人才居住证与暂住证最大的区别在于,拥有居住证者可以参加上海城镇职工养老保险、医疗保险、失业保险和住房公积金。同年,蓝印户口制度被废止。

2004 年为适应社会主义市场经济发展的需要,中央政府加快了户籍制度改革步伐,逐步推动人口管理由户籍所在地向现居住地的转变,正如十六届三中全会《决定》指出:要"深化户籍制度改革,完善流动人口管理,引导农村富余劳动力平稳有序转移"。上海为了推动城市公共服务均等化,也为了落实中央部署,于 2004 年 10 月 1 日起在外来人员中全面实施居住证制度,以期达到进一步激发城市活力和创造力、逐步建立城乡统一的劳动力市场、消除城乡二元结构的目的。

2009 年 2 月,上海市政府发布《持有〈上海市居住证〉人员申办本市常住户口试行办法》,宣布符合条件的来沪创业、就业人员均可通过申请以获得上海户籍。按照规定,符合以下条件者可以申办上海市常住户口:第一,持有《上海市居住证》满 7 年;第二,持证期间按规定参加上海市城镇社会保险满 7 年;第三,持证期间依法在上海市缴纳所得税;第四,在上海市被聘任为中级及以上专业技术职务或者具有技师(国家二级以上职业资格证书)以上职业资格,且专业及工种对应;第五,无违反国家及上海市计划生育政策规定行为、治安管理处罚以上违法犯罪记录及其他方面的不良行为记录。《办法》同时规定,持证人员符合下列条件之一的,可以优先申办:第一,对上海作出重大贡献并获得相应奖励,或被评聘为高级专业技术职务或高级技师(国家一级职业资格证书)且专业、工种与所聘岗位相符的,可不受持证及参保年限的限制;第二,在上海市远郊地区的教育、卫生等岗位工作满 5 年的,持证及参保年限可缩短至 5 年;第三,最近连续 3 年在上海市缴纳城镇社会保险基数高于全市上年度职工平均工资 2 倍以上的,或者最近连续 3 年计税薪酬收入高于上年同行业中级技术、技能或管理岗位年均薪酬收入水平的,技术管理和关键岗位人员可不受专业技术职务或职业资格等级的限制;第四,按个人在上海市直接投资(或投资份额)计算,最近连续三个纳税年度内累计缴纳总额及每年最低缴纳额达到规定标准的，或者连续三年聘用上海市户籍员工人数达到规定标准的，相关投资和创业人才可不受专业技术职务或职业资格等级的限制。

（3）对当前上海身份管理制度的评价

相较原有的制度，上海目前的身份管理制度在三个方面有所改进：

第一是更好地保护了外来人员的合法权益。扩大实施居住证制度的一个重要目的是保障境内来沪人员的合法权益，这主要体现在居住证持有人所享有的待遇上。这些待遇包括：持有人按照本市有关规定参加综合保险或者其他社会保险，可享受相关待遇；可以在居住证有效期内，按规定为子女申请在本市接受义务教育；可以按规定参加本市专业技术职务的任职资格评定或考试、职业（执业）资格考试、职业（执业）资格登记；可以按规定参加各类非学历教育、职业技能培训和国家职业资格鉴定；可以免费享受国家规定的基本项目的计划生育技术服务；随行的 16 周岁以下子女或者 16 周岁以下的持有人，可以按规定享受本市计划免疫等传染病防治服务；可以参加本市劳动模范、三八红旗手等的评选，并享受相应待遇。另外，在科技成果申报、认定、奖励，申领机动车驾驶证等方面也可按规定享受相关待遇。

第二是简化了办证手续，更加体现便民利民的原则。居住证遵循以人为本、便民利民的原则，实行"多证并一证"。《暂行规定》实施后，相关证件将逐步合并为居住证一证，计划生育验证合格章和健康检查合格章等其他验证盖章手续，也在居住证的办理过程中一并完成。居住证还可以用来办理或查询就业和社会保险等方面的个人事务。而且，申领人只需到现居住地的社区事务受理中心提供申领材料，即可办理申领手续，申领材料由社区事务受理中心负责移送相关管理部门，一门式受理、一条龙服务，可以有效节约申领人的时间和精力，也提高了政府管理效能。

第三是对居住证管理的各个环节都进行了明确规定，更加体现依法管理的精神。居住证管理实行居住地社区受理、区县归口核定、公安部门签发和信息化管理。居住证的信息化管理程度高，其基本信息由社区受理点在申领时一次采集、共享使用，方便申请人，同时实现信息的动态维护。

尽管现行的居住证制度比暂住证时代给外来人口带来了更多的权利，但其制度深层的问题并没得到解决，政府公共服务职能的二元分割并没有真正改变，特

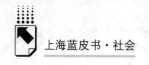

别是对于只能领取临时居住证的人们来说，居住证更像是暂住证二代。现行居住证制度的缺陷包括：

第一，申请居住证的门槛过高，对于符合人才标准以外的外来人员，只能享有临时居住证，仅能作为办理就业等的凭证。

申领居住证的国内人员全部都按照年龄、受教育程度、受聘情况、亲属关系、住房情况、专业能力、专业培训、专业类别导向、产业（行业）导向、地区导向等基本要素以及创业投资金额、国外学习工作经历、高级专业人员推荐等若干附加分要素进行打分，如果总分低于60分则只能办理临时居住证。一般而言，能够办理一年以上居住证的人员需要拥有大专及以上学历、签订一年以上的劳动合同、具有中等及以上专业职称、具有经专业认定的资格证书、属于本市的紧缺专业或者就职单位属于本市重点发展产业，或者有海外就学和工作经历，或者投资达到100万元以上。这显然将外来人口中的大部分都排除在外。事实上，截至2009年年底，上海市发放的640万张临时居住证和居住证中，仅有10%略多的人持有的是居住证。而根据《〈上海市居住证暂行规定〉实施细则》，拥有临时居住证最大的作用是办理就业的凭证，而《上海市居住证》可"用于办理或者查询卫生防疫、人口和计划生育、接受教育、就业、社会保险等方面的个人相关事务和信息"。而且，临时居住证的有效期只有半年，比原来的暂住证（两年）的有效期都短很多，需要外来人员不断进行续办，既浪费时间又浪费金钱。

第二，即使持有居住证，能够办理三险一金，但在享有时仍受到较大限制，与户籍人口相比容易产生"二等公民"的不良感受。

根据文件规定，居住证的持有者可以参加城镇职工养老保险、医疗保险、失业保险和住房公积金，但是，在居住证持有者享受这些社会保险的时候仍会受到一定限制，例如，如果在上海持有居住证工作到退休，不能在上海领取基本养老保险，而需要回到原籍领取；如果居住证持有人离开上海，其缴纳的医疗保险只能转移个人账户部分，而单位代缴的部分则只能留在统筹账户，另外，居住证持有人大多没有生育保险等。与户籍人口相比，他们在社会保障方面的待遇还有比较明显的差别，容易产生"二等公民"的不良感受。

第三，拥有居住证的人员还是没有被完全纳入公共服务的供给体系，在住房保障、子女非义务教育、办理护照或通行证以及婚姻登记等方面与户籍人口差异显著。

在现有的政策框架下，居住证持有人还没有被完全纳入公共服务的供给体系。他们中的很多人都存在住房、子女教育等方面的困难，而他们却不能享受市政府有关廉租房、经济适用房等的优惠政策，他们的子女不能完全保证进入公办学校接受义务教育，不能在上海接受高中及以上阶段的教育，也不能在上海考大学。而在护照或港澳台通行证的办理以及婚姻登记等方面的服务也无法享受。

第四，由于对申请单位条件的限制和申请手续仍较为烦琐，限制了人才向小企业流动和人才在企业间的流动。

根据 2009 年《市政府关于加强上海市居住证管理若干事项的通知》（沪府发【39】号）的精神，上海自 2009 年 8 月起，必须由用人单位统一办理引进人才的《上海市居住证》，暂停受理个人申办《上海市居住证》。而且严禁任何中介机构或其他单位、个人代理申办非本单位人员的《上海市居住证》。同时，对于能够办理居住证的单位也有所限定，例如，用人单位的注册资本（实到资金）一般应在人民币 100 万元及以上；社团法人、民办非企业单位注册资本（或开办资金）一般应在人民币 100 万元及以上。企业非法人单位（分公司）其上级法人的注册资金一般不低于 1000 万元人民币。这就在一定程度上限制了小企业的发展，限制了人才向小企业的流动。再加上居住证的申领周期还比较长，往往给居住证持有人在企业间的流动带来障碍。

第五，居住证转户籍政策也存在导向意义大于实际意义的问题。

根据上海市人力资源和社会保障局的数据显示，上海自 2002 年 6 月试行居住证制度到 2009 年"居转户"政策出台期间，共办理各类人才类居住证约 27 万人，其中符合当年申办户籍持证年限要求的约有 3000 人，如果再加上其他关于职称、专业、岗位等方面的要求，符合条件的人就更少。根据现行规定，"居转户"政策试行期为三年，而在三年中能符合条件的人不会超过 20000 人，还不到 27 万人的 10%。这说明，该项政策出台更多是向公众发布户籍管理制度改革的导向，实际意义并不显著。

三　上海身份管理方式的改进思路

1. 放宽身份管理的准入标准

取消临时居住证，放宽居住证领取条件，不再以学历、职称等作为领取居住证的硬性标准。

居住证的存在将同一城市的人划分成了两个圈子，而临时居住证和居住证的差异又进一步将人分成了三六九等，这种人为的划分实际上有悖于构建一体化和谐社会的目标。在户籍制度改革尚未深化的前提下，虽然居住证作为一种过渡性人口管理政策还是有其存在的必要，但仍带有潜在"外来人口威胁论"思想的临时居住证应当予以取消，申请居住证的条件也应当予以放宽。

上海正面处于经济转型的关键时期，但提前到来的老龄化却让我们的劳动力人口捉襟见肘，大量外来人口的流入正好弥补了户籍人口的结构性缺陷。而且，即使在经济转型之后，城市的正常运转也无法离开传统产业的支撑，外来人员无论是普通劳动者还是人才，只要能够实现稳定就业，他们就都会促进上海经济的发展。居住证制度的最终目的是希望能够淡化户籍在人们心中的重要地位，让更多没有户籍的人也能够安心在上海就业，为上海的建设贡献力量。在这种情况下，放宽居住证的领取条件无疑是有利于推动上海的社会经济发展的，也有利于和谐社会氛围的营造。

（1）逐步削弱身份管理与社会福利内在联系

率先推行基本公共服务均等化改革，放宽居住证在公共服务和社会保障方面享有权利的范围。

户籍制度改革的深化是未来一段时期内各级政府高度关注和努力推进的工作之一。而其深化改革的最大难点就是将户籍本身与其背后的利益相互剥离，还原户籍应有的简单功能。而要想从根本上改变这一状况，就必须推进基本公共服务均等化改革，让公共服务的阳光普照到所有的居民。通俗地讲，基本公共服务就是所谓的基本"民生项目"，包括上海市政府在内的我国各级各地政府在这一领域的发展，特别是财政支出比例与其他国家和地区还有很大差距。这也导致政府的基本公共服务职能较弱，而管制功能特别强。上海应当而且有能力率先推行这一改革。首先，率先推行基本公共服务均等化改革能够切实保护公民基本权利，真正落实以人为本，也是上海政府实现管制和服务性职能分离、进一步向现代政府管理模式转变的标志。其次，上海的经济总量和财政收入中有相当大的部分是由外来人口贡献的，他们在承担了劳动义务的同时，自然就拥有了享有服务的权利，这是社会公平的充分表现。再次，上海是我国经济最发达的城市之一，人均GDP和人均国民收入都居全国前列，而政府地方财政收入从2000年的749亿元增加到2009年的2540亿元，9年间的年均增长率接近15%。地方财政日益充裕为推进基本公共服务均等化改革奠定了财力基础。因而，要逐步向居住证所有者开放住房保障政策、为其子女提供非义务教育阶段的教育服务。

（2）构建城乡统筹的社会保险体系

同步推进社会保险政策的完善，逐步搭建完整的社会保障平台，解决居住证持有者的后顾之忧。

目前居住证与户籍最关键的差别在于社会保险的享有方面，持有居住证的人最担心的就是在退休后不能在上海享有基本养老保险，而医疗保险也无法在地区间转移。因而需要同步推进社会保险政策的完善，研究地区间城镇职工基本养老政策的转续办法，尽可能减少流动者由于迁移而发生的利益损失，解决他们的后顾之忧。

（3）完善全社会的征信体系

允许个人自行申办居住证，从而削弱或解除现有制度对于人才流动的限制。

居住证和身份证有一定的相似之处，它是关乎个人发展的重要证件。如果不允许个人自行申办居住证，那么属于早期创业阶段的人员、自由职业者或者在小企业就业者可能因此丧失获得公共服务和社会保障的权利。所以，应当允许个人自行申办居住证，以鼓励更多有想法、有闯劲的人到上海来创业，鼓励更多的人才到小企业发展。政府需要做的是完善全社会的征信体系，让资格认证等工作都由政府部分或者专业权威机构来完成。这样既尽可能降低有人提供虚假材料骗取居住证，又可以削弱或解除现有制度对人才向小企业流动的障碍。

B.8

探索上海城市旧区改造新模式
及其创新策略*

卢汉龙　陶希东**

　　摘　要： 本报告回顾总结了近年来上海在经济发展和举办世博会对城市建设的带动作用下探索新的旧区改造新模式及其创新策略。报告指出，针对旧城改造越改越难的发展困境，上海引入社会性机制，通过征询居民意见和全透明动迁补偿，"数砖头托底保障"和就近安置选择，以及引入第三方监督等新政策的试点，力图控制改造成本，缓解动拆迁矛盾，落实科学发展观，并取得了一些有益的经验。报告提出"旧改"需要和城市更新相结合，明确"旧改"的公共利益性质，优先启动以保障居住为目标的"旧改"工作，并就土地、融资、安置房和产业提升配套等方面为继续完善和推广这些试点经验提出了公共政策的选择。

　　关键词： 旧城改造　新模式　社会机制

　　在城市化进程中，旧区改造是推动经济增长，加快城市建设、改善居住条件和提高城市生活质量的重要途径，也是切实解决中低收入家庭住房困难的重要举措。世界发达国家城市发展的规律表明：旧区改造作为城市社会经济发展中的一个永恒课题，是城市实现科学、和谐与可持续发展的必由之路，也是提高城市功能、让城市生活更美好的必然选择。改革开放以后，随着住房商品化改革和人民

---

　　* 本报告根据国家住房和城乡建设部 2009 年立项的《城市旧区改造中的模式创新试点研究》中有关研究成果改写。该项目研究单位为中国房地产研究会，合作单位为上海市房产经济学会、上海社会科学院社会发展研究院、上海正业房地产开发公司。

　　** 卢汉龙，上海社会科学院社会学研究所前所长，研究员；陶希东，上海社会科学院青少年研究所副研究员。

群众对改善居住状况的迫切需求，住房建设成为城市建设中的重要内容得到体现。城市旧区更新改造可以说是伴随着经济体制改革与对外开放步伐一起前进，并且成为改革开放与发展的一个重要的助推器。上海作为全国的经济中心城市，旧区改造是政府长期关注和面临的一项重要任务，也是维护社会稳定的一项核心工作，特别是 2009 年以来，结合世博会的举办，政府出台了旧区改造的新政，给全国各大城市旧区改造产生了广泛而深远的示范和辐射作用。本报告主要对此问题做一个经验总结和发展前景展望。

一 关于旧区改造的简要解释

关于"旧区改造"的定义可以从不同的角度来理解。从一般意义上看，国际上使用"旧城改造"的提法，并在概念上做过比较完整的概括。早在荷兰海牙召开的"关于旧城改造问题的第一届国际研讨会"上就指出："旧城改造是根据城市发展的需要，在城市老化地区实施的有计划的城市改造建设，包括再开发、修复、保护三个方面的内容"①。这里所指的"城市老化地区"就是我们所理解的"旧区"。因此，旧区改造是旧城改造的核心内容。旧区改造的主要内容，包括规划管理、动拆迁，建设和维护等诸多方面。旧区改造的主要目的是实现城市功能再造和重建，使城市居住、工作和生活条件适时得到改善。1933 年，国际现代建筑协会《雅典宪章》指出，居住是城市规划中主要功能分类之一。城市住房作为居民的大宗生活必需品，是实现城市居住功能的主要载体，和市民的生活关系十分紧密，所以在城市"旧改"中必然涉及对居民区的改造，并由此使旧区改造成为最具经济、社会和人文意义的发展议题。

二 上海旧区改造的主要机制创新及经验

从旧区改造的范围和对象来说，上海的旧区改造大概经历了三个阶段，一是20 世纪 90 年代的"365"危棚简屋改造；二是 21 世纪初的新一轮旧区改造；三

---

① 转引自项光勤《发达国家在旧城改造中的经验教训及其对中国城市改造的启示》，《学海》2005 年第 4 期。

是"十一五"期间（2006～2010年）中心城区二级旧里以下房屋改造。上海累计共拆除危旧房7000多万平方米，约120万户家庭改善了居住条件。但从旧区改造的机制方面来看，上海的旧区改造也经历了三个阶段，即政府主导型阶段，主要是市、区两级政府合力开展城市建设和危旧房改造工作；企业主导阶段，主要是通过市场机制推动改造获得旧区房地产的开发利益；目前已引入社会性机制进入全新的综合机制调用的新阶段。其主要标志就是从2008年开始，市政府成立了"上海市旧区改造工作领导小组"并开展题为《创新旧区改造机制，完善旧区改造政策》的重点调研课题研究，2009年又出台了《关于进一步推进本市旧区改造工作的若干意见》（沪府发〔2009〕4号），行业内简称为旧区改造"新政"，明确了今后几年旧区改造的目标、机制、政策和要求。《若干意见》没有提具体的量化指标，总的要求是按照实事求是、尽力而为的原则，只要政府有能力，群众有意愿，市、区各级政府都要全力以赴，加快推进，尽可能多地改造①。这个阶段的特点是注重引入社会性机制，注重利用地方政府（大城市为两级政府两级管理）、市场化运作、社会参与的不同机制综合发挥作用来实行开发的新机制模式，探索出一条综合利用行政、市场、社会的多元机制推动和实施"旧改"工作的新模式。当前，推进旧区改造已经成为市委、市政府贯彻落实科学发展观，进一步改善百姓居住的一个实际行动。2008年年末，由市委、市政府五位主要领导分别联系闸北区北广场、黄浦区董家度13JHJ及15JHJ街坊、杨浦区平凉西块、普陀区建民村、虹口区虹镇老街等五个重点旧区改造项目的推进工作。同时，旧区改造新机制的试点实践也在新批项目中有序推进，并取得初步成效，主要表现在：一是事先征询的作用得到体现，浦东新区塘一、塘二基地开展"事先征询"机制试点，经过两次征询，在规定时间内签约户超过75%，目前已经正式启动改造；二是"数砖头"加户型托底、就近安置得到社会广泛认同，黄浦区东元坊基地开展"数砖头"加户型托底、就近安置试点。这些机制的综合运用稳定了动迁成本、减少了社会矛盾、大大推进了旧改工作的进行。具体而言，上海推行的旧区改造新政重在强调改善居民居住质量，主要存在以下几个方面的机制创新：

1. 动迁意愿与方案的事先征询机制

坚持政府主导与居民自愿相结合原则，采取"申请式修缮和疏散"方式

---

① http：//china. findlaw. cn/fangdichan/chengshiguihua/jqgj/23042. html，2009年12月18日。

（北京）。居民改造意愿的实现，将通过征询机制实现，这项工作上海首先进行了探索创新。上海从 2008 年开始对非市政必需项目的旧区采取两轮征询办法启动旧改：第一轮，由街道牵头，征询居民（业主和租赁人）改造意愿，解决"愿不愿改造"的问题。如果同意改造的户数超过 90% 以上，进入第二轮；第二轮，由改造单位牵头，征询居民对改造方案的意愿，解决"如何实施改造"的问题。在一定期限内如果签约居民超过三分之二，协议生效，启动改造。通过事先征询，充分尊重民意，由"政府要改"变为"居民要改"，体现了政府职能角色和办事理念的改变。把和旧区改造有直接利益相关的居民放在重要主体地位，首先尊重他们的选择，这样能从源头上减少城市动拆迁的矛盾。试点实施的结果是凡是真正棚户简屋的旧区，居民旧改拆迁的期望十分强烈，第一轮都能得到 90% 以上的同意率。关键是第二轮的投票，对动拆迁的安置补偿方案需要得到三分之二以上的居民签约同意。

2. 全透明的阳光动迁机制

按照公开、公正、公平和透明的要求，采取"开门拆迁"办法。动拆迁地区成立由政府、动拆迁公司和居民代表组成的房屋拆迁委员会。房屋拆迁方案由居民群众与拆迁公司共同讨论决定，拆迁补偿安置和奖励的结果全部公开，居民可以随时在动拆迁接待处点击触摸屏知晓基地签约情况。同时建立第三方监督机制，成立由人大代表、政协委员及社会公信人士参加的第三方监督机制，打消了部分居民群众对政策前后不一的顾虑，切实做到拆迁政策一竿子到底。上海市卢湾区和杨浦区的阳光动迁试点施行以后动拆迁成本得到了有效控制，没有出现上访和矛盾激化的现象。真正做到公平公正，取信于民，广大群众受益。

3. 旧区改造与住房保障衔接机制

在实施危旧房改造中，强化住房保障。对符合低收入住房困难家庭保障条件的，可按照有关规定享受相应住房保障政策。其中，可享受廉租住房保障的低保家庭，并符合改造拆迁安置条件的，可采取产权共有方式购买安置住房。

4. 文化资源保护机制

旧区改造坚持因地制宜，"拆、改、留"相结合，保护和开发相结合，十分重视城市文脉的延续、历史底蕴的挖掘、城市风貌和优秀历史建筑的保护，实施保护性改造。

5. 全面的政策支持机制

政府的政策支持，是顺利推进旧区改造的必要支撑。纵观目前的旧区改造，主要有以下四方面的政策支持：一是土地政策支持。"十一五"期间，上海对旧改重点区，采取市、区联手土地储备机制，市土地储备机构投入前期费用和房源，采取包户数、包总价的方式，由区里包干使用。二是资金政策支持。上海在新一轮旧区改造中，部分区建立旧区改造专项资金，对旧区改造、道路拓宽、公益性配套建设的开发项目进行了一定幅度的补贴。三是税费支持政策。上海在"365"改造和新一轮旧区改造中，实行住宅配套费包干使用、减免旧公房残值补偿，以及减免一系列行政性收费项目。但随着行政审批制度的改革，目前行政性收费减免空间已逐渐缩小。四是审批手续简化支持。为提高旧区改造工作效率，市、区各相关部门结合行政审批制度改革，进一步简化旧区改造项目审批程序，畅通审批渠道，缩短流程，规范操作，提高效率，积极高效地为旧区改造工作做好服务。

三　上海旧区改造面临的主要问题

1. 动迁难是旧区改造的突出问题

动迁难是旧区改造的最大的障碍。其形成主要有四方面原因：一是拆迁补偿承担了大量解困救助功能。部分居民心理已经从原来的"拆迁改善居住"向"拆迁改善生活"转变到"拆迁改变命运"，有的甚至把拆迁作为"生财之道"和解决家庭全部困难的唯一途径。不少居民既盼望动迁，同时又提出很高的补偿要求。一旦要求不能满足，他们就会以各种理由不断"上访"，甚至不惜成为"钉子户"。二是就全国而言在旧区改造启动前后的过程中，与居民的沟通协商、征询意见做得还不够充分，信息不透明、不对称，加剧了动迁居民的被剥夺感，造成有些居民的抵触情绪。三是近年来城市房地产价格一路飙升，房价和居民收入比严重超出合理范围，货币化动迁的成本自然越来越高。四是动迁安置的方式比较单一，以异地安置为主的方式还存在不配套的矛盾。动迁安置房源大多分布在比较偏远的地区，周边基础设施、生活配套设施建设相对滞后，动迁居民在就业、就医、就学等方面存在诸多不便，并据此成为动迁户漫天要价的理由。以上种种原因使旧区改造成为一件"买不起"、"惹不起"的"好事"。以上海为例，上海经过 1992～2000 年的"365"危棚简屋改造、2001～2005 年的新一轮旧区改造、2006 年启动"十一五"旧区改造，取得了很大的成效，既有力刺激了房地产业发展和产业结构调整，改善了城市环境和面貌，提升了城市综合实力，又大大改善了居民居住条件，促进了和谐社会建设。但是由于上海和全国许多大城市相仿，旧区改造主要是采取"土地批租"和"两级政府两级管理"的机制，不同区域的地价和城市基础不同，所以不同地区改造的标准和难易程度不同。简单地采用市场的方式会造成地租差价高的地区把一些并不需要拆的地区和房子"改造"了。而地价比较低，人口稠密，居住条件很差的地区却没有能得到拆除更新。上海第一轮改造拆除的旧房 4000 万平方米，其中只有 365 万平方米是危房简屋，第二轮拆除的 2000 万平方米住房中，实际二级旧里以下的旧房也只有三分之一左右（700 万平方米）。现在轮到的需要拆除改造的 400 万～800 万平方米的二级旧里以下住房都是前两轮改造中留下的硬骨头。在第二轮改造的过程中，上海采取以货币化动迁为主的方针已不符合当前房地产发展和民生居住需求的可能。尤为令人困惑的是，由于长期以来户口和计划体制的住房福利制度是直接挂钩的，2000 年实行货币化动迁强调"数砖头"以后，实际操作上并不能摆脱"数人头"的路径依赖，结果是哪边有利于动迁户，动迁户就往哪边靠。上海目前动拆迁的补偿款结构中不可避免地依然保持"人头"补偿的成分。户口福利的导向又使旧房中空挂户口堆积现象十分普遍，大大增加了动迁难度和成本支出，还造成极大的负面社会影响。各地在推动旧改中都存在这样的苦衷。

2. 法律和规章不健全是旧区改造的制度问题

由于没有完整的法律和规章，旧区改造一直步履艰难。为此，上海实行两次征询旧改基地居民意见，在达到一定比例居民同意的情况下，旧改工作才得以进入实施程序。这种创新做法，确实大大缓解了动拆迁的矛盾。但是从理论上讲，这只是尊重和保护了被拆迁地大多数居民的利益和愿望，很难认为就是尊重和保护了大社会以及整个城市的公共利益。如何正确界定"公共利益"，使之既避免公权力假借"公共"名义施行"暴政"，又避免局部利益僭越整体利益。这是一个有待进一步厘清的问题。另外，对于那些没有同意实行改造的居民户，政府"强行"征收他们的（或拆除）房屋会和有关的法律（如《物权法》）相违背。而目前在政策法规和执行程序方面还有不周全的地方，极易引发新的问题。

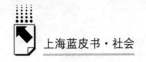
3. 住房保障制度建设滞后是旧区改造的后续问题

廉租住房制度建设与旧区改造政策不配套，造成政策衔接上的问题。在全国建立起面向最低收入家庭的廉租住房制度后，廉租住房的实施，使最困难群体的住房条件得到改善，不仅极大地提升了政府在公众中的形象，而且有效地化解了住房困难问题可能引发的社会矛盾，对于社会稳定和经济发展具有重要意义。但是，目前在推行廉租住房制度过程中也存在以下一些不足：实物配租房源紧缺，实物配租比例过低；健全的退出机制还未完全建立；政府资金投入较大，财政压力较重。因此，结合旧区改造进行廉租房建设还没有先例，实施难度很大。

经济适用房制度与旧区改造制度衔接力度不大，造成边界比较模糊。近年来实施的经济适用房制度，全国仍处于起步阶段，收效不大。这种制度安排的缺失直接造成安置房源紧缺，主要是适合动迁安置和居民需要的房源十分紧缺，特别是随着房价的高位运行，动迁居民拿到的货币补偿款难以买到合适的房屋。通过旧区改造实现经济适用房建设和供应，还需要积极探索和实践。

4. 旧区改造的资金缺口较大是旧区改造的重点问题

从资金方面仅仅依靠拆迁地块土地出让收入进行弥补，资金平衡存在以下问题。一是地块开发价值低。经过十几年的危陋房屋改造，目前大多城市剩余的危陋房屋地块基本上属于房屋密度大、规划可出让用地少的项目。有的城市测算以后发现，少的地块亏损几千万，多的亏损数十亿元。二是拆迁成本高。为妥善安置被拆迁群众，大多城市的拆迁补偿基本按照周边新建普通商品房评估确定，此外，居住危陋房屋的大部分都是困难家庭，存在大量的违章居住情况，按政策不应补偿，但实际上都得给予补偿，安置成本大幅提高。三是安置房建设成本高。目前，有些城市危陋房屋拆迁安置房基本上都是经济适用房。根据国家有关政策，经济适用建设采取土地划拨、相关费用减免等政策，降低建房成本。但是，随着拆迁成本的提高和相关配套用房的配置（包括地下车库）、绿地率的增加，经济适用房成本也大幅提升。

5. 旧区改造政策不配套是旧区改造的深化问题

城市旧区改造是一项涉及规划、交通、产业、就业等诸多问题的民生系统工程，要想顺利推进旧区改造的进行，必须具有相应的配套政策。目前，上海的旧区改造主要是由城市建设部门在推动，一方面，造成现有的各种政策不相衔接，例如动拆迁与社会保障、交通规划、商业业态、医疗教育配套等相关规划布局等是相互分离的，特别是涉及空间转换带来的就业问题，严重制约着旧区改造和动拆迁工作的进行；另一方面，尚未形成旧区改造的一揽子政策举措，难以发挥旧区改造本应具有的城市化发展效应。

四 上海进一步完善旧区改造工作的制度设计和政策选择

1. 总体要求

在旧区改造机制创新中，要坚持做到"四个结合"，高起点开展旧区改造。一是坚持旧区改造与城市发展相结合，通过旧区改造，加快城市建设，进一步改善城市环境，提升城市形象。二是坚持旧区改造与住房保障相结合，通过旧区改造，切实改善广大居民群众的居住条件和生活环境，把住房这一重要的民生问题真正落到实处。三是坚持旧区改造与扩大内需相结合，通过旧区改造，拉动投资，扩大内需，减少国际经济危机带来的影响。四是坚持旧区改造与产业发展相结合，通过旧区改造，建设高品质的商务楼宇等，为现代服务业发展提供载体，促进楼宇经济发展。

2. 基本原则

按照科学发展观的要求，在旧区改造中需要达到经济增长、城市建设、民生改善的共赢。这是当前我国在旧区改造中所需坚持的基本原则。具体而言，未来上海的旧区改造应该遵循以下几条原则：

（1）有利于配合解决民生住房和住房保障问题的原则

城市旧区一般集中的是中低偏下收入的居民，那里往往也是住房困难户比较多的地区。通过旧改可以给居住困难的家庭带来改善居住条件的契机。当然，这也意味着旧改工作必须要有配合解决一些居民住房保障的政策支持。

（2）有利于合理使用城市土地和加快土地利用

旧区改造对我国城市土地的合理使用带来一个极为有利的因素。我国城市普遍缺少土地。旧区的土地资源如果得到合理开发可以成倍增加城市土地的利用率。由于旧区住房一般虽然密集，但是层高很低，容积率大体在 1 上下。如果合理开发，光增加的容积率就能使土地的使用率成倍提升，无疑如同增加了建成区的土地。

旧改创新模式也包括推动已实行土地使用权转让但由于各种原因未能实施开

153

发的地块。目前全国这样的地块有相当的比例。未开发的原因多种多样，根本原因是机制不健全，政策不配套，简单地使用商业开发的模式已经跟不上发展的需要。必须转变思路、寻找问题的症结，在引导开发商弘扬企业社会责任的基础上，各地政府在政策上需予以一视同仁的支持。

（3）有利于保持城市固定资产投资的规模和城市经济可持续发展原则

房地产业是城市经济发展中的基本产业。尤其是由于种种原因我国城市住房的老化现象极为严重，在经济发展、人民生活水平日益提高的情况下，住房需求将在很长一段时间里成为刚性需求。旧区改造带动固定资产投资和住房需求，对经济增长具有持续的推动力。

（4）有利于保护城市历史文脉和改善城市面貌的原则

旧改工作不是简单的拆除旧房，同时需要和维修、保护相结合。这方面的工作现在越来越得到重视。如何保持不同城市的历史特征已经成为当前我国旧城改造中必须予以关注的问题。同时，通过旧区改造，实现城市面貌的改善和提升，也是旧区改造需要坚持的。北京在配合举办奥运会、上海在迎世博城市整治中均涉及这个问题。北京、西安、南京等地在这方面也都有一定的经验。

（5）政府、市场、社会协同运作的原则

这是城市开发管理中十分重要的运作思路，也是我们试点研究重点创导的新机制。我们需要改变政府单枪匹马或以国有资本为主孤军作战的方式来进行旧区改造，也不能用"经营城市"的思路仅依赖土地有偿出让和房地产企业的商业运作。这些做法也许能解决一时一地的问题，但是难以推广和不可持续。

3. 旧区改造的机制创新

（1）构建旧区改造社会参与机制

旧区改造是一项涉及广大人民群众的民生工程，在政府发挥主导作用、自上而下运作的同时，理应让居民直接参与其中，将自上而下与自下而上相结合，真正让旧城居民拥有决策的话语权，在合理适度的范围内，让他们参与到城市土地增值收益分配之中，培育自下而上自发更新的动力，实现旧区改造真正反映居民意愿和心声的目的。具体而言，侧重以下参与机制建设：

一是构建居民参与机制。出台旧区改造实行事前征询的实施意见，将政府责任、百姓意愿、社会评判有机结合起来，引导居民有序参与改造过程。一是在制订方案环节，广泛征询居民意见，引导居民主动提供房屋的权属面积资料等信息，为安置方案提供准确资料。二是在方案公示环节中，要深入每家每户，将相关政策说细说透、详解方案细则、倾听民意，让居民有充分的话语权和参与权。三是在方案优化环节中，将居民提出的合理意见和诉求及时归纳和集中，对于共性的问题，提出解决办法，并进一步调整和优化方案，要做到最终确定和出台的方案能体现绝大多数的合理诉求、更具有可操作性。

二是构建以信息公开和以第三方为主的社会监督机制。需要实行"两个全公开"，将动迁、征收房屋的全过程公开和将政策、方案、补偿安置方式、居民房屋情况、人口认定情况、保障认定、安置结果全方位公开，以公开促进公平、公正。在坚持"阳光拆迁、公开操作"制度的基础上，自觉接受居民监督，并邀请人大代表、政协委员、社区工作者、法律界人士等组成评议小组参与全过程监督。通过公开与监督，使动迁安置的公正、公平真正得到体现。

三是构筑民营企业参与机制。积极引入社会力量和社会资金参与旧区改造，同时对各类开发企业特别是一些民营开发企业市场准入、融资方面等予以政策支持，解决旧区改造推进和政府财力不足的矛盾。

四是在有条件的地块，探索居民（房产业主）合作参与旧房修缮和"拆落地"重建更新。对于具有一定文化保存价值的城市住房，在政府无力维护的情况下，探索私人与社会公益组织实施保护新路子。

（2）加快立法保障，进一步规范旧区改造行为。目前正在试点实施的旧区改造新机制，需要突破相应的政策规定。人大和政府管理部门要在试点基础上，及时总结试点经验，在条件成熟时予以立法，进一步完善旧区改造的政策法规，立法内容应该包括：旧区改造的公益性认定、改造项目立项、土地使用权获得、规划控制、建筑设计标准、扶持和鼓励政策等。通过完善旧区改造的政策法规，以保障旧区改造的健康发展和顺利推进，从而把深化学习实践科学发展观、关注社会民生真正落到实处。旧区改造新机制，需要有相应的政策规定加以支持。需要相应的政策支持，调动开发企业参与试点的积极性。

一是城市规划的详规制定中需要有对旧城改造的规划内容。要制定和完善专门性、总体性的《城市旧区改造发展规划》和相应土地利用规划、建筑规划、绿化规划、历史文化保护规划等规划文本，依法保障旧区改造有序、持续进行。《城市旧区改造发展规划》需得到相应一级人大的通过以确定其"公共利益"的法律地位。

　　二是制定《城市旧区更新法》或《城市旧区改造条例》等法律法规，明确规定政府、企业、居民等不同主体在旧区改造过程中的权利、职责和义务，以及旧区土地征用中国家与居民之间的关系，为政府主导与居民参与旧区改造提供坚实的法律依据。

　　三是在《城市旧区更新法》或《城市旧区改造条例》等法律法规未制定之前，结合目前正在制定的《住房保障法》，在《住房保障法》中对旧区改造的相关问题（如建设标准、房屋质量、使用进行等）明确规定，从而有利于旧区改造工作的有法可依和顺利推进。

　　（3）与住房保障政策的衔接机制

　　为促进经济平稳增长、改善民生，近年来，各地政府陆续将保障性住房建设视为房地产产业发展的核心内容，提出逐步完善分层次、多渠道住房保障体系的发展目标，并将解决中低收入群众住房困难作为未来5年的工作重点。城市旧区往往是低收入居民家庭的聚居地，也是住房困难户比较多的地区。旧改为低收入居住困难的家庭带来了改变现状的契机，居民可以直接改善家庭居住条件。同时，有住房保障托底也将有利于旧区改造工作的顺利开展。因此，通过旧区改造工作，有效解决中低收入群众住房保障问题具备着必要的政策背景。具体而言，要真正做好两者之间的衔接，可以从以下几方面入手。

　　一是关注改善民生，尽力优先启动以居住保障为目标的旧改工作。旧区改造的几种类型中，居民改造呼声大，涉及民生和住房保障问题大的地块需要优先考虑。在旧区改造中实行居民意见征询的办法也同样能筛选住房保障需求的迫切性程度。同时，在其他类型的旧区改造中，政府可制定相应的政策规定配建保障性住房的比例。

　　二是突出特色，形成"保障托底"的旧改模式。如在上海市杨浦区平凉西块二期和卢湾区390弄等旧改基地试行的"拆一还一、市场评估、保障托底、多元安置"方案中，"保障托底"就是一个重要的组成部分。"数砖头加保障"的安置政策取得一定的成功经验。拆迁补偿以"数砖头"为基础，以原有房屋价值补偿为基础，适当增加一定的面积补贴和套型补贴，这种"补贴"具有某种"奖励"性质，也是对原被拆迁户居住面积过分狭小的一种补偿；多元安置以收益梯度为引导，体现本区方便、外区宽敞、货币灵活，鼓励居民选择外区安置和货币安置；市场评估以第三方公信参与为保证；保障托底以实际居住困难居民为对象，外区为引导，特殊帮困与拆迁相分离。建议在未来的旧改和保障性住房建设中统一"数砖头加保障"的法规政策，并做到政府动迁（征收）居民户住房和政府提供住房保障的政策协调统一。要避免出现政府利用旧改动迁居民将本应当由政府承担的住房保障职能转嫁给开发商。

三是加强住房保障工作的宣传与监督。把旧区改造和住房保障有机结合起来，加强住房保障宣传工作，扩大住房保障工作的透明度，增强公众对住房保障的理解。加强公众参与，更好地做到公开、公正、公平，增强公众的可接受性和影响力；建立主管部门与公众间的交流平台和审批后的公示制度；建立住房保障动态监测体系的公开查询制度。充分发挥住房保障中心和街镇房管办的作用，通过丰富多样的宣传形式，不断加大住房保障政策的宣传力度和深度，使住房保障政策覆盖到区域内的低收入住房困难家庭，做好相关监督工作。

四是积极创新，进一步拓展促进保障性住房建设融资渠道。保障性住房的建设资金是一个大问题。比如 2009 年上海市保障性住房建设总投资高达 600 亿元之巨，因此，进一步拓宽融资渠道，加大资金筹措力度十分重要。解决旧区改造和住房保障衔接机制中的资金困难，需要多维度拓展筹资途径。首先是发挥市区两级财政基础性作用。在财税资金有保障的前提下，要与市区两级发改委、财政、土地等相关部门协商，在编制市区两级年度财政预算时，就增加相应的资金投入，加强市区两级财政对以保障为目标的旧区改造的支持力度。其次是要发挥银行的补充作用，最大限度地有效利用银行贷款。同时也需要考虑发挥住房公积金的积极作用，在保证资金安全的情况下，建议合理使用公积金沉淀的公共资金支持旧改。在旧改中引导社会资金发挥作用也十分重要，并极有潜力。各地可以积极吸纳社会资金，比如鼓励企业（包括职工家属聚居的有关单位和参与旧改的开发商）以一定方式参与旧区改造和保障性住房的后期管理工作。

五是资源整合，确保保障性住房建设的土地资源供应。旧区改造工作顺利推进一方面可安置旧改地块原住户，另一方面也可为建造新的保障性住房提供土地资源。一是探索市区土地资源联动机制。目前各地城镇区域可用于保障性住房用地的土地资源相当有限。为促进保障性住房建设，需要探索市区两级土地资源联动机制，进一步加强市局、地产集团、市土地储备中心等相关部门与区级房管规划部门之间的沟通，探索通过旧区改造获得保障性住房用地的正式渠道。二是提高土地利用率。通过总体规划布局和房型突破，提高既有土地的使用率。借助研究机构专业力量，根据现有土地资源，有效规划保障性住房用地的布局；注意保障性住房建设与商品房建设的区别性，在既有可获得土地资源不变的条件下，通过房型突破，适当提高容积率，降低绿化比率等措施，提高保障性住房的实用性，同时也注重保障性住房建设与商品房建设的区别性。三是借鉴旧改成功经验，确保土地获得方式的公正性。通过借鉴旧区改造中已经广泛运用的二次方案征询、阳光操作、划块推进、搭建社会公信平台、问效监察、强化"维稳"工作前置等机制，进一步总结拆迁矛盾化解经验，有效发挥指挥部、街道、基地三级矛盾化解机制和指挥部、街道、居委会、社区民警、拆迁工作人员和社会公信人士"六位一体"的联动机制等作用，确保保障性住房建设用地和保障房源获得渠道的公正性。

（4）旧区改造中实现文化资源保护机制

旧区改造需要坚持保护和开发相结合的原则，把改造和更新结合起来。要对城市文脉的延续，城市风貌和优秀建筑物的保护加以重视和研究。具体要突出以下几点：一是征用土地尽量回避古建筑、回避文物、回避历史文化风貌地区，正确处理开发利益与文化保护的关系，保持城市发展的历史连续性和文化脉络。二是对重要文物、古迹及古建筑物重点保护，不准改变原有风貌。三是制定专门的《历史文化资源保护办法》等法律法规，并规定对相关地区进行全面性的保护规划。四是积极发挥私人资本对历史文化资源的保护和开发，鼓励和资助历史文化保护区的居民按照规划要求对房屋进行内部修缮，在保护历史文化建筑的同时达到改善居住条件，按市场化的方式达到文化资源保护与开发的双重目的。五是要采取整体保护的做法。所谓整体保护，就是说不仅保护建筑物和其他城市体系，还要保存它的生活方式、文化氛围和风尚习俗，要留住当地居民，保存城市生活方式。

（5）注重旧区改造的产业配套

旧区改造拆迁必须采用多种安置方式，包括原地安置、异地安置、货币安置等，这既符合被动迁居民的居住需求，又有利于和谐社会的构建。对于原地安置方式，必须解决好被动迁居民的工作和就业。由于这部分人综合素质不高，经济条件不好，有必要确保他们居住地就近就业。因此，要发展合适的产业，创造适合这部分人就业的工作岗位，满足他们的就业需求。

4. 旧区改造的公共政策选择

为进一步完善旧区改造政策，不断健全旧区改造长效管理机制，进而顺利推进旧区改造，有些政策需要国家层面加以明确。

（1）明确旧区改造的公共利益性质

正确判断"公共利益"的法律内涵，应当遵循以下四项原则：一是公共利益在数量上应当满足不特定多数人的利益；二是公共利益在质量上应当为最重要的社会利益；三是公共利益发生冲突时质量标准应优先于数量标准；四是判断特定行为是否具有公共利益性质时必须充分考虑当事人从事该行为的直接目的。旧区改造兼具"改善民生"和"发展经济"两个方面的功效，因此可以这样认为，旧区改造只要在整体上并在相当长的时期内，明显有利于一定区域内较多人群的利益，同时不妨碍当事人的直接利益或相邻区域人群利益，其性质可以归属为"公共利益"或称之为"终极公益性"。另外，要使"公共利益"的概念更为明确并易于公众所接受，可尝试建立"公共利益"认定机制。参照世界各国的实践和理论，"公共利益"的认定主要通过行政机关主导、立法机关主导和当事人主导等三种方式。

（2）资金支持政策

在政府财政方面，市、区在编制年度土地储备预算时，加大资金投入力度，给予土地储备项目不低于总投资30%的资金安排。同时，在旧改地块出让后，土地出让收入采取先拨付（90%）、后结算的方式，加快资金流动，提高使用效率。在银行资金方面，加强研究，通过规范化操作程序，开展金融创新，采取多样化融资方式，支持参与旧区改造前期工作，如允许旧区改造投资单位降低资本金比例、设立专业银行提供资金支持、贷款利率在基准利率的基础上下浮一定额度等。在民间资金方面，坚持土地储备为主导的同时，应该积极探索引入社会力量和资金参与旧区改造，对经两次征询后的旧改地块，通过公开招标，吸引有品牌、有实力、有旧改经验的开发企业参与前期开发和改造。

（3）土地支持政策

土地管理部门要优先确保旧区改造动迁安置房建设用地的供应。同时，为鼓励中心城区企业产业结构调整，利用"退二进三"土地建设动迁安置房，如企业提供土地建造动迁就近安置房50%以上，其他剩余土地开发可采取招标方式（公开招标或定向招标）确定建设单位。此外，在土地出让管理上，旧区改造项

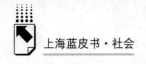

目土地出让金政府受益全部用于旧区改造，禁止摊入各类政策性成本，涉及土地出让的相关税费全部减免。

（4）安置房源支持政策

安置房源上，明确经济适用房可以用作经政府认定的旧区改造地块的房屋拆迁安置房源。目前造成旧区改造推进速度缓慢、社会矛盾突出的原因之一就是符合居民要求的拆迁安置房源紧缺。经济适用房，是政府提供政策优惠，限定套型面积和销售价格，按照合理标准建设，面向城市低收入住房困难家庭供应，具有保障性质的政策性住房。经济适用房的供应对象，是城市低收入住房困难家庭。对于被动迁居民，大多是社会弱势群体，应该在拆迁补偿安置中得到优惠。同时，允许各省市根据实际情况，在经济适用房建设上调整一下现行规范，降低绿地率，并对经济适用房的契税、营业税给予减免，最大限度地降低成本。

（5）旧区改造的试点—推广政策

进一步推广旧区改造与住房保障相结合的试点经验，按相关规定建设并予以支持。在规范拆迁补偿口径的同时，对住房面积小、收入低、无力自行解决居住困难的旧改地块家庭，通过住房保障解决"数人头"问题；特别是要为更好地落实推广旧改地块居民多元化安置需求，因地制宜、创造条件，按照小户型保障型住房的标准，在动拆迁区域范围内建设与动迁安置适配的房源，用于动迁居民的就近和就地安置。在补充安置标准市场价值相同的前提下，提供货币安置、异地安置和就近安置等多样化的安置方式，给动迁居民更多选择，使中心城区的社会和居住更趋多样化与和谐共处。

也可以进一步试点直接利用旧区地块，建设经济适用房和廉租住房，将动拆迁居民纳入经济适用房或廉租、公共租赁住房管理范畴，改善当地居民的居住条件。这就需要政府配套相应的土地、财税等优惠政策和奖励政策，鼓励企业参与旧区的经济适用房和廉租房、公共租赁房建设。

B.9

双轨化政策调控：住房分层的融合渠道

包蕾萍*

摘　要：2010 年，中央政府对住房市场的宏观调控力度不断加强，上海也出台了以限购令为代表的住房新政，并健全和完善了四位一体的住房保障体系。本报告在分析现行政策特点的基础上，对宏观调控的效果进行了讨论。报告认为，保障和市场两种方式对于调节不同阶层的住房分层问题有积极的作用。此外，"十二五"期间，住房的制度安排应以保障为重，但也不可放弃市场。世博经验对于如何结合本地经济社会特点，进一步完善住房再分配过程的公正均衡，有着特别的启示意义。

关键词：双轨　政策调控　住房分层

2010 年，中央、地方相继出台系列政策，拉开了史上最为严厉的一轮抑制住房投机性需求的宏观调控，引起全社会高度关注。2003 年住房市场化改革以来，本市居住条件得到了明显改善，截至 2009 年年末，上海城镇居民人均住房建筑面积达 34 平方米，住房成套率95.6%，在全国 31 个省、直辖市、自治区中位居前列。但是，随着房地产市场从启动走向过热，住房的居住属性逐渐被投资属性取代。随着房价不断上涨，金字塔顶端和底端不同阶层之间，住房产权、质量、面积等差距不断加大。住房，俨然成为收入、职业之外的第三种阶层分化变量。由此带来的系列社会问题和经济难题，与来自民间的呼声一起，形成新一轮住房调控的推动力。在 2009 年金融危机背景下，房地产作为支柱产业仍然表现出对宏观经济的强劲拉动作用，但政府决策部门从全局考虑，下决心重拳出击，坚决打击住房投机，遏制住房投资，保护住房基本需求，力图通过住房政策的双轨化调控，实现"民生为重"和全社会包容性发展。

---

* 包蕾萍，上海社会科学院社会发展研究院副研究员。

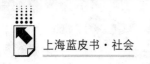

一 政策导向：从效率公平到理念创新

1. 上海政策：聚焦民生的双轨化调控机制

讲究效率的市场机制和强调公平的保障体系，是上海住房制度发展的两条主线。借助市场机制，实现住房的商品属性，满足中高收入阶层多样化的消费需求；借助保障体系，实现住房的居住属性，解决低收入家庭住房困难问题，使人们的住房基本需求得以保障。

然而，上海在不同社会发展阶段中，根据不同时期的发展目标，两条主线的重心和速度有所不同。

改革开放以来，上海住房政策的第一次转型发生在 20 世纪 90 年代末期：从福利化分房过渡到市场化配置，成功实现了住房商品化。此次转型以"效率"为目标，充分利用市场配置资源的能力，通过产权改革，改变了计划经济体制下微观层面资源配置效率低下、个体选择性丧失以及"单位"对资源的垄断等问题，在短时间内使城镇人口的居住条件得到较大改善。但经过十几年的实践，市场模式也暴露出其缺陷，突出问题是住房本身的"居住意义"开始被"投资意义"所取代。商品房价格脱离理性，过快上涨，影响人民生活和社会稳定，同时在国际金融形势扑朔迷离的大背景下，住房投机行为也给宏观经济形势带来越来越大的风险。

2008 年以来，上海住房政策第二次转型拉开序幕，上海市政府先后出台了关于旧区改造、经济适用房、廉租房等保障性住房政策。这次转型的目标和大多数社会保障政策的定位相一致，以"公平"为目标，重在保护弱势群体的居住权利，向中低收入家庭倾斜，消除市场化带来的结构性失调。但上海住房供需之间的不平衡，使得仅仅依靠保障性住房政策在短期内还难以达到抑制住房投资、保护基本居住需求的目标。2010 年，在中央宏观调控政策影响下，上海从"保障"和"市场"双轨入手加强对住房分配的制度监管：

第一，从政策着手，健全"四位一体"的住房保障体系。

在住房保障体系建设方面，今年以来市委、市政府研究和制定了一系列重大政策措施。依照"两大体系、三个为主、四位一体"的思路，将住房问题作为民生问题提上重大议事日程。

继续调整放宽廉租房的准入标准。截至 6 月底，上海廉租住房受益户已达 7.1 万户。收入标准在目前人均月收入 960 元的基础上，放宽到 1100 元，力争全年新增廉租住房受益家庭 2.1 万户。

进一步完善经济适用房配套政策。就经济适用房试行过程中遇到的一些问题，对相关政策进行修订和补充，明确准入、出售、监管等具体细则，并扩大经济适用住房申请审核、轮候供应范围。

继续加大旧区改造力度。"四位一体"的住房保障体系中，居民受益面最广、受益力度最大的举措就是旧区改造。2010 年上半年因上海举办世博会，暂时放慢了旧区改造的速度，但"十二五"期间，旧区改造仍然是城市更新与保障相结合的最重要途径。

积极推动第 4 条保障轨——"公共租赁房"制度的出台，扩大住房保障覆盖面，将保障对象从沪籍人口延伸至常住人口。6 月 20 日，市住房保障和房屋管理局印发关于贯彻《关于单位租赁房建设和使用管理的试行意见》的若干规定；9 月 4 日，市政府批转市住房保障和房屋管理局等六部门制定的《本市发展公共租赁住房的实施意见》，对本市公共租赁房的管理运营机构、房源筹措、供应租赁管理、政策支持等方面做出了具体的规定。单位租赁房和公共租赁房经多轮征询并最终出台，这意味着上海住房保障体系开始突破阶层和户籍的限制，住房保障体系也因此更具完整性和系统性。

表 1　上海"四位一体"的住房保障体系

类　型	覆　盖　群　体	收　入　准　入　线	面　积　准　入　线
廉租房	沪籍低收入住房困难家庭	人均月可支配收入不多于 1100 元，家庭财产 12 万元以下	人均居住面积 7 平方米以下
经济适用房	沪籍中低收入、住房困难家庭	3 人及以上申请家庭人均年可支配收入低于 34800 元、人均财产低于 90000 元；2 人及以下申请家庭人均年可支配收入低于 38280 元、人均财产低于 99000 元	人均居住建筑面积 15 平方米以下
单位租赁房公共租赁房	单位住房困难职工、青年职工、引进人才、外来务工和其他常住人口	单位、区县具体制定准入标准	在本市无自有住房或人均住房建筑面积低于 15 平方米
动迁安置房	沪籍低收入住房困难家庭	保障托底	二级以下旧里

163

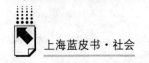
第二，严厉调控，抑制投资需求。

除建立健全保障体系外，从市场入手，充分利用经济杠杆抑制投资性需求，是2010年的另一条主线。1月以来，中央相继发布新国十二条、二次调控和新五条，连续重拳出击，对投资性购房需求进行严厉打压。为此，上海在10月7日出台《上海市人民政府批转市住房保障和房屋管理局等五部门〈关于进一步加强本市房地产市场调控加快推进住房保障工作的若干意见〉》，俗称沪十二条。沪十二条的措施异常严厉，充分表明了上海在本轮宏观调控中坚决执行限购、限贷、限外、限价的决心。同时，沪十二条还明确表示，将为房产税的出台做好积极准备，多管齐下，抑制投资性住房需求，对市场进行严格监管和宏观调控。

表2　上海抑制投资性需求的四大举措

举措	具　体　内　容	政　策　名　称
限购	本市及外省市居民家庭（包括夫妻双方及未成年子女，下同）只能在本市新购一套商品住房（含二手存量住房）	《上海市人民政府批转市住房保障和房屋管理局等五部门〈关于进一步加强本市房地产市场调控加快推进住房保障工作的若干意见〉》
限贷	各商业银行对居民家庭贷款购买商品住房的，首付款比例和贷款利率认真执行央行、银监会的最新规定，对贷款购买第三套及以上住房的，停止发放住房贷款。	
限外	对非上海市居民在上海购买住房申请贷款的，应提供从申请之日起算的前2年内在上海累计缴纳1年以上的个人所得税缴纳证明或社会保险（城镇社会保险）缴纳证明。不能提供的，商业银行暂停发放住房贷款。	
限价	对高价位楼盘预售方案进行重点复核，并对新开楼盘实行"一房一价"的管理模式，如果涨价必须重新申报备案，以防止开发商坐地起价。	

上海运用多种手段进行"市场"调控，旨在为过热的房地产市场泼冷水，促使其走上健康有序的轨道；更为重要的是，上海在从福利取向走向市场取向，再从市场取向走向保障第一的过程中，也充分意识到市场手段的重要性，不是简单地将房地产市场与保障性住房建设画等号，而是希望通过多种措施促进住房再分配过程的公平性，调和不同群体的供需矛盾，真正实现"居者有其房"的宜居目标。

2. 世博理念：公共住房政策的创新前景

世博会的筹办和举办树立了上海新形象，世博理念也正在全方位地影响上海。根据上海经济社会发展所处的阶段，博采众长，吸纳、借鉴各国的先进经验，结合自身特点，实现制度创新，将世博效应延续到后世博时期的城市建设过程中。从这个意义上来说，上海市正在积极推进中的住房制度转型，也面临着一次难得的创新机遇。

西班牙首都马德里近年来为解决低收入人群住房问题，进行了欧洲规模最大的社会住宅建设①。有资料显示②③，马德里已建的住房中，保障性住房占20%左右。其中2008年建成的6.17万套住房中，保障性住房占60%左右；2011年计划修建的16.06万套住房中，保障性住房7.74万套，占48%。

本届上海世博会上，E区马德里案例馆通过别具一格的"竹屋"和"空气树"，把这些数字立体生动地表现出来，并为参观者充分展示了现代社会公共住房制度创新的可能渠道和方向：

第一，制度创新。近年来，西班牙商品房房价上涨两倍，但政府积极推行保障性住房为主的住房政策，不断扩大享受公共住房的人群和比例，在充分强调住房使用价值的同时，很好地削弱了住房的投资价值。为保证公共住房的低成本性，马德里的廉租房建设可以由政府下属的土地与住宅公司（EVS）建设，也可以由符合特殊条件的企业建设，由于地价不到同等商品房地价的40%，平均每套成本在10万欧元左右，面积限制在70平方以内等，购买或租赁价格都只有市场价的三分之一。保证公共住房的享受对象是低收入家庭，居住者一旦满足租赁或购买商品房的条件就必须搬离。目前，马德里的廉租房的覆盖面大约是居民家庭的25%。

第二，技术创新。本届上海世博会的核心理念之一在于低碳，强调世代之间资源的延续性。"竹屋"采用环保材料、节能技术保证公共住房的低成本运作，"空气树"通过太阳能、气候再造技术为社区营造舒适的户外环境，这些技术革新的方式不仅降低了保障性住房的建设成本，实践了生态环保的低碳理念，还突破了过去高科技多为富人享用的阶层局限，让更多的人看到了科学技术在未来社会中去阶层化运用的可能性。

---

① 上海世博会官方网站马德里案例馆，http://www.expo2010.cn/c/ubpa_tpl_2014.htm。
② 岳晋峰："保障性住房该向马德里学习什么"，2010年10月17日《山西日报》。
③ "马德里馆：城市廉租屋的典范案例"，2010年5月10日《广州日报》。

第三，文化创新。"竹屋"的母体位于马德里市中心区，由著名建筑师亚历杭德罗·赛拉和法希德·穆萨维设计，并获得2007年英国皇家建筑师协会卓越建筑奖。这座提供给88户人家居住的廉租房，充分考虑家庭结构及人员数量，二室一厅和三室一厅的房型占70%左右，但整体房屋格局布置毫不偷工减料，通过精心设计实现人性化和多样化，确保生活质量。

"空气树"则是与"竹屋"配套的公共空间，原址位于马德里生态大道，通过合理设计，起到防热避暑效果，可以供人们在街头娱乐休闲，品味西班牙文化。

马德里公共住房政策有其自身社会经济发展阶段的特点，除在制度完善性、便利性上为各国解决住房问题提供了样例之外，在技术和文化层面上的努力也令人难忘。上海与马德里相比，在土地、资金、人口方面的压力更大，但在完成从效率向公平的转型后，下一步无疑也可以在更多的方向上进行探索性的尝试，为公共住房政策拓展内涵、发育内容提供更多的本土化经验。

二 住房供求：市场与保障两种路径的分析

2010年7月，韩正市长在上海市第十三届人大常委会第二十次会议上表示，住房是最大的民生问题，也是关系社会稳定的大事。他就完善住房保障体系与房地产市场体系建设，提出了坚持"三个为主"的原则：即以居住为主、以市民消费为主、以普通商品房为主，健全房地产市场体系和住房保障体系，尽力解决人民群众的居住问题。

1. 市场视角：供需矛盾依旧存在，楼市拐点难以形成

（1）土地资源日趋紧张，住宅用地供应量受限

近几年随着宏观调控政策的加强，除住宅建设投资占比逐年下降外，上海土地资源的稀缺性也不断体现。

图1显示，自2003年上海实行大规模的住房市场化改革以来的4年里，土地出让数量和面积都一直保持在较高水平。2006年"国六条"、"国十五条"宏观调控政策出台以后，上海土地出让的数量和面积都大幅下降，可建住宅用地的面积跌到20世纪90年代中期房产市场开放初期的水平，始终未超过出让土地面积的50%。

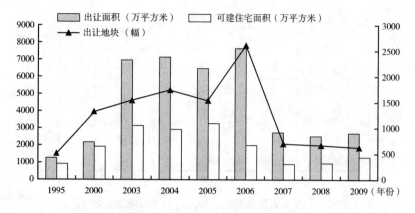

图1　上海市主要年份土地出让情况

資料来源：2009 年数据摘自《上海统计年鉴 2010》表 16.9 土地使用权出让情况（2009）；2008 年数据摘自《上海统计年鉴 2009》表 17.9 主要年份土地使用权出让情况；1995、2000、2006、2007 年数据摘自《上海统计年鉴 2008》表 17.10 主要年份土地使用权出让情况；2005 年数据摘自《上海统计年鉴 2006》表 18.9 主要年份土地使用权出让情况；2003、2004 年数据摘自《上海统计年鉴 2005》表 18.9 主要年份土地使用权出让情况。

（2）人口结构压力客观存在，住房需求持续上扬

上海户籍人口数量近年来一直呈稳定增长态势：户籍人口从 2000 年的 1309.63 万人上升到 2009 年年末的 1400.70 万人；常住人口 1921.32 万人，其中非沪籍的常住人口多达 541.93 万，与 2000 年的 299 万人相比较，增长迅速，住房需求缺口非常大。总体来说，上海人口的增长仍旧以外来人口带来的机械增长为主，2009 年上海迁入户籍人口达到 15.72 万人，机械增长率 7.84%，上海家庭户数不断上升，规模日趋小型化。居民户数从 2000 年的 475.73 万户增长到 509.79 万户，户均人口 2.7 人，为全国最低。18~34 岁的适婚户籍人口数量达 337.12 万人，比上一年度增加 1.06 万人，新婚人数为 23.33 万对，为 1990 年以来的最高位，购房压力客观存在。

（3）住房产权比例不断提高，居民住房消费意识较强

从表 3 可见，上海住房私有率 2005 年以来就超过 70%，2009 年更高达 79.2%，大大超过了很多发达国家（美国为 58.3%，英国为 67.7%，德国为 38.0%，详见表 5）的水平。产权比例较高，和 1998 年住房改革有关，大部分本市居民通过产权购买，以较低廉的价格获得了自己所居住房屋的产权，也由此享受到了房价上涨带来的固定资产升值。

167

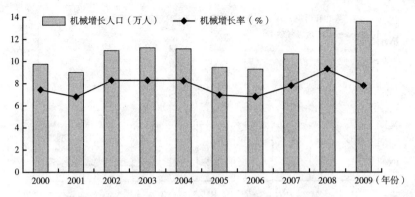

图2 上海市近年来机械增长人口和增长率的变化趋势

表3 每百户上海城市居民家庭房屋产权构成

单位：%

指 标	2005 年	2006 年	2007 年	2008 年	2009 年
每百户城市居民家庭房屋产权构成	100	100	100	100	100
租赁公房	25.5	23.8	20.4	17.4	16.3
租赁私房	1.1	1.3	1.6	4.2	3.7
原有私房	2.4	1.3	0.9	0.7	0.7
房改私房	40.4	40.4	37.3	37.8	37.2
商品房	30.5	32.4	39.4	39.1	41.3
其 他	0.1	0.8	0.4	0.8	

资料来源：2007～2009 年数据来自《上海统计年鉴 2010》，2005～2006 年数据来自《上海统计年鉴 2006》。

表4 不同收入水平城市居民家庭住房支出基本情况

指 标	总平均	低收入户	中低收入户	中等收入户	中高收入户	高收入户
可支配收入(元)	28838	13205	19320	24717	32212	57726
购房与建房支出(元)	12503	1339	5993	4422	11702	41707
购房与建房支出占可支配收入比例(%)	43.36	10.14	31.02	17.89	36.33	72.24

资料来源：《上海统计年鉴 2010》。

表5 发达国家租赁住房和私有住房的比例

单位：%

	日本	美国	英国	法国	德国
自有住房	59.8	58.3	67.7	54.3	38.0
租赁住房	38.5	30.3	32.3	39.7	60.4

资料来源：《杨浦中低收入家庭住房保障体系研究》课题总报告，课题组成员吴岩、包蕾萍、韩俊、佘凌、徐浙宁、李友权等。

产权改革以后，居民对于住房的观念发生变化，人们不再将住房仅仅视为具有居住意义的物品，同时也不再将其视为福利，住房在人们观念中开始成为和黄金、股票、期货一样存在赢利空间的投资品。

这一特点在高收入阶层中表现得尤其明显。从表4可以看出，上海居民用在住房上的消费平均占可支配收入的43.36%，高收入阶层用在购房与建房上的费用，高达可支配收入的72.24%。

与上海相比，发达国家居民住房租赁比例明显更高，特别是德国，租赁住房的比例占到自有住房的两倍。一方面，这和西方国家自第二次世界大战以来一直非常重视住房保障建设，对住房投资控制较严，房源稀少，住房市场供求关系紧张，房产税、物业税以及住房的维护费用较高等因素有关；另一方面，还和发达国家对租赁市场的严格管理有关。如德国《民法典》等多项法律对房租价格进行了强有力的管理和约束：根据所租房屋地理位置、交通状况、房屋建筑年份、质量及节能情况，来确定基本价格范围。而且法律明文规定，如果房东的房租超过"合理房租"20%，就构成违法行为；超过50%就构成犯罪，这就使得租房市场极为稳定。

2. 保障性视角：宏观调控力度加大，公共住房投入增加

（1）住宅建设投资有所增加，占固定投资总额比重持续下降

2009年上海国内生产总值为15046.45亿元，人均GDP11320.41美元，在全国31个省、直辖市、自治区中位居第一，接近发达国家水平；固定投资总额与GDP一样呈持续上升趋势，达1999年的3倍，但住宅建设投资额在2005年达到峰值以后，变动不大，占固定投资总额比重自2004年之后一直呈持续下降趋势。

事实上，自2007年起，上海市的房地产开发投资增长率就在全国排名倒数第一。[①] 由于宏观调控的力度不断增强，在住宅建设上的投入一直呈理性上升趋势。2009年，上海住宅建设投资总额922.81亿元，占固定投资总额的比例17.5%；同期固定投资总额达5273.33亿元，其中第一产业固定投资总额达11.41亿元，比上一年度增加3.01亿元，第二产业固定投资总额达1427.50亿元，比上一年度增加6.68亿元，第三产业除住宅外其他固定投资达2911.61亿元，比上一年度增加382.9亿元。从固定投资总额来看，第三产业占固定投资总额的比例最高，达72.71%，其中住宅投资占17.5%如表6所示。

---

① 牛凤瑞、李景国主编《中国房地产发展报告 No.5》，社会科学文献出版社，2008。

表6 上海市 1999 年以来住宅投资额占比

年份	全社会固定投资总额 （亿元）	住宅投资额 （亿元）	住宅投资额占全社会固定 资产投资总额比重（%）
1999	1856.72	378.82	20.4
2000	1869.67	443.9	23.7
2001	1994.73	466.71	23.4
2002	2187.06	584.51	26.7
2003	2452.11	694.30	28.3
2004	3084.66	922.61	29.9
2005	3542.55	936.36	26.4
2006	3925.09	854.15	21.8
2007	4458.61	853.13	19.1
2008	4829.45	871.52	18.0
2009	5273.33	922.81	17.5

资料来源：《上海统计年鉴 2010》表 5.1 全社会固定资产投资总额（按管理渠道分）（1978 ~ 2009）；表 16.2 住宅投资和竣工建筑面积（1978 ~ 2009）。

（2）保障性住房投入加大，双轨调控引导市场

近年来，住房市场过热，大量国内外热钱的涌入，一度使上海的住房供应体系出现发展不均衡现象，主要表现在：住房配置倾向高收入群体，针对中低收入阶层的住房供应体系存在缺陷；同时，为促进住房市场繁荣，上海制定政策的过程中更强调对房地产市场的保护，忽视了由此产生的不利影响。2010 年以来，上海市政府明确表示重心将从市场转移到保障，把住房问题作为民生问题来加以解决，做到"三个为主"，即以居住为主、以市民消费为主、以普通商品房为主，正确引导市场，力求改变住房属性中投资性强于居住性的现状。

一年来，上海进一步加大了对保障性住房的投入力度。在 2009 年度 8 个保障性住房建设基地基础上，上海市 2010 年年初又新选址 23 个保障性住房建设基地；同时，对条件相对成熟的 13 个基地抓紧开展土地储备工作。保障性住房新开工面积占全市住房新开工量的 60%，达到 1200 万平方米，力求在 2012 年达到提供经济适用房 30 万户的目标。

廉租住房受益家庭范围不断扩大。截至 2010 年 4 月，累计受益家庭达到 6.98 万户，在放宽准入条件后，还将新增 2.1 万户，2012 年累计达 13 万户目标，保障覆盖面约占全部沪籍家庭的 2.6% 左右。

同时，继续加大旧区改造力度。从 20 世纪 90 年代"365"危棚简屋改造，到"十一五"期间中心城区二级旧里以下房屋改造，在加快城市更新的同时，大量家庭也通过旧区改造改善了居住条件。"十一五"以来，上海中心城区旧区改造已累计拆除二级旧里以下房屋 313.6 万平方米，受益居民约 11.5 万户。市政府明确今年年内要完成 50 万平方米中心城区二级旧里以下房屋改造的任务。①

（3）保障对象范围扩大，从低收入家庭向外来人口拓展

自 2003 年大规模实施住房市场化改革以来，上海人均住房面积一直在全国保持领先优势。但其中有两个问题不容忽视：一是住房分配的结构性失调问题。市场经济条件下，住房制度安排是一个阶层分化的过程。因为收入、职业和其他一些阶层变量影响人们的住房产权、面积大小和居住质量，而住房市场投资性加强，进一步扩大了这种分化，让金字塔两端的差距更大。二是住房统计中存在盲点。外来流动人口未被计入人均住房面积的分母中，如果考虑到这一人群的话，东部沿海城市的人均住房面积要大大低于内陆地区。户籍壁垒将这一群体置于住房制度安排的边缘地带，也给城市自身带来了群租、城中村等城市管理难题。

"十二五"期间公共租赁房政策的进一步完善，将有助于为流动人口的居住提供一定的保障，让更多的城市建设者共同享受城市发展的成果。

3. 调控初步效应显现：住宅销售量降幅较大，二手房指数和租赁指数相对稳定

住房新政影响下，限购、限贷、限外、限价"四限令"不仅令房地产商和投资者的投机风险加大，对普通家庭的购房计划和购房能力也产生了抑制。根据上海市统计局的最新数据，本市商品房 1～10 月销售面积 1650.2 万平方米，下降 40.4%。其中商品住宅销售面积 1351.47 万平方米，下降 45.6%。②

从表 7 可以看出商品住宅的销售近几年波动较大，销售波峰过后往往会迎来一轮波谷。2009 年受世博效应影响销售面积和套数都到达高位。同时，上海近年来租赁市场一直呈稳中有升的趋势，这主要和城市住房相对短缺、供应不足、

---

① 张奕：《上海中心城区将完成二级旧里以下房屋改造 50 万平方米》，2010 年 6 月 14 日《解放日报》。

② 上海市统计局：《2010 年 1～10 月本市房地产基本情况》，http：//www. stats－sh. gov. cn/2005shtj/sjfb/node176/userobject1ai13542. html。

人口流动量较大有关。销售价格和租赁价格都是住房价格的货币表现形式，分别在销售市场和租赁市场形成。图 3 的数据也表明，就 2010 年度的变化趋势来看，上海销售和租赁两大市场指数的上涨幅度均有所减缓。

表 7　上海近 5 年来房屋销售租赁面积的增长情况

指　　　标	2005 年	2006 年	2007 年	2008 年	2009 年
商品房销售面积(万平方米)	3158.87	2845.70	3694.96	2296.12	3372.45
住宅	2845.70	2615.49	3279.17	1965.86	2928.04
商品房成交套数(套)	189896	184194	213733	142224	312857
商品房销售额(亿元)	2161.30	2177.08	3089.35	1895.45	4330.22
住宅	1906.05	1841.04	2706.30	1608.47	3620.23
商品房出租面积(万平方米)	889.63	977.77	1128.69	1141.19	1222.91
住宅	94.44	78.63	110.38	92.74	102.63

资料来源：《上海统计年鉴 2007》、《上海统计年鉴 2009》、《上海统计年鉴 2010》。

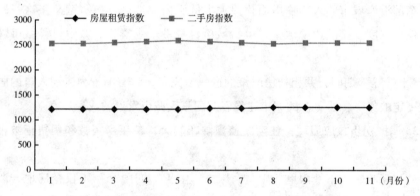

图 3　2010 年上海二手房指数和房屋租赁指数* 变化趋势

资料来源：上海房屋租赁指数办公室、上海二手房指数办公室。

　* 以 2006 年 5 月为基期，基点为 1000 点，整个租赁市场分为售后公房租赁市场、一般商品房租赁市场和高端商品房租赁市场三类，共选取了 67 个控制点、100 个有代表性的样本楼盘，反映本市整个租赁市场的即时动态。

从数据来看，目前上海住房市场已逐渐进入新政消化期。投资型和改善型需求购房者迅速递减，楼市价格告别坚挺[1]。同时，租赁指数上升趋势也较为平缓。这说明，新政的初步调控效应已经开始显现。

---

[1]　上海二手房指数办公室：《上海二手房指数 2010 年 11 月报告》，http：//www.ehomeday.com/others/temp_ lianshou/temp_ zhishu.htm。

三 不同目标的城市住房政策及其效果

简单来说，国际上常见的住房政策由于目标定向不同，可以区分为以下几类：

1. 针对高收入人群的住房市场政策

目的是发展住房市场，鼓励高收入人群和家庭依靠储蓄或借助金融体系，在住房市场中满足住房需求。

2. 针对中等收入人群的住房支持政策

目的是为中等收入家庭，特别是年青家庭提供适当的支持和补贴，如少量购房补贴、社会按揭保险、抵押贷款利息优惠等，鼓励帮助他们依靠储蓄和贷款进入住房市场并拥有住房。

3. 针对低收入家庭或特殊困难家庭的住房援助政策

目的是通过提供社会住房（廉租）、住房补贴及其他形式的援助，实现基本援助。

不同目标定向的住房政策都是住房制度的一部分，起到调节市场，提供社会保障的作用。各国通常把针对低收入家庭和特殊困难家庭的公共住房政策作为社会保障政策的重要部分，第二次世界大战以来发达国家公共住房政策的发展具有以下几个特点：第一，公共住房政策的责任主体是社会，或者政府和国家；第二，公共住房政策的受益者是社会结构中处于高风险和弱势地位的群体；第三，公共住房政策满足的是受益当事人的基本居住需要；第四，公共住房政策通常从供给和需求两方面进行干预；第五，公共住房政策的根本目的是维护社会安全和稳定。

公共住房政策之所以被视为一种维护社会安全和稳定的制度性安排，是因为住房已经成为社会分层的重要指标。以我国社会阶层结构为例，目前比较有代表性的理论有"金字塔形"理论、"倒丁字形"理论和"生梨形"理论，这些理论都赞同当前社会中低阶层家庭的人口规模较为庞大，而高阶层家庭数量相对较少。与阶层分布相逆转的是，目前城市住房拥有面积和数量却呈现出明显的"倒金字塔形"特点，即少数人拥有大部分住房，规模庞大的中低阶层却面临住房短缺的困难。有研究表明，上海第五次人口普查期间只有 15.5% 家庭户人均建筑面积在 40 平方米以上，这部分家庭户拥有城区 35.2% 的房屋资源；而人均建筑面积 19 平方米以下家庭占到城区家庭户总数的 53.3%，这部分家庭以底层社会普通劳动者阶层为主，数量众多，拥有的房屋资源只占到 24.8%①。

因此，今年以来，作为民生问题之首，住房保障已经成为上海经济建设和社会建设不可或缺的内容，成为维护社会和谐稳定的重要手段。上海市政府也通过高频度、高力度的政策及实施细则，提出了逐步完善分层次、多渠道住房保障体系的发展目标，并将解决中低收入群众住房困难作为未来 5 年的工作重点，将公平均衡发展放在社会建设的首要位置。

和表 8、表 9 中各国具体做法相比，上海"四位一体"体系有许多相同之处，如同样从供给和需求两方面进行干预，同样尝试通过财税、贷款、保险等多种金融手段提供保障。此外，上海的体系还具有与自身经济社会发展阶段相适应的特点：如住房保障和城市更新相结合，通过动拆迁和旧区改造，大规模解决住房困难群体的居住困难；保障和市场手段相结合，供给干预的主体是政府，通过加快保障性住房建设解决弱势群体的住房问题，需求干预利用市场的力量，遏制投资需求，保护居住需求；解困和维稳相结合，力求通过不同类型的住房保障扩大受益群体，从民生向关怀发展，通过住房保障让居民看到政府对社会成员的关心。

表 8　公共住房供给干预政策的国际比较

国家	公共住房供给干预政策
英国	由住房协会和地方政府提供社会房 中央财政建房预算，向地方政府拨款，由地方政府负责公共住房建设
德国	政府提供公共住宅，联邦住宅法对这类住宅有供应对象(租户)、租金及供应面积等方面的限制，各州政府可以做适当调整，凡收入超过规定标准的应退出福利住宅，否则将收取市场租金 资金来源：政府长期、低利率贷款
法国	法国政府并不直接参与组织建设、分配低租金住房，对低收入家庭的住房优惠政策主要是通过 HLM 等三个民间组织实施的。国会每年通过预算安排住房资金，民间组织成员通过政府取得国家支持资金(占 5%)，用它和专项基金优惠性贷款、银行低息商业性贷款配套，建设低价房屋，向中低收入家庭出租或出售。HLM 房屋开发商所缴的税仅为 5%
纽约	公共租赁房；住房管理局为中低收入家庭在私人住宅里租房提供帮助
美国	资助建设 对建设低收入者租用房屋的私人公司实行税收抵扣

---

① 王炼利：《上海市居民住房数据应该如何统计》，http：//lianli1208. vip. bokee. com。

表9 公共住房需求干预政策的国际比较

国家	公共住房需求干预政策
日本	各级政府建公房向低收入者出租,建房、购房:住宅金融公库的低息贷款 租房:政府或社团的低房租待遇 公营住宅法规定,政府提供的公营住房向低收入家庭出租,只付低租金。入住政府提供住房的,经过三年,收入超过一定水平的,有义务退出住房,转入公团或公社提供的出租房,或向私人机构购房
英国	住房补贴(只能用于支付房租,不能用于支付抵押贷款利息) 资金来源是公民缴纳的全国保险金、战争抚恤金、全国住房补贴基金 由社会保障部管理,地方政府负责发放
德国	房租补贴 住宅补贴法规定,按家庭收入25%确定可承受租金,其与居民实际缴纳租金的差额由政府负担 资金来源:房租补贴资金由联邦政府和州政府各承担50%
法国	20世纪80年代后期,从补贴低租金住房建设转为补贴低收入家庭住房支出 资金来源:中央政府支出占34%,社会保障基金支出占39%,雇主协会支出占27%
美国	需求干预:住房补贴(由地方政府向低收入者发放房票,其收入的30%用于交纳房租,不足部分拿房票顶替,由房管公司用房票到政府兑现) 1986年,低收入者购房和租房税收抵扣法案

四 未来政策方向及相关建议

1. 正确处理好优化社会结构与加快发展速度之间的关系

近十年来,上海得益于外来劳动力充足供给、人口稠密、技术进步加快等因素,产业结构和空间结构都有相当的优化提升。但在社会发展方面,上海尽管采取了一系列积极措施,但二元反差仍然存在。因此,正确处理社会发展与经济发展之间的关系,在优化社会结构的基础上实现有序发展,才是社会获得可持续性成长的核心动力所在。

住房作为社会分层的重要指标,直接影响整个社会心态。目前上海所提出的"四位一体"住房保障体系,虽然确定了针对不同人群的住房保障方式,但对于住房保障在优化社会结构方面的作用还明显不足。住房除了居住和投资意义外,还有重要的再分配意义,将其作为制度设计的重要内容,促进整个社会结构的优化,从"金字塔形"或"生梨形"向中间大两头小的"橄榄形"结构发展,也是住房保障的重要任务。

处理好结构优化与发展速度的关系,也要防止完全否定"市场",回到计划分配老路的论调。1980～1998年，上海住房分配的主体一度以"单位"为主，采用浓厚的计划经济特色以实物分配、低租金为主的城镇住房制度，由国家、地方、企事业单位分别投资，自建自分。单位福利化阶段共计解决了23.62万户居住困难户。但以单位为主体的住房分配方式，除单位内部权力、资历、职称等造成的差异外，还与单位所有制类型（全民或集体）、单位的行政级别相关，由此也引发对"公平性"的很多争议。住房的市场化改革虽然近年来带来了一系列结构失调的问题，但市场在资源配置上的高效、集约，仍然是"十二五"发展阶段所必需的条件。市场需要规范而不是放弃，这是从政府到媒体、公众，全社会上下都需要统一的认识。

2. 明确政府责任主体，加强保障性住房的人文关怀

从近期的统计来看，上海地区的房价增长大大超过居民平均收入的增长幅度。在这种情况下，本已存在的房价与普遍市民收入的巨大差距将进一步加大，也就是说，中低收入阶层凭自身经济能力比过去更难通过市场买到合适的住房。房地产市场中的房屋是一种商品，在市场经济体制下，政府对商品市场的一般原则是不干预。但是，通过市场化的方式不可能解决所有人的住房问题，中低收入家庭的住房问题必须靠公共住房来解决，对于发展中的上海来说，要真正有效地解决中低收入阶层的住房问题，就必须借鉴各国和地区的经验，大力发展政府主导的保障性住房供应体系，尤其是实物性的保障性住房。

目前住房保障较为突出的问题是：市区两级保障资金都存在缺口，土地出让收益不能从根本上形成稳定的资金渠道。此外，机构设置和人员配备存在不足，除市区级住房保障机构外，街道层面缺乏住房保障专门工作人员；因此，解决住房保障的机构和资金问题，需建立市区两级财政对住房保障的支持制度，这是"十二五"阶段需要重点落实的内容。

上海世博会所展示的马德里案例，让人印象最深刻的就是有品质有尊严的保障。即使是保障性住房，在保证低成本和基本需求满足的前提下，仍旧要考虑到人文因素的重要性。而这一点，仅仅依靠市场是做不到的，只有通过不断提升社会管理水平，由政府出面承担更多的"国家责任"，加强保障性住房建设的规划与设计，才能实现促进社会和谐发展，表达住房保障的人文关怀。

3. 明确保障对象，健全财产登记制度

公共住房的保障对象是中低收入群体。中低收入群体的划分标准是什么，是构建住房保障体系的一个核心问题。目前认定"中低收入家庭"，主要是看其家庭收入的实际状况。一般来说，家庭收入在社会平均值70%以下属低收入家庭；家庭收入在社会平均值70%～120%之间属中等收入家庭；家庭收入在社会平均值120%以上属高收入家庭。这些界定从数据和比例上讲是清楚的，从理论上分析，也是合理的。但是，从实际操作看，由于目前国内尚未建立个人收入申报制度，这使得政府难以准确核实家庭的真实收入，从而使"中低收入家庭"变成一个十分宽泛而模糊的概念。而且，由于随着市场经济体制的逐步推进，家庭收入的可靠性和稳定性经常发生变化，这使得对中低收入家庭的界定困难重重。学术界有人提出，要衡量判断一个特定家庭收入水平必须综合考虑家庭总资产和现期收入这两部分因素。家庭总资产可以用家庭拥有的不动产与金融资产的价值来衡量，具体包括家庭在银行、合作社、邮局等的存款、股票、国库券、公积金等有价证券和其他投资，以及自己居住的房产和其他不动产的产权价值；现期收入应指家庭所有成员的工资收入（第一、第二职业收入），住房补贴，生产经营所得和对企事业单位的承包、承租所得，劳务报酬所得，股份红利以及其他工资外收入。另一种思路则可以综合考虑住房面积、住房市场价格、住房金融和住房消费支出等多项因素，从住户家庭支付能力的角度来确定住房保障对象的家庭收入标准，作为划分中低收入家庭的一个替代性标准。我国目前住房消费支出占可支配收入比重的一般水平为20%，最高不能超过30%；住房消费支出分摊的年限一般水平为20年，最高不能超过30年。根据住房总价和银行贷款比例确定贷款总额和每年还款额，年还款额除以住房消费比例（20%～30%），得到中低收入家庭住房保障收入的临界值。在按收入标准划定了合理的住房保障范围之后，还要在此范围内结合政府保障目标和计划、居民现有住房状况、家庭人口规模等因素，最终确定实际的住房保障群体。

4. 建立产权与租赁相结合的多层次住房供应体系

上海今年提出的"四位一体"住房保障体系中，公共租赁房作为一项新增内容，应该说是一种观念和制度的创新。住房市场化改革以来，"居有其屋"的观念就深入人心，产权被视为是阶层划分的重要标准。有学者提出，拥有产权的家庭在职业、收入以及其他社会资源的配置上都明显高于没有产权的家庭。然而这种划分标准存在很多欠缺。首先国内住房产权改革是以20世纪80年代初福利化分房为基础的；20世纪90年代中期开始，大部分家庭通过购买产权拥有了自己的住房。因此，简单用是否拥有产权来判断一个家庭的阶层是很困难的，而且过度强调产权，政府专项资金也难以支撑。

比较现实的做法是建立多层次的住房供应体系，规范市场秩序，保证高收入阶层能通过市场购买到合适的住房；运用补贴、贴息等方式提高中等收入阶层的住房消费能力；对低收入阶层一方面提供租金补贴，另一方面建立租赁房供应体系，发展租赁型保障住房，完成"住有所居"的理念转换。

5. 建立健全住房保障法律体系，广泛开展政策征询和后评估

住房保障法律在住房保障机制中发挥着重要的作用，各个国家和地区基本上都已形成了比较完善的住房保障法律，以法律为依据成立专门的机构实施法律规定的各项保证措施，同时通过政策征询和后评估，通过广泛的群众参与和监督加强政策执行力度，引导和规范保障主体的行为，鼓励其服务于住房保障的整体目标，从而保证住房政策落到实处。

我国目前不仅缺乏专门的住房保障法规，甚至至今都没有出台一部《住宅法》，因此建议制定规范、严谨可行、符合我国国情的住房保障法规，并逐步健全保障性住房法律体系。从立法上规定住房保障的对象、保障标准、保障水平、保障资金的来源、专门管理机构的建立，严格制定保障性住房对象的进入、退出管理办法，以及对一些骗取保障优惠的行为予以严惩等。

上海保障性住房的政策框架目前已经初步建立，下一步各级政府需要明确具体的目标、方针、政策。同时，借助媒体和专业机构的力量，加强政策征询和后评估工作的开展，在广泛听取意见的基础上，对相关政策法规进行完善，是不可缺少的环节。2009年上海经济适用房相关政策出台前，有关部门广泛征求了市民的意见，并根据意见对相关条文进行了修订。所谓"后评估"，就是在住房保障项目建成或结束后，对项目的实施效果进行的全面评价，并将评价结果反馈相关决策和管理部门。这种做法有利于相关决策和管理部门及时对现行的保障住房政策进行评价，并做出相应的调整。目前，在旧改工作中，后评估的做法已经开始试行，并取得了较好的反响。

市场和保障是住房宏观调控的有机组成部分，其中，保障是未来几年住房政策热点关注和制度创新的重点领域，市场则是需要规范和引导的重要手段。保障与市场双轨启动，对于解决不同阶层的住房需求，减少住房结构的两极分化都有重要的作用。而相关政策具体实施过程中，除明确政府、社会、市民等不同力量的责权界限外，通过立法、政策征询和后评估等措施保障相关程序的规范化、公开化和透明化，对于长效机制的建立是不可或缺的环节。

B.10
完善养老服务体系建设
营造老年友好型城市社会

寿莉莉　沈　妍*

摘　要：首先，本文分析了上海人口老龄化现状特征，如：进入老龄化社会的时间最早；老龄化程度最高；高龄化态势显著；"纯老家庭"现象突出；老年抚养系数逐年提高；新增的外来劳动年龄人口对上海总抚养系数和老年抚养系数产生一定程度的平衡等。其次，本文分精神慰藉和护理照料两个方面介绍了本市养老服务事业的发展状况，在精神文化的需求与服务方面，重点介绍了老年活动室、老年学校、老年健身场所、老年社团发展等；在照料护理的需求与服务方面，重点介绍了养老机构建设和社区照料设施建设。最后，本文在分析了上海发展老年友好型城市建设的意义与可行性的基础上，进一步阐述了老年友好型城市社会建设对于本市养老服务体系建设的挑战。对照《全球老年友好型城市建设指南》提出的八大主题，在室外空间和建筑、交通、住房、社会尊重与包容、参加社会活动、信息交流、社会参与和就业、社会支持与健康服务等方面，本文剖析了本市养老服务体系中对应部分存在的明显不足，提出了改进对策，为试点区域乃至全市今后进一步发展养老服务体系构建起了理想目标框架。

关键词：人口老龄化　养老服务体系　老年友好型社会

人口老龄化和城市化是 20 世纪人类社会不断发展的产物，同时也带来严峻挑战，集中居住在城市里的大量老年人群特别需要有良好方便的生活环境以弥补

---

* 寿莉莉，上海市公共行政与人力资源研究所副研究员；沈妍，上海市老龄科学研究中心助理研究员。

由于社会和自身生理变化带来的不便。人口老龄化与中国实行了30年的人口政策形成了一定程度上的紧密联系，20世纪90年代，我国每10个年轻人养1个老年人，现在这一比例已达3∶1，未来，越来越多的家庭将出现4个老年人、1对夫妇和1个孩子的"四二一"结构。而随着社会结构的变化和人口流动的加速，老年空巢率也明显上升，社会为老年人提供经济保障的压力越来越大，家庭为老年人提供养老照料的能力越来越脆弱。养老问题不仅影响到每个家庭，也影响到整个社会的发展。在一个老龄化的社会，老年群体对于社会稳定与和谐发展具有无法忽略的影响力。因此，社会如何对待老年人，而老年群体如何与其他社会群体共处，这是老龄化社会所必须解决的课题。WHO的"老年友好型城市"的概念正是在这一背景下提出的，无论是社会还是家庭，都必须为老年人提供良好的生活环境，保持老年人和其他群体的和谐相处。

上海作为全国最早进入老龄化城市行列的国际化大都市，人口老龄化与经济、社会转型相叠加，老龄问题与利益、观念变化相交织，已成为社会发展中不容忽视的全局性、战略性问题。老年人口的增加所带来的不仅是人口结构的改变，更是社会发展的转型。社会必须适应老年人口不断增加的现实，为老年人提供一个友好的生活环境，促进老年人和其他年龄人群的和谐相处。为了实现可持续发展，城市必须提供一定的设施和服务去支持居民在老年期仍然拥有良好的生活状态。上海长期开展的养老服务体系建设，以及最新开展的"老年友好型城市"建设，都是确保城市老年人生活幸福和保持城市繁荣所必需的。面对即将到来的人口老龄化高峰，上海必须抓住契机，加快发展养老服务体系建设的步伐，努力营造符合国际标准的老年友好型城市。

一 人口老龄化的现状与趋势

1. 基本现状

从总体看，上海人口老龄化具有进入老龄化社会早、速度快、程度高的特点，老年人口数量庞大，人口高龄化程度高。同时，上海的人口老龄化问题还伴随少子化、空巢化等问题。

（1）进入老龄化社会的时间最早，老年人口基数大。上海进入老龄化社会的时间是1979年，比全国早20年，经过30年的发展，到2009年年底，上海户籍 60 岁及以上老年人口已达 315.57 万人，65 岁及以上老年人口达 221 万人，80 岁及以上高龄人口达 56.65 万人。历经多年人口老龄化发展，上海形成了庞大的老年人口数量，已经成为上海社会、经济、文化、科技发展不可忽视的因素。

（2）老龄化速度快、程度高。65 岁及以上老年人口占总人口的比例，从 7% 提高到 14% 所经历的时间，法国为 115 年，美国为 65 年，英国为 45 年，日本为 24 年，上海为 21 年。快速的老龄化缩短了上海应对人口老龄化的时间，增加了应对人口老龄化的难度。在上海人口老龄化的发展过程中，老年人口比例始终高于全国 8%～10%，而"十一五"中后期则要超过 10%。上海在"九五"和"十五"末期的人口老龄化比例均已接近法国、瑞士、西班牙、挪威等人口老龄化严重的欧洲国家，"十一五"末期将超过这几个国家。老年人口是消费型人口，较高程度的老龄化，对上海经济、社会的发展构成了潜在的挑战，也为上海的产业结构调整创造了机遇，必须高度重视，认真应对。

（3）高龄化态势显著，高龄人口中"纯老家庭"现象突出。高龄化是人口老龄化不断发展的必然结果。1990～2009 年，上海老年人口增长 0.67 倍，而高龄人口增长了 2.29 倍，高龄人口的增长速度更快。从比例变化来看，1990～2009 年，上海高龄人口占老年人口的比例由 9.1% 上升到 17.9%，提高了 8.8 个百分点，人口高龄化的特征进一步显现。高龄老人相对于低龄老人，需要政府、社会、家庭提供更多的关爱和照料。要充分认识到上海人口老龄化中的高龄化趋向，这是今后应对人口老龄化需要重点考虑的因素。

"纯老家庭"指家庭中所有人的年龄都在 60 周岁及以上。2009 年，上海纯老家庭老年人数为 92.21 万，占全市老年人口总数的 29.2%。在纯老家庭老年人中，80 岁及以上的高龄人口的比例在不断增加，2004 年 80 岁及以上的高龄人口在纯老家庭老年人中的比例为 13%，2009 年这一比例增加到 29.6%。这意味着从 2004 年的每 7～8 个纯老家庭老年人中有一个是高龄老人，到 2009 年每 3～4 个纯老家庭老年人中就有一个是高龄老人。同期，纯老家庭中的高龄人口占全市高龄人口总数的比重从 22.6% 上升至 48.2%。这意味着到 2009 年，有近一半的高龄老人处于"纯老家庭"状态。高龄加上"纯老"状态，使得这部分老人成为最需要关爱的老年群体之一，是今后需要重点照料、帮扶的对象。

（4）老年抚养系数在总抚养系数中的比重逐年增加。老年抚养系数指老年人口与劳动年龄人口的比值，总抚养系数指老年人口和少年儿童人口之和与劳动年龄人口的比值。2000～2009年，老年抚养系数逐年递增，从26.1%提高到32.6%。与此同时，少儿抚养系数从16.8%下降到12.1%。2000～2009年，老年人口抚养系数在总抚养系数中的比重从60.8%提高到72.9%。这表明，社会抚养成本逐年进一步向老年人倾斜。

2. 人口老龄化近期趋势

上海人口老龄化经过30年的发展，近年来呈现加速发展的趋势。在综合分析多个有关人口预测成的基础上，我们认为，未来10年上海人口老龄化将呈现以下发展态势：

（1）60岁及以上老龄人口呈数量大、加速增长趋势。根据全国老龄委权威数据分析，从2001年到2020年是我国快速老龄化阶段，从2021年到2050年是加速老龄化阶段，从2051年到2100年是稳定的重度老龄化阶段。根据这一总体判断，从2010年到2020年，上海2010年老年人口预计将达到329万人，老龄化比例为23.31%；2014年突破400万大关，2018年突破500万大关。到2020年老年人口总数将超过540万，老龄化比例将达36%，上海由此进入加速甚至重度老龄化阶段。预测显示，上海人口老龄化将在2018年左右追上日本人口老龄化的步伐，两者的老龄化程度呈现十分接近的局面。

（2）80岁及以上高龄人口将缓慢增长，80岁及以上人口数占60岁及以上人口的比重将缓慢下降，高龄人口占总人口的比重增幅缓慢，并且出现短暂回落。从全国来看，在老龄人口快速增长期，80岁及以上高龄人口将达到3067万人，占老年人口的12.37%。上海从2010～2020年高龄人口占总人口的比例变化表现出不同的发展特点，与60岁及以上老年人口进入加速增长不同，高龄人口前期缓慢增长，后期缓慢回落。2015年突破70万人，占老年人口的比例为16.14%。之后，大体先微幅增长，后维持现状，再短暂回落，到2020年为69万人。

但据预测结果，2020～2040年，上海高龄人口将以前所未有方式加速增长，这是60岁及以上老年人口加速增长期在20年后带来的必然结果。2025～2030年，高龄人口年均增长12.5万人左右；2035～2040年，高龄人口年均增长9.6万人左右，之后将进入重度平稳老龄化阶段。这是应对人口老龄化需要注意的重大问题。

（3）总抚养系数将快速增长，60岁及以上老年抚养系数将翻番。同时外来人口中老龄化比例很低，增加的外来劳动年龄人口对上海总抚养系数和老年抚养系数有所平衡。人口抚养系数较好地反映了物质资料生产与人口自身生产的比例关系。2010～2020年，上海总抚养系数多年来比较稳定的状态将被打破，呈现快速增长的趋势。据估算，2010年总抚养系数为46.69%，2012年将突破50%，2014年将突破60%，2016年将突破70%，2018年将突破80%，至2020年总抚养系数将达到88.11%，几乎比2010年翻一倍。上海总抚养系数的加速提高，主要受60岁及以上老年人口加速增长所致。2010年上海老年抚养系数为34.21%，2013年突破40%，2016年突破50%，2018年突破60%，2020年进一步提高到67.72%，与2010年相比几乎翻一倍。

3. 外来常住人口对本市人口老龄化发展的影响

庞大的外来常住人口现在已经是上海人力资源的一个不可或缺的组成部分，不仅为本市经济的发展做出了巨大贡献，同时也在很大程度上缓解了本市老龄化的负面效应。

（1）外来常住人口缓解了本市户籍劳动年龄人口的缺口

从上海总抚养系数和老年人口抚养系数看，上海户籍劳动年龄人口正面临重大缺失。然而，从全国人口结构来看，我国目前劳动年龄人口规模庞大，在相当长的时期内数量仍然充足。据2000年上海市第五次人口普查统计，外来人口中60岁及以上老年人口占外来人口总量的2%。2005年，据上海市公安局在全市进行抽样统计分析，外来常住老年人口占外来常住人口总数的2.22%。2008年，上海市公安局提供的统计数据显示，外来常住老年人口占外来常住人口总数的2%。可以看到，外来人口中老年人口的比例低而且相对稳定。因此，到2020年，假定上海常住人口的规划指标宜在2200万～2300万人计（年均增加25万～30万），而从2010～2020年上海的老龄化人口年均增长在20万人左右，基本能保持总抚养系数和老年抚养系数的平衡。

因此，大量外来常住人口的存在有效缓解了本市因老龄化而带来的劳动力资源的短缺和老化问题，使得上海仍将在相当长时期内获得丰沛的劳动力供给。

（2）外来常住人口中的女性劳动力是养老服务队伍的重要组成部分

由于照料老年人的工作往往劳动强度大而报酬低，从事这一行业的外来务工人员占了相当比例，尤其在一些收费较低的民办养老机构中，护理人员几乎均为外来务工人员。他们以低廉的劳动报酬承担了很多本地居民不愿意从事的繁重的服务工作，大大降低了服务成本，使得更多老年人能够承担获得服务的支出，解决了照料难题。

二 上海养老服务事业的发展现状

和其他人群一样，老年人的需求也是全面的，但和其他人群不同的是，老年人因为生理机能衰退而对照料和医疗的需求更为强烈，突出表现在精神文化服务和照料护理服务两个方面。经过多年的努力，本市已经初步建立起了多层级、较完整的养老服务体系。

1. 精神文化的需求与服务

（1）老年活动室建设

随着社会的发展，老年人在精神文化方面的需求越来越突出，老年人的兴趣爱好是精神文化生活的基础，根据《上海市老年人口状况与意愿跟踪调查》的数据显示，本市老年人中91.8%有一项或以上的爱好，其中以看电视最为普遍，达到78.3%，其次为与人聊天（44.1%），再次为读书看报（41.9%）（见表1）。这一结果表明，老年人的兴趣爱好分布比较广泛，大部分老年人通过看电视、聊天、读书看报等渠道获取信息、参与社交。老年活动室往往是老年人社交活动的主要场所。

表1　2009年年底上海社区老年活动室情况统计表

分　类	标　准	数量(家)	使用面积(平方米)
街道(乡镇)	300平方米以上	144	195650.51
	299平方米以下	43	7061.78
居委会	100平方米以上	2686	571005.15
	99平方米以下	1088	57488.84
村委会	100平方米以上	1632	557769.55
	99平方米以下	231	13970.50
合　计		5824	1402946.33

数据来源：上海市老龄工作委员会办公室。

老年活动设施对于丰富老年人精神文化和娱乐闲暇生活起到了至关重要的作用，上海现有的社区老年活动设施包括：老年活动室、健身设施、社区学校等，其中尤其是老年活动室，作为社区中唯一专门为老年人而建的活动设施，是老年人在社区中最主要载体，也是政府丰富老年人精神文化生活的实事项目。

上海从 20 世纪 90 年代起，伴随着社区建设的开展，开始兴建社区老年活动室。1998 年，上海市政府将老年活动室的建设纳入了市政府每年的为民实事之中，提出"每个居委会有一个老年活动室"，实现了老年活动室在上海各个居村委的普及。2002 年，街道（乡镇）老年活动室达到 550 个，居村委会老年活动室达到 5500 个，每平方米日均活动人数在 20 ~ 40 人之间。之后，上海开始了新一轮创建标准化老年活动室工作，并出台了《上海市老年活动室标准》和《上海市老年活动室创建导则》等，详细规定了活动室的硬件设施、功能设置和运行机制等。由于国家民政部的"星光计划"资金的注入，大大激发了各个社区的创建积极性。许多活动室的硬件设施和功能设置都上了一个台阶。到 2004 年，"星光计划"项目全部完成后，全市共创建社区标准化老年活动室 1051 家。2005 年之后，每年的市政府实事项目都有老年活动室建设的要求。2009 年年底，本市共有老年活动室共计 5824 家，平均使用面积达241 平方米。这些活动室绝大部分位于本市城乡各个社区，其中四分之三成为标准化老年活动室。

老年活动室的普及也使得老年人拥有了一个重要的活动场所。市老龄科研中心 2008 年的调查数据显示，94.6% 的老年人表示知道社区有老年活动室，18.6% 的老年人曾经参加过老年活动室的活动，其中男性老人去活动的比例要明显高于女性老人。并且，女性老人参与活动的比例受年龄影响要比男性老人明显得多（图1）。事实上，在一些活动室中，搓麻将、下棋、打牌等成为主要活动项目，尤其在郊区，而参与者以男性老人居多，女性老人到活动室则大多是为了借活动室的场地参与老年社团活动，或者和其他老人聊天，有时候并不一定在活动室之内活动，而是在活动室外的空地上活动。

（2）老年学校建设

上海是全国老年教育施行得最好的城市之一。老年教育面向所有老年人开放，而非只针对少数特定人群。老年教育的开展，不仅落实了终身教育的理念，大大丰富了老年人的精神文化生活，满足了部分老年人参与学习的愿望，而且对于引导老年人培养健康向上的兴趣爱好、普及科学文化知识起到了非常重要的作用。近年来，本市老年教育发展迅速，每年均有几十万学员，且逐年增加（表2）。

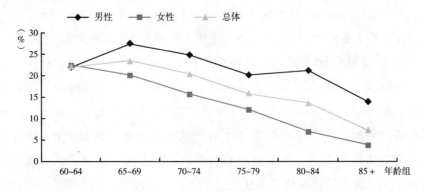

图1　老年人参加老年活动室活动的比例变化

数据来源：上海市老龄科学研究中心，上海市老年人口状况与意愿跟踪调查，2008。

表2　上海老年教育状况

指　　　标		单位	2006 年	2007 年	2008 年	2009 年
老年大学	数量	个	61	62	62	62
	60 岁及以上学员人数	万人	7.0	5.8	4.9	5.3
老年学校	数量	个	213	214	214	216
	60 岁及以上学员人数	万人	37.1	41.1	30.1	32.3
老年远程教育	集体收视点	个	—	3553	3829	3976
	集体收视人数	万人	—	13.6	14.2	21.7
	有组织个人收视人数	万人	—	14.9	15.3	

数据来源：上海市民政局等，上海市老年人口和老龄事业数据手册，2009。

目前，本市已初步形成了老年学校教育、老年远程教育、老年社会教育三种教育模式和市、区（县）、街道（镇）、居（村）委老年教育的四级办学网络。2008 年，全市共有老年教育办学机构 276 个，其中市级老年大学 4 所，市级老年大学分校、系统校 36 所，区县老年大学 22 所，街道、乡镇、工业园区老年学校214 所，居（村）委会老年学校办学点 3955 个，参加各级各类老年学校教育的学员 49 万多人次；远程老年大学收视点已有 3829 个，覆盖了本市 19 个区县71% 的居村委及 64% 的养老机构，学员人数达 30 余万。各级各类老年学校共开设政经、书画、文史、外语、保健、家政、文艺、手工艺、器乐、科技（计算机）等 11 大类约 143 门课程。市老龄科研中心的跟踪调查显示，10.1% 的受访老人表示经常参加老年学校的学习，分年龄性别看，低龄女性老年人的参与率要高于男性老人，而高龄男性老人的参与率则高于高龄女性老人（图2）。

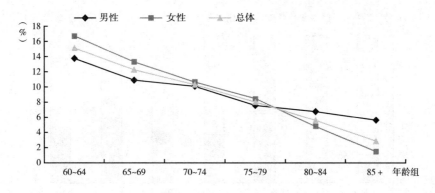

图 2　老年人就读老年学校的比例

数据来源：上海市老龄科学研究中心，上海市老年人口状况与意愿跟踪调查，2008。

（3）老年健身场所建设

健康对于老年人的重要性不言而喻，随着健康意识日益深入人心，老年人群对于健康的重视与日俱增，参加健身活动已经成为很多老年人日常生活的一部分，而其对于老年人延缓衰老、保持身心健康的显著效果也使得越来越多的老年人加入其中。为满足老年人健身的需要，相关部门近年来将引导老年人健身作为社会体育事业发展的一个重点，在社区建设了大量健身苑、健身点、公共运动场等健身设施，并派驻社会体育指导员指导老年人科学健身。目前，全市共建成老年健身苑点 7161 个、社区公共运动场 261 个，健身器材 64646 件。

实践证明，这些举措效果显著，根据统计，目前经常性参加健身活动的老年人比例接近老年人总数的 60%。而其中部分老人已经不仅仅满足于闲时到社区健身苑活动几下，而是进行比较正式的体育锻炼活动。根据上海市老龄科研中心 2008 年的综合调查显示，经常参加体育锻炼的老年人达到 34.0%，其中每天参加锻炼的达到 19.1%。在参加锻炼的人群中，92.2% 的人每次锻炼时间超过 20 分钟。分年龄组查看，在 60～79 岁之间，各年龄组参加锻炼的频率并无明显差异，至 80 岁及以上高龄之后才有明显下降（见图 3）。

（4）老年社团发展

随着老年人精神生活的日益丰富，诸多老年社团以及老年文化娱乐体育团体应运而生，成为社区中最为活跃的一类群体。目前，本市的老年社团主要分为两大类，一类是旨在实现老年人自我服务、自我管理而建立的社团，主要有社区老

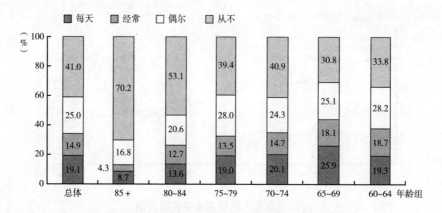

图3 分年龄组老年人参加体育锻炼的频率比较

数据来源：上海市老龄科学研究中心，上海市老年人口状况与意愿跟踪调查，2008。

年协会、老体协等，这类社团多数较为正式，接受相关管理部门的指导，并在社团管理部门注册，拥有明确的活动章程和稳定的骨干人员；另一类是因共同兴趣爱好而组成的文娱体育团队，这类团队多数亦接受社区管理部门或社区老年协会的指导和扶助，但组织相对比较松散，除上海老龄艺术团等大型团体之外，大多并未经过社团登记。截至2009年年底，全市共有老年协会174个；老年文艺团队1.16万个，比上年增加10.6%，参加人数共计37.63万人；老年体育团队9643个，比上年增加8.6%，参加人数共计34.62万人；老年体协103个，参加人数共计52.99万人。这些社团已经成为老年人开展文娱体育活动的重要载体。就社区老年协会而言，它的一项重要功能就是协助社区组织老年人开展文娱体育活动。而老年协会的骨干成员本身就由社区中热心公益的老年人组成，无论是工作热情、组织协调能力还是对老年人需求的了解程度都很高。这种由老年人自我管理、自我服务的方式不但减轻了社区的工作负担，而且充分挖掘了老年人群自身的资源，往往能取得事半功倍的效果。老年协会在丰富老年人精神文化生活方面的功能不仅体现在组织老年人进行各种文娱体育活动，更重要的是，向广大老年人弘扬了健康、向上的老年文化，在社会上树立起了新时代老年人的积极形象，促进了老年人参与社会，守望相助、代际和谐相处，以及尊老敬老社会氛围的形成。例如，静安寺街道老年协会曾数度组织几百名老年人游港澳，不仅使得不少老年人实现了旅游的愿望，而且由于活动事前宣传到位，

80%的老人旅游费用都由子女出资，弘扬了尊老敬老的风尚，取得了非常好的社会效果。此外，不少老年协会还协助社区管理老年活动室和老年文娱体育团队，搞得有声有色。

2. 照料护理的需求与服务

本市老年照料事业的发展是伴随着人口老龄化的进程而发展起来的，并经历了从单纯发展机构照料到以社区照料为主，从政府一手包办到社会力量共同兴办的模式转换。

由于人口老龄化的发展，自1994年起，上海市政府把每年建成25家养老机构列入了每年的市府为民办实事项目。自1998年起，上海市政府又将这一项目扩大成每年新增2500张养老床位；自2005年起，上海市政府将每年增加养老床位的计划扩大到1万张。虽然机构照料具有资源相对集中、操作方便、服务规范等优点，但随着人口老龄化进程的深入，有关部门越来越意识到仅仅依靠机构照料是远远不能满足快速增长的老年人的需求的。而且，机构照料的建设、运行成本较高，据估算，在上海每新增加一张养老床位的成本是10万元；并且，在上海众多政府办的或转制的养老院的收费中，是没有将土地及房屋、设备折旧成本计算在内的，如果将此计算在内，收费将至少上升30%~50%。同时，市中心日益稀缺的土地资源也大大制约了养老院的发展，中心城区现在已几乎没有增加床位的空间了，一些地处市中心黄金地段的社区已连续几年未能完成增加养老床位的指标。今年起，有关部门已同意这些地区的床位指标向郊区转移。另一个重要的问题是，由于种种原因，很多老年人即使很有需要也不愿意入住离家较远的养老院，尤其是市区的老年人入住郊区的养老院。这就在养老床位总体非常紧张的情况下，产生了市区床位爆满，排队等候人数众多而郊区入住不足的现象。

与此同时，居家养老也是绝大多数老年人的主观意愿。在这样的背景之下，有关部门开始转变思路，从单一发展养老床位转为"以居家养老为主，机构养老为辅"的思路，双管齐下，并着重发展社区居家照料服务。

（1）养老机构建设

近年来，养老机构得到大力发展，服务水平稳步提升。2009年年末，全市共有养老机构615家，养老床位总数达8.99万张（其中2009年新增10084张），比上年增长11.6%，占60岁及以上户籍老年人口的2.8%。其中，社会办养老机构 321 家，床位 47947 张，占总床位数的 53.4%。政府主导、各方参与的资金投入机制，使本市养老机构及床位建设成果显著。同时，出台的养老机构年度验审办法、处罚暂行办法、设置细则、建筑设计标准、管理和服务基本标准等一系列规范性文件，对养老机构的设置、管理和监督作出了具体规定，服务内容也已经由简单的住宿服务，转变为向入住老人提供生活护理、康复保健、心理慰藉等全方位的服务，规范化、标准化水平进一步提高。

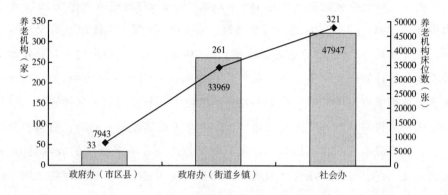

图 4　2009 年上海市养老机构及床位数状况

数据来源：上海市民政局等，上海市老年人口和老龄事业监测统计信息，2009。

（2）社区照料设施建设

从 2003 年起，本市全面推进社区居家养老服务，近年来，又逐步尝试推广社区居家养老的项目化服务、集约化运作、专业化提升的新模式。依托养老机构、服务网点、家政公司等社区服务资源，进一步拓展"六助"活动，拓展助餐、助浴、助洁、助行、助医、助急等菜单式、组合式服务内容。在传统家庭照料功能日趋弱化的今天，依托社区构筑的居家养老服务体系已成为人口老龄化社会发展的必然要求。截至 2009 年年末，老年人日间照料服务机构总数达 283 家，为 8000 名老年人提供服务；234 个社区助老服务社 3.20 万名居家养老工作人员，为 21.90 万名居家养老服务对象提供服务，比上年增长 25.2%，服务对象占本市60 岁及以上户籍老年人口的 6.9%；社区老年人助餐服务点共计 339 家，比上年增长 56.9%，受益人数共计 3.40 万人，比上年增长 78.9%。政府还通过建立养老服务需求评估制度和困难老人服务补贴制度，以养老服务券的形式为经济和生活自理困难的老人提供服务补贴。

社区中除了正式照料之外，由社区志愿者提供的非正式照料也同时开展。本市的社区志愿者提供的照料服务主要是针对纯老年人家庭的。2004 年，市民政局组织力量，对全市独居老年人的情况进行了一次普查。根据当时的调查结果，全市有纯老家庭的老人 71 万（占老年人口 28%），其中独居老人 16.6 万。市民政局就此出台了《关于开展对本市纯老年人家庭结对关爱行动的意见》，在全市范围内开展了对纯老年人家庭的结对关爱行动。其主要内容是"5 加 X"，5 是指广泛告知、经常问候、热线咨询、安全检查、应急求助等，X 是指老年人需要时，社区根据实际情况提供的各类服务。自这项服务开展以来，有效解决了这部分老年人的日常生活难题，提高了他们的生活质量，同时避免了很多意外伤害事故的发生。2009 年，对于结对老人，每天问候共计 16.83 万人；每月一次以上精神慰藉 24.09 万人；应急救助 6.20 万人；生活照料 9.81 万人（见表 3）。

表3　2009 年与 2008、2007 年上海市"纯老家庭"结对关爱工作落实情况比较

单位：万人

项　　目	2009 年	2008 年	2007 年
每天问候	16.83	15.37	13.65
每月一次以上精神慰藉	24.09	20.50	19.26
应急救助	6.20	4.48	4.41
生活照料	9.81	7.99	6.17
其他	8.25	7.11	5.80

数据来源：上海市民政局等，上海市老年人口和老龄事业监测统计信息，2009。

三　上海开展"老年友好型城市"项目的意义与现状

1. "老年友好型城市"项目来源和任务

进入 21 世纪以来，全球人口老龄化进程不断加快，与农村城市化进程一起，成为影响 21 世纪的社会经济发展和人民生活改善的关键因素。在此宏观背景下，世界卫生组织于 2002 年提出了"积极老龄化"政策框架，并于 2005 年首次推出"老年友好型城市"项目，2006 年，世界卫生组织在全球 5 大洲 22 个国家的 34

个城市开展前期研究工作，参与研究的城市包括伦敦、纽约、日内瓦、东京、墨尔本、莫斯科、里约热内卢等，上海成为我国唯一被选中的城市。2007 年 10月，世界卫生组织发布了《全球老年友好型城市建设指南》，指导各城市开展老年友好型城市项目，旨在通过政策、服务、场所和设施等方面的支持，优化老年人健康条件、参与机会和安全保障，充分挖掘老年人的潜能，促进老年人生活质量的提高，从而促进人类社会更加和谐。《全球老年友好型城市建设指南》明确提出，将从城市物质环境、经济社会环境和社会服务环境三大方面入手，紧紧围绕"室外空间和建筑、交通、住房、参加社会活动、尊重与包容、信息交流、社会参与和就业、社会支持与健康服务"八个主题，设定了对应的评价标准，供开展项目的城市进行自我评价、提出改善措施、开展相关工作和衡量工作绩效。在开展老年友好型城市项目过程中，世界上三十多个参与城市积极行动，例如美国纽约和波特兰、英国伦敦、土耳其伊斯坦布尔、加拿大萨尼治和爱尔兰等城市，都陆续对照着《全球老年友好型城市建设指南》提出的八个主题展开调研，找出问题，提出政策和措施，为其他国家和城市开展该项活动提供了宝贵经验。

我国于 2009 年由全国老龄办在参照世界卫生组织"老年友好型城市"项目的基础上，结合中国国情制定《老年友好城市行动指南》。2009 年 10 月，正式启动国家级老年友好城市（宜居社区）试点工作。浙江省湖州市、山东省青岛市、上海市杨浦区与长宁区、黑龙江省齐齐哈尔市等 6 个城市成为试点城市。通过试点，为全国范围内全面开展创建工作积累经验。我国的老年友好城市的创建目标，是全面改善老年人在居住城市的生活与生存环境，显著提高养老保障和服务水平。同时为老龄部门搭建工作平台，提升工作水平，形成老龄工作和老龄事业的强力推进机制。实际上老年友好型城市建设，就是要建设一个环境优良、交通便利、住所适宜、尊老助老、老有所乐、老有所为、健康积极、生活美好的适宜老年人和所有人群居住的城市。

2. 上海开展活动的意义和可行性

对于上海而言，应对人口老龄化所带来的各种社会效应，仅仅按照现行的模式建设养老服务体系是远远难以适应老龄化发展形势的，而加入"老年友好型城市"项目，则不仅仅是对现有养老服务体系的加强，更是理念上的提升，包括对老年人群本身及养老服务的认识与态度，从而促进代际和谐、社会融合的实现，也正是上海这个经济与人口老化均快速发展的城市所必须的。

2008 年上海市民政局开展了《关于上海开展老年友好型城市项目的研究》的课题研究，认为上海现阶段开展该项活动具有现实意义，上海进入人口老龄化城市行列已经三十年，户籍人口老龄化率超过 20%，常住人口老龄化率超过 15%，老龄化程度全国最高。上海在率先实现"四个中心"的过程中，开展老年友好型城市建设项目，有利于推进上海老龄化社会的各项民生工作，有利于上海老龄事业的统筹规划和资源整合，有利于提升上海国际化大都市的软实力。"老年友好型城市"项目与国际上关于建设环境友好型城市、最适宜人类居住城市的理念和潮流也是一脉相承和互相呼应的，它的宗旨是为老年人创造更为适宜的生活环境，提高老年人的生活质量，创建更适宜老年人生活的城市社会环境，不仅有益于老年人，也有益于其他社会群体成员，真正实现"城市，让生活更美好"的发展目标。

自 20 世纪 80 年代以来，上海一直在积极实践"六个老有"（老有所养、老有所医、老有所教、老有所学、老有所乐、老有所为）的老龄事业，中国特色的"六个老有"所做的老龄工作基本上覆盖了"老年友好型城市"项目的五个主题，即参加社会活动、尊重与包容、信息交流、社会参与与就业、社会支持与健康服务，而该项目的有关城市物质环境的室外空间和建筑、交通、住房三个方面，也可以通过"老有所居"和城市"无障碍设施"的建设得到较好的体现。就上海而言，在老年友好型城市项目的相关八个方面，都有较好基础。近年来城市无障碍设施建设取得了长足的进步，各社区内基本都设有可供老年人使用的体育健身设施；上海还于 2009 年推出了面向全市 70 岁以上户籍老年人的免费乘车的优惠措施，各公共交通车辆上均设有老弱病残孕专座；一些社区还在旧城改造过程中，特别考虑到老年人的需要，在一楼建设老年活动室，添加电梯，并为住房条件差的老年人家庭安装独立的卫浴设施，在很大程度上改善了老年人的居住和室外活动条件。

同时，上海自 20 世纪 80 年代开始每年的"政府实事项目"中都有直接养老服务的实事项目，起到很好的政府引导示范效应。如，1992 年首次把为老人提供送餐、安装紧急救助铃和开展劳务服务列入政府实事之一；1993 年强调在社区服务中心发展养老服务项目；1994 年以后，每年都有新增养老床位的明确目标；1999 年第一次明确提出要建设老年医疗机构；2003 年提出建设老年日托所；2004 年提出要改善老年教育条件；2005 年提出要为老年人文化活动提供便利；2008 年提出为老年人提供社区助餐服务；2009 年提出为 21 万名老人提供居家养老服务，并对其中一半以上的老人给予政府服务补贴；2010 年新设 100 个社区老年人助餐服务点，为 25 万名老人提供居家养老服，等等。经过二十多年来政府积极发展养老服务的带头引领作用下，社会各界也越来越关注养老服务领域，不少企事业单位、非政府组织和志愿者都积极投身到养老服务事业中来，使得上海的养老服务得到很大的发展。上海的养老服务体系建设是伴随着人口老龄化的出现、老年人需求的提升、养老社会化程度提高而不断完善的，主要集中在为老年人提供各类生活照顾和护理服务，以及满足老年人各类特殊生活需求的服务领域，包括为各类老年人提供家政服务、健康护理、娱乐锻炼、养生保健、旅游休闲、法律咨询和继续教育等服务，通过为老服务、信息咨询和精神慰藉等方式实现。这些都与"老年友好型城市"项目的基本框架要求相吻合，也为上海开展该项活动奠定了良好的基础。

世界卫生组织等机构组织为"老年友好型城市"项目设立了八个方面的很多指标，这些指标对于处于老龄化前列的、很多发达国家的大城市而言，也存在差距和不足。对于"未富先老"的发展中国家的中国，抑或是"边富边老"的老龄化早且程度高的大都市的上海，必然会有很大的差距。2009 年，全国老龄办决定在全国 6 个省市有关市、区开展"老年宜居社区"和"老年友好城市"试点工作，上海的长宁区和杨浦区被确定为参加"老年友好城市"试点，这为上海在老龄化城市建设过程中，学习国际社会的创新理念，建设"不分年龄、人人共享"的和谐的老龄化社会提供了千载难逢的好机会，上海应该通过开展"老年友好型城市"的项目建设活动，树立一个与国际化接轨的理想目标，拓展发展养老服务的视野领域和提升城市能级水平。

四 构建"老年友好型城市"对完善养老服务体系的新挑战

从上海老龄化发展趋势看，近期上海将陆续面临"老年人口高龄化"、"第一代独生子女父母老龄化"、"人口老龄化高峰逼近"的连续挑战，大量有特殊照料需求的老年人口的急剧增加，尤其是伴随大量独生子女父母进入体弱多病的高龄阶段，以及伴随着老年人口素质的逐步提升带来其对养老服务需求的高标准和多样化，他们的居家养老生活将面临着很多实际困难，这些困难又随着人口老龄化高峰时期的到来，将从家庭问题发展成为社会问题，从一般困难累积成为棘手难题，上海的养老服务事业不得不面临着数量扩容和质量提升的巨大挑战。在继续加强对老年人提供全方位的生活照料和多层次的精神服务的同时，还应该有所创新。如果我们能够未雨绸缪，尽早按照"老年友好型城市"项目建设的国际化目标要求来规划我们的养老事业，一定能够较好地渡过老龄化高峰的重重难关。

上海现有的养老服务体系与建设"老年友好型城市"的目标任务相比，还相差甚远。上海近几年要在长宁区和杨浦区开展该项试点工作，必须坚持"大处着眼、小处着手、虚实兼顾、逐步推进"的方针开展工作，实事求是的寻找差距，放眼未来地寻找对策，对照八个主题，找出老年人最关心的问题，既注重"硬件"建设，又不忽视"软"环境的营造，一步一个脚印的实施项目，以此为抓手，为老年人办实事、解难事、做好事，为养老服务事业更上一个台阶服务。对照《全球老年友好型城市建设指南》提出的八大主题，分析上海现有养老服务体系中存在的明显不足，提出初步对策建议，为试点区域和全市今后进一步发展养老服务体系构建起理想目标框架。

1. 室外空间和建筑方面

（1）近期工作

把养老设施项目纳入市政公建配套设施建设中。2009 年 8 月，市政府印发了《关于推进本市大型居住社区市政公建配套设施建设和管理的若干意见》。明确了敬老等公建配套设施的土地费用、建设费用等配套办法，为养老设施的建设提供了政策保障；提高环卫系统公厕提高无障碍设施配置率，方便老年人使用。到 2009 年底，本市环卫系统管理的 2800 多座公厕已全部免费开放，公厕无障碍设施配置率已达 70%。根据《城市公共厕所规划和设计标准》，新建公厕都配建了供老年人使用的带安全抓杆的坐便器，对一些无法改建的公厕也设置了方便凳，供老年人使用。

（2）不足之处

第一、居住小区道路状况堪忧。老年人集中居住的小区，很多建设于 20 世纪 80 年代前后，小区内道路年久失修，并且拥挤着人、狗、垃圾、骑车者以及小摊贩等，有的区域道路还没有足够的无障碍设施，道路和人行道在大雨或大雪后遍布水坑使人易摔倒，不少老年人由于担心摔倒或受伤而不经常外出。

第二，公共建筑的台阶、出入口和通道等存在障碍。有些公共建筑和商务建筑的出入口缺少为行动不便的老年人士提供相关设施如电梯、坡道、扶手等；上海很多超市卖场和便利店没有无障碍通道，有些菜场入口还设有人为障碍物，妨碍轮椅出入。

第三，公共道路交通的马路上缺乏足够的标志和引导牌，有些提示或警示标志的尺寸，位置和色彩不容易被老人所见。

第四，公共场馆、公园、步行街道上缺少可供老年人休息的长凳。

第五，城市绿化带因维护不够而变成了垃圾堆，甚至有一些潜在的危险。

第六，人行通道、小区空地和公园道路上出现的疾驰而过的自行车、滑板、玩具飞行器和球类等，都有可能影响老人享受公共活动空间。

（3）改进对策。

第一，尽快检查各个居住小区和公共设施的标志牌（提醒或警示），根据老年人视力特征调整尺寸、颜色和位置。

第二，考察老人从家庭到就近的公共养老服务设施之间，使用轮椅车出行的便捷程度，做出无障碍方面的改建。

第三，考察老年人常用的公益性服务机构和营业性服务机构的入口是否安全方便，减少有一定转速的旋转门使用。

第四，加快环卫系统公厕无障碍设施配置速度，做到全覆盖。

第五，加强对城市绿化带的责任分包和安全维护，户外安全要有好的街道照明、警察巡逻。

2. 交通方面

（1）近期工作。出台针对70岁以上老年人公共交通优惠政策。本市70岁以上老年人，在非高峰时段可凭红色社保卡免费乘坐轨道交通（磁悬浮线除外）和公交车（机场线、旅游线除外）。节假日期间实行全天免费乘车；在公交汽车和轨道车厢内配备老年人专座，对车辆驾驶员进行有关老年人急救知识培训；针对多车道的超宽马路，设置中心安全岛，方便老年人分段通过；在不同繁忙程度的道路口，设置不同的红绿灯变化时间，适当延长某些路口红绿灯时间，使老年人有充裕时间过马路；改善人行道路的无障碍设施，在一些老年人易滑倒的水泥路面铺上防滑材料。

（2）不足之处。

第一，公交车站候车站台和地铁站台的设计不适合老人，有些因为光线不足难以看清车辆编号，还存在车辆台阶与地面之间落差太大或者车厢与站台之间空隙过大等问题。

第二，公共交通的车厢内设立有"优先专座"，对应的候车站和候车处却没有设立"老人专座"。

第三，公交汽车在加速、转弯和停靠站点等需要变速的情况时，没有给予老年人适当的预警提示。

第四，存在一些公交车司机常常根据车站上车辆停靠情况随意停车，有时将车停在非靠近站牌的人行道处，使老年人上下车很不安全和方便。

第五，对高峰时段（每天四个小时）老人出行没有对应的照顾和防范措施。

（3）改进对策。

第一，公共交通的候车区域全部设立"尊老专座"。

第二，公共车站标志位置要适宜、清洁、采光好和标示清晰。

第三，严格要求公车语音系统自动加入在加速、转弯和停靠站点等需要变速的情况时，提醒老年人注意安全的警示语。

第四，严格要求公交车司机在指定地点和便于乘客上下车的路边停靠车辆，并适当照顾老人上下车，等到乘客坐稳后才启动车辆。

第五，公交车司机要鼓励乘客的尊老意识，帮助老年人享受老年优先座位。

第六，推出类似于世博会出租车那样的便于身体残障人士出行的特殊交通工具。

第七，对有特殊需求的人，要有可用的和体现爱心的专用停车区和减速区。

3. 住房方面

（1）近期工作。随着住房改革的深入，目前上海人均住房面积34平方米，老年人住房条件也随着中青年住房条件的改善而有不同程度的改善，但目前城市老年人中感觉住房困难的比例依然近五分之一；上海在住房改革中，通过工龄抵充房款的形式来体现照顾老年人，在动迁中，也注重对老年人权益的严格保护，在政府出资的旧区改造中，通过对老公房底楼增建老年活动室、低层楼房优先考虑老人家庭选择，或者添加卫浴的无障碍扶手和添加电梯等手段，为老年人提供居住便利、出行便利。

（2）不足之处。

第一，在公寓密集的住宅区中，邻居间的交往和互助减少了，老年人往往生存在人际交往的孤岛上。

第二，一些老人因种种原因从城市中心搬离到边缘和郊县，而郊区或人口稀少地区的老人难以享受到公共交通和其他社会服务。

第三，房屋室内的设计格局统一单调，忽略老人和行动不便者的需求，人们缺少对于老年人所需住房要求的认知，对居家养老的老人缺少住房支持设施，缺少适宜老年痴呆症及其他老年认知障碍疾病患者生活的住房。

第四，由于政府补贴的住房（经济适用房、公共租赁房、廉租房）数量有限，有大量人员，包括大量老年人口排在候补名单里，但老年人并无优先考虑。

（3）改进对策。

第一，为老年人改装室内设备，如上楼梯用的椅子，侧面开门的浴缸，厕所浴室安装起身拉手、淋浴座椅、在房间内安装各类防滑、带保护罩的保暖设施等，形成老人宜居的家庭室内空间。

第二，在解决老年人住房问题时，要考虑低收入老人的住所附近有综合配套的服务区，廉价和容易获取的家政服务。

第三，在郊区建设适宜老年人和残疾人居住的新住宅区，并配以良好的公共服务设施。

第四，政府补贴的住房供给系统要适当考虑申请人员的年龄，优先考虑老年人，或者通过给予老年人住房补贴的形式解决老年人住房需求。

4. 社会尊重与包容方面

（1）近期工作。上海历来重视开展尊老爱老的宣传教育工作，积极开展各类社区老年活动，开展老龄事业和老年人的各类评奖表彰活动。老年志愿者在社区活动中充当着重要的中坚力量，弱势老人（低收入或者健康状况差）可以享受体面的社会福利补贴和社区服务援助。同时，上海的老年教育事业得到蓬勃发展，市级老年大学5所，其他各类各级老年大学273所，学员20万，其他分支机构的教学点和收视点共有8000个，学员40万人，提供老人终身学习的机会。积极开发老年产品，如2005年上海市老龄办和新华人寿上海分公司首次携手推出"银发无忧"老年人人身意外伤害综合保险，至今约有七十多万老年人参保。近期正在开展的利用红外线探测、GPS定位等多种高科技手段的组合，建立独居老人紧急援助系统，也是科技为老服务的表现。

（2）不足之处。

第一，强调老年人退休后回归社区，使得来自工作岗位的单位认同和同事友谊支持都很大程度上丧失，曾经的"当年勇"无处可说，失去了一个重要的社会尊重渠道。

第二，一些老年人觉得他们对社区所做的贡献未被充分认可和赞扬，感到"人越老就越不被尊重"。

第三，家庭里代际交流缺乏互动，往往是祖辈提供服务，孙辈享受服务，来自家庭的尊重和支持不足。

第四，针对老年人特点的，为老年人服务的公共性和商业性服务和产品都稀缺。

第五，在公众态度方面，人们往往将老年人群等同于需要照料的人群，对人口老龄化的前景描述消极。

（3）改进对策。

第一，老年人原工作单位应该主动给予精神上的关心，当政府为企业减负的同时，企业或者企业联合会等组织要自觉承担对老员工给予精神养老的服务，成为企业文化的一部分。

第二，在老年人积极参与社区活动，为社区充当志愿者的同时，社区要肯定和宣传老年人的过去和现在的贡献，给予尊重。

第三，社区要经常组织适合老年人参加的家庭性的社区活动，鼓励家庭成员要经常跟长辈一起做家务和娱乐，了解老人的优缺点，给予理解包容。

第四，新闻媒体要多描述老人们积极向上而非墨守成规的公众形象。

第五，日常大众化的经营企业和场所（超市、澡堂、影院等），应该为老年人提供特殊的消费服务安排，诸如分开排队或专门服务柜台。

5. 参加社会活动方面

（1）近期工作。近年来，上海在社区居家养老服务事业上取得很大发展，2009年底，养老机构615家，床位数近9万张，占户籍60岁及以上老年人口的2.8%；共有234家社区助老服务社，3.2万名居家养老工作人员，为22万名居家老人提供社区居家养老服务，约占本市户籍老年人口的7%；社区老年活动室5824家，使用面积达140万平方米。上海开展爱心助老基地建设项目多年，已经有很多家企事业单位为老年人提供活动空间；上海的公共设施，如博物馆、图书馆、文化馆和市民中心等都是免费开放的；旅游景点也对老年人施行优待政策，免票已基本覆盖了具有公益性、瞻仰性的博物馆、名人故居和大型公园。老年人喜闻乐见的旅游场所大多已实施门票优惠。这些设施为老年人参与社会活动提供了场所。

（2）不足之处。

第一，在老人住所附近建设社区活动中心或公共活动中心；老年公共活动场所大多数并没有配备助听、助视设备等针对老年人听觉、视觉等功能障碍的辅助设备。

第二，老人参与亲朋好友人际交往的活动在萎缩，不少社会关系随着个人退休、孩子搬走、配偶或亲友逝世而终结。

第三，音乐会、电影、公开听证会、文化讲座等公益性活动机会少。

第四，有认知障碍的老年人甚至连外出就餐都存在一定困难。

（3）改进对策。

第一，社区范围内的科教等机构设施，有条件的情况下，操场和图书馆等在晚间和周末对老年人开放。

第二，公益性的活动场馆要多组织开展各类适合老人的活动。

第三，经营性的文化娱乐场馆要为老年人提供一定比例的折扣票，提供必要的辅助设备（轮椅、助听器等）。

第四，要为贫穷的老年人提供享有公共的、志愿的和私人化服务的机会。

第五，推广发放睦邻友好卡，鼓励邻里互助，自愿结对助老。

6. 信息交流方面

（1）近期工作。上海在20世纪80年代末就开始了"文明社区"的建设，重视在居住小区内提供政策导向、科技交流、生活常识指南等的信息服务，基本上社区内有"板报、报栏、资料室、社区简报（讯）"，常年为居民提供各类基础信息服务；1986年创刊至今的《上海老年报》，就是为老年人服务的专业媒体；进入21世纪，上海普遍推广使用的"银行卡"、"社会保障卡"、"公共交通卡"等，都跟老年人的出行、医疗、消费和家庭理财等社会活动密切相关；近年来，陆续开展的"扶老上网"、"百万家庭网上行"、"科技助老"等活动都为老年人接受现代网络服务提供帮助，从 2007 年开始的"百万老人刷卡无障碍计划"就使得全市有四分之一比例的老人掌握了使用 ATM 机刷卡领取养老金的本领，进而指导和帮助老年人上网理财、交友、消遣，帮助老人消除数字隔阂，享受信息社会的便利，取得很好效果。

（2）不足之处。

第一，通过社区板报、报栏、资料室、社区简报（讯）等获得的信息，相对比较微观和滞后，对整个社会经济发展的宏观大局缺少把握。

第二，老人很多信息来源于周围人的告知，容易轻信错误的信息。

第三，在信息技术的使用方面，老年人很少使用帮助热线，能够拥有电脑并使用电脑上网获取信息的老人比例很低。

第四，各类公共媒体鲜有专门为老年人服务的节目，在字体、字速、色彩等安排设计中没有考虑老年人的特别需要。

（3）改进对策。

第一，加快已有的社区板报、报栏、资料室、社区简报（讯）的更新速度，及时反映宏观政策信息和最新新闻。

第二，充分开放社区活动中心的电脑设备，专门保留便于老年人浏览的信息网站，采取预约时间，轮流上网的机制，让更多老人接触电脑。

第三，在公共场所，诸如政府办公室、社区中心和图书馆有许多供公众免费或价廉的能上网电脑供老年人使用。

第四，热线电话和公共宣传等在书面和口头交流上，尽可能用简单明了、熟悉的词语和使用陈述句，一些指导性的说明应是慢速清楚。

第五，电子设备如移动电话、收音机、电视和银行自动取款机、自动检票机上有大的按键和大的字体标示。

第六，印制并向老年人发送"社区活动时间表"等，引导老人参与。

7. 社会参与和就业方面

（1）近期工作。上海老年人社会参与方面走在全国前列，现有老年学术组织 12 个，全市街道、乡镇级以上老年协会共计 174 个，老年体育协会 103 个；上海已经连续八年开展沪疆"银龄行动"，组织 200 多名老年志愿者为新疆贫困地区提供医疗帮助。其他志愿者活动也很普遍。

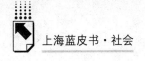
（2）不足之处。

第一，在严峻的就业形势下，政府不鼓励老年人参与就业活动。

第二，虽然老年人及用人单位认识到退休者可以通过从事更具有弹性的工作实现"分段退休"，但养老金、社会保障以及保险政策的种种限制妨碍了老年人"分段退休"和兼职工作。

第三，对老年人来说，能做出贡献并感觉到与贡献有联系和被认可非常重要，但一些城市的调查发现老年人为社会做贡献的主要途径是照顾孙辈。

第四，由于社区志愿活动在时间和内容上较为死板，老人不方便参与志愿活动，一些低收入老人缺少参加社区志愿者活动的动力和信息。

（3）改进对策。

第一，鼓励有较高业务技能的低龄健康老人直接参与创业，给予各种优惠政策，通过创造岗位为社会做贡献。

第二，鼓励低龄老人就近为社区里其他高龄老人提供低偿或志愿的家政理财等服务。

第三，鼓励用人单位留用55～65岁低龄老人继续工作，或半日制兼职工作。

第四，政府也要为身体上有障碍的老人提供参加志愿者服务的机会，如鼓励老人参与咨询委员会或类似社团管理工作。

8. 社会支持与健康服务方面

（1）近期工作。经过多年的政府实事项目建设，上海现有的社区卫生服务机构在形态布局上基本做到"纵向到底，横向到边"，城区基本做到10万～15万人群一个街道（乡镇）设有一个社区卫生服务中心，每1万～2万人群的地方建有一个社区卫生服务站；至2009年底，全市已形成了由232个区卫生服务中心和686个社区卫生服务站、1760个村卫生室组成的较为完善的社区卫生服务网络；上海针对老年人的医疗和健康的社会支持也较好，现有全市老年医疗机构（老年护理院、老年医院）共计71所，老年家庭病床4.06万张（家庭病床4.21万张）；为全市60岁及以上老年人建立了健康档案134万份，提供各类健康保健服务368万人次；同时，全市范围内逐步增加医保定点零售药店的数量，2009年，本市医保定点零售药店的总数达到333家，方便了老人就近配购药；不断扩大社区卫生服务站医保联网结算范围，全市2009年医保联网的社区卫生服务站达到184家，方便老人就近就医；为特殊人群（离休干部、高龄老人、老年妇女）提供就医保健服务，包括离休干部门诊"一条龙"服务、80岁及以上老年人提供医疗咨询和上门服务，以及针对老年妇女的妇科病、乳腺病的筛查服务。

（2）不足之处。

第一，政府的健康照料承受能力和社会保险覆盖程度面临挑战，社会服务和医疗服务资金大量缩减，缺少养老服务的提供者和培训人员。

第二，精细的老年人护理服务数量远多于预防型的养老服务。

第三，在居家养老服务方面，对职业照料人员（主要是外来女性劳动人口）由于缺乏管理和培训，专业素质以及语言沟通能力不高，居家个人护理服务不稳定、不专业。

第四，家庭照料及社区照料的不足，影响了老人实现尽可能长时间独立在家生活的愿望。

（3）改进对策。

第一，树立一个新的理念。为老年人提供社会服务的总体目标应该是帮助他们在家庭和社区中享有有尊严和有质量的生活，减少其过早地住院照料或寻求家庭护理。

第二，建立一个老年照料体系，保持预防型照料和精细照料服务供应量的比例平衡。

第三，培养一支专业队伍，增加整个养老服务行业的从业人口，加强对养老服务队伍的培训，在培训师资中增加老年病学专家和其他专业人员。

9. 构建"老年友好型"城市社区的基础性目标

综上所述，上海要在长宁区和杨浦区域构建"老年友好型"城市社区，还有很多工作要做，但首先必须尽快实现以下几个基础性目标。

（1）老人住所、居住小区、主要活动场所（超市）以及养老设施内，都要确保老人生活安全和出行便利。要具备电梯（高层）、坡道、随处可见的指示牌、有扶手的楼梯、休息座椅、防滑地面等设施。

（2）社区道路、周边公交车站、人行通道、公园以及城市绿化带都必须有充分的照明、警示和安全巡逻，及时为老人提供帮助和防护等。

（3）社区周边应有完善养老服务系统，设立专门的养老服务机构（日间照料中心、居家养老服务中心等），以方便老年人得到近距离的服务。

（4）区域范围内有医疗技术先进、设施配套齐全的社区卫生服务机构，具有医疗、护理、康复、临终关怀等服务项目。

（5）社区要有良好的尊老爱老的文化氛围和文化设施，有较多的老年人参与教育、文体活动，具有较好的人文素质，使得老人身心健康，有机会参加各类公益活动，有获得社会尊重的途径。

在未来50年的人口老龄化进程中，全面应对人口老龄化将是非常重要的国家战略，全力建设"和谐社会"必然是以全龄人口的美好生活为目标的，老龄人口作为弱势人群，不可能完全依靠自身力量解决自身问题，尤其需要全社会大力关注，需要各级政府政策的有力扶持，需要社区、家庭的全力支撑。上海要通过开展"老年友好型城市"的建设，力争通过政策、服务、场所和设施等方面的优惠、优先和优化，改善老年人的健康条件、生活环境、参与机会和安全保障，关注老年人的精神生活，挖掘老年人的潜能，促进老年生活质量的全面提高，奠定构建和谐社会的基础。

创新社会组织发展方式 促进社会融合

郑乐平*

摘 要：社会组织在整合社会资源、提供社区服务、维护社会稳定、协调社会关系、参与社会治理、推进慈善公益、创造就业机会、促进社会融合等方面正日益显示其独特的作用，成为政府和市场两大部门之外一支不容忽视的力量。然而，与发达国家和地区相比，无论在社会组织的数量和规模上，还是在运作能力上仍存在较大的差距。为此，我们需要在优化社会组织的发展环境，建构新型的政社关系，创新社会组织的发展方式，提升社会组织自身的内功上不断加以推进和拓展。

关键词：社会组织 创新 社会融合

一 发展现状与作用

随着中国社会经济的不断发展，社会组织发展环境的逐渐改善，以及社会需求的日趋多样化，上海社会组织的发展呈现出如下几个重要的特征。

1. 社会组织的数量增长较快

近年来，上海社会组织发展速度较快，2002 年底全市社会组织共 4884 家；其中社会团体 2437 家，民办非企业单位 2567 家，基金会 49 家。截至 2009 年底，全市社会组织已发展至 9498 家，其中社会团体 3524 家，民办非企业单位 5871 家，基金会 103 家。从 2002 年至 2009 年底，上海社会组织的年均增长率为 9.97%；其中社会团体年均增长率为 5.41%，民办非企业单位年均增长率为 12.55%（见表 1）。可以看到，民办非企业单位和基金会的增长率明显高于社会

---

* 郑乐平，上海社会科学院社会学研究所副研究员。

团体，这一方面体现了公益性社会组织的发展因应了社会的需求，另一方面这也是几年来政府在发展政策上倾斜的结果。

表1　全市社会组织发展概况

年　份	社会组织（家）	社会团体（家）	民非（家）	基金会（家）
2002	4884	2437	2567	49
2003	5686	2614	3237	53
2004	6526	2802	3903	57
2005	7236	2948	4470	66
2006	7918	3072	4772	75
2007	8366	3234	5049	83
2008	8942	3412	5435	95
2009	9498	3524	5871	103
年均增长率（%）	9.97	5.41	12.55	11.20

注：2002年至2006年，由于统计标准尚不清晰，部分社会组织重复计算，故统计结果存在误差。

另外，据上海市民政局提供的数据显示，截至2010年3月底，经本市区（县）两级民政部门登记的社会团体、基金会和民办非企业单位，共有9629家，总资产约360亿元，年度总收入186.6亿元，总支出184.1亿元，现有工作人员16.1万人（专职人员7.6万人，兼职人员8.5万人）。在全市社会组织中，社会团体3537家，会员总数已达到504万；民办非企业单位5983家，年度提供公益服务达202万人次；基金会109家，年度公益支出为7.17亿元，资助人次144.8万。此外，本市还有在各街道、乡镇备案的社区群众活动团队1.8万家，参与活动的群众在45万人以上。[①]

当然，无论从数量、规模，还是从运作能力上来看，上海社会组织尽管在国内居于领先地位，但与发达国家相比还存在较大的差距。每万人拥有的社会组织数还只有4.94家[②]

2. 社会组织的作用日益凸显

在我国，社会组织的发展是由政府为了避免"政府失灵"自上而下的推动，以及民间社会自下而上的结社（或者出于社会责任感和自我的价值实现，或者为了自身的利益和旨趣）这两股力量的双重作用下发展起来的。在政府和市场、

---

① 参见马伊里《创新社会组织发展模式　增强社会组织扎根民间的生存能力》，引自中国红十字会网站：http://www.redcross.org.cn/zx/gzyj/201005/t20100527_39881.html。
② 本数据根据2009年底统计的上海全市常住人口1921.32万人计算而得。

政府和社会以及市场和社会之间客观存在的中间领域为社会组织活动提供了广阔的空间，概括起来，社会组织作用体现在如下几个方面：

（1）充当国家与公民之间的中介。社会组织是公民自愿组成的团体。作为共同体的代表或表达方式，它们通过各种方式来表达其成员的认同、利益和关注，教育广大公众，影响整个社会的行为。通过这种表达能力，社会组织提供了两种知识：技术知识和公共知识。中介作用是社会组织的基本功能之一。社会组织的基本作用就是协调好个人与政府、个人与市场、个人与社会的关系。

（2）以组织化的形式参与社会治理和社会政策的制定。各类社会组织为人们提供了有序参与的平台和机会。分散的个人通过志愿结社形成各种各样的社会组织，可以发挥组织化、专业化的优势，也提升了个人的政治效能感。事实证明，各类社会组织借助其在各个领域中的专业优势和贴近社区的优势，在参与社会治理和社会政策的制定中正发挥出日益重要的作用。

（3）提供公共服务和社区服务。在我国当前的改革进程中，由政府集中统一组织的社会生活，正逐步向由政府、市场和第三部门共同组织过渡。政府不再直接干预微观经济，并将应属于社会的大量职能向各类社会组织转移。政府的部分职能向社会转移的过程也就是公共服务社会化的过程，其中第三部门当仁不让地成为承接这部分职能的主要机构之一。各类社会组织进入公共服务领域后，与政府分担责任，使政府从具体的公共事务中解脱出来，以一种监督者的身份审视公共服务的质量和效益。而社会组织同时也利用自身多样化的服务和优势，与政府形成互补关系，完成许多政府不宜直接提供或直接提供成本过高的公共服务。

（4）促进社会公平和社会融入。市场按照效率原则进行第一次分配，政府按照"公平原则"进行第二次分配，第三部门按照"道德原则"，通过捐赠和志愿参与实现第三次分配。通过这三种分配机制有助于建立一个兼顾效率和公平的和谐社会。例如，2009年上海各类基金会公益支出为7.17亿元（2008年因汶川地震人们踊跃捐款捐物，公益支出飙升至17.21亿元）。受益人次达144.8万。各类基金会已成为助学助医、扶贫济困，促进社会公平和社会融入的一支重要力量。另外，各类社会组织利用其在社区服务、公益服务和志愿者服务等方面的优势，在促进社会各阶层的沟通、扶助弱势群体、化解社会矛盾、创造性地应对各种社会问题、促进社会融入方面发挥了独特的作用。

（5）增加了社会资本存量。志愿参与和社会组织的成员资格能够提高个人的普遍化信任度。通过公民参与和志愿活动可以提高人们的公民意识、参与意识和社会责任感，缓解了由贫富差别和城乡差别所带来的弊端（通过捐赠、志愿活动、利益表达等），增加社会成员间的沟通、信任和社会资本。

二 社会组织与社会管理体制的创新

1. 社会管理体制创新的意义

社会管理体制改革是改革深化的必然要求。社会管理体制的变革是一个制度创新和组织重造的过程。有学者指出的，"社会管理体制的改革和优化是社会体制改革的中心环节。其中激发各类社会组织和社区的活力是关键。因此，创新社会管理体制，既要依法加强对社团、行业组织和社会中介组织等社会组织的规范管理，促进各类社会组织健康发展，又要营造宽松的外部环境，充分发挥它们在提供服务、反映诉求、规范行为方面的作用。优化社区建设，建立健全新型的基层社会管理体系，全面推进社区服务全覆盖……同时，要在各种机制的整合上做文章，逐步完善合理有效的利益协调机制、诉求表达机制、矛盾调处机制、权益保障机制，正确把握最广大人民的根本利益、现阶段群众的共同利益和不同群体的特殊利益关系，建立健全政府负责、社会协作、公众参与的社会管理体制。"①

从国际经验来看，自 20 世纪 90 年代以来，在许多国家出现了一种从地方政府向地方治理转变的趋势。有学者认为，我们目前正处于一个"网络、伙伴关系和联合服务的时代"②。治理意味着解决问题的能力不再仅仅依赖于政府有权发号施令或使用权力。③ 作为治理概念的核心是"联合"治理，这不仅意味着政府、市场和公民社会组织之间的联合，也意味着政府不同层面上的联合。这种联合治理出现在一系列发达国家中，从澳大利亚、加拿大、新西兰，到美国、荷兰、瑞典和英国。④

---

① 姚俭建：《为民生福祉提供社会体制保障》，2007 年 11 月 9 日《文汇报》。

② Condidine, M（2002）"The End of the Line? Accountable Governance in the Age of Networks, Partnerships and Joined up Services", *Governance*, 15（1）: 21 – 40.

③ Stoker, G（1998）"Governmance as Theory: Five Propositions", *International Social Science Journal*, 155: 17 – 28.

④ Geddes, M（2005）"International Perspectives and Policy Issues". In P. Smyth, J. Reddel & A. Jones, *Community and Local Governance in Australia*, Sydney: UNSW Press.

在中国社会管理体制改革中，我们需要将联合治理或共同治理作为体制改革的基础。在共同治理的框架下，政府不再是社会管理的唯一权力中心，政府也不是社会公共事务和公共服务唯一提供者。共同治理是由多方参与并通过参与多方结成伙伴关系相互协商、合作的结果。从发达国家社会治理现实来看，一个比较成熟的社会管理，都会努力寻求国家有效治理的社会基础，国家权力并不试图渗透到社会的每一个角落，相反，容许社会自治因素的存在和发展，并有意识地建构一种比较完善的社会治理体系。有效的社会治理并不是通过国家权力的无限扩张来完成，而是通过合理范围内的国家权力运作、社会自治的有效展开以及这两者的合作、互动、互补来实现的。

2. 社会组织与社会管理体制创新

社会管理体制的创新，指的是发展和应用新的体制、机制和步骤来应对转型社会所面临的各种社会和经济挑战，提升社会治理的效率和有效性，填补共同治理和协调的阙如，以满足社会的多样化需要。在市场经济条件下，大力培育和发展社会组织是政府转变职能，实现"党委领导、政府负责、社会协同、公众参与"的新型社会管理体制的需要。社会组织的培育和发展，对于推进社会管理体制的创新和完善具有以下的一些独特作用：

（1）社会组织可以提供政府不能有效地或有效率地提供，而营利部门也不可能提供的服务。社会组织可以根据个人和社区的需要提供服务，而这种需要营利部门是不会提供的。而且，社会组织可以采用激励创造力，并采用创新的办法来解决复杂的社会、经济问题。

（2）社会组织能够提供有效的"局部"政策。我们今天所面临的重要挑战是地方性的，是以社区为基础的创造性的解决方案，这些方案往往是跨部门的、跨机构的，而不是传统上政府科层组织那种自上而下的解决办法。

（3）社会组织作为一种广泛多样的组织网络，它的优势就在于多样性，从而能够满足不同群体，特别是弱势群体的多种多样的需要。而且，它有助于人们建立网络和关系，发展技能、分享知识。因此，社会组织在弥补市场失灵和政府失灵，在培育公民意识和志愿精神，积累社会资本，让个人有机会奉献自身资源方面，发挥着独特而不容忽视的作用。

概括而言，社会组织真正的力量所在，就是其创新能力和寻找解决社会问题的创造性办法。社会组织可以培育和引导社区层面的创新。各类社会组织可以将它们对社区的深入了解、实用经验、灵活性和敏感性、创业技能和整体分析用来应对各种社会、经济挑战。另外，活跃在社会组织中的各类志愿者是创新和行动的源泉。他们将知识、技能和时间转化成为社会所需要的服务、产品和建议。

3. 社会管理体制及社会组织创新的实例分析

近年来，在推进政府职能的转变，促进社区服务的专业化、社会化、多样化，整合社区资源，以及最终为了满足社区日益多样化的需要，上海社会管理体制和社会组织本身发生了许多重大的变化，突破了原有体制机制的束缚，出现了许多创新性的做法。

（1）创新政府对社会组织的扶持方式。2010 年，上海市民政局创新了政府对社会组织的扶持方式，在全国范围率先从市级福利彩票公益金中拿出 5000 万元，其中 4000 万元用于社区公益项目招标，对于中标的社会组织，给予 20 万 ~ 50 万元不等的资金支持，加上各个区县以 1∶1 的比例投入的配套资金，用于社区公益招投标的总资金达 8000 万元。另外 1000 万元则用于公益创投（委托 NPI 实施此项目），并与上海电视台"第一财经"频道合作播出创投决赛情况，旨在扩大社会组织的影响，吸引更多的社会资金。为了确保项目的有效执行，还专门出资聘请公益导师，对中标的公益组织提供全程免费的能力建设督导，以实现两个相结合：一是将对公益组织的资金支持与能力建设相结合；二是将促进公益组织成长与培育民生服务项目相结合。①

（2）积极推进社会创新，提升公益组织的整体效能。为进一步贯彻落实党中央和上海市对社会建设的总体要求，近年来，民政部门积极探索运用社会创新的方法积极应对社会现实需求，不断加大民政工作服务社会建设的力度，浦东公益服务园和上海市社会创新孵化园项目就是这一系列探索的重要组成部分。

案例 1：浦东公益服务园

浦东公益服务园是内地首个公益组织集聚办公并提供多种共享服务的园区。在浦东新区政府支持和公益组织的共同参与下，公益服务园秉持"创新、合作、成长"的理念，成为新区社会建设创新的试验田，社会组织合作发展的公共平

---

① 参见马伊里《创新社会组织发展模式　增强社会组织扎根民间的生存能力》，引自中国红十字会网站：http://www.redcross.org.cn/zx/gzyj/201005/t20100527_39881.html。

台，以及公益机构孵化和成长的家园。公益服务园在功能布局和设计方面遵循环保与公益理念，在管理方面则采取社会组织自主管理、自我服务的方式。目前公益服务园已有20家公益机构入驻，成为浦东新区乃至上海市的公益窗口。公益服务园的功能主要体现在如下几个方面：一是集聚社会组织力量，展示公益机构风采；二是营造公益生态圈，构筑公益产业链；三是激活公益自主意识，创新社会建设实践；四是树立公益标杆，示范社会发展路径。

经过两年的运作（第1年为试运行期）浦东新区通过公益服务园这个平台和制度性设置，使入园的各个公益机构得以形成互补合作的关系，突破各自功能独立的局限，发挥了联网（networking）所带来的更大效能。公益服务园的建立促进了新的社会资本和知识资本的产生。作为一种制度创新，它在三个维度上（结构的、关系的和认知的）形成了高水平的社会资本；因其集聚了更丰富的社会资本，公益服务园在创造和分享知识资本中比各个分散的公益机构更具有优势。公益服务园借助其创造和转移默会知识的设施和机制，使各个组织间频繁的协调、沟通、合作得以开展，形成了以枢纽性、专业性和支持性公益组织为主体的公益共同体。

案例2：上海市社会创新孵化园

上海市社会创新孵化园位于卢湾区丽园路501号，建筑总面积近1600平方米。孵化园由市民政局立项，福利彩票公益金提供资金支持，以招标方式委托浦东非营利组织发展中心（NPI）运作管理。

社会创新孵化园目前开设12个项目（计划三年内达到30个左右），包括醇真餐厅兼烘焙教室，让智障和其他残疾人接受系统实训，为来宾提供西点烘焙和餐饮服务；艺林盲人按摩兼优爱实训基地，为盲人提供推拿、经络保健的实训与上岗机会，整体提升盲人按摩行业档次；聋人电脑设计与盲人话务中心实训基地，为聋人电脑动漫设计及盲人、肢残人进行话务和网络客服等上岗实训；黑暗中的对话，在盲人培训师的带领下对健全人进行领导力和团队建设培训，增进残疾人与健全人的沟通与融合；大师工作室，残障艺术家作品展示和现场作画，并对有兴趣的公众进行音乐、绘画、手工等方面的辅导；公益心体验工作坊，联合数家公益性社会组织共同开发和设计各类互动项目，让企业员工、社区志愿者有机会与残障人士和专业人士一起做手工艺品、糕点，学手语等等；社会创业家学院，学员主要包括有志于公益创业的社会创业家、公益组织从业人员及热心公益人士，学院配备讲师团队，同时邀请公益业界优秀创业者代表、残障人士企业家和专业人士，进行包括专题讲座、名家沙龙、公益创新项目头脑风暴等在内的多种形式培训和能力建设活动。

社会创新孵化园的主要功能有：一是建立社会创新的支持平台。通过搭建政府、公益性社会组织和社会企业的协作平台，推动跨界合作，共同应对社会问题；二是提供解决社会问题的新机制和新案例；三是促进社会组织能力建设和创业人才成长，培育一批具有可持续发展功能的公益性社会组织，集聚一批具有公益使命意识的社会创业领军人才；四是倡导和践行社会进步理念。通过孵化园，关注人的社会功能的恢复，体现合作共赢及环保、低碳、可持续发展等进步理念。①

社会创新孵化园还刚刚起步，对其成效和影响力现在还无法作出评估，但其全新的理念和运作模式，已对整个公益界产生了不小的冲击，而其未来的成效和影响力也是可以预期的。

（3）创新型社会组织和项目不断涌现。近年来上海社会组织出现了各种新的组织形态，如支持性组织、网络型组织、社会企业、社工机构、志愿者组织等。

● 专业性支持性组织，如：

恩派（NPI），作为一个公益支持性组织，NPI以"助力社会创新，培育公益人才"为己任，旨在为初创期的草根公益组织提供场地、资金和专业技能上的支持。过去3年里，NPI已培育"出壳"公益组织11家，运作公益项目近百个，运作资金达数千万元。此外，NPI每年在全国范围内孵化30个左右的民间组织，为其提供能力建设、场地设备、小额补贴、注册协助等方面帮助。在此过程中，NPI积累和开发了大量适用于中国本土公益组织的课件和案例，并借此成为国内重要的能力建设机构和案例中心。

上海映绿公益事业发展中心主要致力于公益机构能力与公信力建设，通过对

---

① 参见马伊里、李友梅、徐中振等《推进政社合作 创新社会建设——专家学者"谈上海市社会创新孵化园"的探索实践》，2010年7月1日《解放日报》。

公益组织的系统培训和举办颇有社会影响力的年度公益论坛，提升公益机构的能力和影响力。

- 专业社工组织，如：

上海乐群社工服务社以专业社工为主体的社会服务机构。

上海中致社区服务社对社区服刑和刑释解教人员、药物滥用人员和社区青少年以专业社会工作方法开展帮教服务。

上海公益社工师事务所承接从居委会剥离的社区社会工作，提供社区青少年辅导服务、社区儿童托管服务、社区工作者培训和辅导、家庭支援服务、高危弱势群体社区援助服务等。

- 社区服务类组织，如：

上海屋里厢社区服务中心以社区居民需求为本，运用专业社工方法，通过引入或合作开展满足社区不同居民需求的社区服务项目，达成社区凝聚的非营利性组织。

上海南西社区金钥匙服务业发展中心侧重于填补目前社区服务盲点、提供"居民确实需要、市场无法满足、政府必须承担"的便民服务项目的服务实体。

- 志愿者组织，如：

上海市闸北区热爱家园青年社区志愿者协会由志愿者为主体自发组织的社会团体，致力于为社区内的各种社会弱势群体提供各种援助。

柏万青志愿者工作室是由柏万青等一批热心志愿服务事业的社会各界人士自愿组成的社会团体，自成立以来，通过不断的开拓创新和富有创意的策划，开展了一系列富有特色、具有广泛社会影响力的志愿服务活动，创出了一个声名远扬的社区志愿服务品牌。

- 社会企业，如：

华爱社区服务中心以承接政府委托的社区服务为主的社会企业型社会组织。

上海欣耕工坊以贸易所得来开展助学和扶贫的社会企业。

- 联合治理模式，如：

静安区洪智中心是静安区安置帮教工作的一种新形式，探索了民办非企业单位参与社会治理的新方式，将安置帮教的过渡性安置基地的规范化建设与管理融入公益性和政府购买服务的项目之中，开创了安置帮教的新模式，即政府、企业、社会组织多方参与的联合治理模式，通过与各级政府和其他社会组织联合的

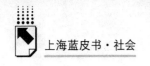

方式来有效地解决安置帮教、化解矛盾、小区治理等社会治理事务。

美丽园社区共建联合会利用企业管理的理念、知识、技能和资源来更有效地解决社区遇到的种种问题，为社区共治、共建提供一种制度化、组织化的机制，使社区共建真正纳入日常运作轨道，成为一种可持续发展的实践活动。

另外还有致力于教育扶贫的麦田计划、多背一公斤、爱共线；以扶助关爱弱势群体为使命的阳光中心、绿丝带和新途；致力于绿色环保的绿洲生态、上海根与芽、社会野鸟会等社会组织。

由上海市团市委主办的首届"青年影响社会"（2010 年）上海十大公益项目评选活动，评出了十大"最具影响力"公益项目和十大最具潜力公益项目，可以说集中反映了近年来上海公益界的新气象和新趋势。

"梦想中心"乡村素质教育公益服务体系（上海真爱梦想公益基金会）、"赶碳号"低碳乐园（上海益优青年服务中心）、久牵农民工子女潜能培育项目（上海久牵志愿者服务社）、果壳时间（科学松鼠会）、阳光下展翅——上海社区青年就业援助行动（上海市慈善教育培训中心、上海市阳光社区青少年事务中心）、圆梦·接力看世博志愿者服务项目（上海青年家园民间组织服务中心、上海益优青年服务中心）、"关爱自闭症"行动（上海青聪泉儿童智能训练中心）、社区公益站（上海康乐家社区服务发展中心）、上海市青少年迎世博百万笑脸征集活动（上海青年公益门户网站）、城市应急支援服务专项案——"安全体验营"系列项目（上海音速青年志愿服务中心）被评为"最具影响力"的十大公益项目。

天使知音沙龙——关爱自闭症儿童慈善公益项目（上海城市交响乐团）、"假如我能行走三天——渐冻人"特别关爱行动（上海阎宝航社会公益基金会MDACHINA）、淀山湖水源地生态保护和社区发展示范项目（上海绿洲生态保护交流中心）、再生电脑公益行（上海市华侨事业发展基金会"再生电脑公益行"办公室）、海上青焙坊（海上青焙坊）、原发性免疫缺陷夏令营（新 PI 俱乐部）、公益跳蚤会（公益家团队）、"阳光童年"农民工子女服务项目（上海乐群社工服务社）、公益 365（上海浦东新区优爱助残公益服务中心）、把世界打包（上海微笑青年公益服务中心）被评为上海十大最具潜力公益项目。

这些创新型社会组织和公益项目的特色在于融合了政府、社会组织、志愿团体、社区居民和企业等各种社会资源，满足了社会多样化的需求，形成了政府和企业之外的第三域，并探索了一种新的社会治理和社区服务模式。

三　瓶颈问题

从现状来看，尽管社会组织发挥了日益重要和多样的作用，但无论是社会组织的外部环境（包括立法、管理体制、登记注册、税收政策、社会认同度等）还是社会组织本身的治理结构和能力建设等方面都存在许多有待变革、改进和完善的问题，以及需要应对的挑战。

1. 社会组织发展中存在的瓶颈问题

（1）社会组织发展的水平不高、能力不强。

第一，从数量上来看，社会组织仍处于发展的初级阶段，与发达国家相比还存在较大的差距（发达国家每万人拥有社会组织的数量一般在 50 家以上，而截至 2009 年年底上海每万人拥有的社会组织只有 4.94 家）。目前上海市社会组织年度总支出占全市 GDP 比重约为 1.4%，而世界 22 个发达国家非营利部门年度总支出占 GDP 的平均值为 4.6%，美国与英国分别高达 7.5% 和 6.8%；社会组织专职工作人员占全市非农就业人口的比重为 0.7%，低于 4.8% 的世界平均水平，远低于荷兰 12.6% 和加拿大 11.1% 的比例。

第二，从社会组织的能力上来看，虽然上海市已有了一些知名的社会组织及领军人物，但总体上来说，有活力、有能力、有持续创造力的社会组织不多。不少社会组织，特别是公益类社会组织存在"造血"机能不足，经费紧张、人才匮乏、自我发展缺乏后劲的问题。

第三，社会组织从业人员的薪酬和福利待遇偏低，因此造成社会组织从业人员的流动性比较大，大学毕业生不愿来公益组织就业。

（2）社会组织管理的行政化色彩还比较浓，"双重管理"使体制重心偏于约束和管制，支持、理解、培育和让渡空间做得还不够，至少在不少政府部门眼里社会组织还无足轻重。

（3）政府购买服务还缺乏力度。一方面社会组织缺资金、缺人才；另一方面不少政府部门的资源并没有得到有效利用和合理配置。从国外和我国香港等地区的经验来看，非营利部门的资金 60% ~ 70% 来自于各级政府，而我国对社会组织的投入和财政支撑显然是不足的。政府对社会组织的资助和购买服务的资金大多是预算外资金，或者采取变通的方式解决。由于社会组织缺乏稳定的经费来

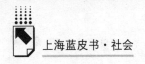
源，加之自身缺乏开拓多样化资金来源的渠道和能力，影响到了机构的运作和功能的发挥。

（4）社会组织的支持性体系尚未确立，社会组织生态链存在着断裂。一般来说，社会组织要获得良好的发展，需要有一个完整的生态链。除了各种各样的运作性社会组织之外，还需要有众多的支持性组织，如资金支持性机构（如基金会和各类基金）、专业支持性组织（如公益行业协会、能力建设机构、公益培训机构、公益研究机构等）、网络性支持性机构（联合会、联盟组织、伞形组织等）。从上海全市范围来看，还缺少那些具有很强的社会动员力、有广泛的社会网络、有专业水准的公益类社会组织，以及能够培育、孵化公益组织的支持性社会组织，另外也缺少能够给予社会组织发展以资金上支持的各类基金会和基金。

（5）不少社会组织还缺乏完善的规章制度、缺乏健全的人才培养、引进和激励制度，还未形成一种讲求运作效率、服务质量、注重创新的组织文化，也在一定程度上影响到了社会组织的能力、活力和持续的创新力。

四　发展路径与对策

针对社会组织发展和管理体制中所存在的瓶颈问题和挑战，有必要推出切实可行的对策，为推进社会组织的发展创造良好的条件。

1. 进一步推进社会管理体制的创新

在社会管理体制改革和创新方面，我们应该本着"胆子再大点，步子再快点"的精神，加快创新步伐。在社会管理体制改革方面，应该时刻将社会的利益，公众的利益放在首位，而不能将部门的利益、个人的利益放在首位。要构建和完善社会治理的框架，需要建立和完善党委领导、政府管理和基层社会自治的协调机制。具体来说，社会管理体制的改革和创新可以从以下几个方面去拓展：

（1）确立以"政社分离"为基础的政府与社会组织之间的分工合作。政府的职责和角色主要是负责社会管理与社区服务的政策制定（当然在政策制定过程中也有一个多方参与的问题）、监管和评估，而各类社会组织的主要角色是承担具体的社会管理和社会服务项目，并接受政府的监管和评估。

（2）完善购买社会组织服务的公共财政体系。政府在每一财政年度都应设立专门的购买服务的预算，通过招标、委托等形式向社会组织或社区服务机构购买服务。各类社会组织或社区服务机构通过竞标或受托的方式获得项目资金，提供面向社区居民或其他特定服务对象的服务或产品。这种委托代理关系应严格遵守契约精神，并以公平、公正、公开的竞争为准绳。

（3）构建多方参与的社区共同治理结构和网络。在社区（街道）层面的共同治理结构和网络应以参与、民主和协商原则为基础，而不能以行政管理至上的原则为基础。共同治理结构和网络应强调伙伴关系、合作互动、共商共议的横向关系，而不是强调领导被领导的、行政性的垂直关系。共同治理结构中的各方应更多地通过协商、谈判等民主化手段来解决不同参与者（行动者）之间的利益冲突，而不能以纯粹的行政手段来解决问题。

（4）积极培育各类社会组织，让社会组织逐渐成为提供社区服务、倡导社区参与和志愿精神、培育公民意识和美德的主要力量，而不是可有可无的配角。只有这样，社会组织才能真正发育壮大起来，才能构建以公民社会为依托的和谐社区，才能有效地回应公众的诉求，满足其日益多样化的需求。

2. 明确社会组织的主体地位

党的十七大文件再次强调在公共服务和社会管理方面要健全"党委领导、政府负责、社会协同、公众参与"的格局。同时提出要"重视社会组织的建设与管理"。社会组织既是提供公共服务的一支力量，它们自身的发育也是社会管理中的一部分。社会组织利用社会资源，建构各种互动网络，发挥"社会资本"的作用，服务于不同的社会需要，其服务功能与合法性基础是毋庸置疑的。

在国家和社会的关系上要确立"强社会、强国家"的"双强模式"。在制度上和法律上明确社会组织在社会建设、社会治理和社区服务中的地位和作用。确立社会组织是社会建设主体之一的观念，让每个社会组织在不同程度上将参与社会建设、社会治理和提供社区服务作为自己的一种使命，并以此来体现自己的社会合法性和社会价值。

在公共服务和社区治理方面，政府和社会组织应当具有平等的地位。虽然各自的能力会有大小，关注的面和承担的责任会有不同，但是建立平等的伙伴关系十分重要。政府与社会组织在公共服务和社区治理中应当形成良性互动的关系。随着我国改革的不断深化，由政府集中统一组织的社会生活，正逐步向由政府、市场和第三部门共同组织过渡。政府不再直接干预微观经济，并将应属于社会的大量职能向各类民间组织转移。政府的部分职能向社会转移的过程就是公共服务社会化的过程，其中社会组织当仁不让地成为承接这部分职能的主要机构。公共服务社会化不仅有政府"放权"的过程，更要有政府"还权"的过程，把本应由社会承担的那部分公共管理的职能真正交由社会来行使。各类社会组织进入公共服务和社区治理领域后，可以为政府分担责任，使政府从具体的公共事务中解脱出来，以一种监督者的身份审视公共服务的质量和效益。而社会组织同时也可以利用自身多样化的服务和优势，与政府形成互补关系，完成许多政府提供不足、不宜直接提供或直接提供成本过高的公共服务。

3. 优化社会组织发展的制度化环境

要使社会组织有一个持续健康的发展，优化其发展的制度化环境是关键。

（1）完善资源配置和资源整合。

第一，进一步梳理现有政府职能，并开展职能评估工作，确保社会组织发展与政府职能转变相同步，逐步将行政服务类的政府职能转由社会组织承担，借此科学界定社会组织的发展范围，以及相关政府职能的逐步退出。同时，切实做到事权、财权转移和行政资源重组，充分发挥社会组织的主体作用。

第二，进一步完善社会组织工作的财政保障机制和资源调配机制，在财政转移支付的基础上，采取更有利于社会组织发展的扶持政策，帮助社会组织开拓业务、扩大影响，并给予房屋、设施、设备等方面的保障。

第三，在市级财政设立一定比例的社会组织发展基金，由全市社会组织申请使用，包括向社会组织工作人员提供适当的薪酬、福利等。

第四，有机整合国内、外社会组织、领军人物等资源，形成社会组织网络化、一体化、开放性、竞争性发展格局，提高公共服务水平，不断拓展和开发公益项目，在满足社会和社区居民多样化需求的同时，推动社会组织价值的实现和自身的发展。

（2）完善政府购买服务的体系

将当前社会组织工作采取的"事项式管理"（政府立项购买服务）的方式，逐步调整为"标准式管理"方式，按不同事务设立服务标准，并更多地采用招投标手段，按照市场竞争机制进行运作、调节和评估，提高社会组织的能力水平和公信度。进一步完善面向社会组织的共同服务采购基金、招投标机制和评估机制，从而使那些真正有能力的，并具有完善的治理结构和公信力的民间社会组织和志愿团体能够脱颖而出，成为提供公共服务中一支不可或缺的力量。

（3）从行政性管理转向行业性、专业性和枢纽式的管理

在管理机制上应从行政性的管理转向行业性、专业性和枢纽式的管理，进一步完善社会组织的生态链，发挥好各类支持性、专业性和枢纽性组织所扮演的沟通、协调、中介的角色，以及培育孵化社会组织的功能，真正实行社会组织自我管理、自我服务、自律互律的新模式。民政部门和支持性组织要善于牵线搭桥，为社会组织搭建信息交流、知识传播、经验分享，以及政—社、社—社、企—社之间合作的平台。

（4）切实解决社会组织的人才和待遇问题

为了吸引优秀青年人才进入公益组织，要制定各种优惠政策，创造良好条件，吸引优秀人才，尤其是青年人来社区或公益组织创业，并将优秀人才的引进、创业与社区的发展有机地结合起来。要加大力度培育公益组织领军人物，给予他们相对优厚的待遇和开展工作的更大权限。解决社会组织，尤其是公益组织从业人员待遇偏低的问题。对此，一是加大财政投入；二是建立社会组织发展基金会；三是社会组织本身要积极拓展资金来源渠道，寻求资金来源多样化；四是建立社会组织人才库，纳入这个人才库的社会组织人才应给予相对优厚的薪酬待遇。

4. 加强社会组织的"内功修炼"

外部的制度化环境固然重要，但社会组织自身的"内功修炼"也不可或缺，而营造完善的社会组织生态链，提升各个组织自身的专业化、规范化水平，以及浓厚的公益理念、价值观和组织文化是未来几年社会组织发展的重要议题。

（1）积极打造本土化的公益组织支持性网络（如 NPI、映绿、青年家园等），通过这种支持性的网络，为创新型的草根公益组织提供注册绿色通道，了解政府购买服务的政策，获得企业和基金会的资源支持，提升专业化运作能力，积累社会资本。

（2）可以考虑在各个区、县建立社会组织培训中心或孵化基地，通过强化非营利组织管理技能、项目运作等方面的专业知识和实务的培训，逐渐提升社会组织的能力和专业化水平，从而更好地承接政府转移的职能和政府购买的服务，提高回应社会的能力，满足社会的多样化需求，尤其是弱势群体的需求。

（3）各类社会组织应加强自身的能力建设，提高自身的创新能力，力求以自己高效率的服务和公益产品，来赢得政府的信任、企业的支持、社会的青睐。

（4）加强社会组织的规范化建设。一个高效运作的组织既需要组织的自律，同时还必须有政府和社会的广泛参与和监督。由此，政府、社会、公众、媒体和社会组织自身构成了一个多层面的规范机制。清晰明确的自律与他律规范可以为内部和外部的监督提供依据，从而使社会组织的自律与政府、社会的监督形成良性的互动，从而为社会组织的良性发展奠定一个坚实的基础。

（5）积极培养社会组织的领军人物和人才。一个活跃的、具有一定知名度的社会组织，往往要有一两个杰出的领军人物或创始人，但往往在领军人物离开后，这个组织也就开始走下坡路或销声匿迹了。所以，积极培养领军人物和社会企业家可能是社会组织所面临的重要挑战。

B.12
促进中产阶层发育 壮大社会中坚力量

于 宁*

摘 要： 本文以中产阶层在特定社会经济形态下的"稳定器"作用为研究起点，着眼于转型社会中的上海中产阶层发展状态的现实研究，通过收入、职业和消费三个单项标准对上海中产阶层进行界定。研究发现，现阶段上海收入中产的比例不超过30%，职业中产的比例在20%左右，消费中产的比例也不超过30%。因此，能同时满足以上三项标准的综合意义上的中产阶层比例则更低。文中分析了上海中产阶层发展中存在的问题，包括总体比例偏低，"社会稳定器"作用发挥不足；内部结构比例不合理；具有不稳定性。造成这些问题的主要原因包括社会财富分配不规范；人力资本投入不足，教育机会不均等；城市化进程中的外来人口社会融入不足。对此，本文提出了上海培育中产阶层的对策研究，包括大力发展经济，促进产业结构升级、增加就业；深化分配体制改革，规范初次分配秩序；加强再次分配功能，建立完善的社会保障机制；坚持优先发展教育，促使低收入阶层向中产阶层转化；建立合理的社会流动机制，实现社会结构富有弹性、总体平衡；深化城市化进程，促进农村人口全方位融入城市生活。

关键词： 上海 中产阶层

一 中产阶层在特定社会经济形态下的"稳定器"作用：国际视野与现实意义

1. 国际视野下的中产阶层及其社会作用

在工业化和后工业化的发展进程中，社会结构变动最为显著的特点之一是中

---

* 于宁，上海社会科学院人口与发展研究所。

产阶层的不断壮大，它为工业化社会带来了长期稳定的发展。中产阶层是随着工业化的发展而成长起来的，是伴随着现代社会结构演变的产物，是工业社会—后工业社会劳动分工体系及阶层关系展开的结果。① 中产阶层的形成综合了经济、社会地位、政治等多方面因素。从经济上看，中产阶层是引导社会消费的最主要群体；从社会地位上看，由于在社会层级方面达到中等及以上水平，他们取得了稳定的社会地位，同时又是介于高层与底层之间的缓冲层。此外，中产阶层在政治上有共同意识，这源于他们是在现行制度下的受益者，因此希望保持现状，维护社会稳定；以积极的态度与温和的方式参与政治，通常不会采取过于激进的手段；中产阶层所代表的温和、保守的意识形态对抑制极端思想和冲突观念有着积极意义，中产阶层是社会"稳定器"的说法由此而来。

从欧美等已实现现代化国家的发展轨迹来看，占有政治、经济、社会资源最多和最少阶层的人数规模都比较小，而占有政治、经济、社会资源中等水平的社会中间阶层即"中产阶层"则比较庞大，整个社会阶层结构形态呈"橄榄形"。②

社会认同的"中产阶层化"，使得发达国家在现代化的社会进程中，得以获得一个较为稳定的社会环境，也使发达国家的政府得以根据中产阶层的社会价值观及其行为规范作为调整社会利益结构的基点，并在一定程度上为缓和市场化导致的"贫富两极分化"的负面社会结果，争取各阶层平等获益，寻得社会政策调整的空间。美、英、德、日等发达国家在一百多年的工业化、城市化进程中，依次经历了农业及从业人员减少、工业及从业人员增加、服务业及从业人员增加（伴随着工业及从业人员减少）的社会结构变化过程，中产阶层就是在这个过程中产生、形成、发展的。目前中产阶层在经济发达的国家中基本上占总人口的40% ~60%③，成为这些国家社会结构的中间层，有效地发挥了"缓冲层"、"稳定器"这一社会中坚功能。

2. 对上海中产阶层研究的现实意义

社会阶层的分化与重组是现代化进程中的必然现象。随着我国改革开放向纵深发展，原来相对封闭的社会阶层结构发生了很大变化。④

---

① 方金友：《中产阶级的演变及社会功能》，《国外社会科学》2007 年第 3 期。
② 张宛丽：《对现阶段中国中间阶层的初步研究》，《江苏社会科学》2002 年第 4 期。
③ 陶冶：《将中等收入者培育成中产阶层》，《社会观察》2005 年第 1 期。
④ 齐卫平、肖照青：《理论界关于当代中国社会中间阶层的研究综述》，《社会》2003 年第 6 期。

产业结构的调整首先表现在各产业从业人员的结构变化上（见图1）。全国第一产业从业人员由 1952 年的 83.5% 下降到 2008 年的 39.6%，第二和第三产业的从业人员比重则分别从 1952 年的 7.4% 和 9.1 上升到 2008 年的 27.2% 和 33.2%。[①]我国继 1990 年以来推进的一系列体制改革（如：企业制度改革、干部及人事制度改革、金融体制改革等），促进了社会产业结构的变化，第三产业比重显著上升，社会分工的专业化程度开始增强，一大批新型的现代性职业开始出现，由此引起了社会资源配置机制的重大变化，并导致社会阶层结构的分化与重组。

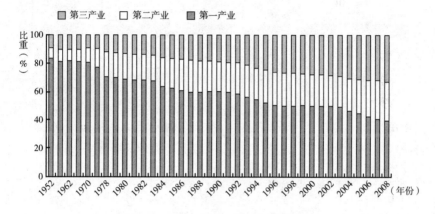

图1　全国各产业从业人员结构变化

同时，三次产业贡献率的变化也是非常显著的，第一产业对 GDP 的贡献率在 1990 年以后迅速下降，2008 年仅为 6.49%；第二产业则上升至主导地位，经过 1994 年的最高值 67.93% 以后，近几年均稳定在 50% 以上；同时第三产业贡献率迅速提高，由 1990 年的 17.32% 上升到 2008 年的 42.93%（见表1、图2）。

上海作为中国最具有经济活力的地区，肩负着建成"四个中心"的时代使命，其产业结构升级和社会转型远远领先于全国水平。第三产业贡献率早在 1990 年已达 37.2%，2007 年上升至 60.4%，2009 年已超过 80%（见表2）；同时，第三产业从业人数自 2003 年以后均占 50% 以上（见图3），2009 年为 55.7%，已进入后工业化时期。参照国际经验，中产阶层的产生和壮大正是这一特定社会经济形态下的产物。

---

① 根据《中国统计年鉴2009》整理、计算而得。

表1　全国三次产业贡献率

单位：%

年份	第一产业	第二产业	第三产业
1990	41.74	41.04	17.32
1991	7.14	62.80	30.06
1992	8.45	64.45	27.10
1993	7.90	65.46	26.64
1994	6.59	67.93	25.48
1995	9.07	64.34	26.59
1996	9.56	62.91	27.53
1997	6.76	59.73	33.52
1998	7.58	60.94	31.48
1999	5.99	57.77	36.24
2000	4.43	60.80	34.77
2001	5.08	46.70	48.22
2002	4.57	49.66	45.68
2003	3.36	58.51	38.13
2004	7.85	52.23	40.00
2005	6.08	53.64	40.28
2006	5.30	53.08	41.66
2007	3.30	54.25	42.45
2008	6.49	50.58	42.93

注：三次产业贡献率指各产业增加值增量与 GDP 增量之比。

资料来源：《中国统计年鉴 2009》。

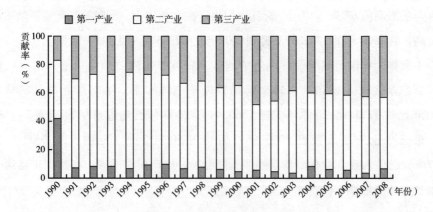

图2　全国三次产业贡献率

表2　上海三次产业贡献率

单位：%

产业类别	1990年	2000年	2007年	2008年	2009年
第一产业	2.5	0.6	0.1	0.1	−0.1
第二产业	62.6	55.7	39.5	35.1	19.0
第三产业	37.2	43.7	60.4	64.8	81.1

资料来源：《上海统计年鉴2009》、《上海统计年鉴2010》。

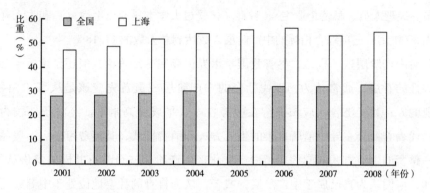

图3　全国和上海第三产业从业人员比重变化

　　国际经验数据表明，当一个国家或地区的社会中产阶层在人口中占到40%以上规模时，政治和经济状况就会相对平稳，社会秩序会比较好，比较安定，社会也比较和谐。因此，一定比例的中产阶层是促进社会发展、对社会结构具有稳定功能的社会主体力量。由于上海的经济社会结构转型在全国处于领先地位，因此，适时地借鉴国际经验探讨和研究促进中产阶层发育、壮大社会中坚力量的问题具有现实意义和前瞻作用。

二　中产阶层的界定标准

1. 我国对中产阶层的界定标准

　　中产阶层又名中间阶层，一般专指西方发达国家自二战结束前后兴起的一个独立的结构性群体，人员构成上以随着大公司经济的发展，从事非体力劳动的"白领"为主体，具有明显的"后工业"色彩。而在中国，2001年10月，陆学艺主持的"当代中国社会结构变迁研究"课题中首次提出了对现阶段中国中产阶层的界定："所谓中产阶层，是指占有一定的知识资本及职业声望资本，以从事脑力劳动为主，主要靠工资及薪金谋生，具有谋取一份较高收入、较好工作环境及条件的职业就业能力及相应的家庭消费能力，有一定的闲暇生活质量；对其劳动、工作对象拥有一定的支配权；具有公民、公德意识及相应社会关怀的社会地位分层群体。"① "中国中产阶层调查"课题研究表明，在北京、上海、南京、广州和武汉五大城市中，符合职业（事业单位管理或技术专业人员、党政机关公务员、企业技术人员、经理人员、私营企业主）、教育（接受过大学本科或以上教育）和收入（月收入5000元）三项综合指标的中产阶层人数达到总人数的11.18%。②

对中产阶层这一概念，尽管我国学术界仍存在一定争论，但还是达成了某些一致性的看法。通常认为，现代社会的中产阶层成员首先应该是从事"白领"职业的人；其经济收入应该保持在中等收入水平或更高水平，经济条件较为宽裕；代表着社会主导价值所推崇的生活方式和消费模式，其消费习惯、审美品位和一整套的生活方式共同构成了中产文化；中产阶层成员具有共同的身份认同，比如，他们认为自己属于中产阶层，或者，认为自身的社会地位处于中等或更高等级；同时，中产阶层的社会政治态度较趋向于温和的改良主义和道德相对主义，他们通常不会支持极端的、激进的政治行动，而是主张渐进的改革模式，对新事物和新变化采取开放的、宽容的、相对主义的态度，中产阶层的社会政治倾向被认为是社会稳定以及现代民主政治的基础。③

关于中产阶层的界定标准，由于各国研究者的理论基础和视角不同，出现了各种不同的界定方法和标准，归纳起来主要有经济收入划分、消费分层、职业决定、社会经济地位量表、主观认同、综合判定等方法。我国学者运用综合判定方法进行中产阶层的分析与界定，取得了较好的成果。最具代表性的是中国社科院课题中衡量中产阶层的操作指标（陆学艺，2002）以及李春玲（2003）提出的职业、收入、消费及生活方式和主观认同四个标准。④

上述对中产阶层的操作性界定标准各有不同的侧重，既有个人经济条件

---

① 郑杭生：《中国社会结构变化趋势研究》，中国人民大学出版社，2004，第157页。
② 李园：《基于消费视角的当代中国中产阶层透析》，《宁夏党校学报》2006年第6期。
③ 李春玲：《中国当代中产阶层的构成及比例》，《中国人口科学》2003年第6期。
④ 刘毅：《中产阶层的界定方法及实证测度——以珠江三角洲为例》，《开放时代》2006年第4期。

（收入与财产），也有职业与特权、教育背景，还有阶层意识、价值观念、生活方式、阶层行为等等。到目前为止，对中产阶层的操作性界定还未能建立起一套清晰、完整的可供长期跟踪测量和研究的通用方法及指标。总的来说，若仅以某单一指标作为量度中产阶层的唯一标准，是不全面的，中产阶层所特有的复杂性决定了单一标准的片面性。

2. 本文对中产阶层的界定标准

如何制定和选取符合我国转型社会特征的中产阶层界定指标具有重要意义，它不仅关系到个人、家庭是否属于中产阶层，而且也决定了一个社会中产阶层的比例大小。本文借鉴国内学者使用较多的界定标准和方法[①]，同时结合资料可得性条件以及本文研究出发点，采用收入、职业、消费三项标准对上海的中产阶层发展情况进行判断。出于实际的考虑，尽管主观认同是阶层界定的一个重要方面，但在当前中国，中产阶层的发展远未成熟，我国曾经进行的一些中产阶层主观认同问卷调查，结果均出现较大差异。由于我国社会对中产阶层了解并不深刻或不准确，公众对中产阶层的认识还没达到相对的一致，主观认同标准目前还难以对中产阶层作出准确的反映，因此文中暂不使用该项标准。

（1）收入标准

对中产阶层家庭的收入界定大致有以下几个标准。一是以人均可支配收入作为基本研究对象，并换算为相应的家庭可支配收入；二是以《上海统计年鉴》提供的城市居民家庭收入分组数据作为参考，位于中等偏上收入户和高收入户的收入水平边界作为基本区间；三是结合当年居民家庭恩格尔系数（食品消费支出占消费支出总额的比例）水平，以40%作为下限标准；四是根据历年《上海统计年鉴》和《上海市国民经济和社会发展统计公报》的数据推算的不同收入家庭比例对以单项收入标准衡量的中产阶层（又称收入中产）比例进行估算。

需要说明的是以恩格尔系数作为收入界定标准之一的几个原因。这是一个以恩格尔系数达到富裕起点（40%）为基础，并转换为收入当年价的动态标准，其优点主要体现在三个方面：[②] 一是反映出时间的变动，随着经济的发展（或变

---

① 根据中国社会科学院社会学研究所发布的《2004年：中国社会形势分析和预测》，确定一个人是否是中产阶层，基本上有四个方面的标准：一是职业的标准；二是收入的标准；三是消费及生活方式的标准；四是主观认同的标准。

② 刘毅：《中产阶层的界定方法及实证测度——以珠江三角洲为例》，《开放时代》2006年第4期。

动），人民生活水平也在不断提高（或变动），因此不应固定在一个硬性的收入标准上。恩格尔系数为40%是进入富裕生活水平的转折点，每年达到这一转折点水平的居民户的数量和实际收入会不断变动，因此按恩格尔系数转换并进行平均的收入当年价也是相应变化的。二是反映出地区差异，在量度不同地区的中产阶层时，应以本地区恩格尔系数符合40%的居民户转换的收入平均值为标准，由此可以摆脱地区发展不平衡所造成的差距。三是随着物价水平的变化而变化，相同的收入但物价水平有所波动，以恩格尔系数为基准的收入转换值也会随之波动，从而避免因物价指数波动所产生的影响，保证所界定的中产阶层的生活质量是在富裕的水平之上。

（2）职业标准

从全社会范围来看，根据我国小康社会建设的目标和市场化改革的发展，可以区分出以下五种类型的阶层组合，作为对中国与上海社会差别结构的认识。表3列出了这五种类型阶层的大致内涵范围与格局关系。表3中间列出的三类（精英阶层、中间阶层和直接生产者阶层）是社会阶层结构中的主体部分。它包括了绝大多数（约85%以上）的社会成员。他们相互之间的差别主要集中在人力资本（掌握知识与技能）的大小，即所受过的教育和专业经验方面的成就。另外两类人员简单地讲便是"贫"、"富"两类人员，一方是极为有钱的富有阶层，另一方则是贫困的弱势阶层（卢汉龙，2004）。

表3 中国的社会层化五板结构示意图

（4）富有阶层:资本拥有者 食利者 小业主	（1）精英阶层			（5）弱势阶层:贫穷者 失业者 自立无望者
	党政领导官员	公司高层管理人员	高级专业人士	
	（2）中间阶层			
	机关办事员	白领办事人员	一般专业工作者	
	（3）直接生产者阶层			
	农民 体力劳动工人 半体力劳动工人	商业服务人员	个体劳动者	
富裕	小康（占比85%以上）			温饱

资料来源：刘云耕主编《2006～2007上海社会报告书 迈向和谐社会的追求》，上海社会科学院出版社，2007。

在上列五类阶层群体中，职业是一个十分明显的分析指标。根据仇立平（2001）的调查分析，上海的职业评价分值排序大体如表4所示。

表4　上海市职业声望分值一览表

职　业　类　别	职　业	职业声望评价平均分数
国家机关、党群组织、企业、事业单位负责人	企业厂长经理(90.2)，党政机关领导人(86.0)，私人企业主(74.6)，企业党委书记(74.0)，外商代理人(71.9)，房产商(66.1)	77.1
办事人员与有关人员	工商税务干部(77.1)，公安政法干部(76.8)，银行职员(59.6)，外资公司职员(58.6)，外贸公司职员(55.1)，机关职员(50.3)，民政工作者(47.9)，	59.1
专业技术人员	律师(69.3)，节目主持人(68.1)，歌星(65.0)，医生(62.3)，大学教授(60.9)，科学家(59.9)，演员(58.2)，音乐家(57.6)，记者(57.1)，科研人员(55.1)，工程师(53.0)，会计(49.3)，中小学教师(44.1)	58.1
商业、服务性工作人员	个体户(48.4)，销售员(48.1)，营业员(27.4)，家电维修工(47.7)，厨师(41.7)，邮递员(34.1)，宾馆饭店服务员(33.1)，理发员(32.5)，保育员(31.0)，保姆(7.6)，清洁工(6.8)，勤杂工(2.0)	37.7
生产运输设备操作人员及有关人员	远洋轮船员(47.7)，出租车司机(41.64)，公交司机(36.6)，技术工人(36.5)，电工(31.0)，建筑工人(26.7)，纺织工人(12.3)	33.2
农、林、牧、渔业生产人员	农民(13.0)	13.0

说明：统计职业是国家统计局公布的职业分类。括号里为各类职业的综合加权分数，收入、权利、声望的权数比为0.37：0.42：0.21。

资料来源：仇立平：《职业地位：社会分层的指示器——上海社会结构与社会分层研究》，《社会学研究》2001年第3期。

　　职业作为十分关键而又简单易行的分层变量，它与个人声望、受教育水平和收入有密切的关系。不同的职业对社会的贡献大小不一，对社会贡献大的职业，其工作难度也大，因此要求从事该项工作的人要具备较高的专业水平和综合素质，需要受过良好的教育。与此相应，社会贡献越大的职业，工作回报相对越高，同时公众对其也越是尊敬，社会声望就越高。

　　职业指标的具体标准以国家统计局《中国统计年鉴》的职业分类为基础选定。具体职业分类为：①各类专业技术人员，②国家机关党群组织、企事业单位负责人，③办事人员和管理人员，④商业工作人员，⑤服务性工作人员，⑥农林牧渔劳动者，⑦生产运输工人和有关人员，⑧不便分类的其他劳动者。结合职业声望

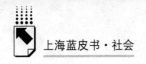
评价体系的研究结论，本文确定第①、②、③项为符合中产阶层标准的职业类别，即这三大类从业人员属于以单项职业标准界定的中产阶层，又称职业中产。

（3）消费标准

由于中产阶层不仅是一种财产、收入和地位的体现，他们还是一种生活理念、一种消费方式的表达。因此，消费标准也应当成为界定中产阶层的指标之一。进一步研究可以发现，一方面，教育背景、职业和收入是单个个体所拥有，但他们的收入则是与整个家庭成员共同分享，因此个体的收入就必然地在家庭中转化为家庭的收入。另一方面，消费更是家庭的消费，我们很难想象某一个体达到了中产阶层的消费水平，而其家庭或其他家庭成员却处于另一阶层的消费水平之中。所以，对消费的度量指标应以家庭为单位。事实上，我们也不可能得出家庭中某一个成员的消费水平的切实数据，我们只能说某个家庭的食品消费占他们消费支出的百分之多少，而不能说这个家庭中的某人的食品消费占这个家庭食品消费的百分之多少。可见，无论在理论上还是现实生活中，界定消费中产时家庭层面的测量都优于个人层面。在转型社会中，用恩格尔系数作为判别居民生活的消费水平，应当是一个较为有效的方法。① 消费指标的具体标准可界定为以恩格尔系数在40%以下（含40%）为标准，符合本标准者为消费方面的中产阶层，又称消费中产。

以上三项标准分别可以从收入、职业和消费三个单项指标来界定中产阶层的部分属性，即满足以上某一标准的群体可界定为收入中产、职业中产或消费中产，而三者的交集，即全部符合以上收入、职业和消费三项指标者，便被界定为综合意义上的中产阶层。

三　上海中产阶层发展现状

1. 以家庭可支配收入来衡量，上海中产阶层的主要区间大体为 110000 ~ 170000 元人民币（占比近 16%），极端下限不低于 90000 元（合计占比 30%）

根据《上海统计年鉴》和《上海市国民经济和社会发展统计公报》提供的数据对 1995 年、2000 年、2003 年、2005 年和 2009 年上海城市居民家庭可支配收入

---

① 刘毅：《中产阶层的界定方法及实证测度——以珠江三角洲为例》，《开放时代》2006 年第 4 期。

分组所占比重进行了推算。从表5可以看出，上海城市居民家庭可支配收入分布集中的区间在不断上升。1995年，城市居民家庭可支配收入水平主要集中于10000～30000元之间，占比84.8%；2000年，这一区间上升为20000～55000元之间，占比为81.6%；2003年，进一步扩展为20000～75000元，占比76.6%；2005年跃升至40000～100000元及以上，占比为68.8%；2009年该区间上升为40000～110000元及以上，占比为82.1%。

表5　上海城市居民家庭可支配收入分组所占比重

单位：元，%

家庭可支配收入（元）	比			重	
	1995年	2000年	2003年	2005年	2009年
100000以上	0	0.8	5.6	11.9	（110000元以上） 22.8
75000～100000	0.2	2.0	6.3	8.1	（85000～110000元） 14.1
55000～75000	1.2	8.4	13.5	16.9	（55000～85000元） 33.2
40000～55000	5.5	22.1	26.1	31.9	（45000～55000元） 12.0
35000～40000	4.3	18.1	8.5	7.9	（40000～45000元） 6.5
30000～35000	1.4	6.4	8.7	5.4	（35000～40000元） 3.8
25000～30000	14.8	22.8	7.9	6.5	（25000～35000元） 4.9
20000～25000	12.6	12.2	11.9	8.1	1.6
15000～20000	33.0	6.4	8.1	1.9	0.7
10000～15000	24.4	0.6	2.9	1.0	0.3
7500～10000	2.6	0.2	0.4	0.4	0.0

资料来源：根据《上海统计年鉴2004》、《上海统计年鉴2009》、《上海统计年鉴2010》、《上海市国民经济和社会发展统计公报》2004～2009年数据整理、测算而得。

进一步对居民家庭可支配收入细分，以2008和2009年数据进行比较，以100000元（2009年为110000元）为界，高于该收入水平的家庭从20%上升至22.8%（见表6）。

表6　上海城市居民家庭可支配收入比较（2008、2009）

单位：元，%

2008 年		2009 年	
家庭可支配收入(元)	比重(%)	家庭可支配收入(元)	比重(%)
190000 以上	5.6	200000 以上	5.64
160000 ~ 190000	1.3	170000 ~ 200000	1.26
130000 ~ 160000	5.0	140000 ~ 170000	5.54
100000 ~ 130000	8.1	110000 ~ 140000	10.38
80000 ~ 100000	16.9	85000 ~ 110000	14.08
55000 ~ 80000	31.9	55000 ~ 85000	33.22
40000 ~ 55000	13.3	45000 ~ 55000	11.98
35000 ~ 40000	6.5	40000 ~ 45000	6.50
30000 ~ 35000	4.6	35000 ~ 40000	3.83
25000 ~ 30000	3.5	25000 ~ 35000	4.90
20000 ~ 25000	1.9	20000 ~ 25000	1.60
15000 ~ 20000	1.0	15000 ~ 20000	0.75
10000 ~ 15000	0.4	10000 ~ 15000	0.32

资料来源：根据《上海统计年鉴2009》、《上海统计年鉴2010》、《上海市国民经济和社会发展统计公报》2004～2009 年数据整理、测算而得。

借鉴国家统计局在 2000 年年底推出的《城市高收入群体分析》中对收入群体的界定方法，可以采用相对标准，即以同期上海统计局城调队调查的 20% 高收入家庭的户均可支配收入为参考，凡是不低于该收入水平的家庭均可纳入高收入家庭类别。根据表7 所示，2009 年上海市高收入户的人均可支配收入为 57726元，该 20% 组别家庭的平均人口为 2.77 人，两者相乘得到该组别家庭户均可支配收入为 159901 元，因此，本文将 2009 年上海城市居民高收入家庭标准取整数粗略界定为户均可支配收入不低于 160000 元。[①]

在如何确定中产阶层收入水平下限问题上，通过对现有研究成果的分析比较，将指标的界定与衡量集中于以下两种方法。第一种方法仍然沿用国家统计局的界定方法，根据上海统计局城调队调查中 20% 的中等偏上收入家庭的户均可支配收入作为底线标准，由于中等收入家庭的户均可支配收入已低于总平均水

---

① 由于数据可得性限制，本文在估计收入中产的比例时以表6 中 170000 元为边界，由此产生一定误差，但不影响对中产阶层收入水平的总体判断。

表7　上海城市居民家庭可支配收入情况（按收入水平分组）

指标	总平均	低收入户	中等偏下户	中等收入户	中等偏上户	高收入户
调查户数（户）	1000	200	200	200	200	200
2005 年						
平均每户家庭人口（人）	3.01	3.14	3.08	2.98	2.96	2.89
人均可支配收入（元）	18645	7851	11800	15668	21313	37722
家庭可支配收入（元）	56121	24652	36344	46691	63086	109017
2008 年						
平均每户家庭人口（人）	2.97	3.10	3.00	3.00	2.91	2.82
人均可支配收入（元）	26675	11593	17550	22675	30239	53733
家庭可支配收入（元）	79225	35938	52650	68025	87995	151527
2009 年						
平均每户家庭人口（人）	2.93	3.08	2.99	2.94	2.84	2.77
人均可支配收入（元）	28838	13205	19320	24717	32212	57726
家庭可支配收入（元）	84495	40671	57769	72668	91482	159901

资料来源：根据《上海统计年鉴2006》、《上海统计年鉴2009》、《上海统计年鉴2010》数据整理计算而得。

平，根据表7所示仅为72668元/户，而总平均水平为84495元/户，所以不宜将其作为中产阶层的收入划定标准。第二种方法则是前文详细介绍的结合当年居民家庭恩格尔系数水平，以40%作为下限标准。以上两种方法中从高界定，则本文将家庭年可支配收入90000元粗略界定为收入中产的下限标准。

根据以上界定标准，结合数据可得性条件限制，本文对上海中产阶层收入标准的基本判断为：以家庭可支配收入来衡量，2009年上海中产阶层的主要区间为110000～170000元人民币，占比近16%，极端下限不低于90000元，两者合计占比约30%。

2. 以职业标准来衡量，上海社会分层形态呈现"亚金字塔"型—"洋葱头"型的变化

本文通过1995年、2000年、2005年和2009年统计数据进行比较，可以看出上海市社会分层的结构变化。1995年上海社会阶层结构呈较规则的"亚金字塔"型。2000年金字塔特征已没有那么典型，中上层的办事人员与有关人员和中层的商业、服务性工作人员的比重有所增大，中下层的生产、运输工人与有关人员和下层的农、林、牧、渔劳动者的比重有所减小。2005年，中上层的办事人员与有关人员以及各类专业技术人员比重略有下降，但仍保持在 20% 左右，中层的商业服务性工作人员比重明显提高，比 2000 年增加了 10 个百分点以上，达 32.76%，中下层的生产、运输工人与有关人员比重基本持平，下层的农、林、牧、渔劳动者比重明显减少，降为 7.18%。2009 年，中上层的办事人员与有关人员比重降至 9.06%，各类专业技术人员比重回升至 10.56%，中上层人群比重仍不足 20%，没有显著提高；中层的商业、服务性工作人员比重也没有明显变化，为 32.63%；中下层人员比重又上升至 40% 以上；下层的农、林、牧、渔劳动者比重进一步减少至 5% 以下，为 4.59%。由此可见，上海社会阶层结构已由下层与中下阶层比重偏大的"亚金字塔"型向中层与中下阶层比重偏大的"洋葱头"型转变，同时，上海职业中产的比重尚不足 20%。（见表8）

表8　上海在业人口的职业结构纵向、横向比较

社会分层	职 业 类 别	各职业类别所占比重（%）					
		1995 年	2000 年	2005 年	2009 年	2000 年	2001 年
		上海	上海	上海	上海	全国	美国
上	国家机关、党群∗、企业事业负责人	4.8	3.4	1.6	0.6	1.7	15.1
中上	办事人员与有关人员	7.5	11.8	10.6	9.1	3.1	13.7
	各类专业技术人员	15.6	12.8	8.6	10.6	5.7	19.2
中	商业、服务性工作人员	18.2	22.4	32.8	32.6	9.2	25.5
中下	生产、运输工人与有关人员	41.4	38.2	39.2	42.5	15.8	24.1
下	农、林、牧、渔劳动者	12.3	11.3	7.2	4.6	64.5	2.4

"∗"不适用于美国社会。

资料来源：上海数据来源于第四次、第五次人口普查资料，历年《上海统计年鉴》；全国和美国数据来源于李强：《关于中产阶级的理论与现状》，《社会》2005 年第 1 期。

　　尽管目前上海的产业结构和职业群体构成的现代化程度居全国前列，但尚未形成一个发达社会的现代化职业结构，上层比重明显过小。从 2009 年上海和 2001 年美国的职业结构比较中可以看出，上海的社会职业结构与现代化的社会职业结构还相差较远，居于社会上、中上的企事业负责人、高级管理人员、专业技术人员过少，而中下层蓝领工人和下层农业劳动者的总比重过高。由此可见，上海职业结构向社会中间阶层居多的"橄榄形"转变还有一个较长的过程。

　　表9 根据《上海统计年鉴 2010》提供的数据对在业人口平均报酬水平按社会分层进行了测算，发现中上阶层的办事人员与有关人员以及各类专业技术人员

的 2009 年平均报酬均在 60000 元左右，以加权平均计算的中上阶层从业人员年平均报酬为 62757 元。考虑到 2009 年上海家庭户平均规模为 2.7 人，以典型的"父母 + 独生子女"三人家庭结构进行粗略换算，中上阶层家庭的年收入平均水平为 125000 元左右。鉴于部分隐性收入在统计数据中无法体现，本文认为，上述中上阶层家庭的年收入水平与前文以收入标准界定的中产阶层家庭收入区间 110000～170000 元大体吻合。因此，无论从收入还是职业标准来衡量，处于社会中上阶层职业的从业人员，其中大部分均应纳入中产阶层。[①]

表9　上海在业人口平均报酬

单位：元

社会分层	职 业 类 别	2005 年	2009 年
上	国家机关、党群、企业事业负责人	—	—
中上	办事人员与有关人员	31674	66022
	各类专业技术人员	38467	59955
中	商业、服务性工作人员	20815	29987
中下	生产、运输工人与有关人员	28983	36250
下	农、林、牧、渔劳动者	18394	29262

注：国家机关、党群、企业事业负责人平均报酬数据未获得。
资料来源：根据《上海统计年鉴2006》、《上海统计年鉴2010》数据整理、分析、计算而得。

3. 以消费标准来衡量，家庭恩格尔系数应在 40% 以下，同时还应结合教育支出和文化娱乐支出在家庭消费总支出中的比重进行界定

中产阶层在衣、食、住、行等消费生活的各方面均有一定特点，他们并不热衷于炫耀性消费，而是倾向于理性消费。他们比较注重消费品质，崇尚具有国际知名度的中高档品牌，在其经济能力允许的范围内，对价格的敏感性较低，消费的关注点更集中于品质优良可靠、适合个人风格和满足生活需求。他们具有强烈的品牌忠诚度，对一个品牌一旦建立起信任，就会根据需要消费其系列产品，这样一方面使其在消费心理上具有踏实感，另一方面在消费行为上节省了比选时

---

① 尽管没有获得处于社会职业上层的国家机关、党群、企业事业负责人的平均报酬数据，但是，根据表4的说明，各类职业的综合加权分数已包括了收入、权利、声望所占的权重，分别为 0.37∶0.42∶0.21，由此判断，职业声望得分最高的上层从业人员平均报酬水平总体而言应当不低于中上阶层，因此，上层从业人员平均报酬数据的缺失并不影响本文对中产阶层人群的总体判断。

间。同时，他们也有很强的法律意识，在个人权益受到侵害时有意愿也有能力通过法律途径寻求保护与解决。在闲暇生活上，中产阶层是具有丰富而高品位闲暇活动的人。他们虽然工作时间偏长，工作繁忙，时间紧缺，但他们的休闲时间却并未普遍地相应减少。他们在工作之余有特定的休闲娱乐方式，以此来休养生息，缓解工作上的巨大压力。

根据国际标准，恩格尔系数低于40%表示"富裕"，这也是本文界定消费中产的基本标准，从收入分组看，中等、中高、高收入户组别均能满足这一标准。同时，考虑到教育支出比重反映家庭的教育投入，由于这项支出的刚性较高，因此其比重越低生活水平越高。由于中等收入户教育支出比重已高于各组别平均水平，因此，只有中高和高收入户组别满足标准。此外，文化娱乐支出比重的差异也应体现在消费标准的界定中，因为该比重反映家庭的文化娱乐消费水平，这是需求价格弹性较大的消费类别，因此，比重越高代表生活水平越高。由于中等收入户该比重低于各组别平均水平，因此，同样只有中高和高收入户组别满足标准。

根据《上海统计年鉴》数据分析，能同时满足以上消费标准的应为中高收入户和高收入户家庭（见表10）。结合前文有关收入标准的研究结论，在消费方式上能够满足中产阶层标准的家庭比例也低于30%。

表10 上海城市居民家庭消费支出构成分析（2009，按收入水平分组）

单位：元，%

类　　别	总平均	低收入户	中低收入户	中等收入户	中高收入户	高收入户
人均可支配收入	28838	13205	19320	24717	32212	57726
人均消费支出	20992	11654	16155	18487	24253	36063
恩格尔系数	34.99	43.02	41.32	37.73	33.86	28.25
教育支出比重	5.67	9.89	5.40	6.02	4.77	4.72
文化娱乐支出比重	9.28	6.70	7.79	9.01	10.31	10.37

资料来源：根据《上海统计年鉴2010》整理、计算而得。

由于转型社会中的中产阶层的成长还没能从职业、收入与消费等多个维度统一起来。因此在社会转型期，度量中产阶层的指标就不可能像发达国家那样集中在一个维度进行测量（目前，发达国家对中产阶层的量度已基本聚焦在职业单个标准上），而必须通过多个维度进行考察。由于资料可得性的限制，本文的研究仅限于根据上海现实数据对中产阶层的单项标准进行界定和分析。

四　上海中产阶层的发展前景与社会功能

1. 发展前景

由于中产阶层是一个在经济收入、社会地位和政治意识等方面都相对稳定的群体，因此对于构建现代社会结构、建立和谐社会而言，扩大中产阶层比重至关重要。我国社会的工业化、城市化进程时间还不是很长，从农业社会向工业社会、城市社会的转型过程还刚刚开始，即使在现代化程度较高的城市上海，这一转型步伐与国际相比也还有较大距离。上海的社会阶层结构形态在过去近二十年间经历了由"亚金字塔"型向"洋葱头"型的转变，中产阶层比重已有所上升，随着产业结构和社会结构的进一步调整，未来几十年还将继续向中产阶层占比最多的"橄榄形"转化（见表11）。

表11　全国和上海三次产业从业人员结构变化（2001～2009）

单位：万人，%

年份	全　国　人　数			上　海　人　数		
	第一产业	第二产业	第三产业	第一产业	第二产业	第三产业
2001	36513	16284	20228	87.18	309.91	355.17
2002	36870	15780	21090	84.24	320.93	386.87
2003	36546	16077	21809	73.72	317.12	422.21
2004	35269	16920	23011	67.29	315.97	453.61
2005	33970	18084	23771	61.02	322.33	479.97
2006	32561	19225	24614	55.33	327.63	502.55
2007	31444	20629	24917	53.71	422.55	548.07
2008	30654	21109	25717	49.38	424.16	579.7
2009	—	—	—	48.53	423.03	592.86
年份	比　　重			比　　重		
	第一产业	第二产业	第三产业	第一产业	第二产业	第三产业
2001	50.0	22.3	27.7	11.6	41.2	47.2
2002	50.0	21.4	28.6	10.6	40.5	48.8
2003	49.1	21.6	29.3	9.1	39.0	51.9
2004	46.9	22.5	30.6	8.0	37.8	54.2
2005	44.8	23.8	31.4	7.1	37.3	55.6
2006	42.6	25.2	32.2	6.2	37.0	56.8
2007	40.8	26.2	32.4	5.2	41.3	53.5
2008	39.6	27.2	33.2	4.7	40.3	55.0
2009	—	—	—	4.6	39.7	55.7

资料来源：根据《中国统计年鉴2009》和历年上海统计年鉴整理、计算而得。

中国社会科学院 2006 年研究报告显示，现阶段全国中产阶层的规模大约占就业人口的 15%，主要由经理层、专业技术人员和私营企业主构成，其规模今后每年将以 1% 的速度增长[①]。根据前文分析，上海目前的中产阶层比重约占20% 左右（不超过 30%），如果按照上述每年 1% 的增长速度计算，20 年内上海的中产阶层可以达到总从业人员的 40% 以上，并且随着现代化进程的加快，中产阶层的成长速度也将逐步高于已有的速度。（见图 4）这一速度和比重将使中产阶层的"缓冲层"和"稳定器"作用得到充分发挥，同时，中产阶层的投资理财需求、生活品质追求中也蕴涵着无限商机。

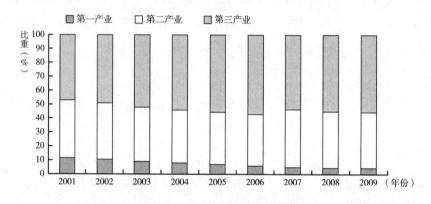

图 4　上海各产业从业人员结构变化（2001～2009）

2. 社会功能[②]

（1）一般来说，中产阶层都具备这样一些特征：

第一，他们通过合法的职业报酬并通过合法手段获得了在整个社会中处于中等水平的收入或私人财产，这些财产包括通过合法方式拥有的收入、报酬、股票、利息、债券获得的价值不等的房产等等。

第二，他们中的大多数人，接受过良好的高等教育，从事以脑力劳动或以专业技术为主的职业，因此具有较好的社会地位，或具有较好的职业声望。

第三，因为受过良好的教育或具有专业技术能力，他们往往了解市场行情，

---

①　郭紫纯：《社科院报告称我国中产阶层占就业人口 15% 且年增 1%》，2006 年 5 月 19 日《中国改革报》。

②　方金友：《中产阶级的演变及社会功能》，《国外社会科学》2007 年第 3 期。

并为不断变化的市场所需要，从而具有相当的就业能力。

第四，因为具有较好的经济能力，并且因为受过良好教育而形成了较高的文化素质，他们中的大多数人养成了积极向上的价值观、生活态度，以及包括消费在内的生活方式与行为方式。他们既是各种新事物、新生活方式的尝试者（如用贷款购买房屋、汽车，定期旅游和度假，一定程度的文化与社交消费），又不会像某些暴富阶层那样肆意炫耀和为所欲为。

第五，他们对社会的发展具备起码的关注和良知，对社会低层具备起码的关爱和一定的责任意识，并且因为他们的社会地位较高、知识文化程度较高、对不正常的社会现象具有一定的批判意识，所以他们对公共事务常常具有一般人所不具有的发言权和影响力。

（2）中产阶层具有上述特征，在工业化的进程中，自然就具备了稳定、协调和引导等社会功能。

第一，中产阶层在不同社会阶层或利益群体冲突中具有明显的缓冲功能。随着工业化的发展，也会出现社会分化加剧、贫富差异日益加大的现象。造成这种差异的原因多种多样，但无论在主观上还是在客观上都势必会严重伤害到普通民众的社会情感，造成社会上层权势集团和社会下层弱势群体之间的矛盾、对立与冲突。在这种矛盾、对立与冲突中，中产阶层因为无论在政治上、经济上还是在文化上皆处于社会的中间状态，自然具有对两极分化及矛盾冲突的缓解功能。在美国，贫富差距十分明显，基尼系数达到 0.45，但是因为美国社会有世界上最为庞大的中产阶层队伍（仅白领人口的比例就占到全部人口的 50% 以上），所以才能够化解其上下层之间的尖锐矛盾。

第二，中产阶层具有一定的消费能力，并且形成了健康而超前的消费行为方式，他们对经济健康而稳定的发展具有积极的促进作用。在西方发达国家中，中产阶层不仅在消费上走在其他阶层的前列，更重要的是他们形成了相对理性和超前意识的现代消费观念，其中包括具有较强的投资理财意识，消费注重个性化和文化品味，普遍接受"分期付款"等现代消费方式，尤其重视教育、旅游和文化方面的消费支出，并且比一般人更能理解大众消费对国民经济发展的拉动作用。

第三，中产阶层的成功或个人社会地位的获得，既不靠门第、裙带等先赋性因素，也不靠投机取巧、贪赃枉法等手段，而是靠个人的勤奋努力、刻苦好学和良好的教育，以及独到的眼光和捕捉市场机会的能力等自致性因素，因此他们在更为广大的人口中具有示范作用。① 中产阶层的成功或个人社会地位的改变之所以能够对普通人起到示范作用，不仅因为他们获得成功的手段合理，不会引发人们的不平等感和"相对剥夺感"，还因为这种成功是显而易见的。

第四，中产阶层有着健康向上的价值观、生活态度和行为方式，对其他群体的日常工作和生活也同样具有示范作用。

（3）现阶段我国中产阶层主要集中于超大城市中的某些行业或部门之中，这些超大城市所展现出的某些特征，又为各个大、中、小城镇所仿效，在超大城市中人数并不是很多的现代中产阶层，往往控制着全国性的传媒，引领着文化潮流，把他们所提倡的价值态度向全社会传播。随着中产阶层人数的上升，这种文化有可能逐渐发展成为社会主导性文化。② 就现阶段上海社会结构转型的现实情况而言，中产阶层的社会功能具体体现为：③

第一，社会主义市场经济秩序的行为示范功能。他们在市场经济活动中，遵守交易规则，可以促进"公平竞争"的社会规范的形成。

第二，现代化社会价值观及社会规范的创建、引导功能。他们在社会生活中，积极进取，勇于创新，有着遵纪守法的精神和平和、开放的心态；在公共生活领域讲文明、讲秩序，积极参与有益于现代化社会发展的社会公共事务；乐于辅助弱势群体，尊重个性选择，以合法手段积累财富，并适时回报社会，等等。

第三，社会利益矛盾的缓冲功能。在社会分化加剧、贫富差距日益拉大的社会分层结构中，中产阶层在经济、政治、文化等方面均居于中间状态，其一旦获得合法性地位及其社会认同，便有可能发挥该阶层的"中间价值"——预留社会政策调整空间，以缓解上、下两层的矛盾冲突。

从以上分析可以看出，在上海社会结构转型过程中，中产阶层存在着壮大的必要性以及发挥其积极作用的社会功能。但是，当前在中产阶层的发展中还存在着一些问题制约着这一群体的壮大。

---

① 丹尼尔·贝尔：《后工业社会的来临》，商务印书馆，1984。
② 李春玲：《中国当代中产阶层的构成及比例》，《中国人口科学》2003 年第 6 期。
③ 张宛丽：《对现阶段中国中间阶层的初步研究》，《江苏社会科学》2002 年第 4 期。

五 上海中产阶层发展中存在的问题与
壮大中产阶层队伍的对策

1. 主要问题

由于我国还处于社会主义初级阶段，经济社会结构急剧变迁的状态，在这种背景下产生并成长的上海中产阶层，自身不可避免地存在一些问题。

（1）总体比例偏低，"社会稳定器"作用发挥不足。在西方发达国家，中产阶层通常占总人口的 40%～60%，有的国家甚至高达 80%，呈现出"两头小，中间大"的"橄榄形"社会结构。而上海的中产阶层虽然已经形成并有所发展，但目前在社会结构中所占比重还较小，最多不超过全市总人口的 30%（这一比例是以收入中产、职业中产、消费中产的交集估计的，符合综合标准的中产阶层比例更低），因此与中产阶层占主体的社会结构相比还有较大的差距。

（2）内部结构比例不合理。中间阶层的内部已出现了层级的分化迹象，形成了中上层、中中层①、中下层之分，各层人群的社会地位、收入水平等差异较大。中上层与中中层较为活跃，特别是中上层与高收入群体相缠绕而成为上升到社会上层的流动最快的一个层级。中下层与下层比重偏大，由于社会的流动不合理，向上流动的渠道几乎被堵塞。

（3）具有不稳定性。目前的中产阶层有相当一部分成员刚刚进入中产阶层底线，还是比较低层次的中产阶层。他们随时保持着对自身经济地位的担忧，他们绝大多数忙于艰难繁重的工作，有的在为保持自己的地位努力，有的在为进入中上层乃至上层而奋斗。他们最关心的还是经济地位和能够带来经济地位的权利和名誉。同时，受原体制的惯性约束以及社会转型期各种不规范行为的影响，一部分原本应属于中上层的私营企业主和专业技术人员，开始下滑到中中层。而随着知识经济的发展和国家政策法规的限制，在商业服务业人员、技术工人、流动民工中的出类拔萃者等处于中下层生活状态的群体，他们可能因为现有的知识和人力资本的薄弱，在激烈的竞争中被淘汰出中间阶层队伍，沦为社会的底层人

---

① 本处所指"中中层"即表 8 的"中层"，本部分为便于区别中间阶层内部各层次，根据本领域通用方式之一，采用这一称谓。

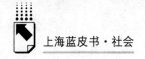

员。这种状况对于中产阶层的发展和定型是十分不利的。

2. 成因分析

（1）社会财富分配不规范。当前社会阶层在急剧分化的同时存在着某种程度的失控现象。在中产阶层的崛起过程中，存在着诸多非经济的不合理因素，导致该阶层的形成缺乏合法化和制度化的途径。一方面，当前收入分配秩序存在某种程度的混乱，通过不合理甚至不合法手段猎取财富，提升自己社会地位的现象得不到有效的控制。虽然大部分人是通过合法劳动进入中产阶层的，但也有少部分人通过不正当、不合理乃至不合法手段成为中产阶层的成员。另一方面，上层"资本集团"及中产阶层中的一部分成员，实质上来自权力中心，或与权力中心有着这样那样的联系。这些人的财富很大程度上来源于不平等竞争，或利用国家体制、政策和法律上的漏洞获取。更为重要的是，这部分人数虽少，却占有相当大的社会财富。如果不能遏制这些现象，不仅会进一步扩大贫富差距，激化社会矛盾，也会使那些拥有一定发展资源并且渴望向上流动的人很难通过公平竞争进入中产阶层，这显然不利于中产阶层的成长与发育，而且极容易导致形成一种新的观念上的阶层对抗情绪。

（2）人力资本投入不足，教育机会不均等。尽管近几年国家加大了对教育的投入力度，但现阶段我们对人力资本的投资仍然较低，存在着物质资本投资和人力资本投资比例失衡的现象。此外，20世纪90年代中期以来，教育产业化推进迅猛，城乡贫困家庭学生受到了严重影响。教育的高收费和乱收费使部分贫困学生丧失了受教育的机会，也削弱了他们将来取得较高收入的就业机会。这些都严重制约了我国中产阶层后备军的培育。

（3）城市化进程中的外来人口社会融入不足。近现代社会有两大趋势是人类社会发展的主线，一条是现代化，一条是都市化，而这两条主线的交叉点之一就是社会结构上中产阶层的不断扩大。[①] 尽管改革开放以来全国出现了农民进入城市打工的"民工潮"，但城市对于流出农村的农民的吸纳依然有限。大部分农民工由于受教育程度低，在人才市场竞争中处于劣势，收入水平不高。农民并没有因为进城务工而改变户籍身份，他们无法正式进入城市并像城市人一样生活，他们中的多数人还是以农村为最终归宿。显然，要使农民中的多数人迈入中产阶

---

① 齐卫平、肖照青：《理论界关于当代中国社会中间阶层的研究综述》，《社会》2003年第6期。

层，是一项非常长远而艰巨的任务。

3. 培育中产阶层的对策研究

（1）大力发展经济，促进产业结构升级、增加就业

从根本上说，中产阶层的形成是经济发展的必然结果，没有稳定增长的经济，就不可能形成稳定的中产阶层。在英美等西方发达国家，中产阶层数量的庞大是与经济高度发达密切相关的。如美国的中产阶层，就是崛起于第二次世界大战结束至里根时代，这正是美国经济蓬勃发展的时期，经济高度发达，工业生产门类齐全，行业差别很小，经济实力位居世界前列。因此，发展经济是壮大中产阶层的根本途径。经济越发达，中产阶层的比重就会越高。只有经济发展到一定阶段，才有可能形成稳定的中产阶层。只有通过经济发展，提高国民经济的总体水平，才能扩大中产阶层比重，提高低收入阶层收入水平，缩小贫富差距，最终实现共同富裕。

根据国际经验，经济结构的升级是发育和壮大中产阶层的客观物质基础。只有积极推动经济结构调整，大力发展高新技术产业和第三产业，社会收入分配状况才能发生深刻变化。产业结构的升级将引起职业结构变动，使技术与管理阶层扩大，而这正是中产阶层的主要来源。

在现阶段调整产业结构的过程中，既要强调技术优先，扶持先导产业发展，积极促进产业结构升级，又要充分考虑到其他产业吸纳劳动力就业的问题。

第一，以高新技术为先导，推进产业结构的优化升级。要促进信息、生物、航空航天、新能源、新材料、海洋等高新技术产业加快发展，积极促进产业结构的优化升级，不断壮大技术和管理人员阶层。

第二，全面发展服务业。服务业是吸收就业的主要渠道，是扩大就业的主要出路。在发展传统劳动密集型服务业的同时，应大力发展现代服务业和新兴服务业。今后应对传统的商贸、饮食、服务、运输等服务业进一步开放，大力推进科研、技术服务、房地产、旅游、影视等现代服务业和物流、信息咨询、金融、医疗等新兴服务业的发展，为中产阶层的壮大提供肥沃的土壤。

第三，继续发展劳动密集型制造业。在现阶段以及今后相当长一个时期，劳动密集型产业仍是我国经济比较优势的一个具体体现。由于劳动密集型产业涉及一、二、三产业和多种所有制、多种行业，覆盖城乡两大地域，也涉及高新技术产业中的某些工序，因此能够吸纳更多的劳动力，是促进就业的重要途径，也为许多劳动者进入中产阶层提供了机会。

（2）深化分配体制改革，规范初次分配秩序

第一，深化分配体制改革，贯彻确立"劳动、资本、技术和管理等生产要素按贡献参与分配"的原则。一是构建与现代企业经营模式相适应的现代薪酬体系，通过工资制度、激励机制、福利制度、保险计划等，使按劳分配与按其他生产要素分配合为一体，并使分配向关键、重要岗位倾斜。二是加快事业单位的改革，促进科技要素按贡献参与分配机制的形成，重点搞好科研、教育、文化、卫生等领域事业单位分配制度改革，使从业人员根据工作实绩和贡献的大小决定收入的多少。

第二，落实"创造条件让更多群众拥有财产性收入"的政策。根据国际经验，一定比例的中产阶层的存在是社会稳定的基石。这是因为中产阶层不仅意味着具有相当的收入，还意味着拥有一定数量的家庭财产。因此，贯彻落实关于"创造条件让更多群众拥有财产性收入"的政策有利于中产阶层队伍的扩大。今后要大力创造条件增加群众财富积累，在把握好公正原则的前提下，积极推进资本市场健康发展，正确鼓励引导通过储蓄、国债、基金、投资股市等方式来创造个人财富，使人民共享经济繁荣成果。

第三，规范初次分配秩序。要着力创造公正平等致富的法律和制度环境，减少一小部分人靠不正当手段暴富的机会，防止少数利益集团通过特权和垄断聚敛社会财富。使更多拥有一定发展资源的人能够通过公平竞争向上流动进入中产阶层队伍。为此，一是要打破垄断。要深化改革，打破地区封锁，对自然垄断行业引入竞争机制，加强对垄断行业企业工资监管，创造公平竞争的环境。二是要建立国有资产有偿使用机制，使国有资产的使用制度化、透明化，杜绝权力资本化和腐败的根源，并要按照市场原则使用，防止国有资产被侵占。三是要建立收入分配的约束机制，加强监管，加强法制，逐步使劳动收入工资化，工资福利收入货币化，各种收入透明化。四是要保护合法收入和私人财产的安全，尊重和保护合理合法创造的财富，调动人们创造物质财富的积极性。

（3）加强再次分配功能，建立完善的社会保障机制

第一，强化税收调节。从国际经验看，政府运用税收加强对收入分配的调节，合理征收高收入者个人所得税是保持社会公平、促进收入转移支付的重要手段，是培育和扩大中产阶层的重要条件。当然，不可能通过税收手段直接扩大中产阶层的比重，税收调节主要是为了缩小收入差距，一方面应加大对富裕阶层的征税力度，另一方面应减轻工薪阶层的税收负担（例如，适当调高个人所得税

的起征点），以促进中产阶层成长。

第二，健全社会保障制度。社会保障制度不可能直接扩大中产阶层的比重，更不可能使低收入阶层通过享受社会保障成为中产阶层，其主要作用是保障低收入阶层的基本生活，为他们向中产阶层过渡创造条件。而对于已是中产阶层的成员，如果有了社会保障，则能免除他们的后顾之忧。今后要加快建立覆盖城乡居民的基本养老和医疗保险制度，完善城乡居民最低生活保障制度，逐步提高保障水平。

（4）坚持优先发展教育，促使低收入阶层向中产阶层转化

国际经验表明，教育和培训对于培育中产阶层后备军起着至关重要的作用。随着知识经济时代的来临，技术、管理等要素在生产中的地位会越来越重要，其所获取的分配额也会越来越多，成为影响收入的主要因素。要使低收入阶层收入持续而有保证地增加，就要通过教育提高劳动者的素质。所以，要建立中产阶层比重扩大的稳定机制，就必须加大对教育的投入力度，完善人力资本培育的合理公平制度。

第一，加大投入力度，建立初等教育的平等机制。加大国家对初、中等教育的投资，积极鼓励社会办学，积极争取社会资金对教育的投入，保证所有新生劳动力都能接受平等有效的培育。采取各种措施切实保障经济困难家庭、进城务工人员子女平等接受义务教育。推动义务教育均衡发展，促进教育公平。

第二，完善高等教育的保障机制，提高高等教育质量。要进一步建立家庭困难学生接受高等教育助学贷款的保障机制，为贫困家庭学生提供相对完善的多种形式的资助政策。进一步规范教育收费，鼓励和规范民办教育发展。优化学科专业结构，推进高水平大学和重点学科建设，全面推行素质教育。

第三，重视发展职业教育。要加大对职业技术教育的投入力度，加强职业教育基础能力建设，深化职业教育管理、办学、投入等体制改革，培养高素质技能型人才。应扩大职业教育和培训的覆盖范围，对失业人员、下岗工人以及进城务工人员进行职业技能培训。使他们接受更多的教育，改善其就业状况，在市场竞争中有平等的择业机会。

（5）建立合理的社会流动机制，实现社会结构富有弹性、总体平衡

社会流动一般是指人们地位、位置的变化，更确切地说是指个人或群体在社会分层结构与地理空间结构中位置的变化。① 合理的社会流动机制就是社会各阶

---

① 朱光磊：《中国当代各阶层分析》，人民出版社，2007。

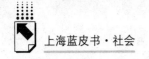

层实现流动自由和顺畅，社会结构富有弹性，总体保持平衡。

和谐社会的一个基本前提是要有一个比较合理的社会结构。在最低水平上，这个比较合理的社会结构至少包含两层意思：一是中产阶层占有一个相当的比例；二是要有一个相对畅通的社会流动渠道。目前中产阶层还比较脆弱，需要合理和完善的社会流动机制的支持。在当前社会保障体系还有待完善的情况下，如果中产阶层无法获得合理公平的向上流动机会，这个群体就可能瞬间由中产变为赤贫，中产阶层无法壮大，社会结构也无法达到合理。

我们应当加快户籍制度改革，以减轻城乡二元结构对就业机会、资源分配等的限制与影响；同时提高社会保障制度的统筹层次，尽早实现全国统筹，从而有助于劳动力资源在全国范围内自由流动，使每个人都能凭借其自身主要在后天形成的能力通过公平竞争获得相应的社会资源，在社会占据相应的位置，从而调动社会各阶层成员的积极性，促进社会稳定发展。

（6）深化城市化进程，促进农村人口全方位融入城市生活

城市化是世界各个国家和地区经济社会发展的必然趋势和必由之路，是一个国家或地区现代化程度的重要标志。虽然改革开放以来我国的城市化水平有大幅度提高，但与发达国家相比仍有相当差距。

就上海而言，尤其应当关注"浅度城市化"现象对中产阶层培育的影响。[①]"浅度城市化"含义是城市化的深度不足和质量不高。在经济社会发展方面的表现是农村—城市迁移的人口和劳动力不能融入或不能扎根于流入地城市社会，不能成为城市市民，或者说不能在空间流动的同时进行社会流动。我国当前新增城市人口中，越来越大的部分（主要是农村向城市的迁移者）由于各种制度障碍不能取得流入地城市户籍，不能成为流入地城市的"市民"。虽然在人口统计中，只要他们在流入地城市居住半年以上，就被统计为"常住人口"，但他们不能享受城市的公共服务和社会保障，在城市的就业机会也受到一定的限制。在现行的制度安排下，他们不能把家安扎在城市，很多人把配偶和（或）子女留在流出地，成为家庭的根还留在农村流出地的不稳定的城市人口，或可称为"准城市人口"。浅度城市化影响下的大量"准城市人口"在现行制度下很难发展为

---

① 左学金：《促进中国城市的和谐发展》，"2010 中德人口问题论坛——城市与人口"主题演讲，2010 年 5 月。

中产阶层成员，而中产阶层的壮大又必须将他们纳入培育机制，因此，我们应当深化城市化进程，以促进农村人口（尤其是"准城市人口"）全方位融入城市社会。一方面，应当推行城市公共服务的一体化，第一步可以要求"纳税地"的地方政府负责向纳税人和他们的家属提供公平的公共服务，以及向他们提供在非义务教育领域的公平竞争机会，加大对义务教育和基本卫生保健的财政投入强度。另一方面，应进一步改革我国的社会保障体制，改革目前按不同地区和不同人群分割的"板块化"或"碎片化"的社会保障体制，在基本层面建立覆盖全体非农业劳动者进而覆盖全体国民的社会保障（包括社会养老保障和社会医疗保障等），逐步实现缴费水平较低的全国统筹。以促进劳动力资源在各地区之间的自由流动，为更多具备发展潜力的社会成员进入中产阶层创造条件。

案例和经验篇

Cases and Experiences

B.13

浦东新区促进社会融合的实践与探索

陶希东*

　　摘　要：2010年是上海浦东新区开发开放20周年、综合配套改革5周年的特殊时期，也是上海成功举办2010年世博会，以及南汇区和浦东新区合并的一年，浦东进入社会建设与经济建设并重的二次创业的新阶段。随着经济全球化、文化多元化和信息网络化的发展，按照科学发展的要求，如何正确处理不同群体、不同文化之间的关系，促进社会均衡公平发展，促进社会融合，越来越成为当政者高度关注的重大议题。本文在粗浅解读社会融合理论的基础上，总结了浦东开发开放20年，特别是以综合配套改革5年以来的社会建设和社会融合经验，并分析了未来社会建设和社会融合面临的挑战，最后提出了相关政策建议和发展思路，指明浦东新区应该建设"包容性城区"的发展方向。

　　关键词：浦东新区　社会建设　社会融合　包容性城区

＊ 陶希东，上海社会科学院青少年研究所副研究员。

一　浦东新区社会融合的时代背景分析

1. 社会融合的理论解读

社会融合是一个发源于欧洲、相对于社会排斥的概念。根据西方学者的研究，目前，社会融合还没有一个统一的定义。2003 年欧盟在关于社会融合的联合报告中对社会融合作出如下定义：社会融合是这样一个过程，它确保具有风险和社会排斥的群体能够获得必要的机会和资源，通过这些资源和机会，他们能够全面参与经济、社会、文化生活和享受正常的生活，以及在他们居住的社会认为应该享受的正常社会福利。社会融合要确保他们有更多的参与生活和获得基本权利的决策机会①。目前，国内对社会融合的研究成果也比较多，主要集中在外来人口如何融入当地城市社会的研究为主，观点各异，不同地方采取的措施也不同。在进行浦东案例分析之前，有必要对社会融合问题进行一些理论的初步探讨。所谓社会融合，就是一个与社会分割相对应的概念，旨在促进相互分离的不同组成部分（或单元）或社会组织（或个体）之间互动、参与、交流、共享、融合和促进社会均衡发展的过程。主要包括四个方面：

（1）群体融合，包括强者与弱者、穷人与富人、本地人与外地人之间的融合等。

（2）空间融合，主要是指贫民区和富人区、城乡之间、城区与郊区、城市与区域之间的融合。

（3）功能融合，主要是指教育、医疗、文化、社会保障等公共服务的整合与共享。

（4）文化融合，主要是多元文化之间的互动交流，求同存异，互通有无。

社会融合是社会发展到一个高级阶段的产物和状态，需要社会制度和社会公共政策的配合加以保障。根据国内外的理论和实践表明，这一问题是当今世界经济社会转型面临的一个核心问题，更是金融危机以后各国、各个城市和地方政府高度关注的一个话题，其不仅具有很大的社会意义，更具关系国家安全稳定的政治意义。

---

① 嘎日达、黄匡时：《西方社会融合概念探析及其启发》，《国外社会科学》2009 年第 2 期，第 20~25 页。

2. 浦东社会融合面临的时代背景

浦东新区是中国改革开放的最前沿，是中国第一个综合配套改革实验区。自浦东开发开放以来，特别是实施综合配套改革以来，上海政府从经济建设与社会建设并重，很多政策在浦东新区先行先试，努力推动外向型、多功能、现代化新城区的建设。目前，浦东新区的社会建设和社会发展面临着新的时代背景。

（1）后金融危机时代国际社会融合面临着新任务。十五年前，各国政府在哥本哈根社会发展问题世界首脑会议上承诺，致力于促进社会融合。2008 年年底爆发的国际金融危机给各国经济稳定以及社会发展，包括社会融合带来严峻挑战。当前，世界经济金融形势向好，但结构性和深层次矛盾短期内难以解决，世界经济全面复苏将是一个曲折渐进的过程。如何减少金融危机的冲击，维护社会公平正义，促进社会融合，是各国政府面临的共同挑战①。

（2）中国谋求包容性增长的新理念。经过 30 年的改革开放和市场经济发展，中国的经济增长取得了前所未有的成绩，甚至创造了经济发展的世界奇迹，但随着改革的进一步深入，因经济快速增长的社会矛盾和社会问题也开始集中爆发出来，包括收入差距扩大、贫富差距、劳资纠纷、外来人口公共服务供给、社会保障等等。这些问题亟待政治体制、社会体制的进一步改革与创新来解决。金融危机的爆发，促使我国经济社会走上了以转型促进发展的发展路径。根据党的十七届五中全会的精神，不断推动居民收入与 GDP 同步增长、深化收入分配格局，缩小贫富差距，变“国富”为“民富”，变“外需”为“内需”，全面构筑“包容性增长”的新格局，是我国经济社会发展面临的重大任务。这也就意味着，在促进经济增长的同时，要确保社会公平正义、成果共享，促进各类群体的协同发展，努力提高人们的生活质量。

（3）上海及浦东正站在二次创业的新时期。2010 年上海成功举办了世界博览会，今后的五年甚至更长时间，“后世博效应”正在成为促进上海全面推进城市转型、提升城市能级、构筑全球城市的新契机，对提升城市的国际地位和促进社会进步必将注入新的动力和活力。随着上海国际金融中心和国际贸易中心建设步伐的加快，浦东新区实行了原南汇区和浦东新区的行政合并，为浦东经济社会

---

① 刘振民：在联合国社会发展委员会第 48 届会议上关于“社会融合”（议题 3a）的发言，2010 年 2 月 4 日。

发展注入了新的动力，提供了更大的发展空间。2010 年是浦东开发开放 20 周年，更是综合配套改革 5 周年，当前的浦东正站在第二次创业的新起点上，按照科学发展观，强调和突出"问题导向、需求导向、项目导向"，集中体现在"三个度"（精度、力度、速度），促进经济和社会的平衡发展，是当今新一届浦东政府努力的方向和目标。

二 浦东新区社会融合与建设的主要举措与经验总结

1. 主要举措

浦东新区借助综合配套改革实验区的政策优势，经济改革与社会改革并重，不断先行先试相关政策，近年来采取了诸多有效的举措和方法，有力促进了社会融合的进程。

（1）城乡产业整合与空间融合

根据产业发展和城市建设的需要，积极探索城区空间关系，处理好街镇和开发区等不同单元的关系，整合社会资源，一直是浦东新区进行体制改革的重要内容。这主要体现在两个方面：

第一，早在 2005 年浦东新区实施综合配套改革时，就从政治体制改革的角度，在原有街镇、开放区的基础上，全区设立了六大功能区，这一体制的发展对理顺关系、整合资源发挥了一定的作用。

第二，2009 年原南汇和浦东新区合并以后，对全区实行了"7 + 1"的战略空间划分，分别是上海综合保税区、临港产业区、陆家嘴金融贸易区、张江高科技园区、金桥出口加工区、临港新城中心区、国际旅游度假区（迪斯尼主题公园），加上后世博板块。开发区和浦东原有 38 个街镇互不隶属，形成扁平化的行政管理体制。

（2）城乡公共服务融合

第一，成立"医疗联合体"，推动公共医疗区域融合。2005 年浦东综合配套改革试点推行后，上海市七院吸收附近高桥、高东、高行、凌桥 4 个镇的社区卫生服务中心，组成了上海市乃至全国范围内建立的首个跨越城乡的医疗服务联合体——"外高桥功能区医疗联合体"。在运作机制上，联合体成员均保持着独立的法人地位，主要通过双向转诊、先进医疗设施共享、互为确认检查项目、派出专家业务指导等形式进行多元合作①。2008 年选择高桥地区、川沙地区试点医疗机构的区域纵向合作，第七人民医院、川沙人民医院与周边社区卫生服务中心建立医疗联合体，建立技术、检验、信息资源共享、双向转诊。联合体旨在促进城市区域性的中心医院与郊区镇级医院的资源统筹、整合与共享，推动优质医疗卫生资源向郊区辐射，让郊区民众能够获得与城区居民基本均等的医疗公共服务，实现城乡统筹协调发展。

第二，成立"城郊办学联合体"，大力推动教育均衡发展。

其一，浦东在基础教育的管理和资金筹集方面一直实行区、镇两级政府分别管理和筹集财政补助经费的体制，这导致城区和郊区基础教育的差异日益扩大。为了推进城郊基础教育的均衡发展，自 2006 年以来浦东开始大力推动基础教育区镇两级政府"二元并轨"的管理体制，深化城郊学校合作，积极组建竹园中学—施湾中学、建平西校—唐镇中学的"城郊办学联合体"。在联合体内，两所联合学校校名不变、法人不变、拨款体制不变，但打破学校界限，统一配置教师资源、统一学校管理、统一课程改革、统一教学质量评价，使前者的优质资源得以拓展，促进城郊联动发展。调整后，浦东有 86 所农村中学开始和城区的学校站到同一条起跑线上②。

其二，为深化教育体制改革，推进"管、办、评"联动机制，引导学校自主办学，新区政府开始尝试社会化的学校托管管理模式。2005 年 6 月 29 日，新区社会发展局和上海市成功教育管理咨询中心举行签约仪式，委托上海市成功教育管理咨询中心管理东沟中学，以提升东沟中学办学层次，实现跨越式发展；同年委托上海市实验学校承办位于碧云国际社区的上海市实验学校东校。2006 年批准成立南门、明珠、竹园、圣英教育管理中心 4 个民办非营利教育类中介机构，并制定实施《关于委托民办教育管理机构管理社会发展局下属公办学校的推进方案》，委托民办教育中介机构对公办学校进行管理和评估。2007 年以政府购买服务的形式，委托东方教育评估事务所，完成 18 所民办中小学依法办学专项评估工作和 23 所农民工子女学校年检工作，出台民办幼儿园招标的相关文件，

①　范利祥、孙晓丹等：《浦东联合体模式：社会事业二元并轨》，2007 年 8 月 16 日《21 世纪经济报道》。
②　范利祥、孙晓丹等：《浦东联合体模式：社会事业二元并轨》，2007 年 8 月 16 日《21 世纪经济报道》。

建立招标评估专家等，大大推动了教育管理的社会化进程。

第三，扩容"四个教育署"，推动教育服务空间融合。长期以来，针对区域广、学生数量多、学校差异大的教育现状，原浦东新区的教育管理体制实行分片署级管理的方式，全区划分为四个教育署。南汇区与浦东新区的行政合并，使得新区的教育资源规模进一步放大，目前，新浦东共有497所基础教育学校，在校学生近37万人，数量占全市的五分之一强，规模居首位。为了进一步促进南北教育资源的差距，行政合并以后，新区教育局对四个教育署进行了扩容，把南汇区的所有中小学纳入到了四个教育署之中，实现区域内教育资源的均衡配置。具体方案为：惠南镇、宣桥镇的40所学校归入第一教育署，大团镇、老港镇、芦潮港、泥城镇、万祥镇、书院镇遗迹申港街道的36所学校归入第二教育署，六灶镇、新场镇、祝桥镇的27所学校归入第三教育署，航头镇、康桥镇、周浦镇的36所学校归入第四教育署①。并且在划片的时候，遵循了两个基本原则，一是以相邻的镇域片区为单位，平稳过渡，管理统筹。二是以强带弱，实行协同发展，例如把浦东最东面的区域划入位于陆家嘴地区的第二教育署，有助于浦东优质教育带动东部较弱地区的教育水准。

（3）帮助促进社会群体融合

第一，为贫困人口提供多元化的公共服务，促进贫富社会融合。从2007年启动实施专门针对计划生育干部、贫困计划生育家庭、育龄妇女、女孩家庭等家庭的"阳光计划"、"生育关怀行动"，对街镇当中特困独生子女家庭、基层计生干部进行了扶助帮困；对未纳入城保的计划生育人群在达到退休年龄时发放一次性奖励，对独生子女伤残、死亡的家庭分别给予3000元、5000元的补助。2010年，新区在对各类困难群众普遍帮困的基础上，对各类特困家庭和特困人员实现了分类帮助。对烈军属等享受定期抚恤的优抚对象给予390元/人的一次性节日补助，对传统民政救助对象、农村低保不可扶对象、散居五保户给予300元/人的一次性节日补助，对长年累月义务帮扶社会孤老、孤儿及重点优抚对象的包户组成员给予150元/人节日慰问，对"三无"对象和其他御寒有困难的对象给予御寒实物补助230元/人，对全区城乡低保家庭（农村低保不可扶对象除外）每户发放150元/人的一次性节日补助，对支内回沪退休定居人员给予300元/人的

---

① 符佳：《四个教育署：融合教育新版图》，2009年11月2日《浦东时报》。

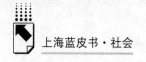

一次性补助（区长网上办公资料）。

第二，为外来人口提供市民化服务，促进内外群体融合。最新统计显示，目前约有600万农民工，占上海总人口的三分之一；浦东新区现有流动人口近百万，占全市流动人口总数的五分之一。如何为外来人口提供有效的公共服务，帮助外来人口融入当地社会，是浦东新区近年来促进社会建设和社会融合的重要工作。浦东新区近年来按照对"外来人口采取无差别管理模式"的思路，探索使外来人员在城市中的居住表现与获得的社会福利挂钩，对城市贡献越大的人享受的福利就越多。一是为外来人口提供与户籍居民同等水平的计划生育服务，例如2006年开始推出的"彩虹计划"，为外来育龄妇女免费进行妇科普查、为外来孕妇提供平价分娩、为外来妇女提供培训；为外来女孩赠送少儿住院医疗基金的办理时间从出生两个月内延长到零至5岁，为外来女童赠送保险，为外来女童从出生至小学毕业，都能享受到免费的健康保险；外来计划生育贫困家庭也能同样享受扶助基金①。彩虹计划实施四年，新区人口计生委共投入近千万元，使20多万外来流动人口育龄妇女和女孩得以受益。二是于2009年在浦东新区三林镇归泾村上海第一个面向农民工和外来人口的"新市民生活馆"开始启用，为农民工及其他流动人口社区居民，特别是妇女、儿童和青少年提供健康咨询、城市适应、潜能开发等各类服务，未来新区将以"新市民生活会馆"为基地，用三年期间在三林镇设立一个社区医疗队、组织十次义卖、百次社区电影、千人健康社区义诊、万人健康签名，请健康专家走进社区，为农民工解答他们遇到的生活和健康难题，所以此计划也称为"个十百千万计划"。

2. 主要经验

综观浦东新区社会建设、社会融合的过程和举措，如果站在浦东开发开放20年、综合配套改革5周年的视角看，浦东的社会融合工作得到了很多的宝贵经验。

（1）准确判断和把握社会发展的阶段，坚持以人为本，处理好稳定、公平与融合的关系

实际上，在浦东开发开放20年的不同阶段，浦东吸引和面对的主体群体也不尽相同，因而面临的社会关系和社会问题也存在差异。浦东新区根据不同阶段

---

① 《浦东新区计划生育服务实现户籍人口与外来人口全覆盖》，http：//www. shanghai. gov. cn/shanghai/node2314/node2315/node15343/userobject21ai268750. html.

的特征，突出现实的重大问题，坚持以人为本，注重并处理好围绕人的各类利益关系，如人与政府之间的关系、本地人与外地人之间的关系、城市人与乡村人之间的关系、外国人与本国人之间的关系等，努力保持社会的安全稳定、公平公正、和谐互动。为整个社会经济的平稳发展创造最有利的内部条件，是浦东新区在近 20 年社会建设中取得的重大经验之一。如果按照开发开放初期（形态开发时期）、中后期（社会功能开发与提升时期）、成熟期（金融航运等核心功能实现全球化效应，也许这一时期尚未真正到来）三个时段粗略来看的话，以人为本的经验主要体现在以下三个方面：

第一，开发开放初期，侧重处理好人与政府之间的关系，保持社会安全稳定。在以形态开发为主的开发开放初期，大量的当地动拆迁居民、外来农民工是浦东社会的主导群体，其面临的最大问题有两个：一是如何妥善安置动拆迁居民，完善共建配套设施；二是如何强化外来人口的管理，强化社会治安安全与稳定。浦东的社会建设也正是紧扣这一特征和问题，采取有力措施，注重维护群众切身利益，对劳力安置、动迁住宅、配套设施等超前规划、超前协调、超前运作，有力地促进了城市地区开发与稳定的协调发展。与此同时，结合社会犯罪率趋高的现实，注重对外来人口的管理，强化社会治安建设，全力保障社会安全与稳定。

第二，在开发开放中后期，侧重处理好城市人和农村人、本地人与外地人、穷人和富人之间的关系，促进社会公平公正。也就是说，在城市形态开发和功能开发并举的时候，城乡区域格局已经发生了显著的分化，处理好城乡居民之间、开发区与街镇居民之间的关系，如何促进城乡之间的均衡发展，开始成为政府关注的重要问题之一；与此同时，大量的浦西居民和更多的外省市居民相继进入浦东，继续扩大公共服务规模和数量，并且不断改善和保障外来人口的各项权益，让不同社会成员之间公平地享受城市发展成果，成为浦东社会建设和社会发展的核心议题。这一时期，浦东新区开展的城乡公共服务（教育、医疗、文化、社保、就业）均等化、收入分配改革、社会救助、就业援助、外来人口综合保险、外来人口子女教育等方面的建设，充分体现了这一点。在某种程度上，当前浦东新区的社会建设依然围绕着如何处理好城市人和农村人、本地人和外地人、穷人和富人之间关系这一主线，在提供足量、有效公共服务的同时，努力促进社会的公平公正性。

第三，在开放开放的成熟期，侧重处理好外国人与本地人之间的关系，促进社会多元文化的互动与融合。伴随着浦东全面构建"四个中心"核心功能区的建设，大量的各类国内外高级人才不断向浦东集聚，并且形成诸多具有多元文化的国际化社区（金桥碧云社区、联洋社区等），对社区生活和公共服务提出更高的多元需求（国际学校、国际医疗、国际会所等），浦东越来越走向世界化、全球化、多元化。如何进一步提高公共服务的质量、促进多元文化之间的融合，逐渐成为浦东社会建设面临的新问题。实际上，浦东新区的社会建设实践，在局部地区已经开始进入了这一高级阶段，在一些国际化社区内通过管理制度的创新，努力促进外国居民与本地居民、中国传统文化之间的互动与融合，满足多元群体的精神需求，增强多国居民的自豪感和归属感，最终将新浦东打造成一个中西文化交融的大家庭。

（2）政府主导、社会参与、市场运作，处理好公共服务供给能力建设与社会民生发展需求的关系

从公共服务的视角来看，浦东的社会建设或社会融合，实际上包含了两个基本含义：一是，通过政府主导、多元参与、市场运作，尽可能提供多元化、多层次的公共服务产品或服务体系，最大程度地满足不同群体的多元需求，使得公共服务供给和需求保持相对均衡。二是，定位好政府的角色和职能，处理好政府与社会之间的关系，在政府、企业、社会等多元组织融合的过程中，提升公共服务的供给范围和能力，进而促进社会融合进程。

第一，政府主导。从开发开放初期开始，根据浦东新区低度城市化、公共服务严重短缺、空间差异巨大的实际情况出发，由政府出面，加大投资，动用各方面的资源，承担起经济建设与社会建设主体的角色，直接从社会事业发展的角度进行总体规划与建设，快速扩大公共服务资源的数量，竭尽全力满足因人口急剧增加带来的公共服务需求。在整个社会建设过程中，政府系统始终保持了一个"小政府、强政府"格局。从政府的机构和职能来说，强调政府是机构人员精简的小政府，而从能力和水平来说，政府又是一个"强政府"，这比较符合新区发展的实践需要。

第二，社会参与。是指政府与社会之间的关系，政府在主导社会建设的同时，不断深入转变政府职能，加大社会管理制度创新，培育各类社会组织，并把更适合于社会组织提供和运作的公共服务职能转让给社会组织来承担，通过构建新型的政社关系和政社互动平台，让社会组织直接参与社会管理和社会建设的实

践，使政府的社会管理走向社会治理、由直接管理走向间接管理。

第三，市场运作。是指当全区的公共服务数量有了一定基础和规模的时候，从提高质量、提高效益的原则出发，在公共交通、教育、医疗、文化、体育等领域，通过政府购买服务和委托管理等制度安排，按照市场化、竞争化、社会化的机制进行运作，既扩大了公共服务的供给数量，也提高了公共服务的效率。

（3）主动积极培育社会组织，处理好政府与社会之间的合作关系

社会组织具有政府和市场不可替代的作用，是沟通政府和群众的重要桥梁，全力培育品种齐全、结构合理、素质优良的民间组织体系，是促进政府购买服务、构建新型政社关系的前提和基础，也是当前我国全面推进社会建设和社会融合的重要突破口。在经济快速发展的同时，浦东新区不断推进政策创新和机制创新，努力为社会组织"腾出空间"，探索创新社会组织管理机制，努力构建新型政社合作关系，为社会组织营造良好的发展环境，形成浦东新区经济社会协调发展的格局。

第一，制定专门扶持政策，为社会组织发展创造良好的外部环境。特别是综合配套改革试点以来，以构建新型政社合作关系为突破口，大力发展社会组织，完善社会组织的登记、发展、监管体系，按照综合配套改革"三个着力、四个结合"的要求，明确在转变政府职能、推进政社合作互动、改革社会组织发展管理机制等方面着力探索的改革思路，制定了《关于促进浦东新区社会事业发展的财政扶持意见》、《关于着力转变政府职能建立新型政社合作关系的指导意见》、《关于促进浦东新区民间组织发展的若干意见》和《关于政府购买公共服务的实施意见》等一系列政策意见，初步形成了社会组织改革发展的制度框架、政策体系、推进方案和目标任务，社会组织在承接政府职能转变、整合社会资源、引导社会参与、协调社会关系方面的作用日益凸显。截至2010年4月，浦东新区共有社会组织1332家，其中社会团体353家，民办非企业单位979家。

第二，开创和尝试社会组织培育发展的社会化模式，提高社会组织的成活率和生命力。一方面，浦东新区率先成立了上海浦东非营利组织发展中心，这是一个在政府主管部门和国内外资助型机构的支持下于上海浦东正式注册的民间非营利组织。2007年，在中心内建立了中国首个"公益孵化器"，采取"政府支持、民间力量兴办、专业团队管理、政府和公众监督、民间公益组织收益"的模式，为初创阶段的公益组织提供场地设备、能力建设、注册协助和小额补贴等资源，扶助这些公益组织逐渐成长，这将创业和社会组织的发展紧密结合起来，既帮助

了社会组织的发展，又解决了社会就业问题。另一方面，以社区为依托，组建社区社会组织的专门培育机构，帮助社区社会组织的发展壮大。2008年在全区范围内率先成立两家新型社会组织培育机构，"北蔡新社会组织服务社"和"潍坊社会组织服务中心"，主要发挥为所属地区的各类社会组织提供服务，接受政府委托承担本社区的社会组织管理等职能。2009年由浦东社工协会、浦东非营利组织发展中心等十家公益机构发起成立了"上海市浦东新区公益组织项目合作促进会"，帮助社会组织不断发展。

（4）综合化和专业化相结合，处理好社会发展要求与社会管理体制之间的适应性关系

社会建设或社会融合是一项包括文化、教育、医疗、就业、保障等诸多内容的社会系统工程，在不同经济发展阶段和社会发育阶段，采取灵活有效的社会管理和社会建设体制，直接决定着社会建设或社会融合的速度与成效。当一个新城区处于刚刚开发开放、尚未形成开发合力的时候，公共服务的需求更侧重硬件的完善和服务数量的供给。具有一个跨部门、跨机构的综合管理和协调机构，需要对原有多个职能部门的管理职能进行有效的重组与整合，实施综合化、大部门的社会建设体制，对快速形成社会建设的合力，提升社会建设的有序性和有效性都具有十分重要的作用和意义。而当社会经济发展进入发达状态的时候，在公共服务机构获得规模化发展的同时，公共服务的供给和需求将从数量型向质量型转变，人们对教育、医疗、文化等公共服务的质量和效率将会提出更高的要求。在这个时候，从专业化、效率化、质量化、精细化的思路出发，对不同类型、不同性质的社会事业，进行专业化、独立化的管理和服务显得很有必要。

根据社会经济发展的需要和可能，适时改革与调整当初社会建设的大部门运作体制，设计一套更加专业、更加有效、更加灵活、更加有力的社会管理和社会建设体制，成为较高层次上继续推进社会和谐、社会文明的制度选择。浦东新区在社会建设的体制安排上，充分体现了这一点。具体而言，在设立"社会发展局"的时候，113人的编制内部设办公室、基层工作党委、教育处、卫生处、民政处、文体处、计划生育办公室、综合计划财务处，该局对应着市里的文化、卫生、教育、高教、民政、体委、教卫办、计划生育委员会等12个委、办、局，这种机构设置为社会事业的整合发展提供了组织保证。

当浦东新区社会经济发展逐步呈现出由制造业支撑向服务业支撑转变、由低

度城市化向高度城市化（2008年城市化率为94.5%）转变、由欠发达程度向中等富裕水平转变（按常住人口计算，新区2008年人均GDP达到约13700美元）的时候，新区政府从进一步提高专业化管理和服务能力的目的出发，以2009年新浦东行政区划调整为契机，按照把新浦东建设成为"行政效能最高、透明度最高、收费最低地区"的目标，把政府工作部门从原来的13个，增加到了19个，开始实行相对独立化、专业化、权威化的政府管理体制。一方面，按照专业化管理的思路，把教育和卫生分别从原来的社会发展局中分拆出来，独立设置了教育局和卫生局，由从属的处级单位变为独立的局级单位，分别对全区的教育和卫生事业进行专业化管理和服务，同时取消了社会发展局。另一方面，从原来的社会保障局当中分离出民政事业，单独设立民政局，对全区民政事业进行专业化的管理和服务。与此同时，在经济管理中也采取了同样的方法，例如把规划和金融从发改委分离出来，设置规划和土地管理局、金融服务局；把原来与经委合署办公的农委单列出来，设置了浦东新区农业委员会①。至此，新区的政府管理体制和社会建设体制，按照社会经济发展的需求，做到了与时俱进，较好地适应了社会发展和社会建设的可能与需要，是一项富有智慧的体制设计和制度安排。

三 新时期浦东新区社会融合存在的瓶颈与挑战

浦东新区发展到今天，已经进入了一个非常关键的发展阶段。既面临着大力发展服务经济，全面构筑四个中心核心功能区的重任，又面临着加快社会建设、促进社会融合进程的重任，面临着诸多挑战。根据调研发现，当前浦东新区社会建设或社会融合主要面临着以下几个挑战：

1. 经济快速发展中积累的社会矛盾比较突出

浦东开发开放在20年的快速发展进程中，积累了很多社会矛盾，最为直观的矛盾就是城市大发展中的城市动拆迁矛盾。据统计，平均每年浦东新区存在动迁数量为1.2万户，占全市最少时期的1/4，一般时期的1/3，最多的时候占到全市动拆迁数量的1/2。所以，从客观来讲，动迁带来了很大的社会稳定压力，积累的矛盾也比较多。随之导致的信访压力也比较大，新老矛盾叠加，社会稳定

---

① 胥会云：《新浦东机构确定"小政府"状态依旧》，2009年9月4日《第一财经日报》。

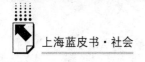

的压力在上升。

2. 多元化社会的高流动性使得社会融合难度较大

随着浦东社会的转型发展，多元化成为浦东新区的显著特点，这一点主要体现在人口的流动性上，1993年浦东共有外来流动人口40万，2000年达到80万，翻了一番，2010年达到了202万，又翻了一番。更为重要的是，大量进入浦东的外来人口，层次不一，呈现高度的多样化，既有高端的精英群体，又有不少弱势群体、困难群体，这就使浦东呈现出人均GDP达到1万美元但依然存在大量弱势群体和困难群体的格局，并且开始出现大量需要协调的社会利益矛盾，充分体现了当前中国特大城市发展的阶段性和特殊性。

3. 两区合并后浦东社会管理的难度和复杂性进一步提升

原来的浦东新区本身就是一个比较大的城区，面积有500多平方公里，而2009年南汇区合并到浦东新区以后，使得新浦东的面积扩大到约1200平方公里，翻了一番，是国内少有的特大型城区。行政空间范围的扩大对行政事务的供给能力提出了显著的挑战，难免在社会服务和社会管理中存在真空的现象，特别是浦东新区与一般的中心城区存在较大的区别，中心城区由于面积小、人口少，可以做到管理的精细化和深入化，更有利于开展社区化的管理。行政合并以后的浦东新区使得南北差距、中东西差距、城乡差距、内外差距等更进一步明显，区内呈现中心城区、城郊结合部、郊区等多种地域类型，因而在区域空间的管理上，很难达到像中心城区一样做到精细化管理，社会管理和社会服务的压力非常巨大。

4. 浦东公共服务的数量和品质，难以满足群众的需求

给当地居民提供足量、优质的公共服务，满足各类群众的公共服务需求，是促进社会建设和社会融合的重要保证。浦东新区由于长期以来一直承担着人口导入区的功能，外来人口一直处于增加和集聚状态，使得一些公共服务的人均拥有量始终难得得到有效的提高，有限的公共服务供给与巨大的社会需求之间的矛盾一直存在着。更为重要的是，由于受各种因素的影响，浦东新区缺乏高档、优质的社会资源，与真正的国际化城市仍存在较为明显的差距，有些社区难以满足境外专家和高级人才对公共服务的品质化需求。如教育和医疗，浦东新区充其量只是一个教育大区和医疗大区，而不是教育强区和医疗强区，目前全市的高级中学、高级优质医院等资源，占上海市的份额和比重都很低，高等级医院的主要指标占全市比重只有约1/10，这与国际大都市或国际性大都市区的地位很不相称。

四　进一步促进浦东新区社会融合的政策建议

1. 深化政府体制改革，构建科学高效的政社关系

继续深化政府职能转变，积极扶持和发展各类社会组织，让社会组织充分参与社会管理和公共服务的提供，是促进浦东新区社会建设和社会融合的重要路径选择。具体而言，一是推进区级行业协会进一步发展，吸引国家级、市级行业协会入驻浦东；二是大力培育能承接公共服务社区公益性社会组织；三是继续完善枢纽型社会组织管理网络，推进街道、镇社会组织服务中心建设；四是继续加大购买服务力度，加大对公益类社会组织的支持和培育力度，规范运作，统一将可以由公益类社会组织承接的公共事务转移出去；五是积极培育社会组织管理服务人才，像重视经济人才那样重视优秀的公益类社会组织管理和服务人才，积极争取给予引进人才在办理户籍、居住证和社会保障等方面的优惠和支持，并逐步形成制度保障；六是完善社会组织监管制度，制定相关社会服务基本标准，采用第三方独立评估等方式评估公益类社会组织服务绩效。此外，强化党政组织建设，这是加强社会建设的第一责任人；强化以国有企业的经济组织，特别是国有资本要很好地回馈到公共社会，加强企业文化建设，健全企业内劳资谈判制度，大力培育一批具有高度社会责任意识的社会企业群体，促进初次收入分配。

2. 加快制度创新，促进社会服务和社会群体的互动融合发展。

建立全民共享的基础性保障。建议在最基础的层面上做实一级和二级医疗保障，努力实现在一级医院、二级医院看病非常便宜，建设全民共享的基础性医疗保障体系。要进一步加大开放的力度，先行先试，放宽准入的户籍限制，让更多有能力的人进入浦东，参与浦东开发建设。率先尝试在保障、福利、医疗、教育等方面为外来人口提供均等化的服务，应该率先探索让外来人口子女在上海读高中的制度和路径。同时在居住方面，应该建造一些外来人口可承受、可负担得起的住房。努力构建穷人和富人混合居住的格局，同时也要防治穷人集中居住或贫民窟的产生。强化规划适合外国人居住的国际化社区，配套建设高档次、国际化的学校、医院等服务设施和条件，促进国外人士和本土居民之间的互动、文化交流，促进浦东新区的国际化发展进程，可以探索外资对这些设施进行建设与营运。强化社会规范建设，按照法律、纪律、道德进行社会治理，要形成人人遵守

社会规范的习惯。特别是对一些涉及老百姓利益的重大问题决策时，学会开展大讨论，规范化操作，要让市民有发言权，防治领导自己拍脑袋。

3. 优化城市规划体系，促进社会空间协调融合

2010 年世博会除了带给人们对城市硬件建设的启示外，更多的还是如何促进城市的宜居性、包容性、共享性，让生活在城市当中的居民感受到城市生活环境的便利、舒适和温暖，让城市社会保持一个较高的融合度。浦东新区作为世博会的举办地，更应该充分研究和发挥世博会后的城市规划效应，利用城市规划这一手段来促进城市社会空间的融合。实际上，当前我国的城市规划基本属于有助于扩大社会差距的"排斥性规划"，例如在住房建设规划中，在高度的市场化运行体制和土地财政体制下，政府利益与开发商利益存在不合理的统一现象，政府并没有采取实质有效的规划手段（土地供给、容积率）来谋划建设足量的保障性住房，致使大量的城市中低收入者和年轻创业者背负着巨大的住房压力和困难，与此同时也直接加剧了更为严重的社会居住隔离，这就出现了我国任何一个城市在中心城区当中没有保障性住房的怪现象。笔者认为，后世博时代是中国城市化发展将会进入一个以人为本、共建共享、互动融合的新型城市化趋势，积极借鉴西方国家的成功经验（美国的"包容性区划"和英国的"规划配建"），适时推动从传统的扩大城市差距的"排斥性规划"向促进社会融合的"包容性规划"转变，即政府通过放宽规划条件，激励或强制性要求开发商所开发的住房要以一定的比例以低于市场水平的价格租赁或出售给中低收入家庭，不仅要增加能够让低收入家庭承受得起的保障性住房数量，还要促进不同收入、不同族裔居民的居住融合①，这是我国未来城市规划体制改革的一个重要方向和路径。

（1）根据不同收入阶层的群体结构，确定或规定城市的保障性住房建设土地预留比例，不同地区的土地预留比例应该有所不同；硬性规定开发商的所有商业开发项目都需配建一定比例的可支付性住房，避免扭曲土地价格、进而确保所有项目为实现更广的社会政策做出贡献。

（2）为开发商提供适度有效的激励政策或补偿措施，放宽开发密度，适当提高开发项目的密度限制（提高容积率），并实行密度奖励。

---

① 刘志林、韩雅飞：《规划政策与可支付住房建设——来自美国和英国的经验》，《国际城市规划》2010 年第 3 期。

（3）根据不同地区住房市场供给情况，制定包括保障性住房的开发规划门槛、数量、标准、产权类型、位置、租售家庭条件等方面的一系列政策，增加低收入家庭居住在一个健康社区、享受更好公共服务和更多发展机会的可能性，切实促进居住融合。

4. 创新社会体制机制，率先构筑"包容性城区"

胡锦涛同志提出的包容性增长对社会建设具有很大的启示作用，包容与宽容不尽相同，包容更反映多元化、差异性，主要是针对社会排斥而言的。包容应该成为浦东新区未来社会建设的新思路。浦东新区要注重不同类型群体的包容，主要有三类，一类是本区居民，让他们具有必备的资源就业和竞争能力；第二类是城镇的困难居民，有些本地区原来受到的教育、技能比较差，年龄又是四五十岁的，在经济增长的过程中他们参与的机会比较少；第三类就是大量的务工人员，特别是外来的农民工和他们的家属。这是建设包容性城区特别要关注的。浦东新区应该率先构筑"包容性城区"。

（1）包容性增长。未来的经济增长不能只有利于一部分人的增长而不利于其他部分人的，要改革经济分配关系，缩小贫富差距，改变原来的发展和分配模式，真正转到包容性增长上来。

（2）包容性就业。是指要建立统一的劳动力就业市场，劳动力市场的统一是一个市场行为，政府不能设定只要哪些人或不要哪些人，改变劳动歧视的现状。另外，劳动力就业市场的统一性，也包括了劳动力市场的多层次性，既要有高端的精英人才、也要有中低端的一般劳动者。

（3）包容性服务。实际上就是公共服务的均等化，包括教育、医疗等。依靠财政制度的改革建设确保浦东新区不同区域的常驻居民公共均等化水平，让所有居民获得均等化的教育、医疗等基本公共服务。

（4）包容性制度。目前的制度设计都是两元的、三元的，本身就是分割的体制机制，包容性制度要从权利平衡的角度设计，基本提供均等化的公共服务。目前新区的农民有被剥削的感觉，浦东新区应该设计一些让农民充分享有土地收益权的相关制度，尽力提高农民的收益，扩大受益面，让大家共享空间开发的成果。

（5）包容性管理。当前浦东的城市管理和体系不能只服务于一些特殊群体，浦东新区率先建立健全全体居民的平等、公平、公正的社会管理新制度体系。

B.14

以党建引领社区建设：来自
静安区静安寺街道的经验

俞厚未　陈炜佳　张婷婷　于振荣*

摘　要： 上海市静安区静安寺街道党工委在社区党建"1+3"模式的基础上，积极探索实践同心家园区域化党建工作，通过优化组织设置、实施双重管理、推动两楼联建、夯实党建阵地、打造共治平台、畅通社情民意六个方面推进社区党建。同时，将区域化党建引领社区建设与社会发展作为核心价值理念，充分发挥基层党组织"服务群众、凝聚人心、优化管理、维护稳定"的作用，在探索基层党组织引领微观社会建设和管理上走出了一条新路。

关键词： 静安寺街道　同心家园　区域化党建

社区是社会的基础和细胞，基层社区党建则是党的全部工作的基础和细胞。在政治学意义上，加强党的领导意味着两个方面，一方面是增强党执掌国家政权的能力，另一方面是增强党整合社会的能力。而增强党整合社会的能力，正是基层社区党建的战略性目标，更是基层社区建设的战略性目标。在社会转型的整体性背景下，党的基层组织体系、工作机制和活动方式如何做出适应性调整，是党整合社会、推动发展的重要方面。地处上海中心城区的静安寺街道，近年来将区域化党建引领社区建设与社会发展作为核心价值理念，积极探索建设"同心家园"，形成了党建引领下的社区建设新模式和新路径，并取得了初步成效。

---

* 俞厚未，上海市社会科学界联合会科研处主任科员；陈炜佳，静安寺街道党政办公室副主任；张婷婷，静安寺街道党群工作部科员；于振荣，静安寺街道党群工作部副部长。

一 新形势下社区工作面临新的挑战

静安寺街道位于静安区西南部，东起富民路、常德路，西迄镇宁路，南至长乐路，北接万航渡路、新闸路，辖区面积1.57平方公里，下设11个居委会。现有居民1.4万户，4万人，389个居民小组；辖区内商务楼宇33幢，"两新"组织2104家；社区党员2338名，其中"两新"组织党员471名；共有11个党总支、92个党支部，其中"两新"党组织43个。近年来，随着静安寺地区综合改造及一批重大市政工程建设的推进，社区面貌发生了翻天覆地的变化，成为上海知名的高品位商业商务区和高品质生活居住区。近年来，先后荣获了"全国文明单位"、"全国和谐社区建设示范街道"、"全国先进文化社区"等50多项国家及市级荣誉。

随着经济体制、社会结构、利益格局和思想观念的不断变化，社区党建和社会建设面临着一系列新的挑战。静安寺街道和全市甚至全国大部分街道一样面临着诸多类似的问题。

1. 传统的社区管理模式面临新的问题

随着城市化进程的加快，城市管理重心下移，社区工作的内涵和外延不断拓展，群众的利益诉求日益多样；社区的包容性也越来越大，社区建设的体制机制、服务对象、工作格局更发生了重大变化。社区建设过程中一系列新的社会矛盾日益突出，对传统的街道管理体制提出了严峻挑战，亟须建立一套与经济社会发展和居民群众现实需求相适应的社区管理模式。

2. 社会领域的重组整合机制面临新的挑战

随着社会组织形态的日益多样化，各个社会成员与群体之间的差异性越来越明显，社会领域中新的组织化的力量不容忽视。怎样完善社会运行机制，包容各类成员个性、活力和风格多样性，引领各类社会主体参与社会建设，实现更深层次的社会融合，是解决多元化社会"和而不同"的关键。

3. 新形势下的社区党建面临新的任务

在社会转型的整体背景下，推动社会发展的力量日益多元，整合社会是党的重要政治功能。在新的形势下，党的基层发挥作用的渠道、工作方法都面临着新的考验。传统的党建领域如何打破条块分割、发挥党建实效，"两新"组织等新

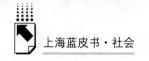
的党建领域如何创新组织设置、消除党建工作的空白点；党组织如何培育与引领社会新的组织化力量，保持党员个体的先进性，从而更好地发挥党组织的战斗堡垒作用，成为新形势下的社区党建工作无法回避的重要课题。

二　同心家园区域化党建开启新的探索

创新的动力来源于对新形势、新挑战的主动回应，目的在于解决问题、推动发展。自 1996 年开始，上海在全国率先开展社区党建和社区建设的探索和创新，城市基层党建中的街（街道）居（民民区）党建开始向社区党建全面转型。管理体制的改革，推动了党建理念、党建模式的变化。静安寺街道党工委坚持在传承中发展、在拓展中创新，努力推动基层党组织和党的工作走向社会、深入基层、融入社区，在探索基层党组织引领微观社会建设和管理上走出了一条新路。

1. 同心家园的产生背景

从传统的街居党建到社区党建，从居民楼组党建到商务楼宇党建，静安寺街道的社区党建工作，随着社区经济社会发展的变化不断突破。将居民区党支部扩容为居民区党总支，强化基层党组织核心作用的发挥；建立全市第一个商务楼宇党员服务点，把支部建在楼上，使党建落到实处；率先探索社区党建 "1 + 3" 工作模式，得到市委的肯定，并在全市各街道推广，等等。每一步探索与实践，并不是单纯的创新，而是形势所需、群众所求。

作为最早探索实践 "1 + 3" 社区党建工作模式的试点街道，静安寺街道党工委并没有把工作仅仅停留在社区层面，而是结合当前社区发展面临的新形势和地域实际，正视驻区单位党组织和一些党员对社区党建认同感不强、社区党建一定程度上存在 "行政化" 和 "条块分割" 的倾向、党建资源整合力度不够等现实问题，于 2007 年提出了同心家园区域化党建思路，努力探索建立区域、单位、行业共驻、共建、共享的区域化党建格局，力求 "1 + 3" 社区党建工作模式在基层实现形式的创新。

2. 同心家园的核心理念

什么是 "同心家园"？"同"，即认同；"心"，即以党组织为核心；"家园"，即社区共同体。"同心家园"，就是通过倡导主流的社会理想、价值取向、精神风貌和行为准则，使社区成员增强对党和社区的认同感、归属感和荣誉感；通过强化社区党组织的核心领导，使社区党组织和党建工作的亲和力、传承力、示范力和导向力得到增强；通过激活亲缘、地缘、业缘、趣缘等多种社区固有的关系纽带，强化共同体意识，提升社区和谐的内原动力和内在活力。"同心家园"的最终目标，是要形成有共同追求、共同愿景，共驻共治、共建共享的和谐社区共同体，成为和谐社区、亲人社区、幸福社区。

同心家园区域化党建是以地缘关系为基础，以共同的理念和价值引领组织共建、资源共享、载体共创，通过组织区域化、管理属地化、平台实体化、运作社会化的模式，打造边界开放、力量多层次配置、信息和资源无缝隙连通的党建工作体系，充分发挥社区党组织的领导核心作用和党员的先锋模范作用，团结凝聚广大社区单位和居民同心同德、同向同进共建美好家园。

3. 同心家园区域化党建的主要做法

自2007年起，静安寺街道党工委先后制定了《静安寺社区关于加强区域化党建工作的实施意见》、《静安寺社区关于进一步加强区域化党建工作的若干意见》等文件，在组织设置、管理模式、阵地建设等六个方面探索实践同心家园区域化党建工作。

（1）优化组织设置，体现区域特点。组织结构是组织效能和组织活力的基础。在同心家园区域化党建项目中，党工委首先对社区和居民区两级党组织设置进行重新调整和优化，通过组织扩容，强化"大党建"意识，逐步建立起符合同心家园区域化党建特点的基层组织架构（见图1）。

在街道层面上，进一步优化"1＋3"党建工作模式，使社区内党的组织关系得到进一步理顺和调整。成立了街道党建工作领导小组，确立了内设部室与党群部门工作例会制度，形成街道层面的党建合力。建立了"多网协同"网络化管理运作机制、物业管理联建及社区建设管理三级协调机制等，形成了与日趋成熟的党建体制相衔接的社区行政管理体制。

在居民区层面上，注重加强党总支建设，探索建立区域性、多元化的居民区党总支领导班子。条件成熟的驻区单位代表、"两新"组织专职党群工作者、社区民警被吸收为党总支兼职委员，形成了居民区、"两新"组织、社区单位、民警四位一体的总支班子，强化了基层党组织的领导核心地位，逐步建立了党建共商、事务共管、难题共解、资源共享的基层组织架构。

以裕华居民区为例，在2007年居民区党总支换届选举时，上海市信息委处

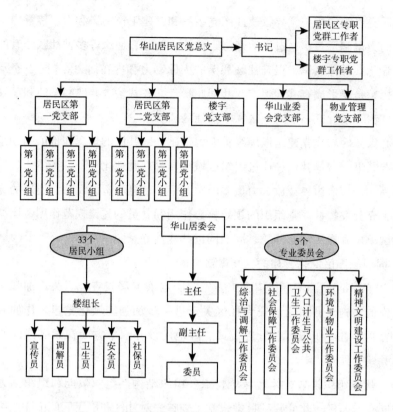

图1　华山居民区党总支和居委会的组织架构图

级干部肖惠明，南空招待所副所长、小区系统房业委会主任迟苏东和社区民警孙长彪当选为党总支的兼职委员。作为社区事务的积极参与者，兼职委员们参与社区事务有了更有效的平台和更多的发言权，主人翁意识也更强了。党总支书记刘文化也觉得，居民区党总支"扩容"后，驻区单位和居民区党建联系更密切了，抓党建的"手势"也更顺了。在裕华居民区，越来越多的驻区单位党组织，与社区党组织一起开展各类帮困、助老、助学、便民服务等。

（2）实施双重管理，创新工作模式。为避免人为地把党建工作条线化，党工委做实基层，聚焦居民区这一"块面"，在优化党的组织架构的基础上，按照属地化原则，实行"两新"党组织、社区党员、专职党群工作者等创新管理模式。

第一，"两新"党组织纳入居民区党总支。"两新"党建原先通过划分网格，建立静东、静西和静南3个网格党总支，设立11个党建责任区，由综合党委统抓。为了实现"两新"党组织属地化管理，党工委撤销了网格党总支，在综合党委领导的前提下，将"两新"党组织纳入居民区党总支进行统一管理。"落地"后的"两新"党组织与社区的关系更加紧密了，党组织活动更加规范了，"两新"党员对社区的归属感也更强了。

第二，成立在职党员党支部。2010年3月，静安寺街道在全市率先成立了在职党员党支部。各居民区突破党员组织关系限制，充分发挥在职党员"8小时"外在居住地的先锋模范作用，目前10个居民区成立了在职党员支部。此外，华山居民区还进行了另一种探索，成立了以楼组为单位的"同心楼组"党支部。将32个楼组内的355名各种类型的党员进行整合，世博会期间小区中的每个家庭至少有一人参加了"看家护院"平安志愿者队伍，其中还包括上影剧团团长、华山居民区的在职党员崔杰，他虽然工作繁忙但仍利用双休日的时间参加安全巡逻等工作。对社区党员的双重管理逐步实现了从单位党员向社会党员的转变，从单一责任向双重责任的转变。

第三，楼宇专职党群工作者融入居民区。2009年初，楼宇专职党群工作者由街道综合党委统一安排进入居民区，与居民区专职党群工作者一起，在居民区党总支领导下开展工作，很多条件成熟的还被选入了居民区党总支担任委员。胶州大厦联合党支部的"两新"组织专职党群工作者赵杰夫在双重管理后，搬到了三义坊居民区和居民区工作人员一起办公，还被选为居民区党总支委员。他与居民区专职党群工作者李莉相互配合，协助党总支书记开展党建工作，跑"楼组"拜访居民，身份转换后，他觉得开展"两新"党建工作底气更足了。

通过实施双重管理，打通了"两新"组织楼宇党建、社区单位党建与居民区楼组党建的"条线"分割，真正实现了居民区党建、"两新"组织党建、社区单位党建在区域范围内统筹、融合。

（3）推动两楼联建，拓展工作载体。"法人"居民与"自然人"居民都是社区的主体，楼宇与楼组之间应有新的联结纽带。党工委积极实践党的组织活动方式创新，形成与新型党员管理模式创新相适应的活动内容，推动楼宇、楼组党建从分别推进转变为联建共建。

第一，统筹推进，全面掌握"两楼"党建情况。双重管理后，楼宇党建成为与楼组党建并重的居民区党建新领域。居民区党总支书记和两位专职党群工作者一起逐个"跑"楼宇、楼组，统筹规划党建工作，注重创新"两楼"联建的内容和形式，推动楼组党建与楼宇党建均衡发展。两位专职党群工作者互为AB

角，实行顶岗或备岗制度。世博期间部分党群工作者被抽调到园区后，B角主动"补台"，实现工作无缝衔接。

第二，找准需求，有效整合"两楼"资源优势。"两楼"联建要取得实效，必须有符合党员需求的项目和载体。有的居民区党支部与"两新"党支部结对后，共同到中共二大会址重温党的历史，携手举办世博论坛及知识竞赛。有的"两新"白领党员利用现代多媒体手段为居民区老党员们讲课培训，为社区困难家庭子女提供义务家教。小区内餐饮、娱乐行业的企业党员少，但党的工作不能少。党工委选择条件比较成熟的企业，以企业颁发聘书聘请"党建思想政治工作者"的方法，安排居民区党组织的成员进入企业，义务帮助企业培养入党积极分子，开展党员发展工作。一些企业党员自豪地说："我在单位所在的居民区也找到了家的感觉。"

"两楼"联建充分发挥楼组、楼宇党建各自不同的资源优势，以居民区党建与企业思想政治建设相结合、居民区群团建设与企业文化建设相结合等不同方式，充分体现了党员的社会价值，丰富了基层党建工作的活动载体，推进了区域化党建格局的形成。

（4）构建党建基站，夯实阵地建设。党建工作既要有旗帜，也要有阵地。党工委通过建立覆盖整个社区的党建实体工作网络，在继续做强社区党员服务中心的同时，在每个居民区设立"红色礼堂"，形成对同心家园区域化党建强有力的支撑。

第一，创新理念。"红色礼堂"按照"就近服务、就近教育、就近管理，就近发挥作用"的原则，不仅向社区居民开放，更向社区单位特别是附近商务楼宇里的白领员工开放，为党员提供学习交流的平台，充分体现党员的优越性，激励党员发挥作用，成为体现党员主体地位的活动基地。

第二，强化功能。"红色礼堂"内设党员活动室、志愿者工作室、电化教育室、代表委员谈心室等多种功能，充分发挥"服务党员、服务党组织、服务群众、服务社会"的作用，既是党员服务中心在基层工作的延伸和拓展，也是加强基层党的建设的重要平台。

第三，配强力量。党建工作站由居民区党总支书记负责，两名专职党群工作者共同发挥优势，形成职业化管理、专业化建设和规范化运作的"一体两翼"社区党群力量。

第四，经费保障。党工委对每个党建工作站每年投入超过 20 万元，用于日常运作、专职党群工作者队伍建设、党员活动经费等。

【案例】

美丽园"同心家园"党建工作站位于延安西路 376 弄 55 号，是一幢 450 多平方米的四层楼房，也是同心家园区域化党建的最初实践地。工作站每周的"排片"（见表 1）都很紧张，但党总支总能统筹考虑，把中午的黄金时段时间让给"两新"组织、驻区单位党员过组织生活或举行活动，把晚上的时间留给社区离退休党员。驻区单位党组织、在职党员定期为居民提供医疗保健、咨询、家电维修等各类服务；驻区单位党组织免费使用居民区提供的羽毛球场、健身房、乒乓球室、阅览室等场所。30 余家企业发起成立了美丽园社区共建联合会后，工作站为这一组织腾出了办公场地，联合会在居民区参与一系列实事工作，促进了美丽园居民区的和谐稳定。工作站每月定期开展党代表、人大代表、党总支委员和居委会委员的接待活动，今年以来共接待各类人员 21 人，解决居民急难愁问题 12 个。"红色礼堂"不仅成为收集反馈社情民意的窗口渠道，也成为各级党组织为党员群众提供服务的集散地。

表 1　2010 年 12 月第一周美丽园居民区党建工作站安排表

日　　期		团队活动	接待安排	组　织　生　活
周一	上午	编织队		居民区第一党支部组织生活
	下午	象棋队	区党代表接待	
周二	上午	合唱队	居委会主任接待	军利航空、永兴商务楼联合党支部组织生活
	下午	象棋队		
周三	上午	评弹沙龙		居民区第二党支部组织生活
	下午	象棋队		
周四	上午	书画组　读书会	党群工作者接待	
	下午	象棋队		中兴装饰党支部组织生活
周五	上午	笛子队	总支委员接待	
	下午	象棋队		
周六	上午		总支书记接待	欣安大厦党支部组织生活
	下午			

　　注：每周一上午居民区班干例会，每周三同心家园社区单位轮值，每月 5 日党总支会议，每月 10 日区人大代表接待，每月 20 日区党代表接待。

在"红色礼堂",党组织有人管事、有钱办事、有处议事。党建工作站成为党工委重要的党建阵地,成为打造党建"同心圆"的重要组成部分,是对同心家园区域化党建工作强有力的物质支撑。

(5)打造共治平台,扩大社会动员。推动驻区单位党组织融入社区党建工作,是同心家园区域化党建体现单位、区域、行业联动的重要环节。2008年,党工委创了同心家园共建理事会平台载体,为社区成员单位党组织参与社区建设进行了制度设计。

在平台设置上,党工委在街道及居民区两个层面分别成立了同心家园共建理事会及分会。理事会是以党组织为核心,由区域内不同隶属关系的机关、部队、企业、事业、"两新"组织等单位党组织共同组成的协商议事机构。运作机制上,理事会按照《理事会章程》规范运作,选择成员中有一定代表性、影响力、积极性的成员,实行活动的"轮值制"。不断完善例会制度、情况沟通制度等长效机制。在工作载体上,理事会形成了"十联工作法"(党的工作联建、精神文明联创、社区发展联动、思想工作联做、公益事业联办、公共服务联手、社区治安联防、困难对象联帮、文体活动联谊、先进理论联学),整合教育、文化、医疗、科普、便民服务、帮困等方面的资源,进行全方位、项目化共建。

【案例】

在海园居民区同心家园共建理事会的倡议下,上海歌剧院、华园物业、上海宾馆等9家驻区单位党组织共同出资,建立了海园"幸福小区"公益项目扶持金,首批启动资金30万元,成立了社区公益、双向服务、文明共建、居民实事四个公益项目组,并由驻区单位负责人分别担任项目组组长。实事启动以来,民生银行、永丰苑酒店等单位出资为32户居民分装小水表,平安人寿为30位辖区世博平安志愿者免费体检,等等,扎扎实实为群众办实事、解难题。为解决居民急难愁问题,居民区党总支在与"两新"党组织结对的基础上,创新加入了驻区单位党组织,在居民区层面形成了三方共建机制。海园居民区还形成了以"五同五乐"为目标的"深化同心家园,打造幸福小区"基本思路,即思想上同心、资源上同享、安全上同治、文明上同创、困难上同帮,让全小区乐在安居、乐在参与、乐在共建、乐在互助、乐在共享。

（6）畅通社情民意，强化社会认同。密切联系群众，善于倾听、解决群众的诉求，是基层党建工作有效性的具体体现。为此，党工委不断加大民主建设力度，通过各种渠道、形式，主动收集社情民意，察民情、集民智、解民忧。

第一，开辟"社情民意直通车"。在所辖33个居民区党支部设立了"心语信箱"和"百姓之窗"，按照工作流程和办理机制运作，直接了解掌握社区群众的急难愁盼问题，切实帮助群众解决实际问题，畅通民意表达、民智集中的渠道。

第二，成立"民生观察员"队伍。聘用属地党员担任民生观察员，发挥党员在社区民生问题上的参与、决策和监督作用，主动深入群众，倾听民诉，化解民忧，做好上传下达，主动了解基层工作中的难题，真心诚意听取人民群众的意见和建议，想方设法帮助落实解决，促进民生工作深入开展。

第三，健全党员代表议事会制度。邀请社区党组织班子成员、部分共建单位党组织领导、社区在职党员、离退休党员中的优秀代表组成议事会，使党员深入了解居民的真实需求，倾听群众呼声，为切实解决一些突出问题打好基础，也为加强民主建设提供有效途径。

第四，形成"六个一"长效制度。即领导班子成员每月"做一天社工"、每个居民区党支部设立"一箱一栏"、居民区党组织书记每月召开一次例会等，形成了联系基层、联系群众的长效化、制度化的安排。

第五，开展"十百千万"大走访活动。即十名党员领导干部走访百名党员、百名党员（机关党员、党总支或支部书记、委员）走访千名党员群众、千名党员（普通党员）走访万名群众，密切党群关系。

通过畅通社区居民和单位反映意志、表达诉求的渠道，使党员深入了解群众的真实需求，为掌握社情民意、民主决策和科学决策提供可靠依据，为加强民主建设、密切党群关系提供了有效途径。

三　同心家园区域化党建引领社区建设实现新的发展

城市社区建设是一个复杂的"社会系统工程"。党的基层组织是党在社会基层组织中的战斗堡垒，是党的工作和战斗力的基础。静安寺街道党工委以同心家园区域化党建为抓手，充分发挥基层党组织"服务群众、凝聚人心、优化管理、维护稳定"的作用，基层党建引领社区建设实现新的发展。

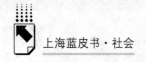

1. 着眼民生，切实解决居民所需

执政为民是基层党组织最鲜明的政治品格，服务群众、改善民生是党组织的执政之本、执政之要。静安寺街道党工委在推进同心家园建设中，秉持"执政自觉"，把社区生活服务、落实民生保障作为引领社区建设和社会发展的重点，推动改善民生的工作切实落到细微之处。

（1）完善公共服务网络

近年来，街道全面布局、合理规划，先后投入了近两亿元资金用于建设、修缮社区公共服务设施。形成了社区事务受理服务中心、社区文化活动中心、社区卫生服务中心、社区生活便民服务中心、社区综合治理中心和"阳光之家"等"5＋X"公共服务体系，"一场、一店、一点、九车"网络基本缓解买菜难问题，11个居民区的多功能活动室、4个小区卫生站得到改造，社区居民生活更加便捷。

（2）开展为民实事工程

通过基层调研、公益项目征集、居代会民主提议，近年来街道圆满完成了一批实事项目和重点工作，得到了居民的认可。街道先后完成了3904户老式住宅合用卫生间改造，破解了"世上最难解的数学题"；实施二次供水改造，改善了137幢4141户居民的用水难题；为70岁以上独居老人更换煤气软管254户，安装漏电保护器332户，为老式砖木结构房屋配发灭火器2000余个；推进老式住宅小区物业一体化管理全覆盖，社区一万余户居民从中受益；世博会期间，开展"街面、弄口、地面、立面"多元整治，面积达4648平方米，清除垃圾26吨，切实提升社区居民的生活品质。

（3）建立专项工作机制

不管是自然人居民还是法人居民，都是基层党组织的工作对象。近年来，街道扩大社区综合帮扶覆盖面，实现政府托底、社会救助和慈善救助的无缝衔接，形成关注困难群体的"恒温机制"；建立了6个乐龄家园服务站、2个助餐点和1个老年人日间照料中心，形成关爱老年人群的"温馨机制"；成立了全市首家阳光助残社工师事务所，形成关怀弱势人群的"阳光机制"；建立3个"白领午餐"点解决楼宇白领就餐难题，建立"白领交友"沙龙丰富业余生活，形成关切"两新"员工的"融入机制"，夯实了社会和谐稳定的基础。

【案例】

静安寺街道的老年人口比例超过28%，有80岁以上的高龄老人3094人，社会孤老 27 人，救济孤老 10 人，退休孤老 170 人，独居老人 520 人，空巢老人 1080 人，是一个典型的高度老龄化社区。针对政府难以包办社区老人养老问题的实际，静安区 1999 年先行在静安寺街道进行试点，创建了老年生活护理援助中心，后转制为以带头人徐青凤名字命名的"青凤老年生活护理服务社"，成为静安区为老服务的一个知名品牌，目前护理员队伍已经发展至 700 余人。在此基础上，2006 年 8 月探索建立了"乐龄家园"居家养老服务新模式。

作为党建社会化的手臂延伸，街道党工委注重扶持培育青凤老年生活护理服务社，明确了"网格化管理、站点式覆盖、菜单式服务、市场化运作"的运作理念，探索中心城区居家养老的新模式。十一年来，街道无偿提供 8 处用房，总面积达 595.4 平方米。针对当时创建人徐青凤阿姨已近七旬的现实情况，组织上提早物色了接班人，并建立青凤服务社党支部，加强服务社护理员队伍建设，成立"新上海"姐妹之家。2008 年春节沪上保姆荒之际，街道和服务社与春节留沪过年的保姆们一起吃年夜饭，让很多保姆感动不已。青凤老年生活护理服务社建立以来，已为 78007 人次的老年人提供上门护理及家政服务；截至 2010 年 10 月，"乐龄家园"共为 245685 人次的老年人提供了助急、助洁、助浴等四大类共计 27 项服务。一些摆脱了上班与服侍长辈两难困境的中青年居民说：青凤服务社真是起到了"护理一个人，解放一家人，帮助一群人"的作用，让我们可以更安心地做好本职工作。

静安寺街道党工委坚持发挥党在基层社会建设中的领导核心作用，将落实基本民生保障作为"敲门砖"和"问路石"，努力为群众创造便利、温馨、宜居、和谐的社区环境，以服务不断拉近与基层群众的感情和距离，在群众满意中争取主动、赢得民心，使党建成效实实在在地体现在群众的生活改善上。

2. 凝聚人心，不断增强社区合力

人心向背是执政的关键，要赢得人心，就要凝聚人心。推进社会建设，不仅需要党组织的积极引导，也需要"自然人"居民和"法人"居民的积极参与。静安寺街道党工委紧紧围绕优势互补、共治共赢、共建共享，优化和整合辖区内的组织资源、行政资源、党建资源、社会资源，为加强新时期基层党建、社区建设注入强大的活力。

（1）凝聚居民群众

第一，以文化凝聚人。静安寺街道在全市率先创办了第一所"社区学校"，13

年来已有上万名学员参加学习，被称之为"身边没有围墙的学校"。胡锦涛总书记在上海考察党建工作时，对社区学校的做法十分赞许，中宣部有关领导也将社区学校的做法称为"社区精神文明的创造"、"新时期社区思想政治工作的有效载体"。

第二，以活动凝聚人。街道每年举办"夕阳红"旅游、"戏迷过把瘾"、"相约你我，白领交友"等贴近实际、贴近生活、贴近群众的活动，形成了"社区嘉年华"、"同心放歌"月月秀等品牌，群众参与社区活动的积极性日益高涨。

第三，以团队凝聚人。街道先后扶持了130多支群众文体团队，使他们在社区文化活动中唱"主角"，大大增强了团队成员对社区的归属感和凝聚力。特别是近年来街道通过社会动员机制的建立，创设了各类志愿服务涵盖8个大类32个项目134支队伍，各类志愿者已达到8000多人，为社区形态文明、功能文明、素质文明的全面提升，促进社区和谐发挥了积极作用。

（2）凝聚社区单位

除了搭建同心家园共建理事会平台，党工委还延长工作手臂，创新了由辖区"两新"组织老总组成的自治组织——企业家沙龙，并注重在企业老总中发展"党建之友"，使其成为社区党建的资源支撑。2009年金融危机时，党工委利用企业家沙龙平台发出建立"暖冬互助金"的倡议。企业争相响应，以力新仪器、众恒信息等公司为代表的10余家企业，共集资110万元互助金，无息借款20万元给安玫杰贸易公司等企业发放员工工资，以解燃眉之急。百乐居民区"两新"组织网元计算机有限公司党总支书记李波是网络标致狮子座车友会负责人。2007年在他的发动下，车友会会友们省下了原本外出吃大闸蟹的钱，自驾车带领社区离退休老人上海一日游。三年来，每个敬老节期间，车友们都会为社区老人们送上重阳糕、手推车等礼物。

【案例】

华东医院作为社区内知名度较高的三级甲等医院，医院党委带领广大党员融入社区、融入群众，积极参加社区公益性活动。医院自2006年9月起为社区"乐龄家园"居家养老服务站的独居老人烹饪"爱心餐"，四年来从未间断。目前，助餐点从1个发展成为3个，累计助老送餐269579份，受助老人也从68位增加到200余位。此外，党员们还利用休假日，主动开展便民助老服务。在世博社区安保志愿服务中，院党委制定实施了"一岗双人"制，党员干部带头承担一、二级安保执勤任务、抽查交接班和定期慰问通报四项举措，先后有375名党团员踊跃参与，累计服务838小时，确保了辖区6个公交站点的安全。院团委还组织团员青年定期开展"共青团号健康快车社区行"，积极参加社区"交通文明志愿者"和"世博平安志愿者"行动，年均开展志愿者服务近20场，参与团员青年近300人次。院妇委连续三年开展了关爱独生子女死亡家庭行动，上门为孤老进行免费诊疗和心理抚慰，并为他们提供就医绿色通道等服务，得到了社区居民的广泛赞誉。华东医院党委书记、院长俞卓伟担任了"同心家园"共建理事会的副会长，把参与社区建设作为自己份内工作，他多次谦虚地表示，做社区工作社区党员就要听街道党工委的。

（3）凝聚社会组织

党工委始终坚持"党和政府退后一步、社会组织走到前台"的做法，大力培育了一批贴近群众、服务群众的社会组织。例如全市首家阳光助残社工师事务所等服务性社会组织和街道老年协会、体育健身俱乐部等公益性社会组织。目前在静安寺街道登记注册的社会组织共94家，登记备案的群众文体团队130个。街道在人、财、物等方面给予政策扶持，将社会组织的扶持发展经费列入街道财政预算，给每个社会组织提供3万元到10万元启动资金和项目激励经费。近10年来，街道以政府购买服务方式资助扶持社会组织的经费约923万元。同时，通过成立党支部，或设立党建联络员加强党建引领，现有党的工作小组3个、党建指导员10个，党建联络员39名，实现了党建网络全覆盖。

【案例】

柏万青是上海滩家喻户晓的名人，这位"老娘舅"最早是静安寺街道一名机关干部。退休后，街道邀请柏万青担任街道老年协会秘书长，给经费、给场地、配人员。近年来，柏万青在社区的事业越做越大。2006年，她成立了全市第一家以个人名字命名的"柏万青志愿者工作室"；2007年，成立了"相约你我"婚姻服务中心，现有会员近万人。柏万青有句口头禅："我有今天，要感谢街道党工委"。这不是什么客套话，而是有着实实在在的内涵。街道党工委书记换了一任又一任，每一任都给予柏万青大力支持。在培育和扶持社会组织的发展过程中，街道党工委始终坚持三条原则。

第一条：放手不放任。"柏万青志愿者工作室"原来的办公条件十分"简陋"，约 30 平方米的小房间仅够放两张办公桌。2010 年 2 月，在街道党工委的支持下，工作室迁入了社区综合活动中心，面积 830 多平方米，三层的独立房屋中有柏万青独立的工作室，还有中小型教室和多功能活动室。但几个月后周边居民写信给街道反映周六老年交友活动影响居民生活。街道领导多次到实地查看，人多得从办公室都站到了院子里和门口，狭窄的弄堂被挤得水泄不通，的确暴露了噪音以及安全方面隐患。为此，街道多次找柏万青商量解决办法，确保不影响周边居民正常生活。

第二条：协办不包办。都江堰是静安区抗震救灾的对口支援城市，区委、区政府有关部门希望通过柏万青的影响力和号召力，发动部分群众与对口受灾家庭开展结对帮困助学。街道党工委书记王鹏知道后，当即表示支持并在现场认领了都江堰的一户人家作为自己帮困助学的对象，并宽慰柏万青放手去干，能多则多，余下的街道想办法。结果，街道内有 300 多位居民自发随团前往，在爱心之旅的航船上先后发起了 3 次募捐活动，共募得善款 7 万多元，结对帮困任务超额完成。

第三条：指导不指挥。每年岁末年初，街道领导都要到柏万青工作室走访调研。同时，街道总会想方设法地指导、帮助她承接工作项目，拓展社会组织的发展空间。例如，街道鼓励并帮助柏万青志愿者工作室参加公益服务项目招投标，取得"千家万户老娘舅"项目资金支持。又如，静安寺街道"弄堂游"是市旅游部门确定的中外交流特色接待点，主要由老年协会承办。2010 年年初，在街道指导支持下，老年协会做精做细"弄堂游"，形成了"弄堂风情游"品牌线路，物色了优秀的接待户作为"世博人家"，并组织礼仪培训、评比学习，激发"世博人家"志愿者积极性，圆满完成了世博期间各项接待任务。

"政力有限，民力无限"。通过同心家园区域化党建工作的探索实践，基层党组织的领导核心地位进一步显现，街道党工委统揽全局、协调各方的能力进一步增强，党建引领社会建设的作用进一步发挥。在 2008 年汶川地震募捐中，短短 3 天街道党工委连续举办了 3 场大型募捐活动，从孤寡老人到幼儿园的小朋友，从低保困难家庭到外来务工人员都慷慨解囊，最后募捐总数超过了 350 万。2009 年党工委发起"万笛迎世博"活动，4 万多人的社区竟发动了社区居民、社区单位、社会组织、驻区部队和机关干部等共计一万余人参加，不仅有商务楼宇白领，还有住在小区的外国友人，就连新镇宁集贸市场业主和青凤服务社的家政服务员也加入行列，他们中最大的九十多岁，最小的才五六岁。2010 年世博期间，在"同心家园"共建理事会的倡导下，短短一周之内，11 家单位组成了公交站点驻守保卫队、7 家单位组成了应急联防民兵队伍、11 家单位组成了军警民联防巡逻和驻守队、2 家组成了南京西路沿线治安巡逻队、35 家单位组成了一支 140 人的应急志愿者队伍。还有 13 名社区单位职工全职加入了街道派驻中国馆的世博安保志愿者队伍，并且一干就是 200 多天。

3. 优化管理，有效提升管理服务效率

基层党组织必须主动适应社区建设新形势，提高管理社会事务、协调利益关系、整合社会资源的能力。在具体实践中，静安寺街道党工委通过调整街道管理体制机制、夯实基层管理基础、加强队伍建设，使社区管理服务能力不断提高。

（1）街道管理体制机制进一步优化

街道层面，街道党工委加强了对社区管理各项工作的制度性安排，减少了工作层级，理顺了条块关系。原来 500 多项与街道密切相关的工作梳理合并成 360 项：其中有 11 项行政执法类和专业管理类工作归还给区职能部门，150 项专业服务类工作统一搭建社区事务"一门式"受理平台，13 项便民助老等公共服务和平安建设等工作得到强化，14 项基层自治类工作得到优化。街道的组织架构根据职能从八科一办调整为五部一室，党政交叉任职，使街道在组织公共服务、开展综合管理、监督专业管理和指导自治组织等方面的职能得到进一步提升。体制机制的调整优化为辖区市容环境工作打开全新局面，辖区内市容环境卫生力量得到梳理与整合，成立了"1+2+3"的社区市容环境管理队伍，使作业、执法、固守等专业管理职能实现归位，形成了"纵向到底，横向到边"的社区市容环境网格化管理新机制。在五次中心城区 108 个街镇的市容环境社会公众满意度测评中，取得了四次第一，一次第二的成绩。

（2）基层管理基础进一步夯实

在同心家园区域化党建推进过程中，各居民区形成了"以居民区党总支为核心，居委会为主体，其他各类组织和队伍力量为支撑"的居民区工作体系，理顺了包括物业公司、业委会、专业社工组织等各类组织之间的关系，不断增强居委会自我管理、自我教育、自我服务的自治功能，推进业主自治。例如四明居委会形成的"民情日记工作法"，将每家每户的地理位置标示成地理平面图，后附"每户档案"，既直观地展现具体情况，也利于居委会工作的交接和延续。同时，街道与居民区建立工作对接和"下沉把关"机制，对居民区的居务、政务

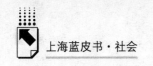

（事务）、党务实行分类管理、归口运作，加强服务窗口和专业社工团队建设，进一步夯实了居民区工作的组织基础。

（3）干部队伍素质进一步提升

同心家园建设，队伍是基础。街道党工委始终坚持围绕中心、服务大局，选干部、配班子、建队伍，并采取多种措施加强了干部队伍建设。通过竞争上岗、公开招聘引进人才，充实干部队伍。近几年，先后向社会公开招聘了近百名社区工作者，分别充实到居民区和社会组织工作队伍中，使社区工作专业化程度提高。此外，还通过"导师带徒"、"一线锻炼"等措施，加大对社区青年干部的培养。通过开展学习标兵找差距、争做尖兵创佳绩的"双兵"行动，亮身份、亮承诺的"双亮"行动，争当公益楷模、争做业绩标兵的"双争"活动以及"讲重作"等主题活动，大力弘扬党的优良作风，不断提高干部队伍的整体素质。通过努力，街道和居民区干部队伍的年龄结构、梯队建设、任职能力等得到了进一步优化。团结协作、追求卓越的干部队伍，成为静安寺街道建设同心家园的重要保证之一。

4. 维护稳定，有力促进社区和谐

社区和谐，稳定是前提。静安寺街道党工委通过搭建综合治理平台、发动群防群治、调整方式方法，充分发挥基层党组织在维护社会稳定、构建和谐社会的关键作用。

（1）搭建综合治理平台

街道以平安稳定为首要目标，建立了社会治安综合治理工作中心，合并了街道原有的综合治理力量，与综合治理工作密切相关的条线部门也轮流坐班、接访，条块力量在综合治理中心的平台上实现了整合，各种社会矛盾在基层一线及时发现、尽快解决。居民群众如有涉法涉诉等方面的矛盾纠纷，只要到街道综合治理中心就可以得到人民调解、信访代理等专业的法律服务，不再需要多次往返奔走。同时街道还成立了全市第一家商务楼宇调解委员会，率先开展人民调解进入楼宇"立体社区"的实践，为保障楼宇企业和员工的合法权益发挥了重要作用。

（2）发动群防群治

群防群治是社区维稳工作的重要手段。近年来，静安寺街道通过"看家护院"行动、组建平安志愿者队伍、培育千家万户"小娘舅"调解员等，建立街道、社区单位、专职部门与社区居民四位一体的社区稳定群防群治网络。例如，景华居民区在8条弄堂成立了3个弄堂共管小组，覆盖辖区所有地块。巨鹿路

820弄居民反映地铁7号线建设引起噪音和墙体开裂等问题，通过弄堂共管小组的疏导，推选居民代表与有关部门反映情况，及时召开了听证会和协调会，目前已进入了赔偿程序，防止了一起群访事件的发生。海园居民区通过楼组发动，世博期间每人每天平均出勤2.4个小时，志愿看管9条无门岗弄堂。裕华居委会还发动外籍人士参与小区治安巡逻，成为社区志愿者一道独特的风景线。

四　同心家园区域化党建带来新的启示

在理论上分析静安区静安寺街道同心家园区域化党建新探索，必须将视野扩展到改革开放以来这三十年。1978年召开党的十一届三中全会，标志中国进入了"改革开放与社会主义现代化建设的新时期"，三十年来，主要任务是通过经济转轨的方式实现建设市场体制的目标，今后的重要任务之一则是通过社会转型的方式实现社会制度建设的目标。"社会转型"，既体现了社会主义初级阶段的特征，又解释了当前社会的种种复杂现象，并表达了社会变迁和发展进步的趋势和方向。与此同时，社会转型也将意味着人们在社会生活各个方面会发生极大变化，社会分层、社会流动将日趋明显。

社区作为人们最重要、最基础的生活领域，社会转型的基本现象和矛盾都将深刻地表现于其中。独门独户的居住格局对邻里交往的阻碍，社区公共场所的缺乏对公共生活的限制，社团组织发育的迟缓和片面性对社区归属感的削弱，政府包揽公共事务的倾向对社区参与热情的抑制等等，所有这些都是转型社会我们必须面对的真实性背景。我们认为，社会转型期的社区工作，需要率先解决的是以"认同构建"为标志的基础性工程，只有这样才能更好地应对分化的社会阶层、多样的社会组织、多元的价值取向，才能富有实效地推进新时期的社区建设。

在中央提出构建社会主义和谐社会战略要求下，作为社会的基础性细胞，社区建设备受关注。十七大报告在"发展基层民主"的章节中更是提出："要健全基层党组织领导的充满活力的基层群众自治机制，扩大基层群众自治范围，完善民主管理制度，把城乡社区建设成为管理有序、服务完善、文明祥和的社会生活共同体。"我们认为，扩大自治范围、完善民主制度，实现社区管理有序、服务完善、文明祥和的目标，最核心的内在价值和基本领域就在于切实构建"社区认同"。

实际上，新时期社区建设的诸多探索，若仔细深究，与"认同"有着千丝万缕的联系。比如社区服务的开展，离不开对需求与功能的认同；更好地实现基层民主与自治，离不开对组织与机制的认同；实现社区的有序管理，离不开对体制与治理结构的认同等等。与此同时，"认同"的构建过程，更是居民对自我身份、对社区组织的认知过程，是对社区活动、社区事务的参与过程，是对社区管理、社区建设的互动过程。

有了以上阐述，可以更好地理解静安寺街道同心家园区域化党建的理论价值，大致有两个维度：一是社区建设的维度，同心家园建设是对以认同构建为标志的新时期社区建设的可贵探索；二是社区党建的维度，同心家园区域化党建更为重要的意义，是对基层党组织社会属性的激活，是对基层党组织融入和引领社会能力的提升，实现了社区党建与社区建设的全面发展。

1. 超越行政管理的概念和领域，回应了社会建设新时期对社区功能的新诉求

静安寺街道同心家园区域化党建实践，将目光瞄准以"认同"为灵魂的社区建设，走向了对社区自身社会性发育的关注，走向了对社会发展和进步的关注。实际上，无论是理论研究者还是实践工作者，都认为社区建设的有效性，建立在社区居民与社会组织、市场组织与政府组织，协同一起改善社区的经济、社会及文化状况，提升社区品质，然而这种协同性能否实现，在很大程度上取决于认同的程度，而认同的有效构建正是基层党组织应该发挥的重要引领功能。所以我们看到，静安寺街道通过社区党建引领社区建设所具有的普适性的路径意义。

2. 通过在公共领域的有所作为，实现在基层社会的有效认同

同心家园区域化党建将基层党组织的工作任务从原先大量承担的具体行政管理事务中摆脱出来，充分体现到在公共领域的有所作为上，强调紧密围绕社区公共事务、关注社区公共利益、协调社区公共问题。通过整合社区各类主体的资源要素，积极回应各类主体的利益诉求，参与各类社区公共事务，有针对性地解决社会治安、物业管理、市政管理等群众意见大的社区问题，专业化地提供医疗卫生、教育文化等咨询服务，使党的社区工作贴近群众需求，融入社区公共事务，推进社区建设的全面发展。

3. 通过社会认同的实践，使社区各种要素在实现自己利益的同时，自觉地担负起社会职责

基于社会认同的实践探索，实现了社区建设的力量和资源从封闭走向开放，实现了社区管理体制和机制从垂直的权力性领导，走向横向网络化的非权力性领导。在理论层面，基于认同的社区建设，特别强调两点：一是居民需要自动、自发地参与改善自己的生活质量；二是政府和社会应鼓励自助、互助的精神，并提供使这种精神发挥更大效力的方式和条件。静安寺街道同心家园区域化党建工作，正是为各类社区主体融入社区，改善各自的生活质量提供了有效途径，正是为实现这种途径提供了有效的激励机制，从而将特定区域内的各种社会力量组织起来成为一个有机的整体，使各种各样的社区要素在实现自己利益的同时，担负起社会职责，以整个社区的发展为目标，更好地解决社区问题，促进社区良性发育和有效运转。

4. 通过创新党与社会连接的有效通道，提升了基层党组织的制度建构能力

传统上，社区中的党组织主要依托行政组织贯彻自己的主张，依赖行政权力和行政体系发挥自己的影响，难以直接地、真实地建立起与社会的联系和关系。同心家园的实践探索，使得基层党组织不再主要依托行政权力，而是直接面向社会，努力扎根于社会，通过对公共事务的参与、公共问题的解决、公共利益的协调等，创新了政党融入社会的有效通道，更为重要的是，通过社区治理框架的搭建，实现了对基层社会有效的政治领导功能。

5. 通过有效的政治吸纳，提升了基层党组织的利益代表和利益整合功能，实现了以社区党建引领社区全面发展

同心家园通过理事会的形式，全面融入和充分整合各类社会组织与利益群体，以广泛的社会代表性体现社区治理结构的实质要求，使基层党组织能深入切实地扎根于社区，有可能把最有影响的自治组织中的党员代表吸纳进来，把社区中各类最活跃的服务组织中的党员代表吸纳进来，把社区中各类最主要的利益群体中的党员代表吸纳进来，把社区中具有广泛号召力的精英贤达人士中的党员代表吸纳进来，从而使基层党组织在与社区治理结构要素和基本力量的广泛联系中，实现积极有效的组织整合，从而使基层社区在社会建设新时期找到了如何推动辖区社会全面发展的有效路径。

基层党建工作如何顺应时代变化，根据形势需要，满足群众需求，是推动经济社会发展和社会建设进程中必须面对和着力解决的关键。事物发展的内在规律总有一个逐步展现和被揭示的过程，从个别到一般、从片面到全面、从初步到深入、从现象到本质。基层党建工作的生机活力在于敢于突破，改革创新，要真正取得成效还要经得起实践的检验、群众的评判。无论是理念指引还是实践内化，静安区静安寺街道同心家园区域化党建的探索为上海中心城区基层党建工作提供了一份宝贵的参考样本。

B.15
上海社区公益招投标工作情况调查报告

竺亚 章勇*

摘 要: 自2009年6月以来,上海民政部门率先在全国探索公益招投标和公益创投方式购买社会服务机制,取得了一定成果,同时也遇到了不少困难,本报告总结了在改革探索过程中的经验和给社会带来的影响,分析了制度、人力、社会力量薄弱和行政壁垒等存在的问题,以及介绍了今后的发展思路。

关键词: 社区 公益服务 招标机制 评估 竞争

上海社区公益项目招投标是市民政局将福利彩票公益金资助项目的评审工作委托给第三方公益性组织(以下简称受托组织),由其面向社会公开招标、投标,并将评审结果报市民政局,由市民政局实施审批的活动总称。该项工作自2009年6月正式启动以来,经过市区两级政府协作,福利彩票公益金资助的社会服务项目的运作模式日渐成熟,为政府购买公共服务产品改革,引导社会组织参与,初步探索出新路径。

一 工作概况

1. 资助资金情况

社区公益项目招投标工作中项目服务购买资金由市区两级政府共同出资,按1:1比例配套,市级资金来源于市福利彩票公益金,区县配套资金则为多元化社会资金,包括区级福利彩票、街道自筹资金和社会组织自筹资金。

---

* 竺亚,上海市社区服务中心主任;章勇,上海市社区服务中心公益招投标小组组长。

在工作探索阶段，市民政局原计划出资 4000 万福利彩票公益金，其中 3500 万资金按各区县常住人口数量与全市常住人口总量的比例，以额度的形式分配给区县，另 500 万为机动资金；区县按分配的额度配套 3500 万资金。目前，社区公益项目招投标实际使用市区两级资金 3983.58 万元，计划数没有完成的原因主要为五点：第一，因崇明区无配套资金，分配给该区县的额度没有使用，计 124 万元；第二，浦东新区和南汇区合并，造成该区域工作体系瘫痪，直到 2010 年年初才衔接上，分配给该区县的额度大部分没有使用，计 680.74 万元；第三，机动资金计划资助优秀项目，因没有符合标准的项目未使用，计 500 万元；第四，对申报项目严格把关，不合格项目不予资助，不合格项目共 45 个，涉及申报资金计 845.68 万元；第五，中标资金小于招标项目预算，共节约资金 256.09 万元。

2. 项目需求申报情况

全市 18 个区县共提出 188 个需求，其中社区安老类 85 个，社区助残类 32 个，社区扶幼类 14 个，社区济困类 22 个，其他社区公益服务项目类 35 个。这些需求中有 32 个需求因不符合福利彩票公益金的使用原则和范围未予招标，13 个因需求不完善未予招标，上海市民政局批复同意招标的项目 143 个。

3. 招标投标情况

进入招标流程的 143 个招标项目经过 23 批次开标评标，成功招标 127 个项目，其中：安老 61 个，扶幼 13 个，济困 11 个，助残 23 个，其他 19 个；另有 16 个项目因投标组织实施方案设计不够科学合理，未能通过评标委员会的评估而流标，流标率为 11.2%。

在 143 个招标项目中，其中：在一个项目中有 4 家组织同时参与投标的项目共计 12 个，一个项目中有 3 家组织同时参与投标的项目共计 122 个，在一个项目中有 1 家组织、2 家组织或 5 家组织同时参与投标的项目共计 8 个，有 1 个项目没有组织投标。

总计共有 274 家社会组织（联合投标按 1 个组织算）参与了投标，116 家组织中标，其中有 9 家组织二次中标，有 1 家组织三次中标。

4. 社会组织参与情况

目前通过社区公益招投标网（www.gysq.org）注册的社会组织共 344 家，其中已审核通过 299 家（其中民非 184 家，社团 66 家，事业单位 49 家），因资质

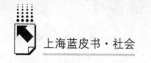
不符合而未能通过审核2家，43家尚未提出审核申请。

5. 评审委员会组建情况

目前已招募社区公益服务项目招标评审委员92名，其中有75名专家来自于高校、研究机构、专业机构和相关工作管理领域，17名市民代表分别来自于人大代表、政协委员和行风监督员。

6. 项目跟踪监督情况

公益招投标项目日常监察由各区县完成，对于周期过半的项目要求中标组织递交中期报告，区县进行检查；项目结束时中标组织递交终期报告，区县进行验收。市民政局对项目进行抽查和跟踪，目前已对18个项目进行了跟踪调研，36个项目进行了审计，并已形成绩效评估指标，下一步将开始对申请延续的项目进行绩效评估。

二　工作成效

1. 扩大了福利彩票公益金的服务内容和受益对象

目前招投标中标的127个项目，重点服务对象计591970人（户），其中老人534655人（户），困难人群8924人（户），残疾人8509人（户），儿童371人（户），其他福利对象36172人（户），另有383845名普通社区群众可从项目中不同程度地受益。同时，通过公益项目的招投标，发动了240多名社会工作师和助理社工师以及3.6万多名社区志愿者参与到项目服务中来，一定程度上提升了公益服务的专业性，扩大了服务的社会影响，并在社区内大力弘扬了社会主义精神文明。

2. 增强了福利彩票公益金的使用透明度和使用效率

相比原有的直接拨款方式，招投标的竞争机制在一定程度上节约了公益金的支出。在已完成招标的项目中，中标金额比申报金额节约了256万余元，资金节约率达到6.04%。流标机制的存在也保证了公益金的安全、合理使用，避免了资金浪费，将有限的公益金用在急需之处。另外市、区县1∶1的资金配套机制也吸引了其他资金的流入，促进了社会方面对民生需求的投入。

3. 促进了社区公益服务的专业化、可持续性发展

服务对象的锁定、项目资金的集聚、社会工作方法的引入、社会组织的优选、后续监督、评估机制的跟进，确保了公益服务的质量和效率，使得招标项目的实施和管理逐步向着标准化、可持续化发展，增强了项目的生命力。

4. 形成了一套具有可复制性和操作性的公益项目招投标机制和运作流程

经过实践探索，公益招投标工作从项目征集、立项、招标、投标、评审、行政许可、签约直至项目实施和跟踪等多个环节均做了积极、有效的尝试和探索，在实践中对相关流程不断进行完善和优化，初步形成了一套科学合理、行之有效的公益服务项目招投标机制，在民政以外的其他民生服务领域同样具有可复制性和可推广价值。

三 社会影响

1. 政府机构层面：转变了基层工作的思路，为科学的项目形成机制带来了探索

社区公益招投标项目需求和立项申请自下而上提出，促使各个区县自下而上挖掘项目，前期经过社区内的社会组织和街镇、居委会多层次、多方位的需求调研；经过区县民政局和市社区服务中心层层把关，需求明确、务实、普惠，立项可行性好、可信度高、控制力强，更加贴近社区实际、贴近民生，在实施过程中偏差较小、进度有序，能够较好保证项目质量和实施效果。

2. 理论学术层面：实现了公共服务理论与实践的有机结合

社区公益招投标的评审制度为专家理论指导和基层工作实践提供了长效、常态的融合机制，为政府领导、专家学者、社会服务管理者与实践工作者提供了理论与实践的有机结合、有序碰撞的最佳条件。比如针对为独居老人的服务方面，在实际工作中更加注重发挥政府、邻里和志愿者的关怀作用，而专家学者则认为突出家庭养老的观念，发动子女关怀独居老人方为上策，为独居老人的关爱工作另辟蹊径，体现出人文理论与工作务实相得益彰的作用。

3. 社会组织层面：培育了社会组织的活力，为创新思路和竞争带来了可能

通过福利彩票公益金资助机制，一方面为自生性组织留住人才注入了生机，为政府机构延伸的内生性组织引进人才带来了动力；另一方面，自生性组织的专业思路和内生性组织的经验与资源，对双方的发展都带来碰撞和促进，最终将提升为社会服务的效率和水平。

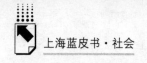

4. 受众层面：感受到丰富多样的服务，为人和目标奠定了基础

通过竞标，社会组织策划出的服务呈现多样化和针对性，从简单到专业，根据受众需求分类服务。因社会福利的提升，使居民感受到社会的进步，有利于社会和谐。

四 存在的问题

1. 公益招投标项目公益金使用管理办法缺失

《上海市民政局关于福利彩票公益金资助项目实施公益招投标的意见》虽然明确了市民政局通过招投标方式确立是否用公益金资助，但没有明确项目申报方和项目实施方的资金使用与管理要求，一方面造成项目需求审批和事中监督时缺乏操作依据；另一方面，评标委员会在评审资金构成的合理性等方面缺乏标准，导致投标经费构成存在不合理现象；再者，区县在实施资金使用监督管理过程中，也无制度可依，造成中标组织财务科目不统一。

2. 项目事中控制和事后评估的工作机制不完善

该问题主要难点不仅在于监督和评估的具体依据和操作办法，而且如何控制进行监督评估的成本也需要探讨。如果没有有效的监督办法，项目实施可能会与原有目标产生巨大偏差，不利于项目的未来发展；没有具体的评估办法，项目绩效将无法考量，从而无法判断项目是否可以延续。

3. 信息不对称，政府机构职能和重复资助界限难以把握

现在各委办局的服务纷纷进入社区，其直接提供的服务有哪些，其购买的服务有哪些，没有一套体系可以鉴别，即便是民政体系内的服务，也没有行之有效的辨别办法，因此在立项审批中有可能出现与政府机构职能重叠和重复资助的现象。

4. 业态要素不成熟，竞标不充分

一方面，社会组织数目少，服务市场天然分割，缺乏竞争的基础；另一方面，社会组织往往嵌入到基层的政治环境中，具有明显在位者优势，一些行政壁垒、资源壁垒等因素导致理念先进的组织难以发挥作用，服务成本高，从而导致社会组织不愿参与竞争。

5. 智库功能开发不足，评审专家管理需进一步规范化

目前市民政局并没有一整套征集和管理公益招投标评审专家的办法，这些专家目前即未与市局签署相关协议，也无任何聘任证书，更无奖惩激励机制，不利于专家对公益招投标评审专家库的认同，也不利于严肃评审纪律。此外，评审专家中理论学术专家居多，务实型专家偏少，社会学专家偏多，法律、财务等专家偏少，评审专家知识结构的偏差也易导致一些评标要件被忽略。

五　未来展望

1. 逐步健全财务管理制度，提升福利彩票公益金使用合理性

健全财务管理制度要从三个角度去探索：第一，依据法律，明确科目，2004年财政部发布的《民间非营利组织会计制度》，对于社会组织的收入和费用支出已作出明确规定，在此基础上，结合福利彩票公益金使用范围和公益招投标投工作实际，形成标报价表和项目资金使用决算表，指导社会组织进行标准化财务管理，便于市区进行监督管理；第二，依据统计局等公布的权威数据、财政或者市民政局预算口径，制定服务成本费用或比例；第三，对于暂时无依据形成的费用，将接受社会组织的市场报价，由市场逐步去形成标准。

2. 加强服务项目的日常管理，确保社会效益的产出

根据职能分工，将建立中标组织的自我检查、需求方的检查和验收、招标组织方抽查和市民政局的综合评估相结合的项目监督评估办法。

中标组织按照所签合同的约定以及服务项目的实施方案，定期进行自我检查，可按照启动阶段、中期阶段和终期阶段分期进行；需求方则在项目启动阶段、中期阶段对项目实施情况进行检查，项目结束后进行验收，并将检查和验收报告交给受托组织；受托组织负责汇总需求方的检查和验收报告，并按照随机抽查的方式，会同需求方对中标组织进行抽查；服务项目结束后，市民政局根据情况需要，由委托社会中介机构对中标组织实施服务项目的绩效评估。

服务项目的日常管理将参照系统的评估指标体系实施，评估指标体系适用于所有正在进行和已经结束的公益招投标项目，该体系要覆盖中标项目的人事管理、制度建设、资金使用、进度管理、质量评价以及效益评估等方面，充分、如实地反映和评价项目管理、项目产出和项目效益。在这个系统中要分设项目完成情况、服务满意度、财务绩效、组织能力建设、项目人才队伍建设以及综合效益评价六个一级指标；在每个一级指标下再设置若干二级、三级和四级指标，从而构成本指标体系。指标体系将注重对项目品质的测评，力求以项目评估带动组织建设与发展，严格监控项目专项资金的使用。

3. 加快公益创投和公益招投的衔接，形成小范围试点和普及性推广互补机制，促进有效竞争

公益创投是市民政局向全社会征集社区服务的创意点子和方案，通过专家评审确定获征项目，并用福利彩票公益金资助项目小范围试点实施的工作机制。为了验证项目可行性，减少因资助项目的失败而产生的资金损耗，今后福利彩票公益金资助的所有项目，首先都需要经过公益创投确立后小范围试点。对于经公益创投成功并通过评估的项目，市民政局将进行提炼总结，以形成普惠型项目。普惠型项目将通过公益招投标方式确定实施组织，从而实现公益创投和公益招投在工作顺序上的前后衔接。

经过一年多的实践，公益创投征集的部分项目和原先通过公益招投标确定的项目，都已经获得成功。两类项目特点各异，前者项目的设计思路创新，大多为自生性组织实施；后者设计的项目贴近社区常规服务，大多为社区内的本土组织实施；两者共同点是项目覆盖的区域范围并不广。一旦这些项目成为全市性的普惠型项目进行公益招投标，则原先试点该项目的组织将有积极性，凭其实施该项目的经验竞标，而区域内的本土组织则将依据其在位者的资源优势竞标，从而使跨区域竞争成为可能。

B.16
在沪俄罗斯东正教活动的现状
及相关管理体制的探讨

晏可佳*

摘　要：本文根据历史文献的梳理、有关访谈和调研，就在沪俄罗斯东正教活动的现状、管理模式以及存在的问题作了探讨。作者强调，海纳百川的国际大都市上海，应当对俄罗斯东正教活动采取较为灵活的方式，使得这一"侨民宗教"能够合理有序发展，从而为在沪外国人提供一条更好的社会与文化融入的路径。

关键词：上海　东正教　管理

2010 年 5 月 9 日，作为上海宗教界服务世博的举措之一，坐落于卢湾区皋兰路 16 号原东正教圣尼古拉斯教堂开门迎客，50 多名在沪境外东正教徒在那里举行晨祷，其中包括乌克兰驻沪总领事、俄罗斯驻沪总领事及政府官员等。这标志着改革开放以来，上海正式临时开放了在沪境外东正教的活动。目前，上海的东正教活动已正常运行近六个月，共举行 36 次主日瞻礼，约 1500 人次的境外东正教信徒参加活动；若加上在其他日子举行的宗教和外事活动，则人次还会有所增加。

对于在沪东正教活动的问题，前后已经持续跟踪了将近五年的时间。最近，我们对有关部门和人士作了若干次深度调研和采访。现结合各种材料从以下三个方面作出研讨：一、上海东正教问题的历史演变；二、21 世纪以来中俄关系的变化与世博期间上海东正教活动的恢复；三、对目前在沪外籍东正教活动管理方式的评估及相关建议。①

＊　晏可佳，上海社会科学院宗教研究所所长，研究员。
①　本课题得到上海市宗教文化研究中心的项目支持，特此表示感谢。

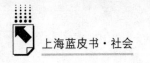

一 上海东正教问题的历史演变

东正教传入中国，从公元 1671 年俄罗斯人在雅克萨地区建立教堂算起，已有 340 年的历史。起初，俄罗斯正教驻北京传道团兼有外交使节和宗教机构职能，其宗教的影响仅限于阿尔巴津人和驻华使节。1858 年《瑷珲条约》签订，俄罗斯正教驻北京传道团改由俄罗斯正教最高宗教会议直接派遣，随着俄罗斯侨民在各大城市居住经商，东正教传播的范围有所拓展。

十月革命爆发后，大量白俄涌入哈尔滨、北京、新疆和上海等地，前俄罗斯官僚和军官逐渐取得在华东正教的领导权；1922 年他们断绝和俄罗斯正教莫斯科牧首区的关系，归属"俄罗斯正教国外临时主教公会议"管辖，宣布成立"中国东正教会"，设立北京总会，下辖北京教区（管辖汉口东正教会）、哈尔滨教区、上海教区，以及天津和新疆教区。

上海教区成立于 1924 年，西蒙担任主教。1931 年西蒙担任中国东正教会大主教后，主教一职由维克托尔继任；维克托尔 1933 年晋升为北京总会大主教，由若望主教主持上海教区的教务。

到 20 世纪 30 年代，在沪俄罗斯侨民已达五万人左右。"九·一八"事变后，更多东北俄侨迁移至上海，兼之在闸北的主显堂（1902 年建）在"一·二八事变"中被炸毁，1934 年将法租界内新乐路 55 号上的一座小教堂改建成典型俄罗斯风格教堂，即今天的圣母大堂，为上海教区主教座堂。这段时间里，上海相继建成了皋兰路教堂、惠民路教堂、绍兴路教堂，以及在衡山路俄国学校和常熟路俄国学校附属的两处祈祷所。

1946 年，第二次世界大战结束，主持中国东正教会的维克托尔大主教断绝同"俄罗斯正教国外临时主教公会议"的关系，与莫斯科牧首区重新修好，接受其津贴，归属其管辖，同时与莫斯科牧首区恢复关系的还有哈尔滨教区。上海教区的若望主教和大司祭罗果仁表示反对，趁维克托尔来沪游说之际，向国民党当局告发其在抗战期间的亲日行为，维克托尔为此被监禁于提篮桥监狱十个月。东正教高层的分歧导致上海东正教会分裂：圣尼古拉斯等 2 所教堂归属中国东正教会，圣母大堂等 7 所教堂归属"俄罗斯正教国外临时主教公会议"。1947 年在沪俄侨中，有一万余人获得苏联国籍，另有 9000 人为无国籍俄侨。新中国成立前夕，苏联撤走苏联侨民，联合国难民组织则将部分无国籍俄侨迁至菲律宾。1948 年底，若望主教离沪赴美，定居旧金山，教区事务由大司祭罗果仁负责。

1950 年 9 月，杜润臣（1886～1965）被莫斯科牧首区任命为上海教区主教。他是中国东正教历史上首位华人主教，主教座堂仍为新乐路圣母大堂。此时，在沪东正教徒已不足千人，中国籍教徒更少，仅 45 人。杜润臣在任期间，在教务方面积极开拓进取，但是，在 1955 年莫斯科牧首派人到上海讨论中国东正教的自主问题时，他却持反对态度，坚持中国东正教会仍由莫斯科牧首区管辖。

1956 年 3 月 30 日，中苏两国签订《关于交接在中华人民共和国的俄罗斯东正教会和莫斯科大主教区所属东亚教区财产的议定书》，中国的东正教正式脱离莫斯科大主教管辖，成立自治的"中华东正教会"。

与此同时，上海的教会事业却日渐萎缩，留守的俄侨纷纷离沪。同年，惠民路教堂关闭。圣母大堂主要用于举行例行的宗教仪式和外事接待。此种情形一直延续到 1965 年杜润臣主教去世。此后，新乐路东正教堂停止活动，东正教神父和其他教职人员另谋出路。

从以上中国东正教发展的概况可知，中国的东正教在历史上基本属于"侨民宗教"的范畴，发展缓慢，社会影响不大。究其原因，主要是相对基督教和天主教而言，东正教不甚重视传教、吸收当地教徒，而且教会的本地化程度不高，难以引起更多本地居民的兴趣。

二　21 世纪以来中俄关系的变化与世博期间
上海东正教活动的恢复

随着宗教信仰自由政策的全面恢复与落实，我国东正教问题再度浮出水面。

（1）进入 21 世纪以来，东正教在俄罗斯政治和社会生活中的影响日益突出，俄罗斯政府把东正教当成为其内政外交棋局中的一颗重要棋子，在中俄两国双边关系中，中国的东正教问题也成为双方聚焦的重要议题。这也是我国东正教问题面临的一个十分复杂而重要的国际性因素。

俄罗斯、乌克兰等独联体国家在传统上以信仰东正教为主。虽然在前苏联时代东正教活动受到抑制，但是在前苏联国家和其他东欧国家，东正教的文化基因并没有因为政治制度和意识形态的掣肘而从人们的精神世界中彻底刨除。自戈尔巴乔夫提出改革"新思维"后，东正教开始迅速复兴。东欧巨变、苏联解体后，原有的意识形态和价值观难以继续成为维系民族和国家认同的纽带。人们开始重新审视作为俄罗斯精神传统和文化根源的东正教。尤其是巨大的政治动荡带来的社会混乱和道德困境，以及由此产生的心理震荡，让更多的人在东正教中寻找精神依托和价值观基础。

与基督教的其他主要派别天主教和基督教新教有所不同，东正教历来注重和世俗政权的合作。俄罗斯政治家深刻意识到，东正教不仅在社会整合、维系道德、调适心理等方面发挥巨大作用，而且在保持社会稳定、复兴俄罗斯民族精神，维护俄罗斯民族文化传统，提高俄罗斯文化软实力方面，东正教发挥独特作用，因此不遗余力地推动东正教发展，提升其在全世界的地位和影响。

2001 年中俄两国签订《睦邻友好合作条约》之后，俄罗斯政府即多次向中国要求恢复东正教在中国的合法地位；中国政府也在中俄两国战略协作伙伴关系的框架下，逐步解决我国境内的东正教问题。

2006 年 3 月，东正教会对外教会联络部主席都主教基里尔作为代表团成员随同俄罗斯总统普京访华，期间中方同意重建北京大使馆区内的圣母安息教堂。同年 4 月，国家宗教局局长叶小文出席在莫斯科举行的八国宗教领袖峰会，并同阿列克塞二世会谈。在会谈结束后，叶小文接受新华社记者采访时说，"目前中国与俄罗斯的战略协作伙伴关系得到了很好的发展。我们在与大牧首的交谈中，谈到了两国在宗教方面的友好交往应该为促进两国友好关系服务"；叶小文还指出"俄罗斯东正教会与中国国家宗教事务局已经建立了联系。我们对东正教会关注的问题正在妥善解决中。大牧首对此也表示满意。俄罗斯东正教尊重中国宪法、尊重中国东正教及其他宗教独立自主自办的原则。在此基础上，我们的友好关系会有进一步的发展"。

2008 年 12 月阿列克塞二世去世，2009 年 1 月基里尔当选新牧首。国家宗教局局长叶小文出席就职仪式，并在仪式结束后与基里尔会谈。基里尔在会谈中表示："我深信，发展俄罗斯的东正教教徒和中国的宗教教徒关系对我们两国的友好关系能起到重要的支持作用。"双方商定派遣两位留学生到俄罗斯三一神学院攻读神学。

2009 年 10 月 14 日，北京圣母安息教堂落成并举行洗礼，俄罗斯外交家、企业家和建筑师等出席，正在中国访问的俄罗斯总理普京参加仪式，赠送了斯摩棱斯克圣母圣像。时隔半个世纪之后，这个教堂的大钟又开始鸣钟迎接教徒。

（2）我国目前部分地区仍有一定数量的东正教徒，而且数量也在缓慢上升。他们对宗教活动需求理应得到尊重和满足。

大体而言，我国境内的东正教徒主要由三部分人组成。一部分是新中国成立后一直保留东正教信仰的"老教友"和宗教教职人员。有鉴于此，早在20世纪80年代中期，哈尔滨东正教圣母帡幪教堂恢复活动。此后，一些城市如乌鲁木齐、塔城、额尔古纳等地相继开放东正教堂。

长期以来，我国东正教普遍面临一个可持续发展的问题。教徒人数不多，年龄偏大，除个别教堂外，宗教教职人员奇缺，难以保证宗教活动正常进行。2000年哈尔滨教堂神父朱世朴去世，当地主持东正教活动的教职人员一直空缺；2009年在额尔古纳东正教堂举行揭牌和祝圣仪式，也是由上海去的神父主持的。

此外，因留学、经商等原因加入东正教的"新教友"人数也有所增加，虽然总数偏少，但是年轻、思想开放，与境外联系广泛，分属世界各地不同的东正教会。目前，全国东正教信教人数尚无正式统计，媒体估计则相差甚大，在数千至两万人之间。

随着中国和俄罗斯以及其他东欧各国关系恢复正常，我国同这些国家的政治、经贸、文化交流加强，民间交往也日益频繁，在我国一些大城市，常住的俄罗斯人和其他国家的东正教信徒恢复活动的需求迅速提升。

自21世纪以来，在上海常住的俄罗斯企业家和留学生，以及部分外交人员中的东正教徒增长较快，他们开始借用俄罗斯驻沪总领事馆签证大厅在瞻礼日举行宗教活动，由一位常住上海的俄罗斯籍的阿列克赛·吉色列维奇神父主持，平时约有20人参与，在复活节等重要节日，瞻礼人数有时会增加到200余人，拥挤的人群有时会排到领馆外的黄浦路上，乌克兰和其他东欧国家也有东正教徒到此参加宗教活动。

与此同时，一批中国籍的东正教徒也在积极推进上海东正教恢复活动。富锡亮是其中比较典型的一位。富锡亮，满族人，1936年生于北京的东正教世家，自幼受洗，5岁时送入东正教总会（即北馆，也就是现在的俄罗斯驻北京大使馆），他对东正教礼仪非常熟悉，熟练掌握俄语的日常用语会话，并能用古斯拉夫文唱圣诗，念经文；其信仰虔诚。1952年应杜润臣（首任中国主教）之邀来到上海，进入上海东正教道学院学习。1956 年离开教会。改革开放后，1986 年哈尔滨东正教恢复活动，应聘担任诵经士。在哈尔滨教会中陆续工作了 8 年，得到了广大教徒的尊重与敬仰，至今还和教徒们保持联系。2002 年应当时还是俄罗斯东正教对外教会联络部主席的都主教基里尔（即现任俄罗斯大牧首）之邀请，到莫斯科圣三修道院进修。2004 年回沪后经常联络在沪教友和神职人员，致力于恢复上海的东正教活动。中国籍的教徒一般不能参加在俄罗斯领事馆举行的宗教活动。由于富锡亮的这层特殊关系，每周日及宗教瞻礼日都参加活动，并且在事奉仪式中担任重要的辅助工作。

2000 年以来，俄罗斯驻沪总领事馆对于恢复本地东正教活动也十分主动积极，一方面走访政府有关部门提出要求恢复新乐路圣母大堂的宗教活动，另一方面也通过在沪高校专家学者等渠道多方呼吁。《上海市在沪外国人集体宗教活动临时地点指定试行办法》（2007 年）颁布后，2008 年 2 月，在上海的各国外籍专家、学生、企业家约 400 人联名致信卢湾区民族和宗教事务办公室，要求解决以俄罗斯人为主体的在沪境外东正教徒宗教生活场地。他们认为"前圣尼古拉斯教堂是最合适的场所"，要求"指定前圣尼古拉斯教堂为在沪东正教信众的临时集体宗教活动地点"。俄罗斯驻沪总领事馆副总领事在递交此份申请之后曾两次和笔者联系，表示在俄罗斯领馆举行宗教仪式不合适，上海现有东正教堂改造后完全可以成为最合适的临时活动场所；上海已有东正教堂，不必另外再指定"公共场所"；中方应担负起解决在沪东正教徒活动场所的责任；维持场所的经费可以由俄罗斯企业家捐赠；五大宗教的提法不符合事实，这使得包括东正教在内的其他宗教不能获得合法的地位，这是在宗教信仰自由上的不平等。

2009 年 11 月，接替牧首基里尔任对外教会联络部主席的都主教伊拉里翁访华期间与上海市民族和宗教事务委员会领导会面，商讨在沪俄罗斯东正教徒集体活动的临时地点的有关问题。

2010 年初，圣尼古拉斯教堂改造工程完成，世博期间恢复在圣尼古拉斯教堂原址外籍东正教徒的宗教活动的计划正式启动。4 月底，经市民族和宗教事务委员会批准，原圣尼古拉斯教堂作为在沪东正教徒集体宗教活动临时地点，于 5 月 9 开始举办首场东正教瞻礼。

三 对在沪外籍东正教活动的管理
方式的评估及相关建议

改革开放以来，上海等一些沿海开放城市，外国人尤其是常住外国人的数量越来越多。自从 21 世纪加入世贸组织以来，我国融入世界经济的步伐逐渐加快，经济社会发展迅速，居住、旅游、就业的外国人增长速度也随之加快。以上海最近的统计数据为例，2008 年常住外国人已达 15.21 万人，比前一年增加 1.88 万人，增长 14.1%。据我们在 2004 年有关调研时掌握的数据，当时在沪外国人为8 万~10 万人，年增长率预计为 10%；而上海人事局 21 世纪初制定的"上海人才发展'十五'规划与到 2015 年规划纲要"曾预测到 2015 年上海的外国人才会达到 13 万。由此可见，实际上近年来在沪外国人无论在绝对数字还是增长率上都远远超出政府部门的估计。

在这些常住外国人中有宗教信仰的比例较高，信仰的宗教种类也超出我们通常所理解的五大宗教。因此有充分的理由说，我国已经形成了一个人数较多、宗教种类较多，问题较为复杂的"侨民宗教"群体。目前，在上海外国人中，除五大宗教的信徒之外，还有摩门教、犹太教、巴哈伊教、东正教、印度教等信徒，如何做到在坚持和完善我国的宗教政策，以及现有法律法规和管理模式的条件下，满足这些活动人数较少，然而种类繁多的外国人宗教活动的实际需求，同时能够和国际惯例接轨，充分体现一个国际性大都市的风范和气度，确实是一个需要政府部门花大力气进行思考加以解决的问题。

自 1994 年国务院颁布《中华人民共和国境内外国人宗教活动管理规定》及"实施细则"（2000 年）以来，上海在创造良好的社会文化环境，加强管理，满足在沪外国人宗教生活方面作出了大胆尝试，积累了许多成功经验。正是在此基础上，2007 年 5 月《上海市在沪外国人集体宗教活动临时地点指定试行办法》实施以来，目前上海已有 3 处五大宗教以外外国人集体宗教活动临时地点，分别供摩门教、犹太教和东正教教徒举行宗教活动。这三个临时地点的宗教活动各有特点，但总体上运作平稳，管理到位，反映良好。

以原圣尼古拉斯教堂作为临时活动地点而恢复东正教活动，显示有关部门有决心也有能力管理好在沪外国东正教徒活动。更为重要的是，它将产生重大而积极的社会影响。首先，它延续了上海东正教的历史文脉，也向世界展示上海作为改革开放前沿的国际性大都市海纳百川、文化多样的气势；其次，在上海世博会期间利用原圣尼古拉斯教堂旧址的设施，不但可以为在沪常住外籍东正教徒举行宗教活动提供场所，满足了其宗教生活的需要，解决了多年借助俄罗斯领事馆开展活动的难题，而且能为上海世博会的游客和参观者中东正教徒提供更好的宗教活动场所；再次，除俄罗斯东正教徒外，乌克兰、塞尔维亚、英国以及德国等在华东正教徒也来此地参加活动，事实上也为集中管理提供了方便。

总之，恢复东正教在原圣尼古拉斯教堂的活动，起到向世界各国展示我国宗教信仰自由政策的积极作用，产生了良好的社会影响。

尽管如此，在此次调研中，通过深度访谈和现场调研，初步提出圣尼古拉斯教堂外国人士东正教活动管理中一些需要进一步思考与完善的地方，归纳如下。

1. 审批程序严格，管理成本较高。

按照俄罗斯方面事奉礼仪的时间表，上海世博会期间有 36 次瞻礼日，以及若干东正教的纪念节日。除主日瞻礼外，每次活动都事先申请、审批，在指定的时间和地点，市、区政府有关部门都安排干部到位，负责联络、安保和交通等工作。教堂的承租单位也有人专门负责清洁保养和日常维护。每一次参加宗教活动的人数平均为 40 人，而参与保障和服务以及现场办公的市、区两级政府官员、公务员等有 5~8 人。如果遇到大型外事接待任务，则需要相应配备的"后勤保障"人员还会更多。如果说在上海世博会特定时期的维稳和服务需要尚属必要，那么一旦进入常态化和长期化运行，如此配置人力，将极大增加各级政府的工作负担和行政开支。

2. 场所空间布局不能物尽其用，有待改善。

据卢湾区档案资料记载，原圣尼古拉斯教堂 1934 年落成，系砖混结构的俄罗斯风格教堂。占地面积 1099 平方米，建筑面积 380 平方米，可容纳 300 人左右做礼拜。整个教堂一通到顶，四壁绘有东正教风格的壁画，抬头仰望，可以看到天使在云端飞翔，古老的圣乐回荡在高耸的穹顶，洋溢着极为浓厚的宗教色彩。

虽然从外立面看，教堂遗风犹存，但是内部结构已大为改观。现承租人上海经纬集团有限公司曾将教堂转租给某外商经营法式餐厅。因经营需要，餐厅将其分隔为上下两层。餐厅停业后，集团公司又花巨资将其改造为会所，上层用于内部接待，为照顾东正教徒的宗教感情，在改造时将上层原有模仿安格尔裸女的油画掩去；底层亦经改造，供集团公司职工娱乐活动，除了可以唱卡拉 OK 外，南面的侧厅布置了一个吧台。东正教活动就全部集中在这个底层，遇有宗教活动时则我方负责撤空、清理场地，所有宗教用品，如圣像、烛台及音响等每次均由参与的东正教徒随身携入。礼拜时信徒头顶上只有大片黑色的隔栅，完全欣赏不到教堂的穹顶和壁画。这样的空间格局，不仅唱赞美的音响效果受到影响，而且宗教的神圣氛围不能淋漓尽致地得到发挥。在供举行宗教活动的底层大厅，由于每周日均有东正教的瞻礼，其余时间还有一些重大礼仪活动，尤其在上海世博会期间常有外国要员到访，经纬集团除了在南北两个侧厅放置沙发外，难以再做更多改造，实际上也难以充分布置和利用。

3. 对于上海世博会期间开放原尼古拉斯教堂的宗教活动，俄罗斯方面总体表示满意，但是仍提出若干看法

（1）此地宗教活动仅对持有外国护照的外国人开放，中国公民不能参加活动。作为普世性宗教，以国籍不同而区别对待，既无法交流宗教感情，也不利于完全体现宗教自由。

（2）随着在沪俄罗斯常住人口增加，中、俄跨国婚姻现象将会增加，如一方仍为中国国籍，却不能参加在教堂举行的聚会，尤其是一些重大节日聚会，显得有些不合情理。其实，早在东正教活动还在领事馆内举行的时候，俄罗斯领事馆官员就提出了这个问题，现在活动放在教堂举行，他们再次提出了这个问题。如何方便涉外婚姻家庭的中方成员参加教堂聚会，应当是我们予以考虑解决的问题。

（3）俄罗斯方面已经提出，上海世博会结束后仍有意继续承租圣尼古拉斯教堂。

4. 上海本地的东正教徒宗教活动合理需求仍有待满足。

虽然在中国历史上东正教主要是一种"侨民宗教,"但是各地仍有不少中国籍的教徒，上海也不例外。据我们的了解，上海目前尚有老教友 48 人，一位神父王泉生，以及一位副辅祭富锡亮。另有 20 余人自改革开放后在香港、美国和东欧国家加入东正教的新教友。由于分属不同的东正教自主教会，这些群体之间有联系，但是并不密切。老教友主要属于俄罗斯正教会，而后者有的属于希腊正教会，有的则属于美国正教会，还有的在香港受洗。

这些老教友多属于原中华东正教会，虽然大都已是耄耋之年，但仍为恢复上海的东正教宗教活动奔走多年，尤其是王泉生神父已经87岁高龄，今年仍到哈尔滨主持复活节瞻礼。副辅祭富锡亮也和这些老教友保持着密切的联系，同时因身份特殊也参加在沪外籍教徒的宗教活动。这在客观上形成了规模很小的上海本地东正教徒群体。虽然规模很小，由于历史上俄罗斯东正教会的历史渊源，俄罗斯东正教会也十分关注这些中国籍东正教徒的现状。在满足在沪外国人宗教活动需求的同时，如何也同样满足中国籍的信徒宗教生活是我们目前不得不面对的一个问题。

基于以上分析，我们对在沪外国人东正教活动的管理机制提出以下建议。

（1）坚持原则，服从大局。处理在沪俄罗斯东正教活动问题应坚持两条基本原则：即坚持有利于中俄睦邻友好关系，坚持我国宗教独立自主自办。当前中国的东正教问题，既有复杂的国际政治背景以及中俄地缘政治的影响，也属于宗教信仰自由的贯彻和落实的范畴。宗教的国际性和特殊复杂性在东正教问题上也同样存在。在当前阶段，在处理东正教问题时，应服从国家利益的大局，在具体措施上，则应注重政策的连续性和可操作性，符合相关的国际惯例；同时也不应忽略本土信徒的宗教感情的客观需求。

（2）完善管理，服务导向。逐步由上海世博会特殊时期的暂时的非常态管理过渡到后期的常态管理，在确保东正教活动正常、安全举行的前提下尽量降低管理和运行成本。根据《上海市在沪外国人集体宗教活动临时地点指定试行办法》，提高实施自我管理的范围和力度。事实上，自我管理也是上海近代以来宗教组织维持和运行的制度，有许多可以借鉴和启发之处。

（3）改善硬件，满足需求。目前，原圣尼古拉斯教堂经过多次非宗教用途的改造，难以完全发挥其宗教设施的功能，建议在适当时候，恢复教堂原有内部空间布局和结构。可以考虑根据相关法律法规，由租借方出资改善设施，而出租方保留所改善设施的所有权。

（4）统筹兼顾，化解矛盾。历史上我国东正教是一种典型的"侨民宗教"，信仰的主体是俄罗斯人，以及部分和俄罗斯往来密切的中国信徒。现阶段东正教也有类似的情况。因此，满足在沪外国人东正教生活仍为主要矛盾，相对而言，中国籍的东正教徒的宗教需求是次要矛盾。虽然目前东正教的汉语文献开始流入，但本地教徒发展速度较慢，绝对人数较少，宗教教职人员更是少之又少的情况并没有根本性的改变。因而在东正教问题上难以沿用基督教的模式，通过我国自己的教会去管理外国人宗教生活。目前可以适当聘请外省市宗教教职人员到上海主持宗教活动。根据《上海市固定宗教活动处所设立审批和登记试行办法》，在圣尼古拉斯教堂设立东正教的固定宗教活动处所，为中国籍的东正教徒提供集体宗教活动之用。

（5）加强研究，立足长远。最近几年，我国宗教研究发展较快，但是东正教研究则显得较为薄弱。加强对当代世界东正教现状的研究、中国东正教的近代历史发展，有助于我们更深入地了解中国东正教的特点，掌握其未来发展趋势，尤其是对一些历史事件的来龙去脉，对中国东正教产生影响的历史人物公正的全面的评价，都是目前亟待需要深入开展研究的课题。

总之，在沪的俄罗斯东正教作为一种较为典型"侨民宗教"的形态将长期存在下去，成为我国宗教的重要景观。如何制定灵活而适用的政策，确保在沪俄罗斯东正教活动的正常开展，从而能够更好融入上海这样的国际性大都市，同时也形成一套更为有效的对多样化的宗教活动方式实现社会治理的机制，应当是我们认真思考的重要问题。

附　　录

Appendix

B.17

附录一　上海社会发展主要指标

上海社会发展主要指标（1）

平均每天的社会、经济活动情况

指　　　标	计量单位	1978 年	1990 年	2000 年	2005 年	2006 年	2007 年	2008 年	2009 年
上海市生产总值（GDP）	亿元	0.75	2.14	13.07	25.11	28.40	33.40	37.53	41.22
第一产业	亿元	0.03	0.09	0.21	0.25	0.26	0.28	0.31	0.31
第二产业	亿元	0.58	1.39	6.05	12.20	13.78	15.56	17.08	16.44
其中:工业	亿元	0.57	1.29	5.48	11.31	12.79	14.52	15.85	14.82
建筑业	亿元	0.01	0.10	0.57	0.89	0.98	1.04	1.24	1.62
第三产业	亿元	0.14	0.66	6.81	12.66	14.37	17.56	20.14	24.47
其中:交通运输、仓储和邮政业	亿元	—	—	—	1.60	1.83	1.98	2.11	1.74
批发和零售	亿元	—	—	—	2.30	2.55	2.95	3.47	5.98
金融业	亿元	—	—	—	1.85	2.26	3.31	3.95	4.94
房地产业	亿元	—	—	—	1.85	1.89	2.21	2.05	3.39
全市财政收入	亿元	0.52	0.78	4.80	11.22	13.15	20.03	20.64	21.26
其中:地方财政收入	亿元	0.46	0.46	1.36	3.93	4.38	5.76	6.53	6.96
地方财政支出	亿元	0.07	0.21	1.71	4.55	4.97	6.03	7.17	8.19
最终消费	亿元	0.16	0.98	6.15	12.11	13.92	16.48	18.90	21.56

续表

指　　标	计量单位	1978 年	1990 年	2000 年	2005 年	2006 年	2007 年	2008 年	2009 年
居民消费	亿元	0.13	0.78	4.81	8.96	10.31	12.21	13.82	15.84
农村居民消费	亿元	0.04	0.18	0.48	0.50	0.55	0.64	0.65	0.83
城镇居民消费	亿元	0.10	0.60	4.33	8.46	9.76	11.57	13.16	15.01
政府消费	亿元	0.03	0.20	1.34	3.14	3.61	4.28	5.08	5.71
能源终端消费量	万吨标准煤	—	8.49	14.32	21.13	23.53	25.74	27.01	27.27
三产消费量	万吨标准煤	—	7.81	13.06	19.33	21.47	23.49	24.46	24.66
生活消费量	万吨标准煤	—	0.68	1.26	1.80	2.06	2.25	2.54	2.60
社会消费品零售总额	亿元	0.15	0.91	5.11	8.15	9.21	10.54	12.43	14.17
出生人数(户籍统计)	人	339	359	190	226	222	276	265	253
死亡人数(户籍统计)	人	187	236	259	280	268	280	293	292
结婚对数	对	246	295	255	281	454	329	388	411
离婚人数	人	—	90	174	215	258	257	256	264
城市自来水售水量	万立方米	250	336	541	625	638	655	665	659
用电量	万千瓦时	4030	7253	15327	25259	27127	29380	31184	31599
城市煤气供应量	万立方米	228	348	584	547	596	571	484	389
旅客发送量	万人次	4.83	10.51	18.88	25.99	27.96	28.41	29.94	30.51
出版图书、杂志	万册	120	129	120	123	120	116	124	124
出版报纸	万份	176	443	460	522	490	467	472	447
发生火灾事故	起	—	6	14	12	12	12	10	17
发生交通事故	起	—	21	113	25	18	11	8	8
市区清运垃圾	吨	5863	10466	23507	21288	22055	23342	22778	19452
市区清运粪便	吨	11452	6658	7014	6959	6767	6356	6018	6055

注：1. 生产总值中三个产业行业按新行业分类标准统计；
　　2. 2004 年新交通法实施后，交通事故认定标准有变化。

上海社会发展主要指标（2）

主要社会指标一览

指　　标	计量单位	1978 年	1990 年	2000 年	2005 年	2006 年	2007 年	2008 年	2009 年
全市常住人口	万人	1104	1334	1608	1778	1815	1858	1888	1921
全市户籍人口	万人	1098.28	1283.35	1321.63	1360.26	1368.08	1378.86	1391.04	1400.70
非农业人口	万人	645.23	864.46	986.16	1148.94	1173.30	1196.94	1216.56	1236.16
农业人口	万人	453.05	418.89	335.47	211.32	194.78	181.92	174.48	164.54
人口密度	人/平方公里	1785	2104	2536	2804	2863	2931	2978	3030

续表

指　　标	计量单位	1978 年	1990 年	2000 年	2005 年	2006 年	2007 年	2008 年	2009 年
人口中男性比例	%	49.4	50.4	50.4	50.2	50.2	50.1	50.0	49.9
常住人口自然增长率	‰	—	—	0.27	0.96	1.58	3.04	2.72	2.7
户籍人口自然增长率	‰	5.10	3.50	−1.90	−1.46	−1.24	−0.10	−0.75	−1.02
婴儿死亡率	‰	15.49	10.95	5.05	3.78	4.01	3	2.96	2.89
平均期望寿命	岁	73.35	75.46	78.77	80.13	80.97	81.08	81.28	81.73
男性	岁	70.69	73.16	76.71	77.89	78.64	78.87	79.06	79.42
女性	岁	74.78	77.74	80.81	82.36	83.29	83.29	83.50	84.06
城镇居民人均居住面积	平方米/人	4.5	6.6	11.8	15.5	16.0	16.5	16.9	17.2
农村居民人均居住面积	平方米/人	15.7	37.1	53.6	56.6	60.0	61.2	62.3	60.2
城镇居民平均每个就业者赡养人口	人	1.68	1.64	1.85	1.94	1.89	1.84	1.82	1.83
农村居民平均每个就业者赡养人口	人	1.6	1.49	1.31	1.47	1.43	1.47	1.46	1
基尼系数（城镇）		—	—	0.2205	0.3139	0.3159	0.3088	0.3120	0.3085
基尼系数（农村）		—	—	0.2987	0.3152	0.3091	0.3014	0.3122	0.3067
城镇登记失业人数	万人	10	7.70	20.08	27.50	27.82	26.78	26.60	27.90
城镇登记失业率	%	2.3	1.5	3.5	4.4	4.4	4.3	4.2	4.3
小学在校学生人数	万人	87.06	110.19	78.86	53.50	53.37	53.33	59.06	67.12
学龄儿童小学入学率	%	98.7	99.9	99.99	99.99	99.99	99.99	99.99	99.99
初中在校学生人数	万人	—	—	55.60	46.20	44	42.70	42.51	42.61
初中毕业生升学率	%	—	75.9	97	99.7	99	98	97	97
高中（含中专、技校）在校学生人数	万人	—	—	49.69	53.07	48.25	42.47	37.46	34.46
高等学校在校学生人数	万人	5.06	12.13	22.68	44.26	46.63	48.49	50.29	51.28
普通高校录取率	%	—	51.0	67.4	84.6	81.7	82.1	83.8	84.4
研究生在读人数	千人	1.25	9.57	30.61	78.73	86.91	91.76	95.50	103.49
成人高等教育在校学生人数	万人	1.08	6.09	11.49	14.72	19.46	20.68	21.38	21.33
每万人在校大学生	人	45.8	90.9	141.0	248.9	256.9	261.0	266.0	267.0
每万人拥有医生	人	30	44	31	24.70	25	26.30	27	27
每百人拥有报纸	份/天	16	33	28	29	27	25	25	23
人均公共图书馆藏量	册、件	0.96	1.19	3.42	3.40	3.34	3.37	3.39	3.43
人均生活用电量	千瓦·时	48	108	331	614	674	706	776	794
人均生活用水量	立方米	32.34	45.80	73.88	92.18	90.3	92.14	95.21	96.15
人均拥有道路面积	平方米	0.79	1.34	5.07	11.78	11.84	12.15	12.26	12.59
每万人拥有公共交通车辆	辆	2.70	4.70	11.16	10.12	9.52	9.12	8.78	8.47
每万人拥有出租车辆	辆	1.56	8.47	26.71	26.88	26.46	26.16	25.45	25.56

注：1. "每万人"和"人均"指标均按当年年末常住人口数计算。

　　2. 成人高等教育在校学生数中未包括网络教育在校学生。

上海社会发展主要指标（3）

居民生活

指　　标	计量单位	1978 年	1990 年	2000 年	2005 年	2006 年	2007 年	2008 年	2009 年
城镇居民家庭人均年可支配收入	元	406	2183	11718	18645	20668	23623	26675	28838
城镇居民家庭人均年生活消费支出	元	357	1936	8868	13773	14762	17255	19398	20992
其中:食品消费支出	元	—	—	3947	4940	5249	6125	7109	7345
衣着消费支出	元	—	—	567	940	1027	1330	1521	1593
居住消费支出	元	—	—	794	1412	1436	1412	1646	1913
医疗保健消费支出	元	—	—	501	797	763	857	755	1002
交通与通信消费支出	元	—	—	759	1984	2333	3154	3373	3499
娱乐、教育、文化消费支出	元	—	—	1287	2273	2432	2654	2875	3139
每百户城镇家庭年末耐用消费品拥有量:									
洗衣机	台/每百户	—	72	93	97	98	98	98	99
电冰箱	台/每百户	—	88	102	104	104	103	104	104
彩色电视机	台/每百户	—	77	147	177	179	183	180	185
照相机	架/每百户	—	44	71	85	86	89	86	91
热水淋浴器	台/每百户	—	—	64	90	93	96	95	98
家用空调器	台/每百户	—	—	96	168	175	189	191	196
家用电脑	台/每百户	—	—	26	81	91	104	109	123
移动电话	台/每百户	—	—	29	181	200	217	219	223
农村居民家庭人均可支配收入	元	281	1665	5565	8342	9213	10222	11385	12324
农村居民家庭人均年生活消费支出	元	—	—	4138	7265	8006	8845	9115	9804
其中:食品消费支出	元	—	—	1823	2676	3024	3259	3732	3639
衣着消费支出	元	—	—	201	367	418	476	467	496
居住消费支出	元	—	—	724	1323	1658	2097	1806	2103
医疗保健消费支出	元	—	—	209	562	549	571	697	739
交通与通信消费支出	元	—	—	279	739	780	884	880	1212
娱乐、教育、文化消费支出	元	—	—	559	936	920	857	850	943
每百户农村家庭年末耐用消费品拥有量:									
洗衣机	台/每百户	—	45	69	86	89	91	93	93
电冰箱	台/每百户	—	29	74	89	94	96	101	101
彩色电视机	台/每百户	—	25	97	157	167	179	186	190
影碟机	台/每百户	—	—	27	33	31	28	25	26
热水淋浴器	台/每百户	—	—	44	78	83	89	90	94
家用空调器	台/每百户	—	—	14	84	99	120	129	135
家用电脑	台/每百户	—	—	5	32	38	43	47	54
移动电话	台/每百户	—	—	19	130	148	147	156	174

上海社会发展主要指标（4）

社会保障与就业情况

指 标	计量单位	1978 年	1990 年	2000 年	2005 年	2006 年	2007 年	2008 年	2009 年
城镇基本养老保险参保人数	万人	—	—	675.32	734.5	772.41	793.82	819.68	845.71
JHJ 城镇职工	万人	—	—	431.27	436.52	460.75	467.45	478.59	489.06
领取养老金的离退休人员	万人	—	—	234.23	279.72	294.69	309.99	324.42	338.85
城镇基本医疗保险参保人数	万人	—	—	566.73	731.88	747.64	766.13	790.66	951.20
JHJ 城镇职工	万人	—	—	364.59	434.51	436.63	440.45	450.3	578.66
当年享受城镇基本医疗保险人次数	万人次	—	—	—	7535.76	8505.53	9191.93	10556.91	11777.01
享受大病、重病患者或病疗减负人次	万人次	—	—	—	26.35	25.48	22.79	24.64	26.05
城镇职工失业保险参保人数	万人	—	—	434.86	466.06	476.41	491.54	511.83	523.53
当年享受城镇职工失业保险人数	万人	—	—	—	26.74	27.4	27.45	25.39	27.02
城镇职工生育保险参保人数	万人	—	—	—	539.27	555.09	591.96	609.81	625.14
当年享受城镇职工生育保险人数	万人	—	—	—	5.81	5.67	7.31	7.11	6.54
城镇职工工伤保险参保人数	万人	—	—	—	523.71	538.96	550.75	556.57	555.62
当年享受城镇职工工伤保险人数	万人	—	—	—	0.46	0.71	0.94	1.16	1.30
农村社会养老保险参保人数	万人	—	—	121	101.34	83.71	74.16	76.89	72.31
小城镇社会保险参保人数	万人	—	—	—	110.16	139.8	138.61	148.02	155.39
来沪从业人员综合保险参保人数	万人	—	—	—	247.7	279	333.6	383.8	378.4
高龄无保障老人保险纳保人数	万人	—	—	—	—	6.28	6.13	5.71	5.62
少儿住院基金参加人数	万人	—	—	212.47	181.09	180.13	181.29	185.61	188.38

续表

指　标	计量单位	1978 年	1990 年	2000 年	2005 年	2006 年	2007 年	2008 年	2009 年
当年少儿住院基金支付人次数	万人次	—	—	8.01	8.40	8.29	7.93	8.56	8.53
全市从业人员	万人	698.32	787.72	828.35	863.32	885.51	909.08	1053.24	1064.42
第一产业	万人	240.06	87.25	89.23	61.02	55.33	53.71	49.38	48.53
第二产业	万人	307.48	467.08	367.04	322.33	327.63	342.75	424.16	423.03
其中:工业	万人	—	—	280.05	280.87	284.53	300.65	354.47	333.69
建筑业	万人	—	—	33.40	41.46	43.10	42.10	69.69	89.34
第三产业小计	万人	150.78	233.39	372.08	479.97	502.55	512.62	579.7	592.86
其中:交通运输、仓储和邮政业	万人	—	—	—	48.40	49.23	49.70	55.56	54.28
批发和零售业	万人	—	—	—	131.31	134.66	132.01	172.72	175.32
金融业	万人	—	—	—	18.24	19.57	21.61	23.19	22.11
房地产业	万人	—	—	—	28.96	29.95	31.48	37.38	36.55
从业人员构成	%	100	100	100	100	100	100	100	100
第一产业	%	34.38	11.08	10.77	7.07	6.20	5.91	4.69	4.56
第二产业	%	44.03	59.30	44.31	37.34	37.00	37.70	40.27	39.74
第三产业	%	21.59	29.63	44.92	55.60	56.80	56.39	55.04	55.70

注：2005 年以后按新行业分类标准统计，2000 年没有新行业的分类统计。

B.18

附录二 直辖市主要社会指标

直辖市主要社会指标（1）

指 标	计量单位	北 京					天 津				
		2000年	2006年	2007年	2008年	2009年	2000年	2006年	2007年	2008年	2009年
城市常住人口	万人	1364	1581	1633	1695	1755	1001	1075	1115	1176	1228
城市户籍人口	万人	1108	1198	1213	1230	1246	912	949	959	969	980
非农业人口	万人	761	905	929	951	972	533	571	580	588	599
农业人口	万人	347	292	284	279	274	379	378	379	381	381
常住人口自然增长率	‰	—	1.29	3.40	3.40	3.50	—	1.60	2.05	2.19	2.60
城镇居民家庭人均年可支配收入	元	10350	19978	21989	24725	26738	8141	14283	16357	19423	21402
城镇居民家庭人均年消费支出	元	8494	14825	15330	16460	17893	6121	10548	12029	13422	14801
其中:食品消费支出	元	3083	4561	4934	5562	5936	2455	3680	4249	5005	5405
衣着消费支出	元	755	1442	1513	1572	1796	544	865	1024	1154	1363
居住消费支出	元	587	1213	1246	1286	1290	561	1368	1417	1528	1506
医疗保健消费支出	元	589	1322	1294	1563	1389	408	1049	1164	1221	1273
交通与通信消费支出	元	605	2173	2329	2293	2768	349	1093	1310	1568	1968
娱乐、教育、文化消费支出	元	1284	2515	2384	2383	2655	788	1452	1640	1609	1740
用品、家庭设备消费支出	元	1098	977	981	1097	1226	722	634	761	817	912
城镇居民恩格尔系数		36.3	30.8	32.2	33.8	33.2	40.1	34.9	35.3	37.3	36.5
每百户城镇家庭年末耐用消费品拥有量											
洗衣机	台/每百户	103	107	102	99	100	98	97	98	99	100
电冰箱	台/每百户	107	105	108	103	104	100	98	106	109	107
彩色电视机	台/每百户	146	155	147	134	138	132	136	135	131	127
移动电话	部/每百户	—	206	207	191	213	—	144	162	179	190
热水淋浴器	台/每百户	74	98	99	95	98	70	87	89	91	94
家用空调器	台/每百户	70	157	157	153	163	66	116	123	126	130
家用电脑	台/每百户	32	96	92	86	97	16	59	67	72	80

308

续表

指　　标	计量单位	北　　京					天　　津				
		2000年	2006年	2007年	2008年	2009年	2000年	2006年	2007年	2008年	2009年
农村居民家庭人均年纯收入	元	4687	8620	9440	10747	11986	4370	7942	7010	7202	10675
农村居民家庭人均年消费支出	元	3441	6061	6399	7656	9141	2393	3829	3538	3590	4926
其中:食品消费支出	元	1264	1937	2133	2629	2961	1020	1456	1368	1833	1944
衣着消费支出	元	262	477	513	597	700	223	371	286	414	457
居住消费支出	元	539	948	1023	1291	1774	452	947	675	1111	1184
医疗保健消费支出	元	276	596	630	757	864	152	269	306	330	342
交通与通信消费支出	元	217	746	779	887	1108	108	298	400	335	380
娱乐、教育、文化消费支出	元	495	864	870	877	959	205	250	312	264	270
用品、家庭设备消费支出	元	252	370	340	482	598	135	117	127	131	151
农村居民恩格尔系数		36.7	32.0	33.3	34.3	32.4	42.6	38.0	38.7	39.9	39.5
每百户农村家庭年末耐用消费品拥有量											
洗衣机	台/每百户	85	97	97	101	101	85	96	98	99	100
电冰箱	台/每百户	84	100	103	104	105	65	88	83	96	99
彩色电视机	台/每百户	107	131	134	137	138	98	120	121	125	129
摩托车	辆/每百户	34	33	34	—	—	31	48	56	51	51
电风扇	台/每百户	143	145	—	—	—	163	140	—	—	—
照相机	架/每百户	26	38	30	39	42	15	20	11	20	22
家用电脑	台/每百户	7	41	41	52	58		12	10	19	23
移动电话	部/每百户	14	161	175	201	212	—	108	109	146	162

指　　标	计量单位	上　　海					重　　庆				
		2000年	2006年	2007年	2008年	2009年	2000年	2006年	2007年	2008年	2009年
城市常住人口	万人	1608	1815	1858	1888	1921	2849	2808	2816	2839	2859
城市户籍人口	万人	1322	1368	1379	1391	1379	3091	3199	3235	3257	3275
非农业人口	万人	986	1173	1197	1217	1236	661	845	877	907	949
农业人口	万人	335	195	182	174	165	2430	2353	2358	2350	2327
常住人口自然增长率	‰	0.27	1.58	3.04	2.72	2.70	—	3.40	3.80	3.80	3.70
城镇居民家庭人均年可支配收入	元	11718	20688	23622	26675	28838	6276	11570	12590	14368	15749
城镇居民家庭人均年消费支出	元	8868	14762	17255	19398	20992	5475	9399	9890	11147	12144

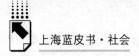

续表

指　　标	计量单位	上　　海					重　　庆				
		2000年	2006年	2007年	2008年	2009年	2000年	2006年	2007年	2008年	2009年
其中:食品消费支出	元	3947	5249	6125	7109	7345	2214	3416	3674	4418	4576
衣着消费支出	元	567	1027	1330	1521	1593	551	1039	1171	1294	1503
居住消费支出	元	794	1436	1412	1646	1913	494	955	968	1097	1120
医疗保健消费支出	元	501	763	857	755	1002	293	706	750	878	982
交通与通信消费支出	元	759	2333	3154	3373	3499	406	976	1119	1044	1189
娱乐、教育、文化消费支出	元	1287	2432	2654	2875	3139	786	1449	1237	1267	1351
用品、家庭设备消费支出	元	683	877	959	1182	1365	476	616	707	842	1043
城镇居民恩格尔系数		44.5	35.6	35.5	36.6	35.0	42.2	36.3	37.0	40.0	38.0
每百户城镇家庭年末耐用消费品拥有量											
洗衣机	台/每百户	93	98	98	98	99	95	104	99	97	97
电冰箱	台/每百户	102	104	104	104	104	100	105	101	101	100
彩色电视机	台/每百户	147	179	183	180	185	132	164	153	145	145
移动电话	部/每百户	29	200	217	219	223	—	187	179	179	181
热水淋浴器	台/每百户	64	93	96	95	98	83	103	97	100	100
家用空调器	台/每百户	96	175	191	191	196	81	174	157	167	151
家用电脑	台/每百户	26	91	104	109	123	14	70	63	65	62
农村居民家庭人均年纯收入	元	5565	9213	10222	11385	12324	1892	2874	3509	4126	4478
农村居民家庭人均年消费支出	元	4138	8006	8845	9115	9804	1396	2205	2527	2885	3142
其中:食品消费支出	元	1823	3024	3259	3732	3639	748	1151	1376	1538	1542
衣着消费支出	元	201	418	476	467	496	62	113	136	160	199
居住消费支出	元	724	1658	2097	1806	2103	199	254	264	329	406
医疗保健消费支出	元	209	549	571	697	739	69	160	169	197	243
交通与通信消费支出	元	279	780	884	880	1212	61	187	209	238	260
娱乐、教育、文化消费支出	元	559	920	857	850	943	155	190	196	212	237
用品、家庭设备消费支出	元	225	481	451	504	481	67	118	138	168	209
农村居民恩格尔系数		44.1	37.8	36.8	40.9	37.1	53.6	52.2	54.5	53.3	49.1
每百户农村家庭年末耐用消费品拥有量											
洗衣机	台/每百户	69	89	91	93	93	9	28	33	36	42

续表

指　　标	计量单位	上　　海					重　　庆				
		2000年	2006年	2007年	2008年	2009年	2000年	2006年	2007年	2008年	2009年
电冰箱	台/每百户	74	94	96	101	101	6	20	29	33	44
彩色电视机	台/每百户	97	167	179	186	190	31	84	89	94	95
摩托车	辆/每百户	73	74	60	55	—	4	16	18	20	22
电风扇	台/每百户	326	299	—	—	—	122	162	—	—	—
照相机	架/每百户	14	22	21	21	—	1	1	1	2	2
家用电脑	台/每百户	5	38	43	47	54	—	0.4	1	1	2
移动电话	部/每百户	19	148	147	156	174	—	61	82	98	108

直辖市主要社会指标（2）

指　　标	计量单位	北　　京					天　　津				
		2000年	2006年	2007年	2008年	2009年	2000年	2006年	2007年	2008年	2009年
1. 用水											
自来水生产能力	万吨/日	367	373	391	423	424	347	357	371	365	394
供水管道长度	公里	7610	11899	13133	14118	14791	5049	7335	8083	8248	8847
全年售水总量	亿吨	7.54	7.50	7.80	8.10	8.70	6.11	5.87	6.25	6.85	5.99
其中：生活用水	亿吨	5.89	6.21	6.48	—	—	2.57	2.71	3.10	3.00	2.10
人均日生活用水量	升	145.7	155	167	187	168	132	130	122	129	133
城市人口饮用自来水普及率	%	100	100	100	100	100	100	100	100	100	100
2. 燃气											
人工煤气管道长度	公里	545	—	—	—	—	1270	2	—	—	—
人工煤气销售量	亿立方米	4.67	0.98	—	—	—	0.99	2.40	—	—	—
家庭使用人工煤气用户	万户	35.9	—	—	—	—	24.99	—	—	—	—
液化石油气销售量	万吨	19.06	41.53	31.96	28.96	33.27	4.42	2.38	2.05	8.74	5.9
家庭使用液化石油气用户	万户	124.5	191.7	185.7	198.6	180.0	31.91	30.31	26.83	18.11	88.98
天然气管道长度	公里	4232	8630	—	—	—	4268	8515	9076	9826	10233
天然气销售量	亿立方米	9.59	37.34	40.94	57.86	64.54	2.35	9.26	12.01	12.51	12.81
家庭使用天然气用户	万户	135.4	348.6	370.7	392.4	420.0	104.9	175.0	203.5	221.7	232.2
城市燃气普及率	%	99.3	100	100	100	100	96.8	99.2	100	100	100
3. 城市交通											
营运的公共交通车辆数	辆	14191	19522	19395	23221	23730	5385	7401	7489	7886	7897

指　标	计量单位	北　京					天　津				
		2000年	2006年	2007年	2008年	2009年	2000年	2006年	2007年	2008年	2009年
每万人拥有公共交通车辆	辆	—	12.35	11.88	13.70	13.52	—	12.7	13.2	14.3	14.6
公交车客运总数	亿人次	40.67	46.82	48.8	59.3	65.9	5.34	9.42	10.24	11.21	11.64
人均城市道路面积	平方米	—	—	—	—	—	13.98	11.94	14.39	13.76
营运的出租汽车年末数	辆	65127	66646	66646	66646	66646	31939	31940	31940	31940	31940
4. 环境卫生											
城市下水道总长度	公里	4847	7523	8526	8881	9344	7032	11939	12784	13452	14531
污水处理厂能力	万吨/日	129	331	353	329	356	61	176	179	197.4	197.7
城市生活垃圾清运量	万吨/日	1.60	1.47	1.65	1.80	1.80	0.61	0.42	0.45	0.48	0.52
城市粪便清运量	万吨/日	0.75	0.48	0.52	0.57	0.58	0.05	0.08	0.08	0.07	0.08
5. 住房与环境											
城镇居民人均住房使用面积	平方米	16.8	20.0	20.3	21.6	21.6	—	26.1	27.1	28.5	29.9
农村居民人均住房面积	平方米	28.9	39.1	39.5	39.4	39.4	—	26.4	26.6	27.3	28.5
人均公共绿地面积	平方米	9.7	12.0	12.6	13.6	14.5	5.4	6.6	—	—	—
6. 技术进步											
专利申请数	件	10344	26555	31680	43508	50236	2787	13299	15744	17425	19187
专利授权数	件	5905	11238	14954	17747	22921	1611	4159	5584	6621	7216
7. 教育与卫生											
每万人拥有在校大学生	人	207	351	348	340	329	118	332	333	329	338
每万人拥有医生	人	38	33	34	35	36	30	24	24	22	23

指　标	计量单位	上　海					重　庆				
		2000年	2006年	2007年	2008年	2009年	2000年	2006年	2007年	2008年	2009年
1. 用水											
自来水生产能力	万吨/日	1048	1138	1080	1069	1096	427	468	506	503	513
供水管道长度	公里	15943	26619	27659	27858	29464	6367	9493	10388	11251	11601
全年售水总量	亿吨	19.75	23.30	23.90	24.28	24.06	7.07	8.61	8.28	8.74	9.23
其中:生活用水	亿吨	14.26	16.88	17.12	17.98	18.47	4.19	5.01	4.79	5.1392	5.41
人均日生活用水量	升	241	256	253	261	264	160	158	130	133	133

续表

指 标	计量单位	上 海					重 庆				
		2000年	2006年	2007年	2008年	2009年	2000年	2006年	2007年	2008年	2009年
城市人口饮用自来水普及率	%	99.97	99.99	99.99	99.99	99.99	70.31	88.2	88.3	89.8	91.3
2. 燃气											
人工煤气管道长度	公里	6606	8778	8097	7086	6156	—	—	—	—	—
人工煤气销售量	亿立方米	18.4	19.22	18.5	17.66	14.19	—	—	—	—	—
家庭使用人工煤气用户	万户	255.89	230.22	213.40	185.56	151.48	—	—	—	—	—
液化石油气销售量	万吨	45.94	45.86	50.65	48.57	40.11	8.29	9.71	10.49	9.46	9.71
家庭使用液化石油气用户	万户	239.3	260.1	277.3	291.6	310.2	28	45.4	38.9	50.7	51.4
天然气管道长度	公里	1742	8349	10867	12877	14997	5264	9377	—	—	—
天然气销售量	亿立方米	2.16	22.58	26.60	28.37	31.33	7.53	22.30	20.47	22.31	25.66
家庭使用天然气用户	万户	38.09	216.93	257.9	307.88	366.78	123.95	235.76	265.88	297.16	318.38
城市燃气普及率	%	100	100	100	100	100	36.35	81.50	84.90	86.80	88.60
3. 城市交通											
营运的公共交通车辆数	辆	17939	17284	16944	16573	16272	4656	8499	9019	9347	8077
每万人拥有公共交通车辆	辆	11.16	9.52	9.12	8.78	8.47	—	8.35	7.59	7.6	
公交车客运总数	亿人次	2.65	27.4	26.5	26.6	27.1	7.9	13.12	15.32	16.09	15.01
人均城市道路面积	平方米	5.07	11.84	12.15	12.26	12.59	—	8.58	8.42	8.94	9.29
营运的出租汽车年末数	辆	42943	48022	48614	48059	49111	16798	19375	20002	15652	15516
4. 环境卫生											
城市下水道总长度	公里	3920	7430	8120	9208	9732	2806	6599	7095	7899	9033
污水处理厂能力	万吨/日	463	488	557	672	687	14	83	117	133	149
城市生活垃圾清运量	万吨/日	1.76	1.80	1.90	1.90	1.90	—	0.67	0.55	0.62	
城市粪便清运量	万吨/日	0.70	0.68	0.64	0.60	0.61	—	0.14	0.18	0.20	
5. 住房与环境											
城镇居民人均住房使用面积	平方米	16.3	22.0	—	—	17.2	10.7	24.5	29.3	29.7	31.4
农村居民人均住房面积	平方米	53.6	60.0	61.0	62.3	60.2	29.6	34.3	34.6	35.0	35.7
人均公共绿地面积	平方米	4.6	11.5	12.0	12.5	12.8	1.0	6.6	7.0	8.9	10.6

续表

指　　标	计量 单位	上　　海					重　　庆				
		2000 年	2006 年	2007 年	2008 年	2009 年	2000 年	2006 年	2007 年	2008 年	2009 年
6. 技术进步											
专利申请数	件	11318	36042	47205	52835	62241	1780	6471	6715	8324	13482
专利授权数	件	4048	16602	24481	24468	34913	1158	4590	4994	4820	7501
7. 教育与卫生											
每万人拥有在校大 学生	人	141	257	261	266	267	47	144	158	171	161
每万人拥有医生	人	31	25	26	27	27	16	13	14	14	13

注：1. 上海农村居民家庭人均年纯收入为当年农村居民家庭可支配收入替代。

2. 重庆的煤气、液化石油气、天然气销售量均由当年城镇供应量替代，全年售水总量由当年供水总量替代。

3. "—"表示无资料来源。

附录三　上海小康生活标准综合评价值

指　　　标	单位	1978年	1980年	1990年	2000年	2006年	2007年	2008年	2009年	小康值
综合评价值										
经济水平										
人均国内生产总值	元	2497	2737	6107	29671	51529	66367	73124	78989	2500
物质生活										
人均收入水平										
城市居民家庭人均可支配收入	元	406	637	2182	11718	20668	23623	26675	28838	2400
农村居民家庭人均可支配收入	元	281	401	1665	5565	9213	10222	11385	12324	1200
人均居住水平										
市区人均使用面积	平方米	4.5	4.4	6.6	11.8	15.5	16.5	16.9	17.2	12
农村人均（钢砖木结构）住房面积	平方米	—	17.1	37.1	53.6	56.6	61.2	62.3	60.2	15.0
人均蛋白质摄入量	克	—	60	70	>75	—	—	—	—	75
城乡交通状况										
城市人均拥有铺路面积	平方米	0.79	0.78	1.39	6.16	15.70	16.40	16.60	17.50	8.0
农村通公路行政村比重	%	—	80	100	100	100	100	100	100	85
恩格尔系数（城市居民）	%	—	54.5	52.5	44.5	35.6	35.5	36.6	35.0	50.0
人口素质										
成人识字率（15岁及以上人口）	%	—	—	88.9	93.8	—	—	—	—	85
居民平均期望寿命	岁	73.35	73.33	75.46	78.77	80.97	81.08	81.28	81.73	
婴儿死亡率	‰	15.5	13.78	10.95	5.05	4.01	3.00	2.96	2.89	31

续表

指　　　标	单位	1978年	1980年	1990年	2000年	2006年	2007年	2008年	2009年	小康值
精神生活										
教育娱乐消费支出比重（城市居民）	%	—	8.9	11.9	14.5	16.5	15.4	14.8	15	11
电视机普及率	%	—	—	70.9	100	100	100	100	100	100
生活环境										
森林覆盖率	%	—	—	5.5	9.2	11.63	11.63	11.63	11.63	15
农村初级卫生保健基本合格以上县百分比	%			100	100	100	100	100	100	100

注：1. 本表中小康值是根据2000年国家统计局《全国人民小康生活水平的基本标准》确定的。其中，人均国内生产总值按常住人口计算。

2. "恩格尔系数"和"教育娱乐消费支出比重"仅是城市居民家庭，不包括农村居民家庭。

3. "—"表示没有指标数据来源。

4. 森林覆盖率为2006年森林资源补充调查数据。

B.20
后 记

　　2010 年对上海而言是极其不平凡的一年，上海成功举办了一届精彩难忘的以《城市——让生活更美好》为主题的世界博览会，这在上海的城市发展历史上留下了浓墨重彩的一笔。世博会成为上海向全世界展示上海城市建设成就和社会发展成果的舞台，对于促进上海社会融合和社会发展积累了重要的经验。

　　本年度的上海社会发展报告以"社会融合"为主题，在总结 2010 年上海社会发展进程，展望发展前景，并提出发展建议中集中体现了这个主题。城市——让生活更美好，从社会建设的意义上来看，就是要促进社会融合和社会发展。无论是从成功举办世博会所需要的社会基础，还是从世博会展览所传递的各国城市文明的经验，都让我们这个城市感受到不同社会群体的相互融合，相互欣赏，共同合作与齐力创造的重要性。

　　本年度蓝皮书的撰写从 2010 年 7 月启动，由社会发展研究院人口与发展研究所副所长周海旺副研究员在征求了上海社会科学院社会学研究所卢汉龙研究员和周建明院长的意见基础上，确定了初步的选题，后来上海社会科学院科研处又组织上海的 10 多位专家专门召开了开题报告会，在听取了他们的修改建议以后，最终确定了今年的选题和内容框架，然后组织各位专家和学者开始了本项目的研究和报告编写工作。参与本研究报告撰写工作的主要是上海社会科学院社会转型与社会发展研究方面的骨干研究人员，同时也吸收了对本报告相关论题富有经验的专家学者参与。上海市统计局社会处协助提供了有关的统计数据。全部报告最后由卢汉龙、周海旺统稿审定。

　　在这里，我们谨向参与本报告的研究和支持配合本研究的有关专家学者与社会有关部门表示诚挚的敬意，感谢他们为本报告的写作与发表所做出的努力。

本书编委会

2010 年 12 月

图书在版编目（CIP）数据

上海社会发展报告.2011.公共政策与社会融合/卢汉龙，周海旺
主编.—北京：社会科学文献出版社，2011.1
（上海蓝皮书）
ISBN 978-7-5097-2040-0

Ⅰ.①上…　Ⅱ.①卢…　②周…　Ⅲ.①社会发展-研究报告-
上海市-2011　Ⅳ.①D675.1

中国版本图书馆 CIP 数据核字（2010）第 255831 号

上海蓝皮书

上海社会发展报告（2011）
——公共政策与社会融合

主　　编 / 卢汉龙　周海旺

出 版 人 / 谢寿光
总 编 辑 / 邹东涛
出 版 者 / 社会科学文献出版社
地　　址 / 北京市西城区北三环中路甲 29 号院 3 号楼华龙大厦
邮政编码 / 100029
网　　址 / http：//www. ssap. com. cn
网站支持 /（010）59367077
责任部门 / 皮书出版中心（010）59367127
电子信箱 / pishubu@ ssap. cn
项目经理 / 邓泳红
责任编辑 / 王　颉　高　启　刘德顺
责任校对 / 张立生
责任印制 / 蔡　静　董　然　米　扬
品牌推广 / 蔡继辉

总 经 销 / 社会科学文献出版社发行部
　　　　　（010）59367081　59367089
经　　销 / 各地书店
读者服务 / 读者服务中心（010）59367028
排　　版 / 北京中文天地文化艺术有限公司
印　　刷 / 北京季蜂印刷有限公司

开　　本 / 787mm×1092mm　1/16
印　　张 / 21　字数 / 360 千字
版　　次 / 2011 年 1 月第 1 版　印次 / 2011 年 1 月第 1 次印刷

书　　号 / ISBN 978-7-5097-2040-0
定　　价 / 59.00 元

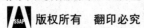

中国皮书网全新改版，增值服务大众

规划皮书行业标准，引领皮书出版潮流
发布皮书重要资讯，打造皮书服务平台

　　中国皮书网开通于2005年，作为皮书出版资讯的主要发布平台，在发布皮书相关资讯，推广皮书研究成果，以及促进皮书读者与编写者之间互动交流等方面发挥了重要的作用。2008年10月，中国出版工作者协会、中国出版科学研究所组织的"2008年全国出版业网站评选"中，中国皮书网荣获"最具商业价值网站奖"。

　　2010年，在皮书品牌化运作十年之后，随着"皮书系列"的品牌价值不断提升、社会影响力不断扩大，社会科学文献出版社精益求精，对原有中国皮书网进行了全新改版，力求为众多的皮书用户提供更加优质的服务。新改版的中国皮书网在皮书内容资讯、出版资讯等信息的发布方面更加系统全面，在皮书数据库的登录方面更加便捷，同时，引入众多皮书编写单位参与该网站的内容更新维护，为广大用户提供更多增值服务。

www.pishu.cn

盘点年度资讯 预测时代前程

从"盘阅读"到全程在线阅读
皮书数据库完美升级

· 产品更多样

  从纸书到电子书，再到全程在线网络阅读，皮书系列产品更加多样化。2010年开始，皮书系列随书附赠产品将从原先的电子光盘改为更具价值的皮书数据库阅读卡。纸书的购买者凭借附赠的阅读卡将获得皮书数据库高价值的免费阅读服务。

· 内容更丰富

  皮书数据库以皮书系列为基础，整合国内外其他相关资讯构建而成，内容包括建社以来的700余部皮书、20000多篇文章，并且每年以120种皮书、4000篇文章的数量增加，可以为读者提供更加广泛的资讯服务。皮书数据库开创便捷的检索系统，可以实现精确查找与模糊匹配，为读者提供更加准确的资讯服务。

· 流程更简便

  登录皮书数据库网站www.i-ssdb.cn，注册、登录、充值后，即可实现下载阅读，购买本书赠送您100元充值卡。请按以下方法进行充值。

充值卡使用步骤：

第一步
- 刮开下面密码涂层
- 登录 www.i-ssdb.cn
  点击"注册"进行用户注册

社会科学文献出版社 皮书系列
SOCIAL SCIENCES ACADEMIC PRESS (CHINA)

卡号：52198255138336
密码：

（本卡为图书内容的一部分，不购书刮卡，视为盗书）

第二步
登录后点击"会员中心"
进入会员中心。

SSDB
社科文献资源库
SOCIAL SCIENCE
DATABASE

第三步
- 点击"在线充值"的"充值卡充值"，
- 输入正确的"卡号"和"密码"，即可使用。

如果您还有疑问，可以点击网站的"使用帮助"或电话垂询010-59367071。